中国社会科学院大学文库

人身保险合同法律规范专题研究

梁鹏 著

中国社会科学出版社

图书在版编目(CIP)数据

人身保险合同法律规范专题研究/梁鹏著. —北京：中国社会科学出版社，2021.7

(中国社会科学院大学文库)

ISBN 978-7-5203-8517-6

Ⅰ.①人… Ⅱ.①梁… Ⅲ.①人身保险—保险合同—合同法—研究—中国 Ⅳ.①D923.64

中国版本图书馆 CIP 数据核字(2021)第 095121 号

出 版 人	赵剑英	
责任编辑	张 浩	
责任校对	姜志菊	
责任印制	李寡寡	
出　　版	中国社会科学出版社	
社　　址	北京鼓楼西大街甲 158 号	
邮　　编	100720	
网　　址	http://www.csspw.cn	
发 行 部	010-84083685	
门 市 部	010-84029450	
经　　销	新华书店及其他书店	
印　　刷	北京明恒达印务有限公司	
装　　订	廊坊市广阳区广增装订厂	
版　　次	2021 年 7 月第 1 版	
印　　次	2021 年 7 月第 1 次印刷	
开　　本	710×1000　1/16	
印　　张	28	
插　　页	2	
字　　数	440 千字	
定　　价	156.00 元	

凡购买中国社会科学出版社图书，如有质量问题请与本社营销中心联系调换
电话：010-84083683
版权所有　侵权必究

中国社会科学院大学文库学术研究系列编辑委员会

主　任　张政文
副主任　王新清　林　维
编　委
　　　　　张　跣　李永森　钟德寿　柴宝勇　赵一红
　　　　　张菀洺　蔡礼强　何　晶　王莉君　孙　远
　　　　　陈　涛　王　炜

总　序

张政文*

恩格斯说："一个民族要想站在科学的最高峰，就一刻也不能没有理论思维。"人类社会每一次重大跃进，人类文明每一次重大发展，都离不开哲学社会科学的知识变革和思想先导。中国特色社会主义进入新时代，党中央提出"加快构建中国特色哲学社会科学学科体系、学术体系、话语体系"的重大论断与战略任务。可以说，新时代对哲学社会科学知识和优秀人才的需要比以往任何时候都更为迫切，建设中国特色社会主义一流文科大学的愿望也比以往任何时候都更为强烈。身处这样一个伟大时代，因应这样一种战略机遇，2017年5月，中国社会科学院大学以中国社会科学院研究生院为基础正式创建。学校依托中国社会科学院建设发展，基础雄厚、实力斐然。中国社会科学院是党中央直接领导、国务院直属的中国哲学社会科学研究的最高学术机构和综合研究中心，新时期党中央对其定位是马克思主义的坚强阵地、党中央国务院重要的思想库和智囊团、中国哲学社会科学研究的最高殿堂。使命召唤担当，方向引领未来。建校以来，中国社会科学院大学聚焦"为党育人、为国育才"这一党之大计、国之大计，坚持党对高校的全面领导，坚持社会主义办学方向，坚持扎根中国大地办大学，依托社科院强大的学科优势和学术队伍优势，以大院制改革为抓手，实施研究所全面支持大学建设发展的融合战略，优进优出、一池活水、优势互补、使命共担，形成中国社会科学院办学优势与特色。学校始

---

* 中国社会科学院大学党委常务副书记、校长、教授、博士生导师。

终把立德树人作为立身之本，把思想政治工作摆在突出位置，坚持科教融合、强化内涵发展，在人才培养、科学研究、社会服务、文化传承创新、国际交流合作等方面不断开拓创新，为争创"双一流"大学打下坚实基础，积淀了先进的发展经验，呈现出蓬勃的发展态势，成就了今天享誉国内的"社科大"品牌。"中国社会科学院大学文库"就是学校倾力打造的学术品牌，如果将学校之前的学术研究、学术出版比作一道道清澈的溪流，"中国社会科学院大学文库"的推出可谓厚积薄发、百川归海，恰逢其时、意义深远。为其作序，我深感荣幸和骄傲。

高校处于科技第一生产力、人才第一资源、创新第一动力的结合点，是新时代繁荣发展哲学社会科学，建设中国特色哲学社会科学创新体系的重要组成部分。我校建校基础中国社会科学院研究生院是我国第一所人文社会科学研究生院，是我国最高层次的哲学社会科学人才培养基地。周扬、温济泽、胡绳、江流、浦山、方克立、李铁映等一大批曾经在研究生院任职任教的名家大师，坚持运用马克思主义开展哲学社会科学的教学与研究，产出了一大批对文化积累和学科建设具有重大意义、在国内外产生重大影响、能够代表国家水准的重大研究成果，培养了一大批政治可靠、作风过硬、理论深厚、学术精湛的哲学社会科学高端人才，为我国哲学社会科学发展进行了开拓性努力。秉承这一传统，依托中国社会科学院哲学社会科学人才资源丰富、学科门类齐全、基础研究优势明显、国际学术交流活跃的优势，我校把积极推进哲学社会科学基础理论研究和创新，努力建设既体现时代精神又具有鲜明中国特色的哲学社会科学学科体系、学术体系、话语体系作为矢志不渝的追求和义不容辞的责任。以"双一流"和"新文科"建设为抓手，启动实施重大学术创新平台支持计划、创新研究项目支持计划、教育管理科学研究支持计划、科研奖励支持计划等一系列教学科研战略支持计划，全力抓好"大平台、大团队、大项目、大成果""四大"建设，坚持正确的政治方向、学术导向和价值取向，把政治要求、意识形态纪律作为首要标准，贯穿选题设计、科研立项、项目研究、成果运用全过程，以高度的文化自觉和坚定的文化自信，围绕重大理论和实践问题展开深入研究，不断推进知识创新、理论创新、方法创新，不断推出有思想含量、理论分量和话语质量的学术、教材和思政研究成果。"中国社会科学院大学文库"正是对这种历史底蕴和学术精神的传承与发展，更是新时代我校"双一流"建设、科学研究、教育教学改革和思政工作创新发展的集中展示与推介，是学校打造学术精品，彰显中国气派的生动实践。

"中国社会科学院大学文库"按照成果性质分为"学术研究系列""教材系列"和"思政研究系列"三大系列，并在此分类下根据学科建设和人才培养的需求建立相应的引导主题。"学术研究系列"旨在以理论研究创新为基础，在学术命题、学术思想、学术观点、学术话语上聚焦聚力，注重高原上起高峰，推出集大成的引领性、时代性和原创性的高层次成果。"教材系列"旨在服务国家教材建设重大战略，推出适应中国特色社会主义发展要求，立足学术和教学前沿，体现社科院和社科大优势与特色，辐射本硕博各个层次，涵盖纸质和数字化等多种载体的系列课程教材。"思政研究系列"旨在聚焦重大理论问题、工作探索、实践经验等领域，推出一批思想政治教育领域具有影响力的理论和实践研究成果。文库将借助与中国社会科学出版社的战略合作，加大高层次成果的产出与传播。既突出学术研究的理论性、学术性和创新性，推出新时代哲学社会科学研究、教材编写和思政研究的最新理论成果；又注重引导围绕国家重大战略需求开展前瞻性、针对性、储备性政策研究，推出既通"天线"、又接"地气"，能有效发挥思想库、智囊团作用的智库研究成果。文库坚持"方向性、开放式、高水平"的建设理念，以马克思主义为领航，严把学术出版的政治方向关、价值取向关与学术安全关、学术质量关。入选文库的作者，既有德高望重的学部委员、著名学者，又有成果丰硕、担当中坚的学术带头人，更有崭露头角的"青椒"新秀；既以我校专职教师为主体，也包括受聘学校特聘教授、岗位教师的社科院研究人员。我们力争通过文库的分批、分类持续推出，打通全方位、全领域、全要素的高水平哲学社会科学创新成果的转化与输出渠道，集中展示、持续推广、广泛传播学校科学研究、教材建设和思政工作创新发展的最新成果与精品力作，力争高原之上起高峰，以高水平的科研成果支撑高质量人才培养，服务新时代中国特色哲学社会科学"三大体系"建设。

历史表明，社会大变革的时代，一定是哲学社会科学大发展的时代。

当代中国正经历着我国历史上最为广泛而深刻的社会变革，也正在进行着人类历史上最为宏大而独特的实践创新。这种前无古人的伟大实践，必将给理论创造、学术繁荣提供强大动力和广阔空间。我们深知，科学研究是永无止境的事业，学科建设与发展、理论探索和创新、人才培养及教育绝非朝夕之事，需要在接续奋斗中担当新作为、创造新辉煌。未来已来，将至已至。我校将以"中国社会科学院大学文库"建设为契机，充分发挥中国特色社会主义教育的育人优势，实施以育人育才为中心的哲学社会科学教学与研究整体发展战略，传承中国社会科学院深厚的哲学社会科学研究底蕴和40多年的研究生高端人才培养经验，秉承"笃学慎思明辨尚行"的校训精神，积极推动社科大教育与社科院科研深度融合，坚持以马克思主义为指导，坚持把论文写在大地上，坚持不忘本来、吸收外来、面向未来，深入研究和回答新时代面临的重大理论问题、重大现实问题和重大实践问题，立志做大学问、做真学问，以清醒的理论自觉、坚定的学术自信、科学的思维方法，积极为党和人民述学立论、育人育才，致力于产出高显示度、集大成的引领性、标志性原创成果，倾心于培养又红又专、德才兼备、全面发展的哲学社会科学高精尖人才，自觉担负起历史赋予的光荣使命，为推进新时代哲学社会科学教学与研究，创新中国特色、中国风骨、中国气派的哲学社会科学学科体系、学术体系、话语体系贡献社科大的一份力量。

自　序

自20世纪90年代以来，中国经济迎来了飞速发展。人民富裕了，购买人身保险的意愿和能力便大大增强。随后的三十年里，保险纠纷出现了爆发式增长，制定于1995年的《保险法》已经无法适应新形势的需要。2009年，我国《保险法》进行了大规模的修订。然而，尽管有此修改，但《保险法》在处理保险纠纷时仍显得捉襟见肘，为了解决法院审判保险纠纷的困扰，最高人民法院决定分步制定司法解释。

在此背景下，我以"保险法司法解释研究"为题目向国家社科基金委申请立项。借助之前的学术成果及学术和实务界朋友的襄助，我幸运地获批国家社科基金青年项目。不过，在随后的研究中，我马上发现，对一个要求三年结项的项目来说，这一题目太大了，我不可能有那么多的时间对这一问题进行系统研究，于是，我对研究题目进行了限缩，将之改为"保险法司法解释及实施问题研究——以人身保险为中心"，并获得了国家社科基金委的批准。

由于本项目的宗旨在于为司法解释服务，故而我将研究的对象固定为《保险法》的法条，具体来说，是对《保险法》中"人身保险合同"的条文进行逐条研究：法条如果存在不合理之处，我便在成果中指出其不足，并提出修改建议；法条虽无错误，但存在模糊时，我便在成果中对其解释，以利司法部门在解决纠纷过程中采纳。因此，项目名称虽为"司法解释"，但其中亦存在立法建议的内容。在结构上，采取逐条研究的模式决定了本书不可能采取篇章式结构，而是走向了以专题为线索的结构，全书凡二十个专题。也正是基于这一点，在本书付梓之际，我将题目更改为

《人身保险合同法律规范专题研究》。遗憾的是，由于结项和出版时间的限制，《保险法》"人身保险合同"部分的个别法条，我没有来得及研究。

  本书能够出版，必须感谢中国社会科学院大学，她为本书的出版提供了出版资助。感谢张政文教授、王新清教授、林维教授等学术委员会委员对本书做出的肯定评价，并将之纳入《中国社会科学院大学文库》出版。特别感谢王新清教授，他在我申请国家社科基金项目时，对我的申请材料提出了中肯的意见，没有这些意见，便没有这本书的现在。同时，本书也是中国社会科学院大学新时代法治创新高等研究院的研究成果之一。

  感谢在申请项目时对我提供援助的保险法理论界和实务界的同仁，他们是中国银保监会刘学生局长、中国人民保险集团李祝用副总裁、中国再保险集团曹顺明总监、最高人民法院刘崇理法官、中国人民大学法学院邢海宝教授、国家行政学院刘锐教授、燕山大学姜南教授、四川路石律师事务所游杰主任等，除此之外，保险法专业微信群"老友记"诸多老友的讨论，对本书的完成提供了信息和观点的支持，我的博士同学尹中安、于海纯，我的学生王啸林、姚亦昭等人对本书的完成亦提供了帮助。本书其中一个专题《投保人合同解除权辩误》便是我和姚亦昭同学共同完成的。在此特别感谢。

  由于自己学养的不足，本书提出的观点及其论证，都可能存在这样或那样的问题，我愿对这些问题承担责任。

梁鹏 谨识

2021 年 3 月 16 日

目　录

绪论 …………………………………………………………………（1）

专题一　人身保险利益制度质疑
　　　　——以《保险法》第31条第3款为中心 ………………（4）
　一　保险利益主体之疑问:功能主义的视角 …………………（5）
　二　保险利益时点之疑问:合同订立时抑或合同订立后 ……（6）
　三　合同效力之疑问:比例原则的考量 ………………………（9）
　四　人身保险利益制度之缺陷:根源与应对 …………………（11）
　五　结论 …………………………………………………………（15）
　附录　其他国家或地区关于人身保险利益之规定 ……………（15）

专题二　年龄超限之保险合同效果辩谬
　　　　——以《保险法》第32条第1款为中心 ………………（16）
　一　问题的提出 …………………………………………………（16）
　二　年龄超限之保险合同的效力:有效、无效抑或可撤销 …（17）
　三　年龄超限之保险合同撤销效力之落实:保费返还与
　　　损害赔偿 ……………………………………………………（27）
　四　年龄超限之保险合同撤销权之限制:不可抗辩
　　　条款的否定 …………………………………………………（36）
　五　结论 …………………………………………………………（44）

附录　其他国家或地区关于年龄错误制度之规定 ……………（45）

专题三　年龄不实之保险合同的法律规制
　　——以《保险法》第32条第2、3款为中心 ……………（48）
　一　现行规定及其问题 ………………………………………（49）
　二　短交保费规则的改进：投保人选择权的设置及比例赔付
　　　绝对化之否定 ……………………………………………（50）
　三　溢交保费规则的重构：比例赔付的增设及利息的退还 ……（56）
　四　代结论：《保险法》第32条第2、3款之修改建议 …………（60）
　　附录　其他国家或地区关于年龄错误制度之规定 ……………（61）

专题四　未成年人死亡保险之研究
　　——《保险法》第33条的司法解释 ………………………（64）
　一　引言：问题的提出 …………………………………………（64）
　二　限制未成年人死亡保险之理论基础：道德危险
　　　角力保险需求 ……………………………………………（65）
　三　限制未成年人死亡保险之方式：四种选择之评价 …………（67）
　四　我国之规定：限制方式与存在问题 ………………………（71）
　五　未成年人死亡保险之需求：保障范围及其性质 …………（75）
　六　问题之解决：修改方向与司法解释 ………………………（79）
　　附录　其他国家或地区关于未成年人死亡保险之规定 ………（87）

专题五　死亡保险被保险人同意权之研究
　　——以《保险法》第34条第1款同意权解释为中心 …………（90）
　一　被保险人同意权之前提："以死亡为给付保险金条件的
　　　合同"的界定 ……………………………………………（91）
　二　赋予被保险人同意权之立法意旨：一基础说抑或
　　　三基础说？ ………………………………………………（93）
　三　"保险利益"可否取代"同意"：二者关系之考察 …………（96）
　四　同意之方式：世界立法、我国选择及解释 ………………（99）

五　限制行为能力人之同意权:超越肯定说与否定说 ………… (103)
六　同意之撤销:被保险人解除权之行使 ……………………… (107)
七　结论 …………………………………………………………… (112)
附录　其他国家或地区关于死亡保险被保险人
　　　同意权之规定 …………………………………………… (113)

专题六　不丧失价值选择之制度构建
　　　　——《保险法》第35条之增订 ……………………… (116)
一　问题的提出 …………………………………………………… (116)
二　不丧失价值选择的中国实践及其检讨 ……………………… (117)
三　不丧失价值选择制度的分层重构 …………………………… (124)
四　法定减额缴清制度的具体构建 ……………………………… (131)
五　结论 …………………………………………………………… (137)
附录　其他国家或地区关于不丧失价值选择制度的规定 ……… (138)

专题七　宽限期制度之研究
　　　　——以《保险法》第36条为中心 …………………… (141)
一　宽限期之适用范围:所有分期付费保险 …………………… (142)
二　"未支付当期保险费"之解释:因投保人之原因 …………… (145)
三　宽限期之产生方式:选择模式的弊端及其解决 …………… (147)
四　催告之基本要素:时间、地点、对象、形式与内容 ………… (151)
五　未经催告的法律后果 ………………………………………… (159)
六　代结论:我国《保险法》第36条之司法解释及修法建议 …… (161)
附录　其他国家或地区关于宽限期制度的规定 ………………… (162)

专题八　保险合同复效比较研究
　　　　——以《保险法》第37条为中心 …………………… (166)
一　复效条件之差异:三种模式的选择 ………………………… (167)
二　可保证明:理性保险人标准 ………………………………… (170)

三　复效合同之性质:对告知义务、不可抗辩条款及
　　　　自杀条款之影响 …………………………………………（173）
　　四　复效之时点:自动复效与可保复效的区分 ………………（177）
　　五　补缴保险费:中止期保费与利息的问题 …………………（180）
　　六　代结论:复效制度之修改建议暨司法解释之方向 ………（181）
　　附录　其他国家或地区关于保险合同复效的规定 ……………（182）

专题九　"禁止诉追保费原则"之扩张适用
　　　　——从《保险法》第38条谈起 ………………………（184）
　　一　人寿保险"禁止诉追保费"的立法解释 …………………（185）
　　二　人寿保险"禁止诉追保费"解释理由之怀疑 ……………（187）
　　三　"禁止诉追保费原则"扩张解释之理由及其法学阐释 ……（192）
　　四　"禁止诉追保费原则"的不利影响及其救济 ………………（195）
　　五　结论 …………………………………………………………（198）
　　附录　其他国家或地区关于迟延交付保险费的规定 …………（200）

专题十　论保险受益人指定权
　　　　——《保险法》第39条之司法解释 …………………（205）
　　一　受益人指定权争议反映的理念差异 ………………………（206）
　　二　指定未经被保险人同意之法律后果 ………………………（211）
　　三　劳动关系保险之受益人指定权 ……………………………（214）
　　四　代结论:我国《保险法》受益人指定权的司法解释及
　　　　修法建议 ……………………………………………………（218）
　　附录　其他国家或地区关于受益人指定权的规定 ……………（219）

专题十一　论不可撤销受益人制度之建立
　　　　——《保险法》第40条之补充 …………………………（222）
　　一　变更受益人引发的问题 ……………………………………（222）
　　二　原受益人利益损害之救济路径选择 ………………………（224）
　　三　不可撤销受益人制度的具体建构 …………………………（227）

四　代结论:《保险法》第40条之补充……………………………(235)
　　附录　其他国家或地区关于不可撤销受益人制度的规定………(236)

专题十二　保险受益人变更之研究
　　　　　　——以《保险法》第41条为中心 ………………………(237)
　　一　变更行为之性质:单方法律行为 ………………………………(238)
　　二　变更的形式:无需法律强制 ……………………………………(240)
　　三　变更行为之生效:意思表示的视角 ……………………………(246)
　　四　变更之效力:《保险法》未规定的三个问题 …………………(255)
　　五　结论:我国《保险法》受益人变更规定的司法解释 …………(258)
　　附录　其他国家或地区有关受益人变更的规定 …………………(259)

专题十三　受益人缺失与保险人赔付之处理
　　　　　　——以《保险法》第42条第1款为中心 …………………(264)
　　一　受益人缺失情况下保险金处理的方式 ………………………(265)
　　二　受益人缺失情况下保险金处理观点之评析 …………………(267)
　　三　受益人缺失情况下保险金归属之深层理由 …………………(273)
　　四　受益人缺失情况下保险金受领人之身份 ……………………(279)
　　五　代结论:受益人缺失情况下保险金
　　　　处理的司法解释 ………………………………………………(284)
　　附录　其他国家或地区关于受益人缺失与保险金
　　　　处理的规定 ……………………………………………………(285)

专题十四　同时罹难条款之推定矛盾及其解决
　　　　　　——以《保险法》第42条第2款为中心 …………………(288)
　　一　同时罹难条款之困惑 …………………………………………(289)
　　二　同时罹难推定矛盾之产生原因 ………………………………(292)
　　三　同时罹难推定矛盾之解决 ……………………………………(296)
　　四　代结论:同时罹难条款的司法解释 …………………………(299)
　　附录　其他国家或地区关于同时罹难条款的规定 ………………(299)

专题十五　受益人故意制造保险事故之研究
　　——以《保险法》第 43 条为中心 ………………………… (301)
　一　受益人之"故意":应否以谋取保险金为目的 ………… (302)
　二　剥夺受益权:是否适用于被保险人仍生存之情形 …… (304)
　三　受益人兼为投保人:故意制造保险事故规定的
　　　矛盾及其解决 ………………………………………… (308)
　四　受益人故意制造保险事故之法律后果:多个
　　　受益人的情形 ………………………………………… (316)
　五　代结论:受益人故意制造保险事故规定之解释与修改 …… (322)
　附录　其他国家或地区关于投保人、受益人故意制造保险
　　　　事故的规定 ………………………………………… (323)

专题十六　保险法自杀条款研究
　　——《保险法》第 44 条之司法解释 …………………… (327)
　一　自杀之主观状态:过失的排除 ……………………… (327)
　二　自杀条款之适用范围:人寿保险合同抑或人身保险合同 …… (331)
　三　自杀条款期间之设计:原理及其缺陷 ……………… (333)
　四　自杀条款之例外:现行规定的理论批评、实益性
　　　及其完善 ……………………………………………… (340)
　五　代结论:我国《保险法》自杀条款的司法解释及修法建议 …… (347)
　附录　其他国家或地区关于自杀条款的规定 ……………… (349)

专题十七　投保人合同解除权辩误
　　——以《保险法》第 47 条及司法解释(三)第 17 条
　　　　为中心 ……………………………………………… (351)
　一　问题的提出 …………………………………………… (351)
　二　投保人作为合同当事人的质疑 ……………………… (353)
　三　被保险人的期待利益不应优先保护的批评 ………… (357)
　四　赎买权对投保人解除权限制的缺憾 ………………… (359)
　五　结语 …………………………………………………… (361)

附录　其他国家或地区关于保险合同解除之规定 …………（361）

专题十八　司法解释中的死亡保险问题 ……………………（372）
　　一　被保险人同意解释之未决问题 ……………………（373）
　　二　被保险人撤销同意与保险法规定之矛盾 …………（375）
　　三　未成年人死亡保险解释之完善 ……………………（378）
　　四　结论 …………………………………………………（380）

专题十九　保险法司法解释中的合同复效问题 ……………（381）
　　一　复效解释之适用前提 ………………………………（382）
　　二　"中止期间"危险增加的认定困难 …………………（384）
　　三　"危险程度显著增加"的扩张解释 …………………（386）
　　四　结论 …………………………………………………（388）

专题二十　司法解释中的受益人问题 ………………………（390）
　　一　遗嘱变更受益人的生效时间 ………………………（391）
　　二　保险事故发生后的受益人变更 ……………………（393）
　　三　部分受益人受益份额处理之适用条件与例外补充 …（396）
　　四　欠缺受益人情况下保单持有人的地位 ……………（400）
　　五　结语 …………………………………………………（401）

附录　《保险法》(人身保险合同部分)条文修改或司法解释建议 ……………………………………………………（403）

参考文献 ………………………………………………………（410）

绪　　论

本书的主要内容，是将《保险法》"人身保险合同"部分的法条（总计17条）作逐一研究，涉及人身保险的保险利益、年龄告知的错误、死亡保险的特殊处理、宽限期制度、人身保险合同的中止与复效、受益人指定和变更、受益权丧失、自杀条款、犯罪条款，人身保险合同的解除等，大致涵盖了人身保险合同的重要方面。对这些法条进行理论研究，指出法条规定的错误之处，对法条规定的模糊之处予以合理解释，对实务中出现的问题进行回答，对新出台的《保险法司法解释三》的部分内容做出评议。

本书的主要观点和对策建议如下：

在订立合同时欠缺保险利益的保险合同，不宜一概宣告无效。《保险法》第31条规定该类合同为无效合同，目的在于防范道德危险，然此类合同最终发生之保险事故，绝大多数并非因道德危险所致，如一概将其宣告为无效合同，有违《保险法》之消费者保护原则。并且，保险合同为继续性合同，依照合同法理论，继续性合同之无效应作有效合同处理，如此方能保护被保险人权益。

年龄超限之保险合同，应为可撤销合同，其撤销后果为退还保险费，并且此类合同不应适用不可抗辩条款。《保险法》规定保险人可解除此类合同，但解除权仅向将来发生，不能解决解除前事故之拒赔问题，因此应改为保险人可以撤销合同。年龄错误条款出现于不可抗辩条款产生之前，保险人秉持这一制度不受不可抗辩制度限制的态度，我国关于保险人的解除权应受不可抗辩条款限制的规定，实为引进制度之失误。

未成年人之死亡保险，应保障者为丧葬费用，扩大保障金额可能导致道德危险。未成年人非家庭之主要收入来源，其死亡对家庭之经济状况影响不大，自保险学角度看，仅应保障其丧葬费用，西方国家之保险法亦有明确限制，但我国保监会不断采取扩大保险金额的措施，与世界立法相左，有可能导致针对未成年人之道德危险。

死亡保险之被保险人同意权，可采取事前承认与事后追认之方式，该同意可由被保险人本人撤销，被保险人撤销同意后，保险合同解除，保险人应退还未履行部分之保险费或现金价值。我国《保险法》虽规定了被保险人之同意权，但同意之方式和后果并未规定，本研究成果在此做详细解释。

人身保险合同的宽限期制度应当选择唯一模式：催告模式。现行《保险法》在宽限期起算的问题上采取了两种模式：催告模式和非催告模式。在非催告模式下，投保人可能根本未能意识到保费到期需要交付，宽限期即已开始计算，这与宽限期制度为投保人利益设置之目的相违背，只有采取催告模式，投保人乃知应当交费，方符合该制度之设立目的。

废除复效制度上的保险人同意主义，保险合同复效时，投保人仍需履行告知义务，不可抗辩的起算期自复效之日起算，自杀免责的起算之日则从保险合同成立之时起算。现行《保险法》规定，保险合同复效须经保险人同意，将复效之权利完全交由保险人掌控，保险人对此可能采取投机行为。比较法研究表明，采取宽松的可保主义可以杜绝保险人的投机行为，在此模式下，告知义务的履行，自杀期限和不可抗辩期限的起算都应有所明确。

建立法定的不丧失价值选择制度——法定缴清保险制度。现行《保险法》欠缺这一制度设计，导致在保险合同中止期经过后，保险人启动自动垫交条款，使保单之现金价值耗尽，最后保险人仍解除保险合同，投保人、被保险人交付之保险费一无所获。为此，必须建立法定减额缴清制度，保险合同中止后，保险人应以保单之现金价值趸交购买金额较少之同一保险，此制度的建立可以降低投保人、被保险人之损失。

不可撤销受益人制度之建立。我国《保险法》未规定不可撤销受益人制度，实务中亦无此项操作，然被保险人违背其与投保人之约定，擅自变更受益人，可能导致投保人之经济损失，为保护投保人利益，应允许投保人与被保险人约定不可撤销受益人，被保险人若欲变更受益人，必经投保人同意，免却投保人证明其与被保险人法律关系之困境。

受益人变更在形式上可采自由原则，自变更行为做出之时生效，变更未通知保险人的，不得以此对抗保险人。现行《保险法》规定变更采书面形式，被保险人通知保险人后，于保险人做出批注之时生效，大约是受到保险公司观念的不当影响，而这一立法限制了被保险人变更受益人的形式，造成在先受益人与略后受益人领取保险金的纠纷，有必要对之明确，最高法院在这一问题上采取了与课题成果相同的立场。

在受益人故意制造保险事故的问题上，若被保险人仍然生存，并坚持赋予该受益人受益权，则法律不应强制剥夺受益人之受益权。于受益人兼为投保人时，除非受益人于订立保险合同时便有制造保险事故之故意，否则保险人仍应赔付，不过该受益人不得领取保险金。现行《保险法》不顾被保险人的意思表示，在受益人故意制造保险事故时一律剥夺受益权，并且，只要投保人故意制造保险事故即不予赔付的规定值得探讨。

在自杀条款问题上，如果受益人能够证明被保险人投保时不具有自杀骗保意图，则保险人应当赔付保险金，不应受到两年内拒赔规定的约束，同时，如果保险人能做出相反证明，则无论在两年之内或之外，保险人均可以拒赔保险金。现行《保险法》关于两年之内保险人可以拒赔，两年之外则不得拒赔的规定在一定程度上能够防范道德危险，但僵硬的两年期规定容易导致对双方当事人不公平的结果。

在人身保险合同解除权问题上，似应由被保险人享有合同解除权。现行《保险法》规定，投保人享有任意解除权，其理论基础主要是投保人是合同当事人，只有当事人才能解除合同，然而，研究表明，投保人作为保险合同当事人的理论遭到质疑，在实务中，这一理论可能导致保险合同不成其为合同。结合国外保险法理论，将被保险人作为合同当事人似更妥帖，如此，则应由被保险人享有合同解除权，而非投保人享有合同解除权。

专题一 人身保险利益制度质疑

——以《保险法》第 31 条第 3 款为中心

【内容摘要】 我国《保险法》规定的人身保险制度在三个方面存在问题：从功能主义的角度看，投保人具有保险利益不符合保险利益的功能；从保险利益存在的时点上看，无法否认订立保险合同时不具保险利益，订立合同后产生保险利益之合同的效力；从合同效力的角度看，宣告订立合同时不具有保险利益的人身保险合同无效不符合比例原则。这些问题的根源在于，是被保险人而非投保人应当具有保险利益。不过，在我国人身保险利益纠纷的审判上，可以采取"无效当有效"的处理方法，牺牲逻辑上的合理性以求审判结果的公平性。

【关键词】 人身保险利益；投保人；被保险人；无效

2009 年，我国修改《保险法》，保险利益制度是修法重点之一，于人身保险部分，新法第 12 条第 1 款将原法"投保人对保险标的应当具有保险利益"的规定修改为"人身保险的投保人在保险合同订立时，对被保险人应当具有保险利益"。并于第 31 条第 3 款补充规定："订立保险合同时，投保人对被保险人不具有保险利益的，合同无效。"修改后的新法，在人身保险制度方面形成三个关键点：第一，投保人应对被保险人具有保险利益；第二，于订立合同时具有保险利益；第三，订立时欠缺保险利益之人身保险合同无效。然而，这三个关键点在理论上均存在缺陷，需要加以澄清。

一 保险利益主体之疑问：功能主义的视角

保险利益之功能，亦为保险利益制度存在之价值。传统上，保险利益的功能分为三项：防止赌博行为、防范道德危险、限制赔偿额度。① 人身保险关于保险利益之制度设计，须符合此三项功能。我国《保险法》规定投保人应对被保险人具有保险利益，是否符合此三项功能，须分别讨论：

预防赌博之功能是保险利益最初之功能，然而，在大陆法系现行人身保险制度下，投保人已不可能产生赌博之动机，因此预防赌博之功能也在逐渐褪色。保险利益之概念，最初产生于 18 世纪的英国海上保险中，其目的在于防止投保人就与自己无关的货物投保，一旦出险，保险人便须对投保人予以赔付，投保人以少量保险费为赌注博取巨额保险金的行为，本质上就是赌博。② 保险之所以能够导致赌博行为发生，关键在于保险金可以毫无法律障碍地支付给投保人，倘若保险金不能支付给投保人，则投保人便不再具有赌博之动机。在大陆法系现代人身保险制度下，保险人应将保险金支付给被保险人或者受益人，而非投保人。这样，如果投保人并非被保险人或受益人，根据我国《保险法》，其根本无法取得保险金，也就不存在赌博的动机。如果投保人就是被保险人或受益人，其取得保险金符合法律规定，投保行为并非赌博行为。③ 因此，保险金领取对象的限制使得投保人无法产生赌博动机。也许正是基于这样的认识，有学者认为："投保人毋须对特定客体或特定人具有保险利益。"④

防范道德危险是现代保险利益制度的主要功能，但在大陆法系的人身保险制度中，可以领取保险金的投保人恒具保险利益，无须防范。所谓道德危险，在人身保险中是指领取保险金之人为获取保险金而故意制造保险事故。要求投保人在订立保险合同时具有保险利益，就是为了防止不具有

---

① 李玉泉：《保险法学——理论与实务》，高等教育出版社 2007 年版，第 72 页。
② Robert H. Jerry, *Understanding Insurance Law*, Matthew Bender & Co., Inc., 1989, p.177.
③ 此种情形符合法律规定的理由，参见下段论述。
④ 江朝国：《保险利益之研究——反思投保人与被保险人于保险合同之地位》，载李劲夫主编《保险法评论》（第一卷），中国法制出版社 2008 年版，第 28 页。

保险利益之投保人为被保险人投保之后故意制造保险事故的道德危险。但是，当我们审视这一制度时，发现，在投保人可以领取保险金的场合，投保人均具有保险利益。如上所述，在我国保险制度下，投保人不能领取保险金，只有被保险人或受益人才是保险金的领取者。当投保人以被保险人身份领取保险金时，由于其本身就是被保险人，自己对自己的身体或生命当然具有保险利益。当投保人以受益人身份领取保险金时，根据我国《保险法》第39条之规定，其作为受益人必须经过被保险人同意，被保险人同意投保人作为受益人，意味着被保险人同意投保人以其作为被保险人订立保险合同，依我国《保险法》第31条之规定，被保险人同意投保人为其订立合同的，视为投保人对被保险人具有保险利益。因此，无论投保人作为被保险人还是受益人，其均享有保险利益。防范道德危险之前提是投保人不具有保险利益，既然可以领取保险金的投保人恒具保险利益，便无防范之必要。

限制赔偿额度之功能在人身保险中亦无用武之地。限制赔偿额度，是针对财产保险而言的，在财产保险中，保险标的具有可估价性，依据损失补偿原则，保险人对保险事故的赔偿，不能超过被保险人对保险标的的保险利益。而人身保险的标的是人的生命或身体，无法用货币估价。"人身无价之概念，应不得以任何方式加以否定之。"① 既如此，在人之身体或生命遭遇不幸之时，保险人所做赔偿，并非基于被保险人所受损失之价值，而是基于保险合同双方之约定，所谓依保险利益之价值限制保险人的赔偿，防止被保险人或受益人获得不当得利之学说，在人身保险中并不适用。

由此，我们怀疑，在大陆法系人身保险制度下，要求投保人具有保险利益是否具有必要性。

二 保险利益时点之疑问：合同订立时抑或合同订立后

新《保险法》明确要求投保人于订立人身保险合同时具有保险利益，之所以这样修改，主要原因在于实务中出现的离婚保险纠纷。修法前，夫

---

① 江朝国：《保险法基础理论》，瑞兴图书股份有限公司2003年版，第86页。

妻一方以自己为投保人，对方为被保险人投保人身保险。合同订立后夫妻双方离婚，继之被保险人意外身故。受益人要求保险人赔付时，保险人每以出险时夫妻已离婚，互不具有保险利益为由拒绝赔付。修法者认为，保险人的拒赔不合理，此等保险合同应为有效合同，因此规定只要投保人在订立合同时具有保险利益，无论合同订立后投保人是否丧失保险利益，保险合同均为有效合同，以杜绝保险人之拒赔行为。

但是，修法未能考虑到的问题是，倘若投保时不具有保险利益，合同订立后产生保险利益，法律是否承认该种合同的有效性？例如，甲乙二人系男女朋友关系，甲以乙为被保险人投保了某人寿保险，此事甲未告知乙。保险合同成立后，甲乙二人办理了结婚登记手续，又半年，乙因疾病身故，甲向保险公司请求赔付保险金，此时保险合同是否有效？或者，丙与丁为朋友关系，丙以丁为被保险人投保健康保险，保险合同成立后，丙将投保事宜告知丁，丁表示同意。后丁生病住院，要求保险公司赔付，保险公司能否以投保人于投保时不具有保险利益拒绝赔付？

否认上述两种合同的效力，似乎没有充分的依据。法律之所以要求投保人于订立保险合同时具有保险利益，其目的在于防止道德危险和赌博行为。尽管如前所论，在人身保险中，要求投保人对被保险人具有保险利益并不具有实益性，但着眼于论述现行法律的不合理性，我们仍不妨从防止道德危险与赌博行为的角度考察订立合同时不具保险利益，订立合同后产生保险利益的人身保险合同与订立合同时即具有保险利益的人身保险合同之间的差别。

从道德危险的角度看，订立合同后产生保险利益的人身保险合同，其产生道德危险的可能性与订立合同时即具有保险利益的人身保险合同几乎没有差别。订立合同时存在保险利益与订立合同后存在保险利益同为具有保险利益，而保险事故发生于具有保险利益之后，没有证据表明订立合同时不具保险利益者，道德危险发生的概率一定大于订立合同后取得保险利益的情形。事实上，道德危险是未来获取保险金之人的主观倾向，其与保险利益并无绝对关系，保险利益的存在，不足以防止这种不良动机的产生。[①] 具有保险利

---

① 参见杨芳《可保利益效力研究——兼论对我国相关立法的反思与重构》，法律出版社2007年版，第33页。

益之人也可能产生道德危险,"实证表明,在多数案例中企图获得寿险保险金而做出谋杀行为的人通常对受害人具有保险利益"①。相反,不具有保险利益之人并非必然产生道德危险,实践中,朋友之间相互投保,产生道德危险的可能性微乎其微。当然,具有保险利益时,其产生道德危险的可能性总体比不具保险利益时为低,但这只是有保险利益与无保险利益之间的差别,如果在保险事故发生之前具有保险利益,无论保险利益产生于何时,其对道德危险发生的影响均是有限的。

在赌博行为方面,订立合同后方具有保险利益的人身保险合同,其产生赌博行为的可能性与订立合同时即具有保险利益的人身保险合同同样没有差别。如果说投保人在订立合同时具有赌博的倾向,合同订立后产生的保险利益彻底消灭了这一倾向,保险与赌博的差别,不仅在于保险属于合法行为,而且在于是否存在保险利益,② 在投保人对被保险人拥有保险利益后,便排除了赌博的可能性。在预防赌博行为方面,投保人在合同订立后取得保险利益,与其在订立合同时具有保险利益的最终效果没有差别。

既然在道德危险和赌博行为方面,订立合同后方具有保险利益的人身保险合同与订立前便具有保险利益的合同没有差别,而我国立法又承认后者的效力,那么,没有理由不承认前者的效力。关于这一问题,澳大利亚走过了与我国一样的道路,1995 年 1 月之前,澳大利亚的法规要求投保人应于订立合同时对被保险人具有保险利益,但在 1995 年,澳大利亚《保险合同法》已于第 18 条将该规定改为:"如果仅仅因为签订合同时被保险人对合同标的没有利益,保险合同并不因此无效。"③

据此,保险利益的时点可以存在于订立合同时或者订立合同后,我国《保险法》规定"投保人在订立合同时应当对被保险人具有保险利益",意在强调一旦投保人在订立合同时具有保险利益,保险人在订立合同后便不能以丧失保险利益为由拒绝赔付,但这一规定过于极端,导致合同订立后方产生保险利益之人身保险合同成为无效合同,诚为不智之举。

---

① A. A. Tarr, *Australian Insurance Law*, Law Book Co., Melbourne, 1987, p. 70.
② 参见李玉泉《保险法》第二版,法律出版社 2003 年版,第 14 页。
③ Peter Mann, *Annotated Insurance Contracts Act*, 4th Edition, Lawbook Co. Sydney, 2003, p. 60.

三 合同效力之疑问：比例原则的考量

我国《保险法》第 31 条第 3 款明确规定："订立保险合同时，投保人对被保险人不具有保险利益的，合同无效。"在上部分的论述中，我们已经从解释论的角度阐述了该规定的不足，本部分将从立法论的角度分析将该种合同确定为无效合同的不合理性，所采取的分析工具是行政法学界已经成熟的比例原则理论。

比例原则肇始于 19 世纪的德国行政法，其萌芽是德国行政法学家奥托·麦耶在其 1895 年出版的《德国行政法》中提出的"警察权力不可违反比例原则"理论。这一原则后来被广泛适用于私法领域。其核心内容是：在行使权力时，应对权力行使的目的与手段之间关系，甚至是对两者所代表的、相互冲突的利益之间的关系进行衡量，以保证权力的行使不至于不择手段，保证权力行使的总成本不至于大于总收益。① 将这一原则运用于全国人大行使制定法律的权力可知，全国人大在制定某一法律条款时，必须考虑制定该条款的目的与为达到该目的采取的手段是否适合，是否会出现总成本大于总收益的情况。在人身保险利益制度中，控制道德危险和赌博行为是立法所欲达到的目的，采用的手段则是宣告订立保险合同时不具有保险利益的合同无效（下文简称"宣告合同无效"）。因此，需要分析的内容是：宣告合同无效是否有必要成为控制道德危险和赌博行为的手段。比例原则主要表现在适合性、不可替代性、相称性三个方面，我们可以从这三个方面分析其合理性。

从适合性的角度看，以宣告合同无效手段作为防控道德危险和赌博行为的手段无可厚非。比例原则中的适合性，是指行政措施的采行，必须能够实现行政目的，或者至少有助于行政目的的实现。依据适当性原则，如果所采取的手段有助于目的的实现，即为符合适当性原则。② 在人身保险合同方面，通过法律宣告订立时不具保险利益的合同无效，对了解这一规

---

① 参见余凌云《论行政法上的比例原则》，《法学家》2002 年第 2 期。
② 参见姜昕《比例原则释义学结构构建及反思》，《法律科学》2008 年第 5 期。

定的投保人来说，其投保时便会寻求保险利益，譬如征得被保险人的同意，从而起到控制了道德危险和赌博行为的作用。尽管对不了解该规定的投保人来说，这一规定防控道德危险和赌博行为的作用有限，但由于适合性原则只需部分地有助于目的的实现便不违反比例原则，故而，以宣告合同无效的手段实现防控道德危险和赌博行为的目的符合比例原则中的适当性标准。

从必要性的角度看，以宣告合同无效手段作为防控道德危险和赌博行为具有可替代性。比例原则中的必要性，是指为了达到法定的行政目的，该项措施是给人民造成最小侵害的措施。如果存在其他侵害更小的措施，则应当摒弃该项措施。在此，我们需要考虑的是，为了控制道德危险和赌博行为，宣告合同无效是否对当事人损害最小的措施？在笔者看来，保险法上至少还有两项措施可以替代人身保险利益制度，以较小的成本控制道德危险和赌博行为：第一，保险金归属制度。控制投保人道德危险和赌博行为的关键是避免与被保险人没有关系的投保人获取保险金。如前所述，领取保险金之人不可能是与被保险人没有关系的投保人。因此也就不容易发生道德危险与赌博行为；第二，故意杀害被保险人的受益人丧失受益权制度。我国《保险法》第43条第2款规定："受益人故意造成被保险人死亡、伤残、疾病的，或者故意杀害被保险人未遂的，该受益人丧失受益权。"立法如此规定，旨在向民众宣示：倘若受益人发生道德危险行为，其亦不能获得保险金。这一规定具有控制道德危险的功能，倘若投保人在投保时知道这一规定的存在（一个普通人均能从正常逻辑思考中得知故意杀害被保险人无法获得保险金），即使其将自己指定为受益人，也很少会产生道德危险的动机。较之宣告合同无效，这两种控制道德危险或赌博行为的手段成本相对低廉，其原理在于，在该两种制度下，当投保人发生道德危险时，保险合同仍为有效合同，其保险金由其他受益人或者被保险人的法定继承人获取，而不至于导致合同无效，任何人均无权获得保险金。

从相称性的角度看，宣告合同无效带来的损害与防控道德危险和赌博行为的目的并不相称。相称性又称比例性，是指："行政权力所采取的措施与其所达到的目的之间必须合比例或相称。具体地说，是指一项行政措施虽然为达到行政目的所必要，但如果其实施的结果会给人民带来超过行政目的价值的侵害，那么，该项行政权力的行使就违反了比例原则。"① 在保险法上，宣告订立合同时不具保险利益的合同无效，有可能成为保险人拒绝赔付的避风港。从我国的实践来看，绝大多数不具保险利益的保险合同，其投保人均为被保险人的朋友或其他亲近关系，投保只为对被保险人予以保障，并无杀害被保险人领取保险金或者赌博的预谋，如果宣告这些合同无效，则保险人可以拒绝赔付，"由此造成的经济损失，包括订约成本、履约成本和解决纠纷的成本，以及其他直接和间接损失，如果做出统计，将是一个令人震惊的数字"②。而保险合同订立时就存在道德危险和赌博动机的投保人数量极其微小，几乎可以忽略不计。为了防止数量极其微小的道德危险而宣告数量众多的保险合同无效，其相称性值得怀疑。

此外，合同法的近期研究表明，"可以导致法律行为无效的唯一原因是公共利益受到了损害"③。订立保险合同时不具有保险利益，是否损害了公共利益也值得怀疑。道德危险和赌博行为也许具有危害社会公共利益的性质，但是，订立合同时不具有保险利益而具有道德危险或赌博倾向的情形，毕竟只是少数，通过法律规定的形式将此类保险合同统统宣布为无效合同，则不免有"打击面过宽"之嫌。至少没有必要将那些最终没有发生道德危险或赌博行为的保险合同宣告为无效合同。

四　人身保险利益制度之缺陷：根源与应对

上文对人身保险制度的三个关键点均提出质疑：投保人对被保险人具有保险利益不符合保险利益的功能，订立合同时具有保险利益扼杀了一部分本应有效的保险合同的效力，宣告订立合同时不具有保险利益的合同无效不符合比例原则。这意味着，我国的人身保险利益制度存在根本性问题，而这个问题的根源何在？

---

① 黄学贤：《行政法中的比例原则研究》，《法律科学》2001年第1期。
② 王卫国：《论合同无效制度》，《法学研究》1995年第3期。
③ 黄忠：《违法合同效力论》，法律出版社2010年版，第169页。

要求投保人必须对被保险人具有保险利益的理论是人身保险利益制度问题的根源，具有保险利益的，应当为被保险人。我国《保险法》虽要求投保人对被保险人具有保险利益，但这一规定的理论基础早已受到挑战。许多学者均认为，是被保险人，而非投保人应当具有保险利益。著名保险法学者江朝国教授指出："保险利益系指被保险人对特定客体之关系，非要保人对特定客体之关系。"① 郑玉波教授指出："其实保险利益存在于被保险人，倘无保险利益之存在，那有损害之可言？同时若无保险利益，而享有赔偿请求权时，又何能防止道德的危险？所以被保险人须有保险利益，较要保人须有保险利益，尤为重要。"②

如果承认保险利益应为被保险人所具有，则人身保险制度之疑问均可化解。不仅投保人具有保险利益的疑问随着被保险人具有保险利益观点的提出自行化解，而且，由于人身保险以被保险人的身体或生命为保险标的，而被保险人对自己的生命或身体恒具保险利益，因此，在人身保险中，不需特别强调保险利益存在的时点问题。进一步讲，由于不存在被保险人不具有保险利益的情况，以不具有保险利益为由宣告保险合同无效便失去了前提，无论何人订立的人身保险合同，均应为有效合同。

然而，我们还需要回答一个问题：既然被保险人恒具保险利益，为什么在保险利益概念产生的英美法系国家，法律还要求被保险人必须具有保险利益？这是因为：英美法系的保险合同主体采取被保险人与保险人的两分法，其被保险人的概念包括大陆法系所谓的投保人与被保险人。在投保人为他人投保之时，确实存在赌博行为和道德危险的可能性，预防道德危险和赌博行为的问题在大陆法系通过受益人指定须经被保险人同意的制度得以解决。但在英美法系，指定受益人并不需要经过被保险人同意，投保人可以不受限制地将自己指定为受益人，③ 从而使得道德危险或赌博行为的可能性大大增加。为了防止这样的道德危险或赌博行为，英美法系必须

---

① 江朝国：《保险法基础理论》，瑞兴图书股份有限公司2003年版，第86页。
② 郑玉波：《保险法论》，三民书局2003年版，第68页。
③ 笔者查阅了能够查阅的所有英文资料，未发现英美法系指定受益人须经被保险人同意的规定或理论描述。笔者也曾就这个问题请教了著名保险法专家陈欣教授，陈教授指出，在英美法系，指定受益人无须经过被保险人同意。

建立保险利益制度。

尽管《保险法》关于人身保险不具保险利益即为无效的规定存在问题，但由于该规定属于法律明文规定的效力性强制规范，法官在审理案件时必须宣告合同无效，但是，在宣告合同无效后的案件处理上，却可以通过智慧地处理达到公平的结果。

目前，法官审理投保人订立合同时没有保险利益的案件，通常都会判决保险合同无效，在合同无效后的处理上，多判决保险人返还投保人保险费了事。① 这样的判决，仅考虑投保人交付保险费是对合同的履行，未考虑保险人为被保险人承担风险，尽管未支出保险金，依然是对合同的履行。导致被保险人失去了本应享受的保障，保险人逃避了保险责任，对被保险人有失公平。公正的处理方法是，尊重保险合同的继续性特点，将无效合同作为有效合同处理。

保险合同是典型的继续性合同。继续性合同是指合同权利非一次性实现，而是定期或不定期地连续实现的合同。供用电合同，租赁合同等属于典型的继续性合同。对保险合同来说，保险合同生效后，保险人开始履行合同，其履行合同的方式是为被保险人承担风险，而这种风险的承担存在于整个保险合同期间，与此相对应，投保人或被保险人于保险合同存续期间连续实现合同权利。因此，保险合同也是典型的继续性合同。

继续性合同的一个重要特点是，一旦合同无效或被撤销，一方当事人无法返还对方当事人的履行。例如，租赁合同无效后，承租人不可能向出租人返还已经实现的"使用"，供用电合同无效后，用电方无法向供电方返还已经消耗的电能。同样，对保险合同来说，一旦合同无效，尽管保险人可以向投保人返还保险费，投保人却无法向保险人返还其已经履行的危险承担。

在一方当事人无法返还的情况下，本可以采取以合理的价格补偿的方式解决返还问题，但这种处理方式也存在问题。例如，承租人无法返还其对房屋的"使用"时，其应当向出租人支付的应是就其"使用"而支付的

---

① 参见周玉华《最新保险法经典疑难案例判解》，法律出版社2008年版，第23页。

补偿费用而非无效租赁合同所约定的租金。保险合同无效后，保险人可以退还保险费，投保人可以依据合理价格退还保险人为其承担风险的补偿款。但是，一方面，在没有发生保险事故时，这种补偿款与保险费的价格基本相同，退还补偿款相当于承认保险合同有效；另一方面，在发生保险事故时，如果允许投保人通过返还补偿款的方式解决纠纷，则该解决方式将成为保险人拒绝承担保险责任的绝佳借口。也就是说，在订立保险合同时，保险人本应承担审查投保人是否具有保险利益的义务，但双方返还的后果却使其根本不履行审查义务，一旦发生保险事故，其可以主张合同无效，进而主张双方返还，不承担赔付保险金的责任，这在理论上也难以自圆其说。

  对于这样的困境，理论界提出了"法律应限制继续性合同无效或可撤销时的溯及力，使过去的法律关系不因此而受到影响。"① 对继续性合同作"无效当有效"的处理。②，亦即，人身保险合同因投保人在订立保险合同时不具有保险利益而无效时，法官可以判决合同无效，但对无效合同的处理，却可以与有效保险合同的结果相同。在未发生保险事故时，双方返还相同数额的金额，其实际效果等同于合同有效情况下的互不返还。在发生保险事故时，由保险公司依照保险合同约定的保险金予以赔偿，赔偿理由是，保险人未尽审查保险利益之义务，对保险合同无效存在过错，应当赔偿因此造成的损失，赔偿数额与保险金的金额相同。这种处理方式可能存在逻辑上的问题，该问题产生的根源在于人身保险利益应由投保人具有的错误立法，在这一错误立法下所作的补救措施，目的在于处理结果的公平性，而非逻辑上的顺畅。正如学者所言："事实上，就法律行为无效后一方无法返还时有关问题的处理，很难采用一种既符合逻辑推理，又符合公平观念的一般准则。"③ 在公平与逻辑之间，我们应选择公平而不是逻辑。

---

  ① 魏振瀛、徐学鹿、郭明瑞主编：《北京大学法学百科全书：民法学、商法学》，北京大学出版社 2004 年版，第 516 页。
  ② 参见尹田《论法律行为无效后的财产返还》，《时代法学》2010 年第 5 期。
  ③ 尹田：《论法律行为的无效及其效果》，载王崇敏、陈立风主编《法学经纬》第一卷，法律出版社 2010 年版，第 20 页。

五　结论

我国保险法关于投保人应当于人身保险合同订立时具有保险利益，否则保险合同无效的规定存在问题，其根源在于人身保险利益的享有者并非投保人，而是被保险人。由于这一规定属于效力性强制规范，在法律没有修改之前，法官难以回避关于无效的规定，最高人民法院亦无法通过司法解释将投保人在订立合同时不具有保险利益的合同确定为有效合同。不过，在具体实施中，法官可以遵循该规定，宣告人身保险合同无效，但在合同无效结果的处理上，采取"无效当作有效"的处理方式，以便实现法律的公平性。

附录　其他国家或地区关于人身保险利益之规定

●澳大利亚《1984年保险合同法》

第18条：（不要求保险利益）

1. 本条适用于：

（1）人寿保险合同；

（2）以某人因疾病或意外伤害死亡为保险金给付条件的合同。

2. 适用本条的保险合同，并不仅仅因为订立合同时被保险人对保险合同标的没有利益而无效。

专题二　年龄超限之保险合同效果辩谬

——以《保险法》第 32 条第 1 款为中心

【摘要】 关于年龄超限之保险合同的效力，有两种观点：有效合同说和无效合同说，这两个观点均不合理，年龄超限合同完全符合可撤销合同的标准，效力上应为可撤销合同，我国《保险法》关于"保险人可以解除合同"的规定并不正确。保险人撤销合同后，对撤销之前发生的保险事故不应赔付，但应当退还保险费，同时，当事人应当依己方的过错各自承担保险费利息和手续费损失，我国《保险法》中"保险人退还现金价值"的规定并不恰当。保险人撤销合同的权利应当受到一定的限制，但是，由于保险人历史上对撤销权保留的坚持，以及不可抗辩条款适用范围的限制，我国《保险法》应删除保险人之撤销权受到不可抗辩条款限制的规定。

【关键词】 年龄不实；可撤销合同；退还保险费；不可抗辩条款

一　问题的提出

众所周知，年龄是人身保险合同，特别是人寿保险合同的重要因素，被保险人之风险随年龄之增加而增加，风险增至一定程度，保险人便拒绝承保，因此，在许多人寿保险合同中，保险人对被保险人的年龄有所限定，超过限定年龄，保险人便不再签发保单。然而，保险实务中，因投保人之疏忽，或者故意欺诈，常有申报年龄符合保险合同之限定，而真实年龄却超出限定之情形。倘若被保险人死亡，保险人应否赔付自成问题。为解决这一问题,我国《保险法》于第32条第1款明文规定:"投保人申报的被保险人年龄不真实,并且其真实年龄不符合合同约定的年龄限制的,保险人可以解除合同,并按照合同约定退还保险单的现金价值。保险人行使合同解除权,适用本法第十六条第三款、第六款的规定。"此即我国保险法关于年龄不实,[①]且超出限定范围之规定,[②]亦即本书所谓之"年龄超限规则"。本规则之实质内容有三:其一,保险人可以解除此类合同;其二,解除之后果为保险人退还保单现金价值;其三,保险人之解除权受到三方面的限制。

然而,自比较法的角度看,我国关于年龄超限之保险合同的三项内容,与保险发达国家颇有不同。分歧主要在于:第一,为年龄超限之被保险人所订立之保险合同,在效力上究为"可解除的有效合同","无效合同",抑或为其他效力?第二,此类保险合同,在保险人知晓年龄不实之时,应当退还保单之现金价值还是保险费?第三,此类保险合同是否应受不可抗辩条款之约束?即,此类保险合同订立两年之后,尽管被保险人年龄超限,投保方是否可以基于保险人之可抗辩期间经过,对发生的保险事故要求赔付?我国《保险法》对这三个分歧的回答是:此类合同效力上属于"可解除的有效合同";保险人仅应退还保单现金价值;此类保险合同应受不可抗辩条款约束。但是,《保险法》对这些问题的回应,恐存疑问。本文拟就上述分歧加以探讨。

二 年龄超限之保险合同的效力:有效、无效抑或可撤销

年龄超限之保险合同的效力问题,直接决定着合同当事人的权利义务,又是讨论此类保险合同是否适用不可抗辩条款之前提,影响此类保险

[①] "年龄不实"亦称"年龄错误",由于下文会论及"不实告知"的问题,容易出现"不实"一词的重叠,令读者读之拗口,为了语句表达的流畅,文中有时亦采取"年龄错误"的称谓。

[②] 实际上,《保险法》第32条第1款"被保险人年龄不真实,并且其真实年龄不符合合同约定的年龄限制"不仅包括真实年龄高于限定年龄之情形,亦包括真实年龄低于限定年龄之情形。为保持论述主题的一致性,本书仅讨论真实年龄超过限定年龄之情形,真实年龄低于限定年龄之情形,容另文论述。

合同法律处理之结果，故而应为年龄超限诸问题之首决问题。

(一) 年龄超限之保险合同效力的学说

关于年龄超限之保险合同的效力，学说上主要有两种："有效合同说"和"无效合同说"。

1. "有效合同说"

"有效合同说"认为，被保险人年龄虽已超过合同约定的年龄，但合同仍为有效合同，不过该合同在特定条件下可被保险人解除。保险法学界并未明确提出年龄超限之保险合同属于"有效合同"的学说，但是，在我国现行制度下，将年龄超限的保险合同定义为有效合同，恐怕没有多少人反对。现行《保险法》规定"投保人申报的被保险人年龄不真实，并且其真实年龄不符合合同约定的年龄限制的，保险人可以解除合同"。而我国理论界通常认为："解除合同的前提是合同完全有效"。① "解除所针对的是已经生效的保险合同，解除的目的是为了使已经生效的保险合同的效力提前结束。"② 依照理论界的这一观点，年龄超限之保险合同效力上必须为有效合同，否则便无解除之可能。在审判实务界看来，该类合同的效力亦为有效合同。北京市高级人民法院认为，此类合同只需投保人补交一定数量的保险费，合同即可继续履行。③ 这意味着，在北京市高级人民法院看来，没有必要将合同宣告为无效，而应将该类合同作为有效合同对待，只是合同内容需要作一些变更。此外，将此类合同界定为有效合同还有一个非常重要的理由，那就是，根据现行《保险法》，此类合同在两年可抗辩期间经过之后，保险人不能就被保险人的年龄超限提出抗辩，发生保险事故的，保险人应当赔付，而此种赔付显然基于有效合同，故此类保险合同属于有效合同。对此，四川省大竹县法院已经提出：隐瞒了真实年龄，但投保至案发时已超过两年，其投保行为已产生法律效力，应受法律保护……

---

① 参见韩世远《合同法总论》，法律出版社 2004 年版，第 593 页。
② 覃有土：《保险法概论》第二版，北京大学出版社 2001 年版，第 204 页。
③ 《北京市高级人民法院关于审理保险纠纷案件若干问题的指导意见（试行）》，第 11 条规定："投保人申报的被保险人的年龄不真实，并且其真实年龄不符合合同约定的年龄范围的，需要投保人补交或支付的保险费的数额按照保险行业的标准确定。"

合同有效。① 亦有学者认为："保险人在合同成立后两年内可以解除合同……不行使解除合同的权利……不能再以连续犯等法律名义来否定合同的有效性。"②

2. "无效合同说"

"合同无效说"认为，年龄超限之保险合同，在效力上应为无效。我国部分保险法学者持这一观点，例如樊启荣教授认为："如果投保人申报的年龄不真实，并且被保险人的真实年龄不符合保险合同规定的年龄限制……属于不可争条款，保险合同无效。"③ 关于合同无效之理由，约略有二：其一，年龄为计算保险费之重要因素，年龄不实损害保险人之利益。诚如陈云中教授所言："盖人寿保险被保险人之年龄，为保险费计算之标准，告知不实，损及保险人之利益，应使契约无效。"④ 其二，年龄超限之被保险人不属保险承保之范围，承保标的非合同当事人所认可，保险合同应为无效。陈云中教授对此论述道："被保险人之真实年龄，已超过保险人之承保范围，保险有拒保之理由；今因告知不实而误为承保，其契约应归无效，自属适当。"⑤ 此外，年龄超限之保险合同为无效合同的观点，还得到其他国家立法例或判例的支持。法国《保险合同法》第 L132—26 条第 1 款规定："如果申报的被保险人年龄不真实，且其实际年龄不符合合同约定的年龄限制的，保险合同无效。"日本《保险法》虽未就此类保险合同进行规定，但日本实务界在判例中提出，年龄超限的保险合同为无效合同，且不问投保人对年龄不实是否存在过失。⑥

（二）"有效合同说"与"无效合同说"之批评

在被保险人年龄超限的情况下，保险合同"有效合同说"和"无效合同说"可能都存在问题。

---

① 参见詹昊《新保险法实务热点详释与案例精解》，法律出版社 2010 年版，第 238 页。
② 李利、许崇苗：《论我国〈保险法〉第 54 条的修改与完善》，《保险研究》2006 年第 2 期。
③ 樊启荣：《保险法》，高等教育出版社 2010 年版，第 114—115 页。持同一观点的还有保险法前辈李玉泉先生，参见李玉泉《保险法》第二版，法律出版社 2003 年版，第 248 页。
④ 陈云中：《人寿保险的理论与实务》，三民书局 1992 年版，第 252 页。
⑤ 同上书，第 258 页。
⑥ 参见［日］伊泽孝平《保险法》，青林书院昭和三十两年版，第 362 页。转引自陈云中《人寿保险的理论与实务》，三民书局 1992 年版，第 258 页。

1. "有效合同说"之批评

总体来说,"有效合同说"建立在现行《保险法》关于年龄超限规则的基础之上,是对现行规则的法解释学分析。如欲保证这些分析的正确性,就必须保证现行规则本身是正确的。如果现行规则本身存在问题,则"有效合同说"便不可能是正确的。然而,现行规则的正确性颇值怀疑。

学术界所认同的"有效合同说",实质上是"可解除的有效合同说",其问题在于,在合同有效的情况下,解除合同无法解决已履行部分的问题,可能造成对保险人的不公。将年龄超限的合同界定为有效合同,其结果是保险人对被保险人的未来赔付与年龄不超限的合同相同,这对保险人显然不公。为了矫正这种不公平,我国《保险法》赋予保险人解除合同的权利。然而,由于保险合同履行的长期性,其属于典型的继续性契约。① 在解除合同的溯及力问题上,我国理论界的通说认为,非继续性合同的解除具有溯及力,继续性合同不具有溯及力。② 这一理论也是大陆法系的通行理论。③ 据此,保险合同的解除效力只能向将来发生,不具有溯及既往的效力。对此,日本《保险法》明确规定,保险合同的解除仅面向将来发生效力。④ 既然保险合同解除仅面向将来发生效力,而年龄超限之保险合同又是有效合同,则合同解除前保险人仍应履行合同,如此,我们可以得出结论,倘若合同解除前发生保险事故,保险人必须赔付。这一结果显然对保险人有失公允,⑤ 因为,绝大多数情况下,年龄申报之错误因投保人故意或过失而起,保险人若知晓真实年龄,便当拒保,此时强令保险人赔

---

① 参见江朝国《保险法基础理论》,瑞兴图书股份有限公司2003年版,第40页。
② 参见崔建远《合同法》,北京大学出版社2013年版,第293—295页。
③ 德国、法国和日本的理论和立法均认同合同解除对于非继续性合同具有溯及力,而对继续性合同不具有溯及力的理论,参见李永军《合同法》,法律出版社2004年版,第631页。
④ 日本《保险法》第31条第1款针对损害保险规定:"损害保险合同的解除,仅对将来发生效力。"第59条第1款针对生命保险规定:"生命保险合同的解除,仅对将来发生效力。"
⑤ 事实上,保险监管机构认为:"由于年龄是计算死亡概率的重要依据,对保险事故的发生有严重影响,本条应解释为对于合同解除权发生的保险事故,不区分过错程度,保险人都不承担赔偿或者给付保险金的责任。"(参见吴定富《〈中华人民共和国保险法〉释义》,中国财政经济出版社2009年版,第89页。)

付，难谓妥当。①

实务界将年龄超限的保险合同界定为有效合同，并要求投保人补交保险费以维持合同有效性的做法亦值商榷。于保险人发现年龄不实时，倘若尚未发生保险事故，本可要求补交保险费，但事实上，由于超限年龄不受保障，保险人并无该年龄的保费计算标准，甚至整个保险行业均无保费计算标准，于是，补交保费维持合同有效性的做法缺乏操作性。于保险人发现年龄不实，保险事故已经发生的情况下，要求投保人补交保险费，换取保险人的赔付，乃属强令保险人对其不欲承保之危险进行赔付，对保险人有失公允。

对于可抗辩期间经过后，保险人应当赔付，故而保险合同应为有效合同的理由，我们认为并不充分。一方面，于年龄超限问题上设置可抗辩期间的做法并不适当，"不可抗辩条款并不适用于被保险人年龄告知不实上。"②（对这一问题，我们将在下文中讨论。）另一方面，即使保险人在两年的可抗辩期间经过之后应当赔付，也无法绝对认定保险合同为有效合同，其间道理正如：假如某一合同为可撤销合同，法律赋予撤销权人以撤销权，行使期限一年，一年期限经过后，撤销权人未行使权利者，合同变为有效合同，但这一有效合同的形成，并不意味着可撤销期间经过前的合同性质上应为有效合同。

2．"无效合同说"之批评

"合同无效说"的第一个理由是年龄不实有损保险人利益，然而，这一理由过于牵强。于普通合同，损害一方当事人利益的合同并不必然无效。例如，关于乘人之危行为，《最高人民法院关于贯彻执行〈中华人民共和国民法通则〉若干问题的意见（试行）》规定："一方当事人乘对方处于危难之机，为牟取不正当利益，迫使对方做出不真实的意思表示，严重损害对方利益的，可以认定为乘人之危。"显然，乘人之危行为严重损害

---

① 部分学者亦认识到解除合同对保险人不公的问题，在理论上采取了对解除保险合同赋予溯及力的解释。在立法上，法律采取了另行规定保险人对合同解除前之保险事故不负赔偿责任的规定。但是，从理论角度看，这些做法并非完美解释，本书拟在下面继续探讨。

② ［美］伊米特·渥汾、［美］特瑞士特·渥汾：《保险学——风险与保险原理》，赖丽华、洪敏三译，西书出版社2001年版，第297页。

了对方利益，但我国《合同法》并未将乘人之危订立的合同界定为无效合同，而是将其界定为可变更、可撤销的合同。于保险合同，损害保险人利益的合同亦不必然无效。例如，德国《保险契约法》规定，在投保人非故意违反告知义务的情况下，如果承保风险并非保险人拒保之风险，则即使保险人利益受损，其也仅有调整合同内容之权利，[①] 并无宣告合同无效之权利。

"合同无效说"的第二个理由是年龄超限之被保险人不属承保范围，保险人有权拒保，然而，保险人有权拒保并不意味着合同应当无效。这一理由的核心内容在于，保险合同的标的不符合保险人的要求。然而，标的不符合当事人之要求，不一定导致合同无效。一方面，从合同无效的原理来看，将此类合同定义为无效合同不符合无效制度设立之目的。"无效制度所要解决的是严重危害国家和社会公共利益的合同，这类合同与合同制度的目的背道而驰，法律自然应当取缔。"[②] 年龄超限之保险合同标的虽不符合保险人之要求，但该合同的签订也绝对谈不上严重危害国家和社会公共利益，将其宣告为无效明显不符合宣告无效之目的。另一方面，从我国《合同法》规定的无效原因来看，此类合同似乎与这些原因关系不大。我国《合同法》第52条所列五项无效原因为：（1）一方以欺诈、胁迫的手段订立合同，损害国家利益；（2）恶意串通，损害国家、集体、第三人利益；（3）以合法形式掩盖非法目的；（4）损害社会公共利益；（5）违反法律、行政法规的强制性规定。显然，标的不符合当事人的要求并不属于上述五项原因之一，因此无法将此类合同的效力归为无效。

（三）年龄超限之保险合同应为可撤销合同

1. 年龄超限合同作为可撤销合同之理由

关于年龄超限之保险合同的效力，大陆法系的保险立法并不承认其为可撤销合同，但从可撤销合同的定义、合同效力的理论以及我国现行法的规定来看，其效力应属于可撤销。

---

① 参见叶启洲《德国保险契约法之百年改革：要保人告知义务新制及其检讨》，《台大法学论丛》2012年第1期。

② 李永军：《民法总论》，法律出版社2009年版，第459页。

年龄超限之保险合同完全符合可撤销合同的定义。可撤销合同是指："因意思表示不真实，通过撤销权人行使撤销权，使已经生效的合同归于消灭。"① 亦即，如果订立合同时，当事人一方的意思表示不真实，该合同的效力便为可撤销合同。对于年龄超限之保险合同来说，于订立合同时，保险人的内心真实意思乃是保障一定年龄范围内的风险，但是，因各种原因，其实际保障的却是超过限定年龄的风险，内心真实意思与实际表示意思不一致，因而属于意思表示不真实，进而导致该合同可撤销。

从合同效力理论看，年龄超限之保险合同之所以可撤销，是因为保险人的认识存在根本性错误。合同效力理论上的"错误"是指"合同的订立是基于对实际存在的事实的一种相反的认识，亦即至少有一方当事人对行为的基本条件发生认识上的错误。"② 但是，并非所有错误均能引起合同的撤销，只有根本性错误才可能导致合同撤销。③ 哪些错误属于根本性错误，各国规定有所不同，但是，各国均承认，如果当事人知晓实际情况，就不会订立合同的错误属于根本性错误。例如，德国《民法典》第119条规定，表意人所做的意思表示的内容有错误，或者表意人根本无意做出此种内容的意思表示，如果可以认为，表意人若知悉情事并合理地考虑其情况后即不会做出此项意思表示者，表意人可以撤销该意思表示。瑞士《债法典》则规定，错误的一方真正希望订立的合同是其表示同意而订立的合同之外的合同的，属于根本性错误。英美法系虽然没有因错误而撤销合同的一般规则，但一些学者在理论上也认同"如果一方当事人进行交易是基于另一方当事人在谈判中的误述或者虚假声明的合理依赖，则合同可以被撤销。"④ 在被保险人年龄超限的情况下，保险人若知晓被保险人的真实年龄，便不会与之订立合同，保险人的错误显然属于根本性错误，既属根本性错误，保险人应有撤销合同之理由。遗憾的是，在可查资料中，大陆法系保险法的学者始终没有将此类合同界定为可撤销合同，倒是英美一些学

---

① 崔建远：《合同法》，北京大学出版社2013年版，第96页。
② 尹田：《法国现代合同法》，法律出版社1995年版，第70页。
③ 参见李永军《合同法》，法律出版社2004年版，第307页。
④ 李永军：《民法总论》，法律出版社2009年版，第505页。

者主张其为可撤销合同。①

从现行法角度看，年龄超限之保险合同或因欺诈而订立，或因重大误解而订立，符合我国可撤销合同的规定。年龄超限之发生，大致基于两种情况：投保人为了获取保险合同而故意瞒报被保险人之年龄，或者，投保人不知被保险人的确切年龄而误报。在前一种情形下，投保人的行为实质上是一种欺诈行为，根据我国《合同法》第54条第2款之规定，保险合同可予撤销。在后一种情形下，尽管投保人没有欺诈故意，但其申报年龄的行为客观上造成了保险人的误解，并且此种误解若真正执行，必将给保险人造成重大损失，属于"重大误解"的情形，保险人当然可以据此撤销合同。对此，我国有学者提出："投保人在投保时的误报，显然会使保险人误以为被保险人的年龄在承保范围之内，而该实际年龄却在承保范围之外。在此种情形下，除法律另有规定和合同另有约定外，保险人应有权撤销缺乏合意的合同。"② 但这只是极少数学者的观点。

2. 可撤销合同的优势

较之将合同界定为有效合同，再赋予保险人解除权，或者直接将合同界定为无效合同，将年龄超限的保险合同在效力上作可撤销处理，显然更有优势。

可撤销制度比解除制度更具优势，其不需要对现有制度作叠床架屋的改造。如上所述，以解除合同的方式保障保险人的利益，最大的理论障碍在于，解除合同只能向将来发生效力，对于合同解除前发生的保险事故，保险人依然应当赔付，而这种赔付显然对保险人不公。为了消除这种不公，目前的保险法理论采取了两种措施：其一，对保险合同解除赋予溯及力；③ 其二不赋予保险合同溯及力，另行规定合同解除前发生的事故，保

---

① William R. Vance, *Handbook on the Law of Insurance*, West Publishing Co., 1951, p.557.
② 林刚：《保险疑题法律解析》，上海人民出版社2009年版，第46页。
③ 有学者认为，现行保险法应确立保险合同解除权的一体溯及力，即原则上保险合同单方解除后可以溯及既往。（参见方芳《保险合同解除权的时效与溯及力》，《西南政法大学学报》2006年第6期。）也有学者认为，投保人解除合同的，原则上没有溯及力，保险人解除的，原则上有溯及力。（参见李新天、汤薇《试论我国保险合同的解除制度》，《法学评论》2005年第4期。）

险人不予赔付。① 这两种措施都能保证保险人不予赔付，但又都存在缺陷。就第一种措施而言，在已经成熟的可撤销制度存在的情况下，强行就解除合同赋予溯及力，似有画蛇添足之嫌。对合同解除溯及力的研究表明，不仅继续性合同不具有溯及力，即便是非继续性合同，其溯及力也不断遭遇质疑，有学者提出："主导解除法律效果的根本不在于溯及力概念本身，而是通过明确具体的返还制度，保护合同双方的利益平衡。"② 更有学者提出：合同解除有溯及力可以休矣……赋予合同解除以溯及力导致逻辑矛盾、破坏交易安全、不符合经济效益需求、违背平等保护。③ 非继续性合同尚且如此，继续性合同更不待言。在轰轰烈烈的"去解除溯及力"时代背景下，强行对一个继续性合同的解除赋予溯及力，显然不合时宜。相比之下，撤销行为本身具有溯及力，"法律行为一经撤销，则溯及既往，自始无效。"④ 保险人因此无需赔付，故该制度能够取得与溯及地解除合同同样的效果——保险人不需赔付，这意味着，成熟的可撤销制度便能解决问题，完全没有必要通过对合同解除添加溯及力的手段解决问题。就第二种措施而言，虽然没有就解除保险合同赋予溯及力，但是，一方面，这一措施由解除合同和直接规定保险人不予赔付两个制度组成，较之简洁的可撤销制度，难免有叠床架屋之嫌；另一方面，保险人因何不予赔付，尚无合理的理论基础，倘若必须寻找理论基础，也只有欺诈、错误或者重大误解，而这些恰恰是可撤销制度的理论基础。

同样，可撤销制度比无效制度也更具优势。如果撤销权人行使撤销权，其效果与合同无效相同——均为合同自始无效，在这方面，可撤销制

---

① 我国保险法第16条规定，投保人违反告知义务，保险人可以解除合同，对合同解除前发生的保险事故，保险人不予赔付。这里采取的就是另行规定保险人不予赔付的办法。《最高人民法院关于适用〈中华人民共和国保险法〉若干问题的解释（二）》第8条进一步肯定了这种做法。（参见奚晓明《最高人民法院关于保险法司法解释（二）理解与适用》，人民法院出版社2013年版，第202—203页。）日本《保险法》也采取了不赋予解除合同溯及力，但规定解除前发生的事故，保险人不予赔付的做法，具体规定参见日本《保险法》第31、59条。

② 陆青：《合同解除有无溯及力之争有待休矣——以意大利法为视角的再思考》，《河南省政法管理干部学院学报》2010年第3期。

③ 参见李开国、李凡《合同解除有溯及力可以休矣——基于我国民法的实证分析》，《河北法学》2016年第5期。

④ 郑玉波：《民法总则》，中国政法大学出版社2003年版，第455页。

度不落无效制度之下风。然而,可撤销制度有自己的突出优势,即,撤销权人可以灵活处理合同。在年龄超限的保险合同,如果保险人因某种原因,例如与被保险人的其他合作关系,不愿开罪被保险人,则可以选择默认合同有效。无效制度则不同,其是国家对合同效力的强制否认,未给当事人留下灵活处理的余地,并且给予了过错方宣告合同无效的机会。在年龄超限的保险合同,即便保险人、投保人、被保险人均欲维持合同效力,亦囿于强制性规定而不得。更有甚者,如果保险人意欲维持合同效力,但有过错的投保人因某种原因意欲否认保险合同的效力,此时,保险合同竟可因过错人的宣告而无效,岂非咄咄怪事?

尽管可撤销制度较之解除与无效制度具有优越性,但由于年龄超限之保险合同的特殊性,应通过对普通合同撤销制度的适当改造,进一步彰显其优势,这种改造主要体现在两个方面。第一,将可撤销期限缩短为30天。缩短期限之理由在于:有利于被保险人及时另行投保,降低保险费。① 缩短为30天的理由在于,我国《保险法》第16条第3款已将保险人解除合同的期限规定为30天,该规定之目的与撤销期限设置之目的相同,② 均为避免权利人"躺在权利上睡觉",理论界与实务界对此并无争议,可以引为撤销期限。第二,行使撤销权无需请求法院或仲裁机构。我国《合同法》规定,撤销合同须以诉讼或仲裁方式行使,但此点颇受质疑。德国、日本均规定撤销权无须以诉讼方式行使,③ 理论界亦认为:"变更权或撤销权只能以诉讼或仲裁方式行使。此种做法,排除了合同当事人双方自行解决缔约意思瑕疵或缔约显著不公平的机会……已与市场经济体制提出的减少管制、保障自由、增进快速交易的要求相脱节。"④ 笔者以为,保险合同通常不涉及国家或社会公共利益,撤销保险合同无须经由诉讼或仲裁方式

---

① 缩短撤销期限,要求保险人对保险合同效力做出及时回应。如果保险人迟迟不撤销合同,被保险人可能误以为自己存在保障,而不需要另行投保。相反,保险人及时撤销合同,被保险人便可及时另觅保障,而及时另觅保障有利于降低保险费。
② 《保险法》第16条第3款规定:"前款规定的合同解除权,自保险人知道有解除事由之日起,超过三十日不行使而消灭。"此规定之目的为防止保险人"躺在权利上睡觉",与撤销权限定期限之原理有一定相似性。
③ 参见王利明《民法总则研究》,中国人民大学出版社2003年版,第586页。
④ 朱广新:《合同法总则》,中国人民大学出版社2012年版,第218页。

行使,这一做法不仅可以促进当事人及时、快速地维护缔约自由或交易公平,而且能够减轻法院负担,节约司法资源,因此,年龄超限之保险合同之撤销,可由保险人自主撤销,无须法院或仲裁机构参与。

(四) 小结

关于年龄超限之保险合同的效力,学界有两种说法:"有效说"与"无效说"。"有效说"的分析基础是我国《保险法》第 32 条第 1 款之规定,其认为既然《保险法》规定年龄超限之保险合同为可解除的合同,其内在隐含了承认该合同为有效合同,只是保险人享有解除权而已;"无效说"的分析基础是,年龄为计算保险费之重要因素,年龄不实损害保险人之利益,并且超龄之被保险人不属保险人承保之范围,保险人本可拒保,故合同效力应为无效。但是,"有效说"的问题在于,依据合同解除理论,解除合同只能向将来发生效力,如此,倘若合同解除前发生保险事故,保险人仍应赔付,这一结果对保险人显有不公。"无效说"的问题在于,年龄超限之保险合同标的虽不符合保险人之要求,但该合同的签订也绝对谈不上严重危害国家和社会公共利益,将其宣告为无效明显不符合宣告无效之目的。从合同效力理论看,保险人之所以签订合同,乃是出于对保险标的的错误理解,在我国法上应为因欺诈而签订的合同或者因重大误解签订的合同,完全符合可撤销合同的定义,应为可撤销合同。不过,倘若能将撤销期间缩短为 30 天,删除撤销合同须经法院审判或仲裁机关裁决的规定,更能彰显可撤销制度在这一问题上的优势。

三 年龄超限之保险合同撤销效力之落实:保费返还与损害赔偿

将年龄超限之保险合同认定为可撤销,并非法律处置之最终结果,根据撤销权人之处理,其最终走向有效或无效合同。在撤销权人不行使撤销权的情况下,保险合同为有效合同,合同当事人继续履行合同,于约定事故发生时,保险人对被保险人予以赔付,此点无须本文赘述。唯年龄超限之保险合同,因被保险人风险巨大,保险人多不愿继续履行合同,而欲撤销合同,使合同归于无效,在此情况下,保险人对合同撤销前发生的保险事故，自然不需赔付。但是，根据我国《合同法》第58条之规定，双方应当返还财产。不过，在保险合同履行中，投保人并未从保险人处取得财产，因此不存在投保人对保险人返还的问题，仅剩下保险人对投保人的返还问题，然而，保险人之返还究为保险费之返还抑或现金价值之返还，存在不同观点。另外，当事人之过错可能引发保险费返还中的利息问题，这些问题实质上乃是年龄超限之保险合同可撤销效力的落实问题，值得探讨。

（一）撤销后果之保险人返还：保险费抑或现金价值

1. 我国规定之历史沿革及其疑问

关于撤销年龄超限之保险合同后的保险人返还问题，在我国经历了从退还保险费到退还现金价值的演变。1993年，中国人民银行下发的《简易人身保险条款》规定，保险人仅退还保险费。该条款第12条规定："投保人在投保时应按照规定格式据实填写投保单。被保险人误报年龄，应申请更正。在发生保险情事时，经查明被保险人年龄不实，保险人按实际年龄给付保险金，如果投保时实际年龄已超过规定承保限度，保险人不负保险责任，仅退还其所交的保险费。"1995年制定《保险法》时，全国人大承袭了中国人民银行的做法，仍规定为退还保险费，但增加规定保险人可以扣除手续费。其第54条规定："投保人申报的被保险人年龄不真实，并且其真实年龄不符合合同约定的年龄限制的，保险人可以解除合同，并在扣除手续费后，向投保人退还保险费，但是自合同成立之日起逾两年的除外。"2009年修改《保险法》则一改之前的做法，规定保险人退还现金价值，而非保险费。其具体规定为："投保人申报的被保险人年龄不真实，并且其真实年龄不符合合同约定的年龄限制的，保险人可以解除合同，并按照合同约定退还保险单的现金价值。"

那么，将退还保险费改为退还现金价值，是否合理？

2. 退还现金价值之理由

我国立法向来不公布理由，但从相关立法机构出版的著作中可以管窥修改之理由。

将"退还保险费"改为"退还现金价值"，保险监管机构的理由是：解决手续费扣除不统一的问题，防止手续费纠纷发生。在我国，《保险法》

的每次修改都由保险监管机构启动，并由其拟定初稿，2009年修改《保险法》亦不例外，故而，保险监管机构所持修改理由非常重要。对上述修改，保险监管机构认为："保险人解除合同后退费的规定为本次修法所改，是因为原保险法规定'在扣除手续费后，向投保人退还保险费'，实务中各保险公司收取的保险费不同，并且在合同中无法明确手续费具体数额，使得手续费成为保险纠纷的多发问题。为解决此问题而改为'按照合同约定退还保险单的现金价值'。"① 据此可知，保险监管机构修改该条的动因是保险公司扣除的手续费不统一，为统一扣除标准而将其统一为"退还现金价值。"

而作为立法机关的全国人大所持的理由是：应当退还的是储蓄保险费，危险保险费则不应退还。立法机关对此解释道："保险单具有现金价值，是人身保险与财产保险的不同之处。人身保险尤其是长期寿险，兼有储蓄和投资的作用。寿险中的保险费由两部分组成：一是危险保险费，二是储蓄保险费。危险保险费是根据每年的危险保险金额计算出来的自然保险费。储蓄保险费则是投保人的储金，是用于积存起来作为责任准备金的。作为责任准备金的这部分保险费就是保险单的现金价值，它相当于投保人放在保险人处的储蓄存款，最后会以保险金的形式给付受益人。在人身保险合同解除后，合同效力虽然不存在了，但是在投保人长期支付保险费基础上积累起来的现金价值却不因此消灭，保险人不能据为己有。应当退还投保人。"② 这一理由虽对危险保险费的处理未提只字，但从中隐约可知，立法机关认为危险保险费不应退还。

理论上，"退还现金价值"可能还有一个理由，那就是，《保险法》将年龄超限之保险合同界定为可解除的合同，而合同解除的结果，只能退还现金价值，不能是退还保险费。无论是修改前的《保险法》，还是修改后的《保险法》，对年龄超限之保险合同，均规定"保险人可以解除合同"，而根据《保险法》第47条，解除合同的结果是保险人"按照合同约定退还现金价值"。据此，年龄超限之保险合同在保险人解除之后，其结果自

---

① 吴定富：《〈中华人民共和国保险法〉释义》，中国财政经济出版社2009年版，第89页。
② 安建：《中华人民共和国保险法（修订）释义》，法律出版社2009年版，第66页。

然是退还现金价值,而非退还保险费。

3. "退还现金价值"之反驳与"退还保险费"之证立

对于保险监管机构的理由,我们认为,以"退还现金价值"的做法解决统一手续费的问题,显然难达目的。首先,倘若需要解决手续费统一问题,保险监管部门完全可以统一规定保险人收取手续费的数额,不需规定所退还的数额。统一规定手续费的做法,在保险监管机构的规范性文件中并不罕见,例如,我国保监会规定,在犹豫期内解除合同的,保险人收取的手续费不得超过10元。[①] 其次,保险学理论表明,现金价值与手续费几乎没有关系,[②] "退还现金价值"并不能解决手续费统一问题。"退还现金价值"的规定,虽能解决了保险人退还标准的问题,似乎亦能防范纠纷发生,但实际上,由于险种和交费时长的不同,即便交付同样数额的保费,所退还的现金价值亦有所不同,这意味着保险人收取的手续费并不相同,同样可能引起投保人的不满,进而引起诉讼。最后,也是最关键的问题是,"退还现金价值"的做法可能对投保人显失公平,本文拟在下文对全国人大所持修改理由的批评中一并讨论。

对于立法机关的理由,我们认为,"退还现金价值"的做法对投保人有失公平。一方面,不退还危险保险费的做法对投保人有失公平。如全国人大所持理由所言,投保人所交保费由危险保费和储蓄保费组成,现金价值实际上来源于储蓄保费部分,[③] 而非来源于危险保费部分,如保险人仅退还现金价值,意味着危险保费部分并未退还。在保险人撤销合同的情况下,合同自始无效,当事人应完全返还从对方取得的财产,而此时保险人危险保费未予返还,故而对投保人有失公平。另一方面,并非所有的寿险产品都有现金价值,对这部分寿险合同,保险人竟无需退还任何费用,对投保人有失公平。在保险产品中,终身寿险和年金保险具有现金价值,[④]

---

① 参见《关于规范人身保险业务经营有关问题的通知》第4条,该条规定:"在犹豫期内,投保人可以无条件解除保险合同,保险公司除扣除不超过10元的成本费以外,应退还全部保费,并不得对此收取其他任何费用。"
② 参见汤俊湘《保险学》,三民书局1998年版,第481页。
③ 参见陈彩稚《保险学》,三民书局2012年版,第247页。
④ Muriel L. Crawford, *Life and Health Insurance Law*, seventh edition, FIMI Insurance Education Program Life Management Institute LOMA, Atlanta, Georgia, 1994, p. 317.

而定期寿险，特别是短期的定期寿险，一般不考虑现金价值。① 这就是说，在定期寿险中，倘若被保险人年龄超限，即便投保人已趸交保费，无论是否发生保险事故，也无论投保人对年龄超限有无过错，保险人均无需赔付，同时不需退还任何费用，如此处理，显然对投保人有失公允。

至于将年龄超限之保险合同界定为可解除合同，经由《保险法》第47条得出退还现金价值的理由，自然不能立足。原因至简，前文已经论述，年龄超限之保险合同效力上应为可撤销，以解除合同的办法来处理可撤销合同，得出"退还现金价值"的结论，因其理论基础是错误的，其结果必然是错误的。

由于年龄超限之保险合同为可撤销合同，在合同撤销之后，保险人所退还的，应当为保险费。自合同撤销的理论看，若保险人撤销合同，其结果为合同自始无效，在合同无效后，"当事人一方或双方基于合同所为之给付，失去存在的依据，应予返还。"② 在年龄超限之保险合同，保险人从投保人处所取得的，是投保人所交保险费，合同无效后，投保人所交保险费自应退还。对这一观点，我国保险法理论界多有支持者。③ 自我国现行法律规定看，《合同法》第58条对此明确规定"合同无效或者可撤销后，因该合同取得的财产，应当予以返还。"这是保险人应当返还投保人所交保险费的现行法依据。自比较法角度看，法国明确将年龄超限之保险合同界定为无效合同，在合同效力上虽与本文观点不同，但由于可撤销合同与无效合同的法律后果完全相同，最终之处理结果应无不同。而英美法系在判例中也认为，保险人的责任在于退还保险费。④

因此，在退还现金价值还是保险费的问题上，我国2009年《保险法》的修改可能是错误的，而1995年《保险法》中关于保险人退还保险费的规定则是正确的，但是，这并不意味着1995年《保险法》关于"扣除手

---

① 参见吴岚、张遥《人身保险产品》，广州信平市场策划顾问有限公司2009年版，第88页。
② 崔建远：《合同法》，北京大学出版社2013年版，第108页。
③ 参见樊启荣《保险法》，高等教育出版社2012年版，第115页；周玉华《最新保险法经典疑难案例判解》，法律出版社2008年版，第507页；李玉泉《保险法》，法律出版社2003年版，第249页。
④ Hall v. Missouri Ins. Co., 208 S. W. 2d 830 (Mo. Ct. App. 1948).

续费"的规定是合理的。

(二) 撤销后果之损害赔偿：当事人过错的影响

撤销合同之后果，除当事人返还财产之外，尚有损害赔偿，即，因一方当事人之过错对他方当事人造成损害时，过错方当事人应向对方当事人进行赔偿，双方当事人均有过错时，各自承担过错责任，向对方进行赔偿。对此，我国《合同法》第58条明文规定："有过错的一方应当赔偿对方因此所受到的损失，双方都有过错的，应当各自承担相应的责任。"然而，在年龄超限之保险合同被撤销之后，学界对损害赔偿却有不同观点，反映了对当事人过错的不同认识，其正确与否，直接影响着投保人保费利息的获得和保险人手续费的扣除的正当性，在此应予讨论。

1. 损害赔偿的现行处理方式

关于保险合同撤销后的损害赔偿处理，理论上有两种方式：剥夺利息与手续费扣除。

剥夺利息的处理方式，是指在保险人退还保险费时，无需一并退还该保险费之利息。[①] 我国有学者明确提出这一观点。此种处理方式貌似对投保人予以惩罚，因为投保人丧失了保费利息。但是，至少在理论上，保险人亦存损失，因为，保险人在订立合同过程中已经支出了手续费，在剥夺利息的处理方式下，保险人虽无息退还保险费，但其支出的手续费并未通过投保人获得补偿，而是由保险人自担。

手续费扣除的处理方式，是指在保险人退还保险费时，不仅不需一并退还利息，而且应当扣除保险人因订立合同支出的手续费。我国1995年颁布的《保险法》，采取这一处理方式，曾经是实务界的主流做法，亦为我国部分学者所认同。[②] 与上一种处理方法相比，这一处理方式倾向于对投保人给予惩罚，对保险人则没有给予惩罚，因为，投保人因合同撤销而丧失了保费利息，并且须对保险人支出的手续费加以补偿，而保险人的手续费损失则通过扣除保费的方式得以填补，其并无损失。

[①] 参见李玉泉《保险法》，法律出版社2003年版，第248页。罗忠敏《新保险法案例精析》，中国法制出版社2009年版，第136页。

[②] 参见周玉华《最新保险法经典疑难案例判解》，法律出版社2008年版，第507页。

上述两种方式，以何者为佳？笔者以为，无论是否退还保费利息，也无论是否扣除手续费，均为对当事人损害之赔偿的处理，而法律对当事人损害的赔偿制度，建立在当事人过错的基础上，因此，只有详细考察保险合同当事人在年龄超限问题上的过错，才可能获得正确的处理方式。

2. 当事人在年龄超限问题上的过错情形

在年龄超限的过错问题上，我国学术界和实务界通常认为，年龄不实的发生，过错在于投保人。其原因在于，订立保险合同时，保险人在投保书中对被保险人的年龄进行询问，保险人根据投保人的回答确定被保险人的年龄是否属于承保范围，如果年龄错误，其根源必定在投保人的错误回答，因此，年龄不实的过错在于投保人。我国众多教科书将人身保险中的年龄不实条款称为"年龄误告"或"年龄误报"条款，[1] 从字面理解，其实已将过错归于投保人，认为年龄不实出于投保人的"误告"或"误报"。

保险人对年龄不实的产生是否存在过错，通说认为其没有过错，但其理由无法令人信服。保险人对年龄不实不存过错的理由是："在保险实务中，保险人在订立保险合同时要逐一验明被保险人的实际年龄是相当困难的，保险人一般是在保险事故发生后核定保险责任或计算保险金给付金额时，才核实被保险人的年龄。"[2] 基于上述原因，学者认为："被保险人年龄不实之错误，鲜有可归责于保险人者，"[3] "保险人不承担所谓过错责任。"[4] 但是，在目前，绝大多数情形下，保险人对被保险人年龄的验明其实并不困难，只需要求投保人提供被保险人的身份证明即可，除非投保人伪造被保险人的身份证明，否则，被保险人之年龄验明难称困难。问题产生的真正根源在于，保险人贯于"以核赔作为核保"，在发生保险事故时方才对被保险人的信息进行核查，这一做法的不合理性已经遭到了严厉批评，保险人在被保险人年龄错误的问题上，显然存在过错。

投保人可能具有过错，保险人也可能具有过错，则，在年龄超限问题

---

[1] 参见樊启荣《保险法》，高等教育出版社2012年版，第115页；李玉泉《保险法》，法律出版社2003年版，第249页。

[2] 李玉泉：《保险法学——理论与实务》，高等教育出版社2007年版，第327页。

[3] 叶启洲：《二〇一五年保险契约法修正条文之评释》，《月旦法学杂志》2015年第8期。

[4] 邢海宝：《中国保险合同法立法建议及说明》，中国法制出版社2008年版，第428页。

上，当事人的主观过错情形大致可分三类：第一类，投保人过错，保险人无过错。此种情形在实务中比较罕见，但并非不可能存在，例如，投保人以伪造的被保险人身份证明投保，保险人无法识别之情形。第二类，保险人过错，投保人无过错。此种情形亦不多见，例如，保险人本应在投保书中对被保险人的年龄进行询问，但其未加询问，或者，投保书虽对年龄进行询问，但其填写由保险代理人代为完成，并由保险代理人代为签字盖章时，年龄超限之过错，应完全归于保险人。第三类，投保人与保险人双方均有过错。此种情形最为常见，例如，投保人可能因笔误而错填被保险人年龄，或者对被保险人的真实年龄不了解而未加核实，对此错误申报，自有过错。而保险人在核保时未要求投保人提供被保险人身份证明，对此当然存在过错。双方过错共同导致被保险人年龄超限问题的出现。

3. 不同过错情形下的损害赔偿

依据合同法，合同被撤销后，当事人的赔偿依据其过错情形承担，上述三种过错情形，处理结果各不相同。

在投保人过错，保险人无过错的情形下，保险人应扣除手续费，无息退还保险费。因投保人过错导致保险合同撤销，投保人应对保险人的损失承担损害赔偿责任，对保险人来说，其损害通常就是订立合同的手续费，[①]因此，保险人在退还保险费时，可以扣除手续费用。由于各保险公司针对各种保险合同支出的手续费用有所不同，为防止保险公司扣除过多手续费，保险监管机构可以以规范性文件的形式确定手续费的最高限额，例如，规定所扣除的手续费不得超过首期保费的百分之三十。至于投保人所交保费的利息返还问题，笔者认为，保费之利息损失亦因投保人过错所致，投保人当自负其责，保险人对此不应退还。

在保险人过错，投保人无过错的情形下，保险人应当有息退还保险费，不应扣除手续费。此种情形，投保人之损失，乃为保费利息，而其损

[①] 人身保险不似财产保险，订立合同后，保险人通常不进行危险管理，未产生危险管理费用。故而保险人的损失，通常限于订立合同的成本，如订立合同的营业费用，代理人的佣金支出等。

失系因保险人过错所致，保险人自当有息返还保险费。同理，保险人之手续费损失亦系其过错所致，不能要求投保人承担。

在投保人与保险人均有过错的情形下，保险人应无息退还保险费，保费利息损失由投保人承担，手续费损失则由保险人承担。如此处理的理由大约有二：其一，这种处理方法能为广大投保人和保险人所接受。[①] 对投保人来说，如果合同撤销，其首要反应是能否全额退回保险费，至于利息是否能够退还，通常并不在意。对于保险人来说，对年龄超限之合同，不再承担风险是其首先需要考虑的问题，至于手续费损失，通常并不介意，保险人甚至主动在保险合同中规定"无息退还保险费"的条款，并不要求投保人承担手续费。其二，如此处理可用法律上的对己义务理论解释，该理论认为："行为人在交易活动中，应尽相应的照顾自身法益注意义务。行为人怠于在社会生活上免受损害之注意时，违反对自己利益的照顾，即是行为人的过失，便应承担相应的法律责任。"[②] 对投保人来说，其在订立合同时，有义务照顾自己的权益，其应当意识到，保险人对年龄过高的被保险人可能拒绝承保，因此，对被保险人的年龄应予关注，若因过错未予关注导致合同撤销，其应当对自己利益的损失承担责任，即，对保费利息的丧失承担责任。对保险人来说，亦应对自己的权益尽注意之责，其应当预见到，年龄超限必将导致合同撤销，进而导致手续费损失，而其竟未注意，对自己的利益保护存在过失，因此应当对手续费损失承担自己责任。

（三）小结

在年龄超限之保险合同解除后，我国1995年颁布的《保险法》采取了"扣除手续费，退还保险费"的做法，2009年修订之《保险法》改采"退还现金价值"的做法。由于"退还现金价值"的做法对投保人有失公

[①] 严格地讲，如果按照《合同法》上的损害赔偿理论，这种处理方法并不精确。因为投保人的保费利息损失随着交费时间的增长而增长，而保险人的手续费损失通常不会变化，并且投保人与保险人的过错比例亦会因个案而有所不同，双方承担的责任比例和最终承担的责任数额自会因个案而有差异。但是，由于这种处理方法能为双方当事人所接受，故而不仅在立法上得到了承认，而且在理论界和实务界均未受到挑战。

[②] 参见蔡大顺《过失相抵规则在保险金给付中的适用》，《保险研究》2015年第7期。

允，并且合同撤销的法律后果为返还对方交付的财产，故我们认为，在年龄超限之保险合同撤销后，保险人应当退还保险费。至于是否应当退还保费利息，是否应当扣除手续费，均为合同撤销之后的损害赔偿问题，对这一问题，我们认为，应区分当事人对年龄不实过错的不同情况而定，在投保人过错，保险人无过错的情形下，保险人应扣除手续费，无息退还保险费。在保险人过错，投保人无过错的情形下，保险人应当有息退还保险费，不应扣除手续费。在投保人与保险人均有过错的情形下，保险人应无息退还保险费，保费利息损失由投保人承担，手续费损失则由保险人承担。

四 年龄超限之保险合同撤销权之限制：不可抗辩条款的否定

如前文所论，在年龄超限的情况下，《保险法》第32条第1款规定的保险人解除权实质上应为撤销权。同理，《保险法》第32条规定的解除权限制，也变成为撤销权之限制。有鉴于此，下文将《保险法》第32条中的"解除权限制"改称"撤销权限制"进行论述。而这些限制，是否都是恰当的，值得研究。

（一）撤销权限制之保险法规制质疑

1. 现行《保险法》撤销权限制之类型

现行《保险法》对年龄超限之保险合同撤销权的限制，规定有三种类型。《保险法》第32条第1款后半段规定："保险人行使合同解除权，适用本法第十六条第三款、第六款的规定。"而《保险法》第16条第3款和第6款是对投保人违反告知义务时，保险人解除权限制的规定，共计三种：第一，保险人在订立合同时已知投保人未如实告知，保险人不得解除合同；第二，保险合同成立后两年内，保险人若知道投保人未如实告知，其应当在30日内解除合同，超过30日，保险人丧失解除权；第三，保险合同成立两年内，保险人若仍不知道投保人存在未如实告知的情形，则两年期间经过后，保险人不得解除合同，[①] 此即理论上所谓的因不可抗辩条款丧失解除权。由于法律的明文规定，此三种限制又成为年龄超限之保险合

---

① 参见梁鹏《人身保险合同》，中国财政经济出版社2011年版，第154—155页。

同撤销权行使的限制。

上述三种限制中，第一、第二种不存疑异。第一种限制之所以成立，是因为保险人弃权。如果保险人在订立合同时已经知晓投保人告知的年龄超出保险合同规定的范围，其仍签订合同，说明其接受合同成为有效合同，放弃了将来撤销合同的权利，此处明显借鉴了英美保险法上的弃权和禁止反言原则。[①] 第二种限制之所以成立，乃是为了法律关系的稳定，督促保险人尽早行使权利。法律不允许保险人"躺在权利上睡觉"，同时影响被保险人的利益，故规定了30日的撤销期间，无论从理论与实践来看，该限制均是合理的。

对第三种限制，即不可抗辩条款之限制，其合理性则值得研究。

2. 不可抗辩条款限制之缘由

不可抗辩条款可以对保险人之撤销权形成限制之理由是：对年龄的错误告知属于保险法上违反告知义务之一种，由于在违反告知义务的情况下，保险人的撤销权受到不可抗辩条款的限制，故，在年龄错误告知的事项上，保险人的撤销权亦应受到限制。在保险法理论上，主流观点认为，对年龄的不实告知属于违反告知义务的一种，例如，有教科书明确指出："这种情况应属于义务人违反告知义务时保险人解除合同在人身保险合同中的一种具体表现。"[②] 而投保人违反告知义务时，依现行法，保险人虽可解除合同，但自合同成立两年之后，保险人不得解除，即不可抗辩条款对保险人之解除权形成限制，年龄之告知既属告知之一种，其违反之法律后果应与违反告知义务相同，故而，《保险法》第32条全盘接受了第16条对保险人权利之限制，不可抗辩条款因此得以限制保险人。[③] 一言以蔽之，

[①] 参见吴定富《〈中华人民共和国保险法〉释义》，中国财政经济出版社2009年版，第89页。

[②] 徐卫东：《保险法学》，科学出版社2009年版，第167页。

[③] 事实上，1995年颁布的《保险法》中，对保险人的解除权，亦有"但是自合同成立之日起逾两年的除外"之限制，即不可抗辩条款之限制，只是当时的理论并没有直接提出"不可抗辩条款限制"。2009年修改保险法时，在违反告知义务事项上，明确提出了对保险人的"不可抗辩条款限制"。又因《保险法》第16条对保险人解除权的限制不限于"不可抗辩条款"限制，故删除了原《保险法》中"但是自合同成立之日起逾两年的除外"的规定，改采《保险法》第16条的规定。于此立法者将年龄告知错误作为违反告知义务之一种的理解不言自明。

不可抗辩条款限制保险人撤销权之原因，乃在于理论界和立法者的一个观念：年龄告知的错误属于违反告知义务，《保险法》第 32 条之规定与第 16 条规定的原理相同。

3. 不可抗辩条款限制理由之质疑

我国理论界和立法者认为，保险人的撤销权受不可抗辩条款的限制，其根据在于年龄告知的错误违反告知义务，然而，这一根据需要直面三个质疑。第一个质疑是：既然年龄告知的不实属于违反告知义务，《保险法》第 32 条与第 16 条原理相同，为何要在违反告知义务之外另行规定年龄错误？第二个质疑是，既然年龄告知的不实属于违反告知义务，为何二者适用的前提条件并不相同？前者的适用，对投保人的主观方面并无要求，而后者则要求投保人主观上存在故意或重大过失。[1] 第三个质疑是，既然年龄告知的不实属于违反告知义务，为何二者的适用后果不同？前者退还的是现金价值，后者退还的是保险费，"而在合同履行早期，尤其是第一年，保险合同的现金价值都可能远远小于保险费数额，甚至现金价值为零。那么，出于何种考虑要如此区别对待呢？"[2]

另外，察世界立法，除中国之外，尚未发现明确将不可抗辩条款适用于年龄超限问题之规定，这一状况使我们怀疑，我国《保险法》关于年龄超限问题适用不可抗辩条款的妥适性。法国《保险合同法》直接规定该种合同无效，自然不会出现以不可抗辩条款限制保险人解除权或撤销权的规定；德国《保险合同法》第 157 条虽然规定"仅仅在保险人知晓被保险人之正确年龄便不会订立保险合同的情况下，保险人才可以以违反告知义务为由解除保险合同。"[3] 但该法亦未规定此种情形受该法第 21 条关于不可抗辩条款规定的限制；澳大利亚《保险合同法》对这一问题的规定更为明确，其在第 29 条中规定了违反告知义务的处理，紧接着又在第 30 条规定了年龄不实问

---

[1] 参见奚晓明《〈中华人民共和国保险法〉保险合同章条文理解与适用》，人民法院出版社 2010 年版，第 19 页。

[2] 刘振宇：《人身保险法律实务解析》，法律出版社 2012 年版，第 262 页。

[3] 德国《保险合同法》第 157 条规定："如果被保险人的年龄告知不实，保险人的责任依据合同约定之保险费与被保险人实际年龄应交之保险费之比例予以调整。尽管存在本法第 19 条第 2 款之规定，但是，仅仅在保险人知晓被保险人之正确年龄便不会订立保险合同的情况下，保险人才可以以违反告知义务为由解除保险合同。"

题，但该法在第 29 条中明确指出，对一个或多个人寿保险被保险人的出生日期的不告知或不实告知，不适用关于人寿保险违反告知义务处理的规定。① 这意味着，建立在告知义务基础上的不可抗辩条款，在年龄不实问题上没有适用余地。唯有我国《保险法》在规定年龄超限之保险合同的处理时，适用违反告知义务的规定，以不可抗辩条款限制保险人的权利。在世界立场如此统一的情况下，我们有理由怀疑我国规定的妥适性。

（二）不可抗辩条款限制的排除

对于不可抗辩条款是否能够限制保险人的撤销权，笔者持否定态度，其理由主要在于，对年龄的不实告知是否属于违反告知义务，一直以来都存在不同的观点，即使其属于违反告知义务，仍需从不可抗辩条款的适用范围上考虑是否包括对年龄的不实告知，此外，在英美法系，理论上一直认为年龄错误的问题不适用不可抗辩条款，立法上也从未对年龄不实问题适用不可抗辩条款限制。以下从四个方面分述之：

1. 年龄不实不属违反告知义务的理论潜流

尽管主流观点认为对年龄的不实陈述属于违反告知义务的一种，但时代进入 21 世纪之后，在这个问题上出现了不同的声音，即，有学者认为，对年龄的不实陈述不属于违反告知义务，保险人撤销合同的权利不应受到不可抗辩条款的限制。例如，加拿大著名保险法教授 David. Norwood 明确提出："年龄不实，不管当事人主观状态如何，也不管归因于谁，都不应被作为不实告知对待，不实告知是保险人撤销合同的理由，而年龄不实则不是。"②

这一观点的理由大致有二：其一，年龄对保险合同实在太过重要，以至于其不应放在告知义务之下进行规定。亦即，年龄超限的被保险人由于风险巨大，已经是另一个保险标的，年龄错误对保险人的影响程度已经超出告知义务所能规范的范围。③ 正如投保人欲为甲投保，却用乙的信息告

---

① 参见梁鹏《人寿保险违反告知义务之救济》，《中国保险报》2009 年 3 月 3 日版。

② David Norwood, *Norwood on Life Insurance Law in Canada*, Third Edition, Carswell (a Thomson Company), 2002, p. 132.

③ 英国著名保险法教授伯兹认为，不可抗辩条款不适用于承保险种的问题。（John Birds & Norma J. Hird, *Birds' Modern Insurance law*, Fifth Edition, London, Sweet & Maxwell, 2001, p. 95.）倘若认为超龄之被保险人风险巨大，应当采取另一种精算基础，则该被保险人应当改换另一险种，依据伯兹教授的理论，对超龄之被保险人的年龄不实，自然不应当适用不可抗辩条款。

知一样，告知信息错误如此严重，以致不能用违反告知义务加以规范。在日本，2008年颁布日本《保险法》之前，学术界普遍认为，关于年龄不实的规定是告知义务的特别规定，但是，日本《保险法》颁布之后，学术界逐渐形成了新的观点，学者开始否认对年龄的不实告知属于违反告知义务，他们在著作中写道："年龄确实是能够影响被保险人危险的事实，这一点毋庸置疑，但它同时也是反映被保险人基本属性的事实，就像车险中的车种、火灾险中的建筑物构造及面积一样，属于保险合同的要素之一，因此我们认为将年龄事实放在告知义务的范畴之外也许更为恰当。"① 其二，年龄不实具有不实告知所不能包含的情况，不属于不实告知的下位概念。无论英美法系还是大陆法系，对不实告知均采取过错原则，投保人违反告知义务须存在主观过错，但是，对年龄的不实告知，各国法律并不要求投保人主观上具有过错，这说明，对年龄的不实告知，虽与其他不实告知的情形有所交叉，但并不是不实告知的下位概念，而是另一个概念。学者叶启洲教授对此表示："此一规定（不实告知的规定）之适用，并不限于要保人或被保险人违反保险法第64条所定之告知义务之情形。纵使并未违反告知义务（例如被保险人亦不知自己之户籍登记年龄有误），亦有其适用。"②

如果采取这一观点，即，对年龄之错误告知不属于违反告知义务，则不可抗辩条款不能适用于年龄不实的情形。在保险法理论界，一个普遍的认识是："不可抗辩条款适用于未告知、不实告知和某些违反保证的情形。"③ 既然对年龄的错误告知不属于不实告知，又与未告知、违反保证毫无关系，则不可抗辩条款自然不能对之适用。④

---

① ［日］山下友信、米山高生：《保险法解说》，日本有斐阁2010年版，山下友信教授委托华东政法大学李伟群教授组织翻译为中文，但尚未出版，蒙伟群教授惠赠电子文档，得以先睹为快。
② 叶启洲：《保险法实例研习》，元照出版有限公司2013年版，第402页。
③ John Birds & Norma J. Hird, Birds' Modern Insurance law, Fifth Edition, London, Sweet & Maxwell, 2001, p. 95.
④ 年龄错误不属告知不实的观点确有一定的道理，但如果纯粹从告知的角度看，对年龄的不实告知仍属于告知的一种，至少属于广义的不实告知，因此，基于年龄错误不属于不实告知，从而否定不可抗辩条款对其适用的理由似乎仍不充分。仍需从不可抗辩条款自身的适用理论方面寻找充分的理由。

如果采取这一观点，则上述对不可抗辩条款适用限制理由之质疑尽可回答。根据上述观点，年龄不实与告知不实是两个概念，其法律制度自然是两个不同的制度，故而《保险法》在第 16 条关于告知义务的规定之外，又于第 32 条另行规定了年龄不实制度；该两个制度的适用前提当然可以有所不同，两制度之法律后果自然存在不同之可能。

2. 年龄不实情形对不可抗辩条款适用的历史排斥

从历史发展看，年龄不实制度早于不可抗辩条款的产生。现代人寿保险起源于 17 世纪末期，生命表的运用是其标志，① 生命表的运用意味着保险人对年龄极其重视。尽管年龄不实制度产生的具体时代尚未有资料证实，但可以肯定，它的产生距生命表的产生不会特别遥远。而不可抗辩条款第一次出现于 19 世纪中叶，1848 年，英国的伦敦信用寿险公司首先在其保单中规定了不可抗辩条款，这一条款成为一项法律制度则是 20 世纪初的事情。② 显而易见，年龄不实制度的产生早于不可抗辩条款的产生。故而，英美法系的教科书中明确提到："由于被保险人的年龄对其死亡风险影响较大，寿险公司在引入不可抗辩条款之前已经普遍适用年龄不实条款。"③

不可抗辩条款的产生，来源于保险公司的自愿让步。保险公司之所以自愿让步，乃是激烈竞争所致。19 世纪中叶，随着经济的发展，经济发达之国家，掀起了保险公司设立高潮，以致被称为保险公司的"洪水时代"，同时，各寿险公司经常因投保人的告知不实而拒绝赔付，公众因此对寿险公司产生了严重的不信任。这样，一方面是激烈的竞争，另一方面是公众对寿险公司的不信任，迫使一些有远见的公司开始寻求出路，伦敦信用寿险公司选择的办法是，在保单条款中插入不可抗辩条款，该条款对投保人承诺，即便投保人存在不实告知的情形，只要保险公司在两年内未发现，公司将不会再以违反告知义务为由拒绝赔付，以此取得公众的信任。④ 后来，这一条款被保险公司普遍采用。于此可见，保险公司原本可以通过不

---

① 陈云中：《人寿保险的理论与实务》，三民书局 1992 年版，第 16—17 页。
② Muriel L. Crawford, *Life and Health Insurance Law*, seventh edition, FIMI Insurance Education Program Life Management Institute LOMA, Atlanta, Georgia, 1994, p. 402.
③ Ibid., p. 406.
④ 参见梁鹏《保险人抗辩限制研究》，中国人民公安大学出版社 2008 年版，第 307—308 页。

实告知制度对投保方拒绝赔付，但其自愿插入不可抗辩条款，放弃了对投保方的抗辩。

但是，关于年龄的不实告知，保险人从未以插入不可抗辩条款的方式予以让步，亦即，在出现年龄不实问题时，保险人没有放弃自己在合同成立两年之后因年龄超限而撤销合同的权利。从保险公司的实务操作中，我们可以看到这一点。不可抗辩条款出现之后，在保单条款中，许多保险人将不可抗辩条款和年龄不实条款放在一起，这意味着，年龄不实问题不适用不可抗辩条款，因为，如果年龄不实问题适用不可抗辩条款，则保险人没有必要在相邻条款中对年龄不实问题做出特别规定。显而易见，保险人在年龄不实问题上，并未以保单插入不可抗辩条款的方式予以让步。法院亦支持保险公司的态度，在保单中的不可抗辩条款与年龄不实条款放在一起的情况下，所有法院都判决年龄不实问题不受不可抗辩条款的限制；即便保单中的不可抗辩条款与年龄不实条款处于分离状态，大部分法院也都判决年龄错误不受不可抗辩条款限制。①

由此可见，年龄不实条款的产生早于不可抗辩条款，不可抗辩条款产生之后，保险人虽然自愿放弃了对不实告知的抗辩，但一直保留着对年龄不实问题的抗辩，而且这种抗辩为法院所认同，故而，从历史发展的角度看，年龄不实问题一直排斥不可抗辩条款的适用。

3. 不可抗辩条款的适用范围排斥年龄不实之情形

不可抗辩条款亦有其适用限制，保险人关于承保范围的抗辩通常不受不可抗辩条款的拘束。② 这一对不可抗辩条款适用范围的限制源于卡多佐法官，其在 Metropolitan Life Ins. Co. v. Conway 案中明确提出，不可抗辩条款不能作为对已列为不保危险的风险进行保障的理由，保险人不应当因不可抗辩条款的存在而对未承保的风险承担赔付责任。③ 通过数十年的发展，这一限制已经成为英美法系理论界的共识，美国著名保险法教授道宾在其所著教材中写道："如果在保单条款下，被保险人所寻求的保障根本不存

---

① William R. Vance, *Handbook on the Law of Insurance*, West Publishing Co., 1951, p. 586–587.
② 参见李廷鹏《保险合同告知义务研究》，法律出版社 2006 年版，第 71 页。
③ Metropolitan Life Ins. Co. v. Conway, 252 N.Y. 449, 450, 169 N.E. 642 (1930).

在或者保单已经排除了这种保障，那么，不可抗辩条款就不能对抗保险人的抗辩。"① 这一限制的理由则在于，存在于保障范围内的风险与根本不在保险范围内的风险有所不同，前者可以因保险人的承诺（不可抗辩条款）而得到保障，而后者，保险人一开始就不承认保障这种风险，之后若不明确表态扩大保障，便不能认为该风险可以得到保障。正如学者所言："不可抗辩条款并不增加承保范围，如果某项损害不在承保范围内，保险人在任何时候均不承担保险赔偿责任。"②

年龄不实可以区分为两种情形，这两种情形均不受不可抗辩条款的约束。第一种情形是，年龄不实，但被保险人的真实年龄尚在承保范围之内，此种情形，世界立法均规定不受不可抗辩条款约束，而是采取调整保险金额的办法予以解决，③ 即"如果发现被保险人的年龄有误，保险金额将根据被保险人的真实年龄作相应调整。"④ 投保人不得主张合同成立已超两年，从而依照不可抗辩条款要求保险人按照原合同进行赔付。第二种情形是年龄不实，且被保险人的真实年龄超出保单约定的年龄限制，此种情形，因被保险人的真实年龄在保单承保的年龄范围之外，明显不属于保险人预定之保障范围，被保险人所寻找的保障已经为保单所排除，符合上述不可抗辩条款适用限制的情形，因此不受不可抗辩条款拘束。由此可见，所有年龄不实的情形均不受不可抗辩条款限制，这也是英美保险学、保险法教科书屡屡提到不可抗辩条款不能适用于年龄不实问题的理由。⑤

综上，如果认定对年龄的不实陈述不属于违反告知义务，以违反告知义务为基础的不可抗辩条款自无适用余地；即便认定对年龄的不实陈述属

---

① John F. Dobbyn, *Insurance Law*, Third Edition, West Group, 1996, p. 215.
② 樊启荣：《保险契约告知义务制度论》，中国政法大学出版社2004年版，第295页。
③ 德国《保险合同法》第157条，法国《保险合同法》第L132—26条，澳大利亚《保险合同法》第30条，中国澳门地区《商法典》第1042条。
④ ［美］埃米特·J. 沃恩、［美］特丽莎·M. 沃恩：《危险原理与保险》第8版，张洪涛等译，中国人民大学出版社2002年版，第281页。
⑤ Harry P. Kamen & William J. Toppeta, *The Life Insurance Law of New York*, Wiley Law Publications, 1991, p. 108。参见［美］肯尼思·布莱克、［美］哈罗德·斯基博《人寿与健康保险》，孙祁祥、郑伟译，经济科学出版社2003年版，第218页。［美］埃米特·J. 沃恩、［美］特丽莎·M. 沃恩《危险原理与保险》第8版，张洪涛等译，中国人民大学出版社2002年版，第281页。［美］缪里尔·L. 克劳福特：《人寿与健康保险》，周伏平等译，经济科学出版社2000年版，第378—39页。

于违反告知义务,因保险人历史上便对年龄不实适用不可抗辩条款做了保留,且依据不可抗辩条款的适用范围理论亦排除年龄超限的情况,故保险人之撤销权不受不可抗辩条款的限制。

(三) 小结

我国《保险法》第32条第1款规定,在被保险人年龄超限时,如保险合同成立两年,则保险人不得解除合同,这意味着,我国《保险法》在年龄超限问题上采用了不可抗辩条款的限制方法。我国采取这一限制的理论依据在于,对超限年龄的不实告知属于违反告知义务,而我国《保险法》已在第16条第3款中就不实告知规定了不可抗辩条款限制,故年龄超限的不实告知亦应受此限制。然而,这一观点遭遇了一定挑战。有学者认为,由于年龄的重要性,对年龄的不实告知不能认定为违反告知义务,且年龄不实具有不实告知所不能包含的情况,不属于不实告知的下属概念。因此不能适用不可抗辩条款。而笔者认为,即便对年龄的不实告知属于违反告知义务,但是,从历史角度考察,年龄不实条款早于不可抗辩条款而产生,而不可抗辩条款实质上源于保险人的自愿让步,在不可抗辩条款出现之时,关于年龄不实问题,保险人并未让步,亦即,保险人一直不承认不可抗辩条款对年龄不实问题的限制,而法院也承认保险人的权利保留。从不可抗辩条款的适用范围考察,不可抗辩条款仅能适用于保单保障范围内的风险,对保障范围之外的风险则不能适用,被保险人年龄超限恰恰不在保单保障范围之内,故而,在被保险人年龄超限的情况下,保险人的撤销权不应受到不可抗辩条款的限制。我国《保险法》第32条第1款对年龄超限问题适用不可抗辩条款限制,是一个错误的规定。

五 结论

在我国,立法者一直将年龄超限问题作为不实告知的一种情形,故而,对年龄超限的规制基本与违反告知义务的规制相同。但是,事实上,在年龄超限的情况下,被保险人根本不属承保范围,这与普通的不实告知有所不同,因此,在年龄超限问题上,我国的法律规定存在问题,于合同效力上,年龄超限之保险合同应为可撤销合同,保险人撤销合同后,对之前发生的保险事故不予赔付,但需根据双方过错情况承担手续费或保费利息,此外,保险人的撤销权不应受不可抗辩条款限制。下文是笔者对年龄超限保险合同规定的修改建议:

"投保人申报的被保险人年龄不真实,并且其真实年龄高于合同约定的年龄限制的,保险人可以撤销合同。

保险人撤销合同的,依据投保人与保险人对年龄不实的过错情况,分别作如下处理:在投保人过错,保险人无过错的情形下,保险人应扣除手续费,无息退还保险费。在保险人过错,投保人无过错的情形下,保险人应当加计利息退还保险费。在投保人与保险人均有过错的情形下,保险人应无息退还保险费。

保险人在订立合同时已经知道被保险人年龄高于合同约定的年龄限制的,保险人不得撤销合同。订立合同后,保险人知道被保险人年龄高于合同约定年龄的,其可以撤销合同,自知道之日起,超过30日未撤销合同的,撤销权消灭。"

附录　其他国家或地区关于年龄错误制度之规定

● 德国《保险合同法》

第 157 条:(年龄告知不实)

如果被保险人的年龄告知不实,保险人的责任依据合同约定之保险费与被保险人实际年龄应交之保险费之比例予以调整。尽管存在本法第 19 条第 2 款之规定,[①] 但是,仅仅在保险人知晓被保险人之正确年龄便不会订立保险合同的情况下,保险人才可以以违反告知义务为由解除保险合同。

● 法国《保险合同法》

第 L132—26 条:(年龄告知不实)

1. 如果申报的被保险人年龄不真实,且其实际年龄不符合合同约定的

---

① 德国《保险合同法》第 19 条规定:"如果投保人违反前款规定的告知义务,保险人可以解除合同。"

年龄限制的，保险合同无效。

2. 申报的被保险人年龄不真实，导致投保人支付的保险费少于应付保险费的，保险人在赔付保险金时应当与投保人实际交付的保险费相对应，或者，保险人赔付的保险金应当与被保险人的实际年龄相对应。相反，申报的被保险人年龄不真实，导致投保人支付的保险费多于应付保险费的，保险人应当将多收的保险费退还投保人，但不加算利息。

●澳大利亚《1984年保险合同法》

第30条：（年龄错误）

1. 本法条中，关于人寿保险的标准公式 SP/Q 中的各个字母本别代表：
S 是指（原）保险金额（包括任何红利）。

P 是指在（原）保险合同下，已经成为应付保险费的数额或者应付保险费的总额。

Q 是指，如果保险费在正确的出生日期基础上确定，保险人可能收取的保险费或者可能收取的保险费总额。

2. 如果在签订人寿保险合同时，某一被保险人，或者数个被保险人的出生日期被错误告知保险人：

（1）则，当（原）保险金额（包括任何红利）超过根据标准公式确定的金额时，①保险人可以在任何时间变更合同，以不少于根据标准公式确定的金额数取代（原）保险金额。

（2）当（原）保险金额（包括任何红利）少于根据标准公式确定的金额时，保险人可以采取下列两种措施之一：

a. 从保险合同签订之日起，将应付保险费数额减少到：加入保险合同基于正确的出生日期订立，被保险人应缴纳的保险费数额。将被保险人超付的保险费（小于任何已付红利现金价值的数额，超过假如以正确的出生日期订立合同时应付的现金价值），以及自保险合同签订之日，该笔超付保险费按规定产生的利息一并归还给被保险人。

---

① 指根据本条第（1）款确定的保险金额。

b. 变更保险合同，以标准公式所计算的保险金额，取代（原）保险合同所确定的保险金额（包括任何红利）。

（3）当本条第（2）款适用于定期给付的保险合同时，保险金额应为每次给付的保险金额（包括任何红利）。

（4）本条第（2）款下的合同变更，其生效日期从签订合同之日起计算。

●中国澳门地区《商法典》

第1042条：（年龄不实）

1. 仅于被保险人之真实年龄超过保险单所定之限度时，保险人方可主张被保险人之年龄记载不正确。

2. 如年龄之记载不正确导致所付保险费少于为真实年龄应付之保险费，保险人之给付应根据保险费之无实际支付之部分按比例减少。

3. 如因被保险人年龄之记载不正确而支付高于为真实年龄应付之保险费，且投保人之行为并非故意，则保险人有义务将其超额支付之部分返还。

专题三　年龄不实之保险合同的法律规制

——以《保险法》第 32 条第 2、3 款为中心

【内容摘要】 在年龄不实导致投保人短交保险费的情况下，我国《保险法》规定，保险人享有要求投保人补交保费或比例赔付的选择权，而真正享有选择权的主体应当是投保人。保险法的规定导致保险人在保险事故已经发生的情况下更愿选择比例赔付，这对投保人有失公允，应当例外规定，若保险人对年龄不实存有过失，则投保人可以选择补交保费。在年龄不实导致投保人溢交保费的情况下，我国《保险法》仅规定了退还保险费一种处理方式，这一规定堵塞了双方当事人协商按照比例增加保险金的途径，应当赋予保险人退还保险费或按照比例增加保险金额的选择权。保险人选择退还溢交之保险费时，应一并退还溢交保险费之利息。保险人故意导致溢交保费的，应当按照比例增加保险金额。

【关键词】 年龄不实；短交保费；溢交保费；选择权；利息

保险法上的"年龄不实"，亦称"年龄错误"，系指投保时，投保人所申报之被保险人年龄与真实年龄不符的情形。年龄之不实，可分两种情形：其一为年龄错误，且真实年龄超出保险合同约定的年龄限制范围；其二为年龄错误，但真实年龄在保险合同约定的年龄限制范围之内。对于第一种情形，我国《保险法》于第 32 条第 1 款作了规定，其存在问题及修改意见，笔者已在《年龄超限之保险合同的法律规制》一文中进行了论述，在此不再赘述。对于第二种情形，我国《保险法》在第 32 条第 2、3 款中分别作了规定，但是，我国之规定存在诸多问题，故笔者拟在本文中

对此进行讨论。

一 现行规定及其问题

（一）《保险法》第32条第2款之问题

我国《保险法》第32条第2款对年龄不实导致投保人少交保费的情形做出处理，此种情形，学理上又称"短交保费"。该规定为："投保人申报的被保险人年龄不真实，致使投保人支付的保险费少于应付保险费的，保险人有权更正并要求投保人补交保险费，或者在给付保险金时按照实付保险费与应付保险费的比例支付。"亦即，对于因被保险人年龄不实导致的短交保费，《保险法》给出了两套处理方案供保险人选择：其一，补交保险费，即保险人对原保险合同的保费约定进行变更，并要求投保人补交保费；其二，比例赔付，即，如果投保人短交保费，保险人首先应该根据被保险人的真实年龄计算应付之保险费，并计算出实付保险费与应付保险费之比例，再将原保险金额与这一比例相乘，得出年龄不实情形下保险人应付之保险金数额。由于投保人实付之保险费较应付之保险费为少，故保险人实际赔付的保险金少于原合同约定的保险金。从上述规定可以看到，发生短交保费现象时，保险人对如何处理享有选择权。

上述规定存在两个问题。第一，《保险法》将短交保费的处理权完全赋予了保险人，在这个问题上，投保人是否也应当享有一定的权利？第二，若短交保费被发现于保险事故发生之后，是否可以允许投保人通过补交保险费的方式获得保险合同约定的保险金赔付？

（二）《保险法》第32条第3款之问题

我国《保险法》第32条第3款对年龄不实导致投保人多交保费的情形做出处理，此种情形，学理上又称"溢交保费"。该规定为："投保人申报的被保险人年龄不真实，致使投保人支付的保险费多于应付保险费的，保险人应当将多收的保险费退还投保人。"这一规定比较简单，即，因年龄不实导致投保人多交保险费的，无论保险事故是否发生，保险人只需退还多收的保险费即可。

对于溢交保费的处理，其问题主要在于：第一，在投保人溢交保费的情况下，该条直接规定由保险人退还溢交部分，这样的规定是否过于强硬？可否允许保险人按照实交保费与应交保费之比例增加保险金额？第二，若保险人退还溢交之保费，是否应当退还该部分保费的利息？

下文第二部分和第三部分分别针对《保险法》第32条第2款和第3款的处理规定展开论述。

二　短交保费规则的改进：投保人选择权的设置及比例赔付绝对化之否定

（一）投保人选择权的设置

《保险法》赋予保险人对短交保费的处理选择权，当短交保费被发现于保险事故发生之前时，无论保险人选择补交保费，还是选择比例赔付，都可能出现一些问题。一方面，当保险人选择要求补交保险费时，该权利的行使可能存在理论和实务上的障碍。保险人强行要求投保人补交保费的做法可能违背合同变更的理论。保险人要求投保人补交保费，其实质是对保险合同之保险费交付事项进行变更，然而，于理论上，变更行为在多数情况下属于双方法律行为，需要经过双方协商，得到对方同意方可变更。[①]保险人不经协商，强行要求变更保险费的做法与这一理论相违背。即使将保险人强行要求投保人补交保险费作为一种基于法律规定的直接变更，实务中也可能出现无法执行的情况，其中原因是，尽管《保险法》赋予了保险人强行要求投保人补交保险费的权利，但是，当投保人没有能力补交，或者不愿补交保费时，保险人对之毫无办法，因为我国《保险法》第38条规定，保险人不得以诉讼的方式要求投保人支付保险费。[②]另一方面，当保险人选择比例赔付时，又需要面对侵害保险消费者权益的质疑，因为，若保险人于事故发生前就发现短交保费问题，却选择比例赔付的处理办法，这意味着保险人明知投保人短交保费而不为提醒，主观上不无恶意，有违保险法之最大诚信原则，又因比例赔付情形下，投保方所获保险

---

① 我国《合同法》第77条第1款规定："当事人协商一致，可以变更合同。"
② 至少在人寿保险上，保险法不允许保险人通过诉讼方式收取保险费。

金必然降低，故有损害保险消费者权益之质疑。

　　修改《保险法》对短交保费处理权的设置，可以解决上述问题，修改之方法为，以短交保费被发现于保险事故发生之前抑或之后为标准，由法律将补交保费或比例赔付之选择权赋予投保人。于保险人发现短交保费的场合，若短交保费被发现于保险事故发生之前，法律应规定保险人之通知义务及投保人之选择权。亦即，在发现投保人短交保费后，保险人有义务提出两套方案——补交保险费或比例赔付——供投保人选择，投保人之选择权，宜由法律规定，性质上为法律规定之选择权，投保人选择之后，合同内容即生变更，该变更应为依法律规定之变更。于保险事故发生后，若保险人发现投保人短交保费，亦应通知投保人，但此时投保人之选择权应当受到限制，只有当保险人对年龄不实存在过错时，方允许投保人选择补交保费或比例减少保险金，若保险人不存过错，则投保人无权选择补交保险费，此间原理，拟于下文详述。于投保人发现短交保费的场合，仍应由法律赋予投保人选择权，与保险人发现短交保费相比，区别仅在于保险人不需通知而已。

　　上述修改设置了保险人通知义务，为督促保险人履行通知义务，还应规定通知义务履行之期限及结果。通常来说，无论短交保费被发现于保险事故发生之前或之后，保险人都不会拖延通知，因为保险事故发生前，保险人及时通知可能获得保费的补交，而保险事故之后，因面对投保人索赔，保险人不得不将短交保费之情况通知投保人。拖延通知并可能造成投保方损失的情形主要是，保险人于事故发生前发现保费短交，因过错未能通知投保人，甚或有时在考虑成本与收益之后故意迟延通知，直到保险事故发生之后才通知投保人。此种情形，投保人若于保险事故发生前获知保费短交，其有权选择补交保费，但保险事故发生后方获得保险人的通知，其补交保费的选择权可能因保险人对短交保费不存过错而受到限制，而这一限制根源在于保险人未能通知之过错，保险人须对此负责。笔者以为，若保险人在保险事故发生前获知投保人短交保费，其应及时通知投保人，通知期限最迟不得晚于保险事故发生，① 若有证据表明保险人于保险事故

---

① 于保险人拖延通知，但其通知时间仍早于保险事故发生的场合，因投保人对保费处于少交状态，保险人的迟延通知并不会导致其利益受损，也便不需予以救济。

发生之前发现短交保费,却于保险事故发生之后方才通知投保人者,投保人之选择权不应再受限制,即便其在保险事故发生后方知晓短交保费,又即便保险人对短交保费不存过错,其仍然有权选择补交保费,按照保单所载保险金额获得全额赔付。

投保人亦应在一定的期限内行使选择权,在该期限内未行使选择权者,该权利转归保险人。为防止投保人收到保险人提供的两种方案后拖延选择,造成法律关系的不稳定,法律应规定投保人的选择权须于一定期限内行使,笔者以为,这一期限应以30日为宜,[①] 若30日期限经过后,投保人不作表示,自然应由保险人行使选择权。保险人可选择催告投保人补交保险费,亦可选择比例赔付。[②] 值得注意的是,关于人寿保险,若保险人选择补交保费,其不得采取诉讼的方式要求投保人支付,此中原理,与《保险法》第38条立法原理相同。对此,有学者指出:"保险人固然得定相当期限催告要保人行使选择权,若仍不行使,则选择权移归保险人。然有鉴于人寿保险之保险费不得以诉讼方式请求交付,似不宜容许保险人选择由要保人补交保险费。因此,宜解为保险人仅得按比例减少保险金额之权。"[③]

在投保人选择补交保险费的情况下,投保人亦应当一并补交该短交保费之利息。其原因在于,该部分利息本应由保险人享有,因故为投保人所占有,性质上乃为不当得利,对不当得利之返还应当包括该不当得利之利息。关于该不当得利之利息返还,原理上与溢交保费的利息返还相同,笔者拟在下文深入论述。

(二) 保险事故发生后比例赔付绝对化之否定

尽管《保险法》规定保险人享有补交保费或比例赔付的选择权,但是在实务中,若短交保费被发现于保险事故发生之后,保险人多在保险合同

---

① 选择权的期限,原本没有特别规定,《保险法》第16条第3款关于保险人解除合同期限的规定,以及《保险法》第36条投保人受到保险人催告支付保险费期间的规定均为30日,并且该30日的期限足够投保人行使权利,故笔者认为30日较为合理。

② 保险人此时行使选择权,已与现行《保险法》规定之选择权有所不同,因为,这一选择权受到投保人选择权的限制,若投保人选择补交保费,则保险人不得采取比例赔付的方式。而在现行《保险法》规定下,即使投保人意欲选择补交保费,保险人亦可行使选择权,对投保方比例赔付。

③ 叶启洲:《2015年保险契约法修正条文之评释》,《月旦法学杂志》2015年第8期。

中将比例赔付绝对化,不允许投保人补交保费。例如,平安人寿"平安安居宝定期寿险合同条款"规定:"您申报的被保险人年龄不真实,致使您实付保险费少于应付保险费的,我们有权更正并要求您补交保险费。若已经发生保险事故,在给付保险金时按实付保险费和应付保险费的比例给付。"① 以此规定,在保险事故发生之后发现短交保费的,只能采取比例赔付的方法。

如此规定的理由大致有二,而这两个理由似乎并不充分。这两个理由分别是:第一,如果选择补交保险费的做法,由于保险费相对于保险金数额要小得多,保险人因此将支出更多的保险金。第二,如果采取补交保险费的办法,保险人给付保险金后不可能按照被保险人的真实年龄收取保险费,有损保险人的利益。② 对于第一个理由,我们认为,将保险人支出更多的保险金作为不能补交保险费的理由,似乎难以立足,倘若这一理由成立,则在保险事故发生前发现短交保费的,保险人为减少未来支付的保险金,亦可拒绝补交保费,径行要求比例赔付,而这在各国的保险立法中都是不被允许的。对于第二个理由,我们认为,如果采取补交保险费的措施,保险人不需要在支付保险金之后再收取补交的保险费,只需在给付保险金时扣除应当补交的保险费即可,如此,保险人的利益可以不受损害。

笔者以为,如短交保费系因保险人过错所致,则应允许投保人补交保费。短交保费之发生,多因投保人之过失所致,但亦不排除因保险人之过失所致者,例如,在投保过程中,保险代理人代投保人填写年龄,并代投保人在投保书上签字,若出现年龄不实,则保险代理人之过失,宜认定为保险人之过失,投保人几乎不存在过失。在此情形下,应允许投保人补交保费。其中原理至简,即,于投保时,投保人并非不愿支付真实年龄之保费,其之所以短交保费,乃是拜保险人过失所赐,投保人不应承担保险人

---

① 在保险实务中,绝大多数保险公司的条款都包括有此类"若已经发生保险事故,在给付保险金时按实付保险费和应付保险费的比例给付"的约定。例如,泰康尊享世家终身寿险条款规定:"您申报的被保险人年龄或者性别不真实,致使您实交保险费少于应交保险费的,我们有权更正并要求您补交保险费。如果已经发生保险事故,在给付保险金时按实交保险费和应交保险费的比例给付。"新华人寿定期寿险也作了几乎同样的规定。

② 李玉泉:《保险法学——理论与实务》,高等教育出版社2007年版,第329页。

过失之后果，如果允许保险人比例赔付，对投保人有失公允，通过补交保费获得全额保险金是对投保人的公正补偿。

然而，一个难于处理的问题是，短交保费往往并非一方过失造成，而系双方过失造成，此时，投保人依然可以主张补交保费吗？对此，我们持肯定态度。短交保费的发生，多数因投保人未能确定被保险人的真实年龄所致，对此，投保人自有过失，但是，保险人对被保险人之年龄，负有审核义务，若保险人疏于审核，导致被保险人之年龄不实，其对短交保费自有过失。在双方均存过失的情况下，应允许保险人补交保费，其理由主要是：第一，保险人之过失，重于投保人之过失。投保人作为普通民众，对年龄于保险中重要性了解甚少，保险人则不然，"寿险业者均设有核保单位，由核保人员专司其职，核保人员为寿险业之核心之一。在寿险从业人员中，核保人员不仅具有保险专业知识与经验，并能依据寿险业之核保政策与核保准则作敏锐判断。"① 故而，保险人之注意义务显然比投保人更重，其过失也便更大。第二，保险人核查年龄并不困难。保险发展早期，因公民无身份证件，核查被保险人之年龄并不容易，时至今日，我国法律要求每一个公民均需具有身份证件，保险人只需要求投保人提供身份证明或其复印件，便可轻松完成核保，倘若保险人不能完成如此轻松之年龄核查，似可认定其存在重大过失。第三，在采取补交保费或比例赔付相对模糊的情况下，应做出对投保方有利的选择。因双方过错短交保费，可采取之处理措施只有补交保费和比例赔付两种，除此别无他途，由于双方对短交保费均有过错，故而，在二者之中，选择任何一种适用似乎都有理由。在此情形下，保险法理论一贯的处理原则是，选择对投保方有利的措施，其中原因，大约可以归结为盛行于世的消费者保护理论。据此，我们认为，在双方均存过失的情况下，应允许投保人补交保费。

值得注意的是，若年龄不实系投保人故意所致，则无论短交保费被发现于保险事故发生之前或之后，投保人均不得要求补交保费，亦不应获得任何赔付。投保人为了降低所交保费，可能故意低报年龄，此种行为，已属欺诈，有违诚信原则，倘若允许投保人补交保费获得全额保险金，则是

---

① 施文森：《保险法论文》（第二集），三民书局1987年版，第268页。

鼓励后来之投保人年龄欺诈,因此,保险法不仅不应允许投保人补交保费,而且应对投保人给予一定惩罚。美国保险法理论界认为:"年龄误报条款一般之适用于过失误报的情况,而不适用于存在欺诈或共谋的情况。"① 如果采用这一观点,则年龄欺诈之问题,只能适用违反告知义务的规定,② 而依照违反告知义务的规定,若投保人故意违反告知义务被发现于保险事故发生之前,保险人可以撤销合同,③ 并且无需退还保险费;若投保人故意违反告知义务被发现于保险事故发生之后,保险人可以拒绝赔付,同样无需退还保险费。④ 无论是撤销保险合同还是拒绝赔付的情形,投保人均无法通过补交保险费的方式获得赔付。⑤

(三) 小结

现行法律规定,若年龄不实被发现于保险事故发生之前,保险人享有要求投保人补交保费或比例赔付的选择权,但这一规定在理论和实务上均存在问题。法律应当为投保人而非保险人设置补交保费或比例赔付的选择权,由保险人通知投保人进行选择。投保人之选择权行使,应有一定期限,于该期限结束后,选择权归保险人行使,但是,保险人选择补交保费时,不得通过诉讼方式进行。依照当前实务之操作,于保险事故发生之后,保险人不允许投保人补交保费,但是,这一实务似乎有失公正,若年龄之不实系由保险人过错所致,则保险人应当允许投保人补交保费。当然,在投保人故意造成年龄不实的情况下,无论保险人之主观状态如何,

---

① Muriel L. Crawford, *Life and Health Insurance Law*, seventh edition, FIMI Insurance Education Program Life Management Institute LOMA, Atlanta, Georgia, 1994, p. 179.

② 关于投保人虚报年龄是否属于违反告知义务的问题,目前的主流观点持肯定态度,但亦有一些学者认为其不属于告知义务。

③ 依照《保险法》关于违反告知义务的规定,在保险事故发生之前发现投保人故意违反告知义务的,保险人有权"解除合同",但是,研究表明,此处的"解除合同"应修正为"撤销合同"。(参见李青武、于海纯《我国保险法不可抗辩制度:问题与对策》,《保险研究》2013 年第 6 期。)

④ 在投保人对年龄进行欺诈告知的情况下,保险人当然可以违反告知义务进行抗辩,但在美国实践中,保险人较少使用这种抗辩,除非投保人告知的年龄与被保险人的真实年龄差距太大。(William R. Vance, *Handbook on the Law of Insurance*, West Publishing Co., 1951, p. 557 – 558.)

⑤ 德国《保险合同法》于 157 条规定了年龄不实条款,尽管该条未对投保人欺诈之情形做出规定,但该法于告知义务部分明确规定,若投保人故意违反告知义务,不应允许投保人以比例赔付的方式获得部分保险金。(参见叶启洲《德国保险契约法之百年改革:要保人告知义务新制及其检讨》,《台大法学论丛》2012 年第 1 期。)

均不得允许投保人补交保费。

三 溢交保费规则的重构：比例赔付的增设及利息的退还

(一) 溢交保费时的比例赔付

在年龄不实导致投保人溢交保费的情况下，对《保险法》规定的质疑是，保险人可否选择按照实交保费与应交保费之比例增加保险金额？从《保险法》第32条第2款与第3款的对比可知，在第2款情况下，《保险法》规定了两种处理方法：补交保费和比例赔付，而第3款只规定了一种处理措施：退还保费。这难免让人生疑，为何在投保人短交保费之时允许保险人按比例减少保险金额，在投保人溢交保费时却不允许按比例增加保险金额？

《保险法》关于溢交保费单一处理方式的规定，可能堵塞保险合同当事人协商比例赔付之途径。《保险法》之所以仅规定了退还保费的处理方式，大约是认为比例赔付增加了保险人的赔付金额，保险人不会选择这种方式，然而，无论在溢交保费被发现于保险事故发生前或之后，保险人都享有与投保人协商按照比例增加保险金额的权利。溢交保费被发现于保险事故发生之前的情况下，保险人可能认为，采取按比例增加保费的方式可以多收保费，对其更为有利。例如，假如投保人溢交一倍之保费，有保险人可能认为，按比例增加保险金不过是增加了一个相同的被保险人，而增加一个被保险人对其并非坏事。即使在溢交保费被发现于保险事故发生之后的情况下，亦不应排除保险人按比例增加保险金额的可能性。原理上说，在保险事故发生后发现溢交保费的，理性保险人选择退还溢交保费的方式，但是，如果保险人出于某种原因，乐意选择按比例增加保险金额，是对自己利益的主动放弃，法律不应干预。现行法只允许退还保险费的僵硬规定，不免堵塞了双方自愿按比例增加保险金额的途径。我国各保险公司的溢交保费条款，均只规定退还保费的处理办法，未作协商比例增加保险金之规定，大约正是受限于这一规定所致。

需要注意的是，是否与投保人协商按比例赔付，选择权在保险人。之所以将选择权赋予保险人，是因为由保险人行使选择权不至损害投保方的利益，即便对保险人有所不利，也是其自愿选择的结果。倘若保险人自愿选择退还保费，不会损及投保方的利益，毕竟，投保方在订立合同时期望的保险金额能够获得保障，其合同目的能够获得实现，同时，通过退还溢交保费及其利息，可以保证投保方的利益不受任何损失。倘若保险人选择与投保人协商比例增加保险金额，只要投保人愿意协商，则作为双方之自愿行为，其结果即使损害一方利益，亦是该方对利益的自愿让渡，法律不应干预。自然，若投保人不愿协商，保险人只能选择退还保费。

保险人行使选择权的程序，可以以溢交保费发现者的不同而为区分：在投保人发现溢交保费的情况下，法律可要求投保人通知保险人，以便保险人进行选择。在保险人发现溢交保费的情形下，法律应规定保险人的直接选择权。无论在保险事故发生之前还是之后发现保费溢交，也无论投保人发现溢交保费后是否通知保险人，保险人选择权的行使均不至损害双方利益。

此外，关于溢交保费，也可能出现保险人或其代理人故意为之的特殊情形。于通常情形，溢交保费之产生，系投保人过失错填年龄，保险人未能认真核查所致。然而，由于《保险法》规定，在溢交保险费的情况下，保险人只需退还多收之保费，这可能诱使保险人故意溢收保险费。其中原因是，即便溢交保险费被投保人发现，依现行规定，保险人不过退还多收部分了事，倘若投保人未能发现，则保险人可以佯作不知，在溢交保险费的情况下按照已约定的保险金额赔付。此外，实践中亦有保险代理人故意错填年龄，以谋取更多佣金的情形，例如，投保单中被保险人的年龄由保险代理人填写，并由代理人在投保单上签字，由于保险代理人的佣金与投保人所交保费的数额呈正相关关系，保险代理人可能故意错误填写被保险人之年龄，以谋取更多佣金，代理人此种故意，在法律上应归于保险人无疑。

若溢交保费可归因于保险人之故意，则无论被发现于保险事故发生之前或之后，保险人均应按照比例增加保险金额。其中原因并不复杂：保险人故意溢收保险费，已属对投保人之欺诈，可能出现保险人溢收保费，却按照较少的保险金额赔付的情形，对投保方殊为不公，亦是对最大诚信原则及正常保险市场秩序之破坏。为维护投保方之利益及保险法之最大诚信原则，安定保险市场秩序，必须对保险人施以惩罚，而较适当的惩罚便是

(二) 退还保费时利息的返还

在投保人溢交保费的情况下，我国《保险法》于第 32 条第 3 款仅规定退还保险费，对于是否退还溢交部分之利息，则未置一词。若投保人溢交保费多年，累计之利息必为不菲，是否退还溢交部分之利息，可能成为双方争讼之焦点。

无论在理论界抑或实务界，无息退还溢交保费的观点似乎已经成为主流。在理论界，学者郑玉波教授认为，保险人应在更正年龄后，无息退还溢交之保险费。① 在实务界，我国许多保单明确规定退还之保费不应附加利息，例如，泰康尊享世家终身寿险条款规定："您申报的被保险人年龄或者性别不真实，致使您实交保险费多于应交保险费的，我们向您无息退还多收的保险费。"②

保险人无息退还的理由主要是，保险人对溢交保费不存过失，然而，这一理由并不充分。有学者指出："误告保险人的年龄并因此多付保险费，是投保人的过失造成的，与保险人无关，使投保人损失一些利息，并不违反公平、合理的原理。"③ 的确，溢交保费多与投保人的过失有关，但如果认为"与保险人无关"亦未必符合事实，保险实务界已承认，溢交保费在某种情形下可以归责于保险人，进而认为，在溢交保费的情况下，"其错误原因归责于本公司者，应加计利息退还保险费。"④ 理论上讲，溢交保费之原因不外有三：完全出于投保人过失者、完全出于保险人过失者，投保人与保险人均有过失者。至少在后两种情形下，保险人存在过失。实务中，溢交保费之产生，多由投保人误报年龄，而保险人核保失误所致，此种情形，双方当事人均存过失。以保险人根本不存在过失为理由拒绝退还溢交保费之利息，理由上有欠妥当。

---

① 参见郑玉波《保险法论》，三民书局 2003 年版，第 195 页。
② 信诚人寿终身寿险条款作了几乎同样的规定："您申报的被保险人年龄或者性别不真实，致使您实交保险费多于应交保险费的，我们会将多收的保险费无息退还给您，本合同的保险金额不因此改变。"
③ 李玉泉：《保险法学——理论与实务》，高等教育出版社 2007 年版，第 329 页。
④ 陈云中：《保险学要义——理论与实际》，三民书局 2007 年版，第 365 页。

自溢收保费之性质看，如果溢收保费并非保险人故意所为，则无论投保人或保险人对溢交有无过失，均为善意之不当得利。不当得利者，谓"没有合法依据而取得利益，致他人受有损失的事实。"① 保险人取得保费虽有合同作为依据，但因合同在年龄上之错误，保险人对溢收之保费，并无合法之依据，又因保险人之溢收导致投保人溢交保费之损失，故保险人溢收之保费，当属不当得利。② 根据受领人主观的善意与恶意，不当得利又可分为善意之不当得利与恶意之不当得利：善意之不当得利，系指受领人在受领利益时主观上并不知晓自己受领之利益属于不当得利；恶意之不当得利，系指受领人明知其受领之利益为不当利益而坚持受领。保险人溢收保险费，如出于故意，则其知晓保费溢交之状况，此时之溢收保费当属恶意之不当得利，除此之外，无论保险合同双方的过失情形如何，保险人主观上并不知晓保费溢交之情形，故而属于善意之不当得利。

依据民法不当得利之理论，对于善意之溢收保费，保险人在返还不当得利时，应返还溢收保费之利息。王泽鉴教授认为，善意不当得利之立法目的，"在使善意受领人的财产状况不致因发生不当得利而受不利的影响。"③ 亦即，在善意不当得利的情况下，受领人的返还不应损及其自有利益。关于保险人溢收保费的不当得利，若使保险人返还利息，并不损及其自有利益，其原因在于，投保人溢交之保费利息，因溢交而暂存于保险人处，本不属于保险人所有，要求其返还并不损害保险人之利益。对此，王泽鉴教授在论及不当得利返还范围时再次重申："不当得利之受领人除返还其所受之利益，本于该利益更有所得亦应返还，其无争议的有三类：（1）原物的用益：包括原物的孳息（天然孳息及法定孳息）及使用利益（如居住房屋、使用的汽车）。"④ 由于利息属于典型的法定孳息，故而在返还溢交保费时，该保费之利息，亦应一并返还。

（三）小结

关于溢交保费，《保险法》仅规定了一种处理方式：退还保险费。对

---

① 张广兴：《债法总论》，法律出版社2006年版，第85页。
② 参见叶启洲《保险法实例研习》，元照出版有限公司2013年版，第403页。
③ 王泽鉴：《不当得利》，北京大学出版社2009年版，第175页。
④ 同上书，第166页。

于保险人是否可以选择按照实交保费与应交保费之比例增加保险金额，笔者认为，在保险人对溢交保费不存故意的情况下，无论溢交保费被发现于保险事故发生之前或之后，若保险人选择按照比例增加保险金额，乃是对自己利益的让渡，这一让渡行为有利于保险双方关系的和谐，法律可予鼓励。倘若溢交保费出于保险人的故意，则无论其被发现于保险事故发生之前或之后，保险人均应受到惩罚，其必须按照实交保费与应交保费之比例增加保险金额。在保险人选择退还溢交保费时，其是否应当退还溢交部分之利息乃是溢交保费规则的另一个问题，在这个问题上，理论界和实务界均认为保险人不应退还利息，但保险人溢收之保费，在性质上为善意之不当得利，以善意不当得利返还范围之理论，利息作为法定孳息应予返还。

四 代结论：《保险法》第32条第2、3款之修改建议

现行《保险法》第32条第2、3款之规定，建立在年龄不实完全由投保人过失所致的基础之上，然而，这一基础并不牢靠。被保险人之年龄不实，多数情况下因投保人误报导致，投保人当然存在过失。但是，在保险合同订立过程中，保险人对被保险人的年龄，负有核查义务，若保险人未尽此项核查义务，则其主观上显然存在过失。在个别情形下，甚至会出现年龄不实完全因保险人之过失导致。既然《保险法》第32条第2、3款规定之基础存在问题，其规定的年龄不实处理规则出现瑕疵在所难免，他日《保险法》修改之时，应对这些规则予以完善，笔者的完善建议是：

将《保险法》第32条第2款修订为：

"因被保险人年龄不真实，致使所付之保险费少于应付保险费者，投保人可以选择补交保险费，或者按照实付保险费与应付保险费的比例减少保险金额。投保人选择补交保费者，应当补交短交部分之利息。但是，被保险人之年龄不真实被发现于保险事故发生后，且保险人对年龄不真实不存过失者，非经保险人同意，投保人不得选择补交保险费之处理方式。

投保人故意申报年龄不真实，致使所付保险费少于应付保险费者，于年龄不实被发现于保险事故发生之前的情形，保险人可以撤销保险合同；于年龄不真实被发现于保险事故发生之后，保险人可以拒绝赔付。无论年

龄不真实被发现于保险事故发生之前或之后，保险人均无须退还保险费。"

将《保险法》第 32 条第 3 款修订为：

"因被保险人年龄不真实，致使所付之保险费多于应付之保险费者，保险人可以选择退还多交之保险费，亦可以与投保人协商按照实付保险费与应付保险费的比例增加保险金额。保险人选择退还保险费时，应一并退还多交保险费之利息。

因保险人故意导致被保险人年龄不真实，致使所付之保险费多于应付保险费者，保险人应当按照实付保险费与应付保险费之比例增加保险金额。"

附录　其他国家或地区关于年龄错误制度之规定

●法国《保险合同法》第 L132—26 条：（年龄告知不实）

1. 如果申报的被保险人年龄不真实，且其实际年龄不符合合同约定的年龄限制的，保险合同无效。

2. 申报的被保险人年龄不真实，导致投保人支付的保险费少于应付保险费的，保险人在赔付保险金时应当与投保人实际交付的保险费相对应，或者，保险人赔付的保险金应当与被保险人的实际年龄相对应。相反，申报的被保险人年龄不真实，导致投保人支付的保险费多于应付保险费的，保险人应当将多收的保险费退还投保人，但不加算利息。

●德国《保险合同法》第 157 条：（年龄告知不实）

如果被保险人的年龄告知不实，保险人的责任依据合同约定之保险费与被保险人实际年龄应交之保险费之比例予以调整。尽管存在本法第 19 条第 2 款之规定，[①] 但是，仅仅在保险人知晓被保险人之正确年龄便不会订立保险合同的情况下，保险人才可以以违反告知义务为由解除保险合同。

---

① 德国《保险合同法》第 19 条规定："如果投保人违反前款规定的告知义务，保险人可以解除合同。"

● 中国澳门地区《商法典》第1042条：（年龄不实）

1. 仅于被保险人之真实年龄超过保险单所定之限度时，保险人方可主张被保险人之年龄记载不正确。

2. 如年龄之记载不正确导致所付保险费少于为真实年龄应付之保险费，保险人之给付应根据保险费之无实际支付之部分按比例减少。

3. 如因被保险人年龄之记载不正确而支付高于为真实年龄应付之保险费，且投保人之行为并非故意，则保险人有义务将其超额支付之部分返还。

● 澳大利亚《1984年保险合同法》第30条：（年龄错误）

1. 本法条中，关于人寿保险的标准公式 SP/Q 中的各个字母本别代表：
S 是指（原）保险金额（包括任何红利）。

P 是指在（原）保险合同下，已经成为应付保险费的数额或者应付保险费的总额。

Q 是指，如果保险费在正确的出生日期基础上确定，保险人可能收取的保险费或者可能收取的保险费总额。

2. 如果在签订人寿保险合同时，某一被保险人，或者数个被保险人的出生日期被错误告知保险人：

（1）则，当（原）保险金额（包括任何红利）超过根据标准公式确定的金额时，[①]，保险人可以在任何时间变更合同，以不少于根据标准公式确定的金额数取代（原）保险金额。

（2）当（原）保险金额（包括任何红利）少于根据标准公式确定的金额时，保险人可以采取下列两种措施之一：

a. 从保险合同签订之日起，将应付保险费数额减少到：加入保险合同基于正确的出生日期订立，被保险人应缴纳的保险费数额。将被保险人超付的保险费（小于任何已付红利现金价值的数额，超过假如以正确的出生日期订立合同时应付的现金价值），以及自保险合同签订之日，该笔超付保险费按规定产生的利息一并归还给被保险人。

b. 变更保险合同，以标准公式所计算的保险金额，取代（原）保险合

---

① 指根据本条第（1）款确定的保险金额。

同所确定的保险金额（包括任何红利）。

（3）当本条第（2）款适用于定期给付的保险合同时，保险金额应为每次给付的保险金额（包括任何红利）。

（4）本条第（2）款下的合同变更，其生效日期从签订合同之日起计算。

专题四　未成年人死亡保险之研究[*]

——《保险法》第 33 条的司法解释

【摘要】 我国《保险法》第 33 条关于未成年人死亡保险的规定意在防止道德危险，同时也在一定程度上考虑了未成年人的保险需求。但是，该规定可能使得部分未成年人丧失保险保障，并可能使未成年人之同意权无法行使，所规定之保险金额性质亦不清晰。从保险学的角度看，未成年人死亡保险的保障范围应当主要限于丧葬费用，其性质应为补偿性质。如果以丧葬费用作为保障范围，则任何人对未成年人享有保险利益之人可以为之投保，且不需经未成年人同意，上述问题可资解决。

【关键词】 未成年人；死亡保险；丧葬费用

一　引言：问题的提出

李某出生后不到半年，其母就因急性白血病离开人世。其父长期在外地从事建筑工作，李某从小住在外婆家里。李某 8 岁时，父亲再婚，李某便来到父亲的居住地与父亲和继母生活在一起。李某离开原住地前，外婆为其在某人寿保险公司买了一份少儿安康保险，保险金额 1 万元，在保险

---

[*] 本文写作完成后，保监会将不满 10 周岁之未成年人的保险金额限制为 20 万元，已满 10 周岁未满 18 周岁之未成年人的保险金额限制为 50 万元。《民法典》又将无行为能力人的年龄限定为 8 周岁。保监会均改为了银保监会。这些并未影响本文的观点，为保持论证的完整与流畅，本文对上述内容未作修改。

合同中指定自己为受益人。之后，李某在一次上学途中突遇交通事故死亡。事故发生后，其外婆持少儿安康保险单向保险公司报案，并要求按保险合同约定给付保险金。保险公司经审查后认为，李某的外婆对其不具有保险利益，保险合同无效，保险公司不承担给付责任。李某的外婆遂向法院提起诉讼。本案最后调解结案，由保险公司退还所交保险费。① 本案虽已审结，但本案向我们提出的一系列问题却没有获得解决。我国保险法不允许父母之外的其他人为未成年人投保死亡保险是否合理？② 允许父母之外的第三人为限制行为能力人投保死亡保险是否存在问题？这一切都表明，现行《保险法》第33条关于未成年人死亡保险的规定存在不当之处，需要进一步深入研究。

二 限制未成年人死亡保险之理论基础：道德危险角力保险需求

保险制度自其诞生之日起，便在与两种倾向相斗争：道德危险与逆向选择。所谓道德危险者，是指投保人、被保险人或受益人为获得保险金而故意造成的危险。所谓逆向选择者，是指不利于保险人之危险选择，亦即危险情况较大者积极购买保险，危险情况较小者则不欲购买保险之现象。③ 道德危险之控制，多通过法律及合同条款之规定力图避免，逆向选择之控制，则多以保险公司核保及精算费率等经营行为降低。

世界诸多国家或地区均限制他人以未成年人作为被保险人投保以死亡为给付保险金条件的保险（即本文所称"死亡保险"），自立法理由观之，

---

① 李玉泉主编：《保险法学——理论与实务》，高等教育出版社2007年版，第336—337页。
② 本文所称"未成年人"，与通常所谓之"未成年人"并不完全相当。在我国，通常所称"未成年人"意指未满18岁之少年或儿童，但是，在未成年人死亡保险问题上，世界各国对未成年的界定多为14岁或15岁，有的国家甚至为12岁，但一般均在18周岁以下。本文之所以将这样的人群称为"未成年人"，一方面是因为这样的人群确实还属于通常意义上的未成年人，另一方面是出于表达方便的需要。不过，对我国来说，笔者仍将未成年人界定为18岁以下的自然人，但已满16岁不满18岁的自然人，以自己的劳动收入作为主要生活来源的，视为成年人。并且，本文也将兼论精神病人的死亡保险问题。亦即，本文所谓我国之未成年人，与我国民法上的无民事行为能力人及限制民事行为能力人相当。
③ 《保险英汉辞典》，财团法人保险事业发展中心2003年版，第44页。

意在防止针对未成年被保险人之道德危险。我国《保险法》第 33 条第 1款规定："投保人不得为无民事行为能力人投保以死亡为给付保险金条件的人身保险，保险人也不得承保。"究其立法理由，保险法立法者称："为了保护无民事行为能力人的利益，防止道德危险，需要对无民事行为能力人投保死亡保险做出禁止性规定。"[①] 盖因被保险人为未成年人，投保人以其投保，若指定自己为受益人，然后故意制造保险事故，杀害被保险人以谋取保险金更加容易，故而保险法有必要做出特别规定，限制未成年人作为被保险人，以杜绝道德危险之发生。更有甚者，某些国家为杜绝针对未成年人之道德危险，完全禁止未成年人作为被保险人。例如韩国。[②]

然而，私见以为，保险法限制他人为未成年人投保死亡保险，其更重要的目的在于保护未成年人之生命权。保护生命安全为法律之最基本责任，法律强调对生命权之保护。未成年人为未来国家与民族之希望，又为父母之所托，加之其自我保护生命权之能力尚弱，法律应予特别保护。然而不幸的是，与其他经济行为相比较，保险是最容易诱发侵害生命权之事业，未成年人保险尤甚，投保人通过杀害未成年被保险人谋取保险金的行为在世界各国均有发生，为保护被保险人之生命权，自应限制为未成年人投保死亡保险。此种限制，自保险学角度考量，系为防止道德危险，自法学角度观之，却是为了保护未成年人之生命权，二者视角不同，不可不辨。

若从道德危险及保护未成年人之生命权考虑，最好之办法，乃是禁止为未成年投保死亡保险。然各国多以限制的方式干预未成年人死亡保险，并不完全禁止，其原因何在？

论者以为，法律之所以并不完全禁止未成年人之死亡保险，皆因未成年人客观上存有保险需求，倘若法律完全禁止未成年人死亡保险，不免使未成年人保障缺失，加重未成年人或其亲属的经济负担，亦使保险制度之功能无法发挥。对此，有学者指出："主张应对未成年人及心神丧

---

① 袁杰等：《中华人民共和国保险法解读》，中国法制出版社 2009 年版，第 76 页。
② 韩国《商法》规定为不满 15 周岁之人投保的死亡保险合同无效，详见下文对国外制度分析部分。

失或精神耗弱人之死亡给付予以限制之主要论点即在于避免道德危险之观点，惟保险业界则以为此等人亦有保险之需求，且保险公司的核保，也是在做危险的选择与控管。"① 亦即是说，即使是未成年人，其对死亡保险之需求不若成年人之巨，但其对死亡保险之需求不容置疑。既然未成年人有保险需求，保险公司供给死亡保险之行为不应完全禁止，否则应属因噎废食。

综上所述，一方面，开放未成年人死亡保险容易产生道德危险，并进一步造成侵害未成年生命权之事实，故有禁止之必要；另一方面，未成年人客观上又存在保险需求，故而不能完全禁止未成年人死亡保险，而应取折中之道，对未成年人死亡保险予以限制，有条件地开放未成年人死亡保险。

三 限制未成年人死亡保险之方式：四种选择之评价

基于保护被保险人生命权与防止道德危险考虑，许多国家或地区纷纷采取了一些方法限制未成年人之死亡保险，约略分为四类：

（一）完全禁止未成年人之死亡保险

此种禁止为最严厉的限制，即完全不承认未成年人之死亡保险。以韩国、法国和中国澳门地区最为典型：

韩国《商法》第732条规定："将未满15岁的人、丧失知觉者或者神志不清人的死亡为保险事故的保险合同为无效。"②

法国《保险法》第L132-3条规定："禁止任何人为12岁以下的未成年人、处于监护之下的成年人或精神病人订立死亡利益保险合同；违反本禁止规定的保险合同为无效合同。"

中国澳门地区《商法典》第1032条第4款规定："不得订立以14岁以下之未成年人或被确定判决宣告为无行为能力之人为被保险人之死亡保险合同。"

---

① 林勋发：《保险契约法相关法律问题及其解决对策》，第176页。
② 吴日焕译：《韩国商法》，中国政法大学出版社1999年版，第195页。

此种限制方式，能够在很大程度上限制道德危险，并保护未成年人免遭生命权侵害，但未考虑到未成年人的保险需求。其原理在于，法律已经禁止为未成年人订立死亡保险合同，即使订立，也因合同违法而成为无效合同。然而，未成年人亦有分散风险之需求，完全禁止购买未成年人死亡保险，恐有剥夺未成年人获得风险保障权利之嫌，不符合保险学原理。

（二） 以死亡年龄为界点的限制方式

此种限制方式的特点是，当被保险人于特定年龄之前死亡时，法律不承认该保险合同的效力，但当被保险人死亡时超过特定年龄时，法律承认该保险合同为有效合同。也就是说，法律不承认特定年龄之前的未成年人死亡保险合同，而承认特定年龄之后的死亡保险合同。

有立法规定："以未满15岁之未成年人为被保险人订立之人寿保险契约，其死亡给付于被保险人满15岁之日起发生效力；被保险人满15岁前死亡者，保险人得加计利息退还所缴保险费，或返还投资型保险专设账簿之账户价值。"

值得注意的是，此种限制方式实际上将未成年人的死亡保险合同作为一种效力待定合同，合同效力的确定，端赖未成年人能否生存至特定年龄。与前述完全禁止的方式相比，此种方式虽然具有同样的缺点，即法律否认未生存至特定年龄的未成年人对死亡保险的需求，不符合保险学原理，不过，该种限制方式的进步之处值得一提，其并没有像完全禁止方式那样，将未成年人死亡保险合同的效力归于无效，而是承认未成年人能够在一定年龄时获得死亡保险保障。之所以这样规定，乃是考虑被保险人达到特定年龄之后，其精神和身体能力足以应付投保人对其实施的加害行为。不过，这样的规定对特定年龄的把握要求甚高，如特定年龄规定过低，承认超过特定年龄之未成年人的死亡保险合同为有效合同将带来巨大的道德危险。正如学者所言："旧法时期系原则禁止儿童死亡保单之贩卖，仅例外允许丧葬费用保险贩卖，而新法系原则允许儿童死亡保单之贩卖，仅对领取保险金附上儿童需活超过十五岁之要件，新法重新开启儿童死亡保单之市场，对有心人士而言，其可为其子女投保高额死亡保险，待其子女满十五岁时，再致该子女于死，领取该高额保险金，此致子女于死之诱因是否较旧法更高，值得我们进一步思考。"①

（三）丧葬费与未成年人书面同意的限制方式

此种限制方式，系指投保人为未成年人投保死亡保险，其保险金额不得超过被保险人死亡时所需丧葬费用，并且需要征得未成年被保险人的同意。德国《保险契约法》属于此种类型。

德国旧《保险契约法》第159条第2款规定："以他人的死亡事故订立保险且约定的金额超过一般丧葬费用者，须经他人的书面同意才能有效。该他人为无行为能力或限制行为能力或其有监护人者，要保人纵为代理人，也不可以代为同意"。第3款规定："父或母为未成年人子女订立保险契约，且其保险金额超过一般丧葬费用者，须得子女的同意。"而德国新《保险契约法》第159条第1款规定："父母亲以7岁以上未成年子女为被保险人，投保死亡保险，纵然保险金额超过丧葬费用也无须获得被保险人同意。"②

可见，德国新《保险契约法》秉承旧法传统，以丧葬费限制未成年人死亡保险之道德危险，投保人可为未成年人所投死亡保险，但保险金额被限制在一般丧葬费用内，如此，因丧葬费用数额较低，不至引发道德危险。当然，投保人亦可为未成年人投保金额超过丧葬费用之死亡保险，但须经过该未成年人书面同意，不过，依照新法规定，父母为7岁以上未成年人投保超过丧葬费用之死亡保险，无需经过未成年人书面同意。其原因在于，"德国透过法律社会学的研究，发现父母亲抚养子女7年之后（也就是子女满7周岁后）感情稳固，以之为被保险人投保死亡保险，尚没有道德危险的先例。"③但无论如何，在未成年人死亡保险问题上，德国限制道德危险的方式有两种：丧葬费与被保险人书面同意。

此种模式，较之第一、二种限制模式又有特点。其通过丧葬费控制道

---

① 参见《保险法第107条修正》，载《约旦 e 周报》，http://www.angle.com.tw/focus/focus336.asp，2010年4月7日访问。该文未注明作者姓名。

② 参见刘宗荣《以未成年子女或精神障碍人为被保险人投保死亡保险的修法评议——评保险法第107条的修正得失》，《月旦法学》2010年第4期。

③ 刘宗荣：《以未成年子女或精神障碍人为被保险人投保死亡保险的修法评议——评保险法第107条的修正得失》，《月旦法学》2010年第4期。

德危险,能够实实在在地控制道德危险。但是,在保险金额超过丧葬费用的情况下,通过被保险人书面同意的方式控制道德危险,在德国或许可行,因为德国设有监护法院,可在监护法院的监督下指定代理人代替未成年人行使同意权。在我国则未必可行,因未成年人尚无同意的能力,我国又没有监护法院,容易产生监护人代为投保同时代为同意的情形,倘若保险金额巨大,道德危险仍无法避免或降低。

(四) 单纯保险金额的限制方式

此种限制方式,乃是确定一个特定的保险金额,投保人为未成年被保险人所投死亡保险的金额不得超过该金额,如果超过,则该超过的部分为无效。美国纽约州的规定大体属于此类。

纽约州《保险法》第 3207 条规定,以未满十四岁六个月之未成年人为被保险人,保险金额不得超过以下规定:未满两岁六个月者,一千美元;两岁六个月以上,未满九岁六个月者,两千美元;九岁六个月以上,未满十一岁六个月者,三千美元;十一岁六个月以上,未满十四岁六个月者,五千美元。美国学者对这一规定的解释是:"立法未限制超过十四岁六个月之人作为被保险人的保险金额,但限制低于或等于十四岁六个月之人为被保险人的保险金额,超过该保险金额者,超过的部分无效。"①

单纯通过保险金额限制道德危险,如果保险金额较低,对投保人或受益人没有吸引力,则能够起到很好的效果。纽约州保险法将此类未成年人的保险金额限制在 5000 美元以下,对普通美国人来说,不足以诱其杀害未成年人谋取保险金。纽约州之所以规定随年龄的增长保险金额亦逐步增长,其考虑的基本点可能是:被保险人年龄越小,越容易被谋杀,随年龄增大,谋杀越是不易,对易于被谋杀之人,确定较低之保险金额,则产生道德危险的可能性越小。但不无疑问的是,纽约州所定保险金限额,究属何种性质,可随年龄之变化而变化,此点在保险学上似难解释。

---

① Harry P. Kamen & William J. Toppeta, *The Life Insurance Law of New York*, Wiley Law Publications, 1991, p.172.

四 我国之规定：限制方式与存在问题

（一）我国限制道德危险的方式

我国《保险法》第33条规定："投保人不得为无民事行为能力人投保以死亡为给付保险金条件的人身保险，保险人也不得承保。父母为其未成年子女投保的人身保险，不受前款规定限制。但是，因被保险人死亡给付的保险金总和不得超过国务院保险监督管理机构规定的限额。"第34条第1款规定："以死亡为给付保险金条件的合同，未经被保险人同意并认可保险金额的，合同无效。"第3款则规定："父母为其未成年子女投保的人身保险，不受本条第1款规定限制。"1999年，保监会在《关于父母为其未成年子女投保死亡人身保险限额的通知》（保监发［1999］43号）指出："父母为其未成年子女投保的人身保险，死亡保险金额不得超过人民币5万元。"2002年，保监会再次发出《关于在北京等试点城市放宽未成年人死亡保险金额通知》（保监发［2002］34号），规定："自本通知发布之日起，在北京市、上海市、广州市和深圳市投保的未成年人人身保险的死亡给付保险金额的上限由5万元提高到10万元。"这是我国关于未成年人死亡保险的主要规定。

从我国的规定可以看出，我国对未成年人死亡保险道德危险的限制方式是：父母投保、保险金额以及被保险人同意三重限制。即，对未成年人，如果父母对其投保死亡保险，不需经未成年人同意，但死亡保险之金额，受保监会规定的最高保险金额限制（除北京、上海、广州、深圳为10万元外，其余城市为5万元）。同时，我国虽禁止父母之外的人为无民事行为能力人投保，并未完全禁止父母之外的人为限制民事行为能力人投保死亡保险。这意味着，父母之外的人为10周岁以下的未成年人投保被严格禁止，父母之外的人为10周岁以上的未成年人投保死亡保险，则可以依照《保险法》第34条之规定，经未成年人本人同意并认可保险金额后成为有效保险合同。

与其他国家或地区相比，我国的限制方式的特点在于：强调父母可以为未成年子女投保死亡保险，并且不需经过未成年人同意。这样的规定，乃是出于对我国父母与子女之间亲情的判断。受儒家传统伦理思想的影响，我国父母对子女具有深厚的感情，一般情况下，不会以杀害子女的方式谋取保险金。

（二）我国限制方式存在的问题

尽管我国关于未成年人死亡道德危险的限制方式具有一定的可取之处，但是，由于对未成年人死亡保险需求的认识不清以及立法技术的疏漏，使得我国《保险法》第33条存在诸多问题。

1. 10周岁以下的未成年人，如果没有父母为其投保死亡保险，其将丧失死亡保险保障。①《保险法》第33条强调，投保人不得为无民事行为能力人投保死亡保险，但父母可以为未成年人投保死亡保险。而在我国，10周岁以下的未成年人属于无民事行为能力人。由此推论，如果父母双亡，或者父母虽健在，但不愿为其10周岁以下的未成年子女投保，则其他人不得为此未成年人投保，否则属于违法行为。如此，则10周岁以下的未成年人将丧失死亡保险保障。

对此，2009年《保险法》修改时，有学者提出，有些未成年人没有父母，其本身也没有书面同意的能力，如依原《保险法》的规定，这类未成年人将无法订立死亡保险合同，为此，应将"父母"改为"合法监护人"，使其监护人可以为其订立以死亡为给付保险金条件的合同。② 不过，《保险法》最终维持原有规定不变。之所以维持不变，大约是因为立法者考虑只有父母对子女的爱才不至于招来道德危险，其余人等对未成年人的爱远逊于父母，其道德危险程度显然大得多。但是，立法维持原有规定的结果当然是部分未成年人仍然无法获得保险保障。

2. 10周岁以上的未成年人，如果没有父母为其投保死亡保险，其余人等为其投保死亡保险须经其同意，但该未成年人没有同意能力。被保险人是否具有同意能力，理论上应以其是否能够理解死亡保险及其带来的道德

---

① 以《保险法》第33条第1款之规定，已成年之完全精神病人，无论父母还是非父母均无权为其投保，也存在丧失保险保障的问题。其问题与10周岁以上未成年人之问题一致，解决之道同一，下文不再单独论述。

② 参见偶见《〈保险法〉（修订草案）修改意见》，载谢宪主编《保险法评论》第二卷，中国法制出版社2009年版，第94页。

危险为依据,然而在我国,即使年满18周岁之成年人,理解死亡保险即道德危险亦属不易,遑论未成年人。即使依现行完全民事行为能力人方有民事行为能力的观点推论,因未满18岁之人一般不属于完全民事行为能力人,其是否具有同意的民事行为能力亦不免受到质疑。若经该未成年人同意即可为其订立死亡保险,则投保之人可以以某种利益诱惑未成年人签字同意为其投保,嗣后可能产生杀害未成年人的道德危险。

解决未成年同意能力的办法也许可以参访民法关于法定代理的规定,即由未成年人的监护人予以同意,然此种办法亦不能避免道德危险。盖因他人为未成年人投保死亡保险者,多系该未成年人父母双亡,由其监护人投保,若未成年人之同意行为由其监护人代理,则又"产生法定代理人与要保人为同一人之情形,此种情形将使被保险人之同意权空洞化,失去其实际防止道德危险发生,尊重当事人意思自主之功能。"①

3. 未成年人死亡保险金限额的性质问题。《保险法》第33条第2款通过父母投保及保险金额不得超过保监会规定限额的方式控制道德危险,其作用甚大。但是,精明的父母可以在不同的保险公司为其子女投保数份死亡保险,以使保险金额增大,一旦保险金额增大到一定程度,父母谋杀亲生子女的道德危险又将增加。

保监会虽在其批复中规定:(一)"死亡保险金额不得超过5万元"指的是累计死亡保险金额的限额。在订立保险合同时,保险公司应要求投保人申明是否在其他保险公司为其未成年子女投保了死亡人身保险,如果投保人故意不履行告知义务,出现累计保险金额超过5万元的情况,超过部分保险公司不承担给付保险金的责任并不退还保险费。(二)死亡保额的限定标准不得以任何方式提高,未成年人的疾病风险,可通过投保健康保险解决。② 但在汶川地震中,中国人寿绵阳分公司经总公司报请保监会审批同意:"本次地震灾害事故中死亡的未成年人,公司按实际承保的风险保额给付,不受5万元特约的限制"。③ 尽管保监会的审批是出于地震的特

---

① 汪信君、廖世昌:《保险法理论与实务》,元照出版有限公司2006年版,第147页。
② 参见保监会虽在《关于对〈关于父母为其未成年子女投保死亡人身保险限额的通知〉中有关问题请示的答复》(保监寿〔1999〕7号,1999年5月25日)。
③ 蒋勇:《绵阳国寿首破未成年人死亡保险限额》,《中国保险报》2008年6月2日。

殊问题考虑，但毕竟突破了保监会规定的限额。在此，我们不得不提出的问题是，保监会规定的限额在性质上究属何种类型？为什么一方面规定不得以任何方式提高，另一方面又在地震的情况下有所提高？保险金的限额是否偏高？如投保人在数家公司投保，是否属于重复保险？在人身保险中也可以出现重复保险吗？这些问题，学理上应予深究。

4. 父母之外的他人若已经为无民事行为能力人投保死亡保险，该保险合同的效力问题。我国《保险法》明文禁止投保人为无民事行为能力人投保死亡保险，且保险人不得承保。这一规定明显属于法律的强制性规定，依照合同法规定，违反法律、行政法规强制性规定的合同无效，据此，非父母为无民事行为能力人订立之保险合同可以认定为无效合同。

然而，认定为无效合同并不能解决所有问题。倘若保险事故没有发生，作为无效合同的后果，双方当事人应当相互返还因合同取得的财产，保险人返还所收保险费倒还容易，对保险人因履行合同已经承担的风险如何返还？倘若保险事故已经发生，保险人返还保险费后，就可以不承担保险责任吗？如此何以对保险人不认真履行核保义务予以惩罚？如果要对保险人不认真履行核保义务的行为予以惩罚，其应当承担的是商事责任还是行政责任？这些问题，《保险法》没有明确规定，学界亦研究甚少。

5. 精神病人的死亡保险的道德危险问题。我国《保险法》第33条没有涉及精神病人的死亡保险问题。然而我国的"无民事行为能力人"是与精神病人密切联系的一个概念。于是，《保险法》第33条关于投保人不得为无民事能力人投保死亡保险的规定，很自然地让人想起了精神病人死亡保险的问题。在法律上，精神病人分为不能辨认自己行为的精神病人和不能完全辨认自己行为的精神病人，前者属于无民事行为能力人，后者则属于限制民事行为能力人。

对无民事行为能力的精神病人，如其已经成年，依照我国《保险法》第33条之规定，无论是父母还是他人均不可以为其投保死亡保险，这样，这一部分精神病人将丧失保险保障。对限制民事行为能力的精神病人，如其未成年且年满10周岁，因其不属于无民事行为能力人，父母之外的他人亦可为其投保死亡保险，但须经其同意。如前所述，在死亡保险问题上，限制民事行为能力人的同意能力存在缺陷，或存在投保人与同意权代理人为同一人的情形,且此种被保险人多属家庭和社会负担,若为其投保死亡保险,难免不会发生道德危险。现实生活中父母杀害精神病子女自称"为民除害"的情形亦有发生。

综上所述,我国《保险法》第33条存在的问题主要包括:10周岁以下的未成年人,如果没有父母为其投保死亡保险,其将丧失保险保障;10周岁以上的未成年人,父母之外的人为其投保死亡保险须经其同意,但该未成年人没有同意能力或出现投保人与同意权代理人为同一人之情形;未成年人之最高限额死亡保险金性质不明;父母之外的他人若已经为无民事行为能力人投保死亡保险,其法律后果尚不明确;未规定精神病人死亡保险的问题,且依该条规定,针对精神病人的死亡保险较易出现道德危险。

五 未成年人死亡保险之需求:保障范围及其性质

前文已述,对未成年人死亡保险之限制,自保险法角度观之,其实是道德危险与保险需求之角力。上文已就我国未成年人死亡保险道德危险的限制及仍可能存在的道德危险加以研究,本部分有必要对未成年人的死亡保险需求展开分析。

从保险学的角度分析,死亡保险保障的是生命的经济价值,人身无价的观点在宗教意义或社会学意义上尚可立足,在保险学上却值得怀疑。传统保险法以人身无价作为人身保险合同之基石,假如从这一观点出发,我们可以推论:既然自然人人身无价,那么,就一个人的死亡而言,无论多么庞大的保险金额都不过分,例如,保险公司可以设定1亿人民币的给付金额,只要被保险人愿意支付适当的保险费。然而,在保险实践中,这样的推论只是推定,无法成为现实。在保险理论上,保险保障的设计依照被保险人及相关人员的需要而设计,只对被保险人生命之经济价值进行保障,并非漫无边际。对此,保险学专家袁宗蔚先生指出:"人类生命具有多种价值:自宗教之观点而言,生命可永垂不朽,其价值无法加以估计;自社会之观点而言,人与人间具有各种感情方面之联系,其价值不可以货币计算或以他物代替。此等精神价值或情感价值,均非人寿保险保障之目标，其有关于人寿保险者，应为生命之经济价值。"① 那么，在保险学上，未成年人的死亡保险，究竟该保障哪些内容？其数额应当如何估量？

（一）未成年人死亡保险之保障范围

1. 死亡损失角度的保障范围

从保险学原理上说，未成年人死亡造成何种损失，保险应当对这种损失予以保障。在保险学上，个人风险包括收入风险和医疗费用风险，其中收入风险又包括死亡、伤残、老年和失业风险。② 与未成年人死亡保险相关的个人风险，当然就是死亡风险。死亡风险，在保险学上又称"早逝风险"或者"过早死亡风险"。过早死亡可以造成两方面的损失。第一种是与死亡本身相关的费用，主要包括丧葬费用、偿还死者所欠债务以及死亡传递成本（如，遗嘱查验费用和遗产税）。死亡所致的第二种损失是死者生前所获收入的丧失。③ 不过，保险学上的过早死亡似乎并不包含未成年人的死亡。"过早死亡是指一个家庭的主要成员没有履行完财务义务就去世了……只有逝者担负着家庭开支或者还没有履行完财务义务就去世的情况下，过早死亡才会引起财务问题。所以，一个 7 岁小孩的死亡，从经济的角度看就不属于过早死亡。"④ 由于未成年人尚不是家庭主要成员，并且不负担家庭开支，其死亡风险不属于早逝风险。但未成年人的死亡，必然给家庭造成一定的经济负担和精神负担，因此尚有通过保险保障的必要。⑤我们可以参照早逝风险的损失确定未成年人死亡的损失，从而通过保险予以保障。

早逝风险造成的损失，瑞达教授有简明的论述："家庭成员的过早死亡至少会造成 4 个方面的损失：（1）家庭成员的生命价值永远丧失了。这

---

① 袁宗蔚：《保险学——危险与保险》，首都经济贸易大学出版社 2000 年版，第 637 页。
② ［美］哈林顿、尼豪斯：《风险管理与保险》，陈秉正、王珺、周伏平译，清华大学出版社 2005 年版，第 5 页。
③ ［美］埃米特·J. 沃恩、［美］特丽莎·M. 沃恩：《危险原理与保险》（第 8 版），张洪涛等译，中国人民大学出版社 2002 年版，第 192 页。
④ ［美］乔治·E. 瑞达：《风险管理与保险原理》（第 8 版），申曙光译，中国人民大学出版社 2006 年版，第 10 页。
⑤ 早逝之所以造成收入损失危险，首要原因就是那些由于死者死亡而承受损失的人还活着。（参见［美］埃米特·J. 沃恩、［美］特丽莎·M. 沃恩《危险原理与保险》（第 8 版），张洪涛等译，中国人民大学出版社 2002 年版，第 192 页。）

里的生命价值指的是过早死亡却负担着家计的人的收入对整个家庭的价值……（2）由于丧葬费用、因为未投保而面临的巨额医疗费、不动产处置费用、巨额财产继承税等等都会带来额外的开支。（3）由于没有足够的经济来源，一些家庭将面临入不敷出或者还债的困境。（4）一些非经济成本也随之发生，包括悲痛的心情，缺少了一个榜样以及对孩子们的教诲和引导等等。"①

对未成年人来说，其死亡的损失只是其中的一小部分，主要是丧葬费用和生者的精神痛苦损失，当然，在未成年人有财产时，也可能存在少量的处理财产的费用损失。我们可以通过对上述早逝损失的逐一排除，确定未成年人死亡损失的范围。关于死亡，保险学上公认的最大损失，乃是生命价值的损失，然而未成年人死亡并不存在生命价值损失。著名的美国保险学教授侯百纳（S. S. Huebner）提出的生命价值论指出："生命所谓生命价值者，即吾人体内所具各种经济性力量产生赚钱能力之货币价值。"② "它是一个人死亡所导致的眷属收入损失的现值。"③ 依此观点，未成年人尚无赚钱能力，其家属亦不赖其收入生存，故而就保险学上之生命价值损失而言，未成年人并不具有，上述早逝危险之第（1）与第（3）项损失因此并不存在。第（4）项中非经济成本中的榜样损失，亦因未成年人通常无子女而不存在。不过，无论任何人死亡，丧葬费用通常为必须费用，家属之悲痛心情亦为通常存在之非经济损失，此外，未成年人若有财产，可能存在财产处理费用，例如未成年人因代位继承而享有房产，在其死亡后对房产的处分可能会产生一些费用。因此，上述第（2）项损失和第（4）项损失中的悲痛心情损失可视为未成年人死亡的损失。"总的来说，由死亡导致的成本——即所谓的最终费用——通常很少，并不需要精确衡量。"④

---

① ［美］乔治·E. 瑞达：《风险管理与保险原理》（第8版），申曙光译，中国人民大学出版社2006年版，第10页。
② S. S. Huebner, The Economics of Life Insurance, 3rd ed., New York: Appleton-Century-Crofts, 1959, p. 5.
③ ［美］埃米特·J. 沃恩、［美］特丽莎·M. 沃恩：《危险原理与保险》（第8版），张洪涛等译，中国人民大学出版社2002年版，第193页。
④ 同上书，第192页。

2. 保险需要角度的保障范围

在保险学上,衡量购买多少保险的另一依据是需求法(Need Approach),①,依据需求法,某人死亡后其家庭的需求通常包括下列内容:(1)善后费用,如丧葬费用、未到期之票据及借款、遗产税等;(2)重新调整生活水准期间所需之收入;(3)子女自立以前之家庭收入;(4)子女自立后配偶终身所需之收入;(5)特殊需要如抵押债务之清偿、应付紧急事故之资金、教育资金以及其他个别家庭之特殊需要;(6)退休时生活费用之需要。②

如果遭受死亡的是未成年人,家庭需要远不及上述需要。未成年人死亡通常不会导致家庭物质生活水平下降,未成年人无需为其子女准备成长费用及教育费用,因其未成年,亦不会有需清偿之债务,且死亡保险不需考虑退休时生活费用之需要。于是,其家庭真正需求者,最大费用为第(1)项之善后费用,以丧葬费用为主。

以上两种分析方法,所得之结论较为一致,即对未成年人来说,其死亡之最大损失为丧葬费用,当然也存在精神痛苦及处理财产之偶然费用,但一方面,保险业通常将精神损失排除在外;另一方面,未成年人一般没有自己的财产,即使有财产,处理财产之费用,不会超过其所留财产价值,并可由接受财产之人承担。因此,真正能够称得上未成年人死亡损失的,应为丧葬费用。下面,我们拟就丧葬费用之性质予以分析,以为未成年人死亡保险的金额限制探寻理论基础。

(二)丧葬费用保障之性质

在我国保险法理论上,通说认为,保险分为两类:财产保险与人身保险,财产保险以补偿为原则,具有补偿性质,人身保险为定额保险,其给付不以补偿为原则,但这一观点已经受到挑战。有学者认为:"以财产保险/人身保险之二元论作为保险契约的分类标准及其体系架构……由于其未顾及人身保险的二元性差异,忽略了在人身保险中也有如财产保险一样

---

① 一般来说,某人死亡后,其本人无所需求,有所需求者为其家庭,是故由学者亦将需求法称为"家庭需求法"。

② Huebner S. S. and Black, Jr. k., Life Insurance, 9th ed., 1976, pp. 17 – 20, 转引自袁宗蔚《保险学——危险与保险》,首都经济贸易大学出版社 2000 年版,第 638—639 页。

属填补经济损失的险种。"① 还有学者认为：应当"在继承传统的把保险分为财产保险和人身保险的分类方法的同时，按照损害保险与定额保险的分类方法，把人身保险中的医疗费用保险纳入损害保险的范畴。"② 日本2008年新修订的保险法，将原属于生命保险的伤害残疾保险合同分为伤害残疾损害保险合同和伤害残疾定额保险合同两类，正是上述挑战在立法上的表现。可见，人身保险亦有补偿类型的观点已经确立。

对未成年人丧葬费用之保障，应属人身保险中之损害保险，属于补偿类型保险。依上述可将人身保险分为补偿型人身保险和给付型人身保险的观点，对丧葬费用加以保障，其目的在于补偿被保险人死亡后的丧葬费用支出，并非基于对被保险人人身伤亡之给付，因此，其性质上属于补偿型保障。对此，学者江朝国教授有言："丧葬费用与死亡给付于保险学理中之性质并不相同，前者属于损害保险范围，而后者则属于定额保险之范围。"③

综上所述，未成年人之死亡损失主要为丧葬费用损失，其保险需求亦以丧葬费用保障为必要，其余适用于成人之死亡损失和保障，对未成年人则不适用之。而丧葬费用之保障，性质上为补偿型保险保障，因此，他人道德危险之可能性较低。

六　问题之解决：修改方向与司法解释

（一）《保险法》第33条之修改方向

1. 以丧葬费用作为保险金限额

据以上分析，笔者以为，我国关于未成年人死亡保险规定之修改总方向为：任何对未成年人享有保险利益之人均可以为未成年被保险人投保死亡保险，不须经未成年人同意，但保险金额以丧葬费用为限，丧葬费之数额由保险主管机关确定。

---

① 樊启荣：《"人身保险无保险代位规范适用"质疑——我国〈保险法〉第68条规定之妥当性评析》，《法学》2008年第1期。
② 李华：《商业医疗保险适用损失补偿原则之研究——以大陆〈保险法〉第二次修订为背景》，载《赵德枢教授荣退暨财经法新趋势研讨会论文集》，2009年4月。
③ 江朝国：《保险法论文集》（二），瑞兴图书股份有限公司1997年版，第24页。

任何对未成年人享有保险利益之人均可以为未成年人投保死亡保险，其目的在于满足未成年人之死亡保险需求。如前所述，在现行制度下，10周岁以下之未成年人，如果没有父母为其投保死亡保险，其将丧失死亡保险保障。然未成年又确需死亡保险保障，任何对未成年人享有保险利益之人均可投保，则可解决未成年人死亡保险需求之问题。

以丧葬费用为保险保障范围，既能满足未成年被保险人死亡之保障需求，又可解决针对未成年被保险人之道德危险问题。丧葬费用保障可以满足一般未成年被保险人死亡之需求已如前述。丧葬费用保障之补偿性质可以防止道德危险。如果丧葬费用属于定额给付，则保险合同当事人可以任意约定其数额，数额约定越是巨大，则未成年被保险人遭遇道德危险的可能性便愈大。相反，如果丧葬费用属于补偿给付，则，首先，该保险旨在弥补家庭为未成年人死亡所支出之费用，投保人以之补偿丧葬费用支出后往往所剩无几，不可能从中获得太大利益；其次，丧葬费用一般数额较小，不足以引发他人杀害未成年被保险人谋取保险金的犯罪意图；再次，即使未成年人之死亡保险约定的死亡给付数额较大，保险公司亦可以超额保险为理由，宣告超过实际丧葬费用之保险金额为无效，杜绝他人道德危险之可能；最后，鉴于丧葬费用保障属于补偿性质，即使他人多重投保，保险公司也可以适用重复保险的规定，支付的总金额不超过丧葬费用，由此，他人通过重复保险获得多笔丧葬费用的可能性不复存在，其也就不再产生道德危险之念想。

然则可否超出丧葬费用而投保未成年人死亡保险？德国法上允许超出丧葬费用而投保，盖出于人身无价考虑。不过，笔者以为，一方面，自保险学的角度观之，丧葬费保障为未成年人死亡之必要范围，超出丧葬费而投保，不无以死者之生命为生者谋利益之嫌。以成年人之生命投保死亡保险，可以超出丧葬费用，乃因为成年人担负着未来家庭之生计来源，未成年人无此义务，自然可以将保险金额限制在丧葬费用之内；另一方面，超出丧葬费用投保可能导致道德危险，在丧葬费用之内亦不至于使未成年人丧失保险保障。两相权衡，最好之办法应选择将保险金额限制在丧葬费用之内。不过，保险实务纷繁复杂，也许存在保险金额超出丧葬费用之情形，若出现如此情形，其法律后果如何？笔者以为，丧葬费用保险本质为补偿型保险，超出丧葬费用之部分，应视为无效。但此时保险人多收之保险费应予退还。

之所以不须经未成年人同意，主要出于三方面考虑：其一，保障范围若仅以丧葬费用为限，因保障金额数额较小，不致引起道德危险，因此无须将判断道德危险之情势交由未成年人处理，也就无未成年人之同意权问题。其二，未成年人没有同意能力，即使规定须经其同意方可投保，也不过一纸空文。① 其三，为未成年人投保死亡保险虽不须经被保险人同意，但投保人必须对未成年人具有保险利益，此亦为控制死亡保险道德危险之手段。

丧葬费用之具体数额，应由保监会参考各地统计数据确定。

2. 父母投保死亡保险问题之理论解决

上文提及，我国《保险法》第33条及相关规定将父母为未成年子女购买死亡保险的数额规定为5万元或10万元，但其性质并未明确。

笔者认为，我国规定之5万元或10万元最高保障限额，性质上应为补偿型。从保险理论上分析，未成年人死亡保险的保险金额不应属于定额型，如果属于定额型，应当允许当事人在保险实践允许的范围内自由约定保险金额，实践中，成年人的死亡给付超过10万元者比比皆是，保监会唯独对未成年人设置这一限额，在实现控制道德危险目的的同时，也暗合了未成年人死亡保障的补偿型原理。② 此外，《保险法》第33条规定："因被保险人死亡给付的保险金不得超过国务院保险监督管理机构规定的限额。"保监会在《对〈关于父母为其未成年子女投保死亡人身保险限额的通知〉中有关问题请示的答复》亦指出："如果投保人故意不履行告知义务，出现累

---

① 著名学者刘宗荣教授认为可以通过建立要保人与同意权人分离的机制可解决未成年人死亡保险的同意权问题，但其所针对的是超过丧葬费用的保险金额，而不是丧葬费用。刘宗荣教授设计的制度为："父母一方为要保人时，以另一方为法定代理人（行使同意权）；父母同为要保人时，以法院选任的特别代理人为代理人，监护人为要保人时，由法院指定之特别代理人为代理人。"（参见刘宗荣《以未成年子女或精神障碍人为被保险人投保死亡保险的修法评议——评保险法第107条的修正得失》，《月旦法学》2010年第4期。）但由于单亲家庭为数不少，为其子女投保死亡保险须经何人同意不无问题；且由法院指定特别代理人，须法院做出调查，未必有合适之代理人暂且不论，在目前法院任务繁重之情势下在加重法院负担，其操作性值得怀疑。此外，父母或监护人为其未成年子女购买死亡保险须经他人之同意，情理上极难为我国民众接受。

② 但是，保监会在1999年规定保险金限额5万元以后，2002年将北京等发达城市的保险金限额提高为10万元，从其提高保险金限额的角度看，保监会对未成年人保险金额性质的认定仍具有模糊性，因为，如果清楚地确定保险金性质为补偿型，则5万元已足以补偿丧葬费用，不需再行增加。

计保险金额超过 5 万元的情况,超过部分保险公司不承担给付保险金的责任,并不退还保险费","死亡保额的限定标准不得以任何方式提高",从禁止重复保险和超额保险的角度证明了未成年人死亡保险限额之补偿型。①

若未成年人死亡给付限额属补偿型,则 5 万或 10 万之限额未免过多。我国之丧葬费用计算,依《最高人民法院关于审理人身损害赔偿案件适用法律若干问题的解释》第 27 条规定:"丧葬费按照受诉法院所在地上一年度职工月平均工资标准,以六个月总额计算。"以经济发达之上海市为例,2008 年上海市职工年平均工资为 39502 元,月平均工资为 3292 元。② 在经济不发达之山西省,2008 年职工年平均工资为 25828 元,③ 月平均工资约 2152 元。而 2008 年度全国职工年平均工资为 29229 元,④ 月平均工资约 2436 元。以 2008 年全国月平均工资的六倍计算,丧葬费用不超过 2 万元,即使以上海市月平均工资为基数计算,丧葬费用亦不会超过 2 万元,更不用说作为不发达地区的山西省。因此,5 万或 10 万元之限额,已有过多之嫌疑。⑤ 美国纽约州是典型的经济发达地区,其未成年人死亡保险的保险金额限制规定为最高 5000 美元,⑥ 折合人民币不过 4 万元,尚不及我国不发达地区的最高金额限制,于此可见我国未成年人死亡保险的金额限制已属过高。

我国关于父母为未成年人投保死亡保险之金额限制虽略显过高,但发生道德危险之概率并不太高,我国《保险法》关于父母为未成年子女投保死亡保险的规定仍可保留。此中原因可分为四个方面表述:第一,以父母为未成年人子女投保的方式限制道德危险,不失为一种好方法,已经为德国等国家

---

① 至于汶川地震中保监会批准中国人寿赔付超过 5 万元之行为,对超过 5 万元部分不妨视为中国人寿对汶川地震之捐赠,不宜将该未成年人死亡保险之赔付视为定额型给付。

② 资料来源:上海市人力资源和社会保障局、上海市统计局:《关于公布上海市 2008 年度职工平均工资及增长率的通知》(沪人社综发(2009)15 号)。

③ 资料来源:山西省统计局公布的"山西省 2008 年人口与就业情况"相关数据,参见 http://www.sxgov.cn/content/2009-03/20/content_53400.htm,2010 年 4 月 22 日访问。

④ 资料来源:人力资源社会保障部、国家统计局联合发布的《2008 年度人力资源和社会保障事业发展统计公报》。

⑤ 如果承认父母丧子之痛作为一种损失,则我国规定 5 万或 10 万元之数额,其与 2 万元丧葬费用之差额,可以视为对父母精神痛苦损失之补偿。不过,这与保险一般不保精神损失之通例似有违背。

⑥ 林勋发:《保险契约法相关法律问题及其解决对策》,作者 2006 年自版,第 182 页。

所采纳;第二,我国规定的金额限制虽然较高,但尚未高至容易诱发图财害命。从该规定十余年的执行情况看,我国父母杀害未成年子女以谋取保险金的情况极少,说明该规定起到了较好控制道德危险的作用,第三,5万或10万的限额在保险业界已经基本形成惯例,降低金额限制标准将会削弱保单对客户的吸引力,保险公司多持反对意见,改革阻力较大;第四,我国的金额限制虽然远超过丧葬费用,但超过部分可以作为慰藉父母丧子痛苦之补偿,自伦理学观之,金额限制适当超过丧葬费用并非毫无道理。当然,保险金限额过高,毕竟具有引发道德危险的可能性,如果保监会能够通过部门规章或规范性文件的形式将保险金限额降低至与丧葬费用大致相当的水平,再加上父母投保之方式,道德危险程度将大大降低。

尽管我们主张保留父母为未成年子女投保死亡保险之金额限制,但若子女为特殊人群者,这一金额仍应进一步限制。此处所言特殊人群,约有两种类别,其一,若未成年子女非亲生子女,而属养子女、继子女者,保险金额应当限制为丧葬费用。其二,若未成年子女为精神病人者,保险金额亦应限制为丧葬费用。此两类特殊人群,前者父母对其之天然亲情欠缺,属于法定血亲,若保险金额较高,仍有发生道德危险之可能;① 后者尽管存在天然亲情,但精神病人导致父母及乡邻担负巨大的生活或经济困难,亦有可能产生道德危险。将两者之保障金额降低至丧葬费用,既不使其失却保障,又不致因之引发道德危险,诚为两全之策。

此外,无论丧葬费用抑或父母投保之未成年人死亡保险之性质,均属于补偿型,既属补偿型保险,则有重复保险与超额保险规则之适用,以防总保险金数额过高,重新发生道德危险。②

综上,笔者为我国未成年人及精神病人死亡保险设计之法条为:

"第三人可为未成年人及精神病人投保以死亡为给付保险金条件的保

---

① 刘宗荣:《以未成年子女或精神障碍人为被保险人投保死亡保险的修法评议——评保险法第107条的修正得失》,《月旦法学》2010年第4期。

② 以江朝国教授之观点,丧葬费用属于损害保险范围,善意复保险及善意超额保险均适用之,但在恶意复保险及恶意超额保险,由于事故发生前,被保险人根本无法知晓投保之总金额是否超过损害价值,因此无适用余地。(参见江朝国《保险法论文集》(二),瑞兴图书股份有限公司1997年版,第26、29页)惟我国《保险法》未将重复保险及超额保险区分为善意恶意,故笔者认为,重复保险与超额保险规则仍适用之。

险，且不须经未成年人同意，但保险金额不得超过丧葬费用。

丧葬费用的数额，由国务院保险监督管理机关另行规定。

父母为其未成年子女投保以死亡为给付保险金条件的保险，不受本条第 1 款限制。但是，因被保险人死亡给付的保险金总和不得超过国务院保险监督管理机构规定的数额。

父母为其非亲生子女投保以死亡为给付保险金条件的保险，保险金额不得超过本条第 2 款规定的丧葬费用。

本条之保险金额限制，适用超额保险与重复保险之规定。"

需要说明的是，本条第三、四款的设计乃出于目前保监会不大可能改变未成年人死亡保险金限额考虑。如果保监会将父母购买未成年人或精神病人死亡保险的限额降低至丧葬费用水平，则父母为未成年人或精神病人投保与其余人等投保没有差别，本条第三、四项的规定可以取消。

（二）《保险法》第 33 条之司法解释

我国《保险法》于 2009 年刚刚修订，近期修改《保险法》第 33 条的可能性不大。但是，最高人民法院正在起草保险法司法解释，我们可以借助司法解释，在保险法并不明文禁止的范围内有所作为，对《保险法》第 33 条加以完善。在笔者看来，司法解释至少可以做出下列补充：

1. 对限制民事行为能力人给予适度保险保障。我国《保险法》第 33 条第 1 款已经完全堵死了父母之外的人对无民事行为能力人投保死亡保险之通道，且严格禁止保险公司承保，否则以《保险法》第 164 条之规定，监管机关可处以 5 万——30 万元人民币的罚款。但是，《保险法》并未限制父母之外的人为限制民事行为能力人投保死亡保险。因之，司法解释可以对这一事项做出规定。不过，对限制民事行为能力人给予保险保障，须注意以下三个方面的问题：首先，保险金应以丧葬费用为限。由于限制民事行为能力人心智方面尚不成熟，易于遭致杀害，当投保人为父母之外的他人时，道德危险系数更高，为控制道德危险，须将保险金限制在丧葬费用之内。其次，父母之外的人须对限制民事行为能力人具有保险利益。根据《保险法》第 31 条第 3 款之规定，如果投保人对被保险人没有保险利益，则保险合同无效，如果保险合同无效，则限制民事行为能力人依然无法获得保障；最后，父母之外的他人为限制民事行为能力人投保，不须经过被保险人同意。依照《保险法》第34条之规定，为他人投保死亡保险者，未经被保险人同意，则保险合同无效，为避免保险合同无效，本应由限制民事行为能力人表示同意，但如前所述，限制民事行为能力人缺乏同意能力，于此，不如将被保险人同意之道德危险控制方式改为以保险金额控制道德危险，司法解释若将保险金额设置为以丧葬费用为限，则可替代被保险人之同意。

父母之外的他人为限制民事行为能力人投保超过丧葬费限额者，法律后果如何？笔者以为，为保护限制行为能力人获得保险保障，须认定在丧葬费用限额内，保险合同有效；同时，为杜绝投保人对产生道德危险之念想，超过丧葬费用限额部分应认定无效。但是保险人应计息退还超过部分之保险费。同时，保险人应承担行政责任，其原因在于保险人明知承保此类保险违法，却为获得保险费而恶意承保，故应予以处罚。对投保人或被保险人，却不应给予处罚，因其非专业保险机构，并不了解相关规定，主观并无恶意。

2. 保险合同若违反《保险法》第33条第1款之规定，保险人承担核保不严之责任。《保险法》禁止投保人为无民事行为能力人投保死亡保险，亦严格禁止保险人承保。但对保险合同双方已订立此类合同的法律后果未有规定。以笔者之见，本款规定为法律强制性规定，违反者合同无效，合同无效之后果，依《合同法》第58条之规定为："因该合同取得的财产，应当予以返还；不能返还或者没有必要返还的，应当折价补偿。有过错的一方应当赔偿对方因此受到的损失，双方都有过错的，应当各自承担相应的责任。"

据此，我们可以从投保人和保险人两方面分析保险合同无效的法律后果：对保险人来说，其应当将所收保险费退还，同时，由于其明知法律禁止承保而违法承保，主观具有过错，对投保人、被保险人或受益人因此受有的损失，应当依法承担一定的过错责任，[①] 此种责任因其核保不严而产生，其性质究为侵权责任抑或违约责任，仍需深入研究。进一步，保险人之违法行为还需受到行政处罚，对此，我国《保险法》第164条已有规

[①] 李玉泉主编：《保险法学——理论与实务》，高等教育出版社2007年版，第337页。

定；对投保人来说，尽管合同无效，对保险人因履行合同已经承担危险的行为，却不须返还，其主要原因是，一方面，保险人承担危险的行为无法估价，亦不能返还；另一方面，也是更重要的方面，保险人因违反法律强制性规定，应受惩罚，投保人对其承担危险的价值不予返还可作为处罚的一部分。尽管投保人本身亦违反了法律强制性规定，但如上所述，其违法只因不了解保险法之相关规定，并无主观过错，自保护消费者角度考虑，可不承担相应商法责任及行政责任。①

3. 对《保险法》第 33 条第 2 款之特殊情形，宜作特别规定。《保险法》第 33 条第 2 款规定父母可为子女投保死亡保险，此处的"子女"既包括亲生子女，又包括养子女及继子女。当被保险人为亲生子女时，父母出于天然亲情，为获保险金而谋害子女之事绝少发生。但被保险人为养子女或继子女时，此种天然亲情欠缺，而 5 万元或 10 万元的保险金额又远高于丧葬费用，难免发生道德危险之情事，因此，宜将保险金额降至丧葬费用水平，以此防免道德危险。

此外，如果未成年子女系精神病人，即使其为亲生子女，但由于精神病人对家庭及邻里造成的生活或经济负担，父母对其之天然亲情已然减少，甚至希望此类子女发生不幸，此时天然亲情不足防免道德危险，若保险金额过高，亦可能产生道德危险，因此，应将保障范围限制在丧葬费用之内。

综上所述，我们就现行规定结合笔者之思考设计出如下规则：

"投保人不得为无民事行为能力人投保以死亡为给付保险金条件的人身保险，保险人也不得承保。"（《保险法》第 33 条第 1 款）

保险人违反《保险法》第 33 条第 1 款规定承保的，保险合同无效。保险人应将所收保险费退还投保人，同时承担核保不严之责任。（司法解释第 1 款）

投保人可以为限制民事行为能力人投保以死亡为给付保险金条件的保

---

① 有观点认为，尽管投保人不了解保险法相关规定，但依照刑法"不知法者犯罪亦应受到惩罚"的观念，投保人亦应受到处罚，笔者认为，刑事之规则与商务规则不同，其旨在规范社会秩序，且违反刑法必有较大社会危害性，违反保险法却不至于有多大社会危害性，因此不应套用刑法之原则。

险，并不须经被保险人同意，但保险金额不得超过丧葬费用。保险金额总数超过丧葬费用的，适用超额保险及重复保险的规定。（司法解释第 2 款）

父母为其未成年子女投保的人身保险，不受前款规定限制。但是，因被保险人死亡给付的保险金总和不得超过国务院保险监督管理机构规定的限额。（《保险法》第 33 条第 2 款）

父母为非亲生未成年子女或亲生未成年精神病子女投保以死亡为给付保险金条件的保险的，保险金额不得超过丧葬费用。保险金额总数超过丧葬费用的，适用超额保险及重复保险的规定。（司法解释第 3 款）

附录　其他国家或地区关于未成年人死亡保险之规定

●韩国《商法》第 732 条：（未满 15 岁的人等的合同禁止）

将未满 15 岁的人、丧失知觉者或者神志不清人的死亡为保险事故的保险合同为无效。

●中国澳门地区《商法典》第 1032 条：（得订立保险合同之人）

1. 人寿保险合同得由本人或第三人订立。
2. 如投保人非为被保险人，须获得被保险人之书面同意。
3. 如被保险人为未成年人，上款所指同意须由其法定代理人按一般法之规定做出，并由该未成年人认可。
4. 不得订立以 14 岁以下之未成年人或被确定判决宣告为无行为能力之人为被保险人之死亡保险合同。

●德国《保险合同法》第 150 条：被保险人

1. 投保人可以为自己或他人购买人寿保险。
2. 以他人之死亡为保险事故订立保险合同并且约定之赔偿金额超过普通丧葬费用的，须经他人书面同意保险合同才能生效。在公司养老保险计划的团体人寿保险中，上述规定不予适用。如果他人为无行为能力人或限制行为能力人或有监护人的，即使投保人是其代理人，也不能代其做出书面同意。
3. 如果父母为其未成年子女订立保险合同，并且根据保险合同约定在子女年龄满七岁之前死亡时，保险人依旧要承担保险责任或者约定保险人之赔偿责任超过普通丧葬费用最高限额的，须经未成年人同意。

4. 如果监管机关对普通丧葬费用做出特定最高限额之规定，则应当遵照其规定。

● 法国《保险合同法》

第 L132-3 条：

1. 禁止对12岁以下的未成年人、被监护的人以及接受精神病治疗的人的生命为保险标的订立人寿保险合同。

2. 任何违反上款禁止性规定的保险合同无效。

3. 在保险人、投保人以及无民事行为能力的代理人的请求下，该保险合同无效。

4. 投保人缴纳的保险费应全额返还。

5. 当保险人与投保人蓄意违反前款禁止规定时，其每签订一份人寿保险单就应承担4500法郎的罚款。

6. 上述款项适用于在死亡保险中涉及第1款被保险人的人寿保险合同保险费的返还，也适用于第1款所涉及的被保险人为受益人的生存保险合同保险费的返还。

第 L132-4 条：

1. 未经有监护权父母或监护人的授权，禁止投保人以已满12周岁的未成年人的生命为标的订立死亡保险合同。

2. 即使获得上述授权，投保人仍需取得无民事行为能力人本人的同意。

3. 缺少这样的授权或同意，在任何相关利益人的请求下都可宣布保险合同无效。

● 美国纽约州《保险法》第3207条：（未成年人保险）

以未满十四岁六个月之未成年人为被保险人，保险金额不得超过以下规定：未满两岁六个月者，一千美元；两岁六个月以上，未满九岁六个月者，两千美元；九岁六个月以上，未满十一岁六个月者，三千美元；十一岁六个月以上，未满十四岁六个月者，五千美元。

美国学者对这一规定的解释是："立法未限制超过十四岁六个月之人作为被保险人的保险金额，但限制低于或等于十四岁六个月之人为被保险人的保险金额，超过该保险金额者，超过的部分无效。"

专题五　死亡保险被保险人同意权之研究

——以《保险法》第 34 条第 1 款同意权解释为中心

【摘要】 保险法规定，为他人投保死亡保险者，须经被保险人同意，此规定之立法意旨，在于防免针对被保险人之道德危险，并间接保护被保险人的生命权。在被保险人的同意方式上，新《保险法》删除了"书面"二字，使得同意之方式多样化，更有利于保护被保险人的利益。由于限制行为能力人无法行使同意权，应当通过将保险金额限制在丧葬费用范围内的方式控制道德危险，此种方式不须经限制行为能力之被保险人同意。在被保险人同意他人为其购买死亡保险之后，被保险人有权撤销同意，进而解除保险合同，该保险合同的解除，不具有溯及既往的效力。

【关键词】 死亡保险；被保险人同意；限制行为能力人；撤销

《保险法》第 34 条第 1 款规定："以死亡为给付保险金条件的合同（下文有时简称为"死亡保险合同）、未经被保险人同意并认可保险金额的，合同无效。"本条于 2009 年《保险法》修改时，将"死亡保险须经被保险人书面同意"修改为"须经被保险人同意"，删去旧法中"书面"二字。① 然而，死亡保险之诸多问题，譬如被保险人同意权之理论基础为何、

---

① 本文所谓"死亡保险"是指《保险法》中规定之"以死亡为给付保险金条件的保险"，此种保险，可能以定期寿险、终身寿险等单纯保障死亡的保险形式出现，也可以与生存保险、分红保险、投资连结保险、万能保险等保障其他内容或投资性的保险同时出现在保险合同中，事实上，实务中的保险合同多数为死亡保障与其他保障并存，本文研究的"死亡保险"仅指死亡保障部分。

被保险人可否撤销保险合同、撤销后产生何种法律后果、限制民事行为能力人是否应当行使并如何行使同意权等在旧法条件下尚未完全释明，今新法又添问题，例如，"同意"与"书面同意"何者更为合理？同意权如何行使？这些问题如何解决，有待深入研究。

一 被保险人同意权之前提："以死亡为给付保险金条件的合同"的界定

研究死亡保险被保险人之同意权，首先应当对被保险人同意权适用的前提进行研究，而该前提，正是对"死亡保险合同"，也就是对我国《保险法》第34条规定之"以死亡为给付保险金条件的合同"的界定。对这一概念的界定，可以从两个方面入手：

其一，本条所谓"以死亡为给付保险金条件的合同"包括哪些合同？以死亡为给付保险金条件的合同，自然属于人身保险合同，但是，我国《保险法》将人身保险合同分为意外伤害保险合同、健康保险合同以及人寿保险合同，是否所有人身保险合同均适用本条的规定，须经被保险人同意方为有效合同？关于这一问题，世界各国规定有所不同，德国旧《保险契约法》第159条规定，人寿保险适用有关死亡保险的规定，第179条又规定："以他人所受伤害为要保人自己的利益订立保险者，须经他人书面同意才可以生效。"①；韩国《商法典》第731条规定生命保险（相当于我国所谓之人寿保险）适用关于死亡保险须经被保险人同意的规定，第739条则规定："关于伤害保险，准用有关生命保险的规定。"这说明，在韩国，人寿保险和意外伤害保险才适用关于死亡保险须经被保险人同意的规定。日本《保险法》第38条明确规定生命保险适用死亡保险的规定，第67条规定："以伤害疾病定额保险契约当事人以外之人为被保险人的伤害疾病定额保险契约，未经被保险人的同意不发生效

---

① 这一规定将须经被保险人的同意的情形限制于投保人以他人为被保险人订立自己享受利益的意外伤害保险合同，在范围上虽有所缩小，但仍可以看出其在一定程度上适用于意外伤害保险合同。

力,但被保险人(当保险给付乃与被保险人的死亡相关之给付时,被保险人或其继承人)为保险金受领人的,不在此限。"可见,在日本,人寿保险、健康保险、意外伤害保险均适用死亡保险须经被保险人同意的规定。

我们似乎可以看出,近期出台的保险法更愿意将死亡保险的规定适用于所有人身保险。事实上,无论是人寿保险、健康保险,还是意外伤害保险,只要存在他人杀害被保险人谋取保险金的道德危险,经被保险人同意的规定可以发挥其控制道德危险的作用,对被保险人有益无害。故而我国保监会在1999年8月18日《关于对保险法有关条款含义请示的批复》中规定:"依第五十五条(现第三十四条)的立法精神,单纯以死亡为给付保险金条件的人身保险合同,如果未经被保险人书面同意并认可保险金额,该合同无效;含有死亡、疾病、伤残以及医疗费用等保险责任的综合性人身保险合同,如果未经被保险人书面同意并认可死亡责任保险金额,该合同死亡给付部分无效。"笔者认为,我国保监会将死亡保险须经被保险人同意的规定适用于所有包含死亡责任的人身保险合同,具有相当的合理性。

其二,"以死亡为给付保险金条件的合同"究竟是指投保人与被保险人一致的情形,还是指投保人与被保险人不一致的情形,抑或包括二者在内?单纯从《保险法》第34条的文字来看,其并未明确指明仅适用于投保人与被保险人不一致的情形的情形,因此似乎可以理解为无论何种人身保险,只要包括有以死亡为给付保险金条件的内容,即可适用本条,也就是说,即使在投保人与被保险人一致的情况下,也需要经过被保险人"同意"。这种观点招致了批判,学者认为:"在投保人即为被保险人的情况下,所谓'须经被保险人同意'并无任何实质规范意义。"[1]

更多的学者认为,"保险法第五十六条(现三十四条)第一款的适用范围应当是投保人与被保险人不为同一人的情形。"[2] 这一理解应当是正确的。考察世界各国立法,均将"须经被保险人同意"的规定限于投

---

[1] 樊启荣:《死亡给付保险之被保险人的同意权研究——兼评我国〈保险法〉第56条第1、3款之疏漏及其补充》,《法学》2007年第2期。

[2] 申遇友、胡晖:《以死亡为给付条件的保险合同,被保险人未签字并不必然无效》,《人民司法》2009年第6期。

保人为第三人投保死亡保险的情形。例如德国《保险契约法》第159条称其为"以第三人死亡为保险事故的保险契约",韩国《商法》第674条称其为"以他人之死亡而给付保险金之保险契约",日本《保险法》第38条称其为"以生命保险契约当事人以外之人为被保险人的死亡保险契约"。故而,在我国《保险法》第34条是否适用于投保人与被保险人一致的问题上,无论是理论界还是实务界,也无论是中国还是外国,一致认为其仅适用于投保人与被保险人不一致的情形。

二 赋予被保险人同意权之立法意旨:一基础说抑或三基础说?

于他人为被保险人订立死亡保险合同之时,为何须经被保险人同意?此项规定为何独出现于死亡保险之中,对生存保险则不作要求?对此,学界多持三基础说:其一,避免道德危险之发生。"以他人之生命订立保险契约,若毫无限制而随意为之,则无异于以他人的生命为赌注,其道德危险之高不可忽视",[①] "生死事大,非经被保险人同意不得为之。"[②] 其二,保护被保险人之人格权。"由第三人订立之死亡保险契约,乃是以他人之生命身体为标的,因此牵涉到他人之人格权……基于保障个人人格权之不受侵害,应让被保险人知悉有人以其生命身体为危险发生之对象,而由被保险人决定是否愿意以自己之生命身体作为保险契约之标的。"[③] 其三,提供被保险人判断之参考。保险立法通过"经被保险人书面同意方能生效"之规定及其精神的贯彻,客观上使被保险人知悉投保人为谁、保险事故性质为生存还是死亡、受益人为谁、保险金额之多寡等事实,为被保险人在检视及确认投保人投保动机时提供参考,从而使被保险人在最终形成同意与否之决定时有判断准据。[④]

[①] 江朝国:《保险法论文集》(一),瑞兴图书股份有限公司1997年版,第308页。
[②] 刘宗荣:《新保险法:保险契约法的理论与实务》,中国人民大学出版社2009年版,第380页。
[③] 江朝国:《保险法论文集》(一),瑞兴图书股份有限公司1997年版,第311—312页。
[④] 樊启荣:《死亡给付保险之被保险人的同意权研究——兼评我国〈保险法〉第56条第1、3款之疏漏及其补充》,《法学》2007年第2期。

上述第二及第三点作为赋予被保险人同意权之理论基础，恐有疑惑。

保护被保险人之人格权的观点，看上去应无问题，实则为学者之附会，立法并无此意。首先，立法若有保护被保险人人格权之意，则应规定所有为他人投保之保险，均须经被保险人同意，如此方能表示对被保险人人格权之尊重。① 然而考诸各国立法，均规定只有为他人投保死亡保险方需经被保险人同意并认可保险金额。儿童保单因被保险人无同意能力自不必经其同意，即使成人之生存保险，只要投保人对被保险人享有保险利益，因对被保险人并无经济上之损害，未见有立法规定须经被保险人同意者。其次，在促进交易效率之商法理念下，若投保须经被保险人同意，则有违交易效率原则，因此，保险法有时会放弃对不重要人格权之保护。保险交易电子化乃是无法逆转的趋势，在网络、电话销售保单的情况下，一味追求保护被保险人的人格权而要求被保险人同意，不仅妨碍交易效率，而且不为公众所认同，唯法律一厢情愿耳。最后，国内已有判例否认未经同意之保险侵害被保险人的一般人格权。在李某诉泰康人寿保险公司、天勤经纪公司一案中，② 北京西城法院认为："未经被保险人李某书面同意并认可保险金额的事实，通常不会在社会范围内形成对李某人格尊严的贬损"。③ 北京第一中级人民法院认为："即使泰康保险公司、天勤经纪公司在签订保险合同的过程中没有尽到注意义务，但该行为与侵犯李某的人格权没有关联性，故李某认为泰康保险公司、天勤经纪公司侵犯其人格权的主张，不能成立"。④ 尽管

---

① 著名学者江朝国教授持此观点，认为从保护被保险人人格权出发，所有为第三人投保之保险均应经被保险人同意。江老师此观点系从保护人格权之理论基础出发而得出，并非从法律规定出发而得出，亦能自圆其说。

② 2008 年 12 月 26 日晚，李某之妻王某于首都机场从天勤经纪公司处购买航空意外险 8 份，保单写明，被保险人李某，航班号 CA1787，乘机日 2008 年 12 月 26 日，保险金额 60 万元，保险费 20 元，受益人是被保险人王某。航程结束后，李某得知其妻为其购买了高额意外保险，诉至法院，认为在自己不知情的情况下，保险公司接受其妻为其投保的死亡保险，其行为违反了保险法的强行性规定，侵犯了李某的人格权。本案两审法院均判决李某败诉，理由大致为，第一，本案应为合同纠纷，而非侵权纠纷；第二，即使为侵权纠纷，由于泰康保险公司和天勤经纪公司没有主观恶意，且依社会通常观点看来，保险公司和经纪公司的行为并不构成对人格尊严的贬损，故不构成侵权行为。

③ 李某诉泰康保险公司、天勤经纪公司案，北京市西城区人民法院（2009）西民初字第 3885 号民事判决书，第 7 页。

④ 李某诉泰康保险公司、天勤经纪公司案，北京市中级人民法院（2009）一中民终字第 16891 号判决书，第 7 页。

本案所涉争议为保险公司是否侵害被保险人之人格权，但由此可知，在未经被保险人同意而订立死亡保险合同的问题上，法院趋向于否认侵犯被保险人一般人格权之观点。不过，如果从对被保险人的尊重出发，投保死亡保险须经被保险人同意有其合理之处，但对被保险人的尊重尚属道德范畴，即使未行尊重，亦不至于侵犯被保险人之人格权，作为一个制度之法理基础，似嫌不足。

提供被保险人判断之参考的观点，可与避免道德危险合而为一，不宜单独作为一个理论基础。被保险人对投保人为其投保死亡保险及保险金额的认同，表面上看，可使被保险人知晓自己作为保险对象、所投保险为何种险种、保险金额多少、受益人为谁等内容。然法律之深意，在于将道德危险之大小，交由被保险人判断，"每个人都对自己的生命身体拥有无限的利益，是否会发生道德危险被保险人自己最清楚。所以，应将决定权交给被保险人，由其对投保人的动机与保险金数额进行控制。"[①] 故而，被保险人通过同意权行使了解之内容，不过是为其控制道德危险作准备。如果被保险人通过了解，认为投保之人可能杀害自己，或者投保金额过大，容易产生道德危险，其自当不同意投保。所谓通过同意权的行使为被保险人判断提供参考，不过是一种被保险人自己控制道德危险之手段或过程，其真正目的乃在于：法律将道德危险交由被保险人自己掌控。因此可与避免道德危险合而为一。

以同意权控制道德危险，可从两方面进行：一方面，如上段所述，被保险人通过行使同意权以求"自保";[②] 另一方面，通过保险公司审核死亡是否已经被保险人同意控制道德危险。亦即，保险公司在核保过程中，如发现死亡保险未经同意，则不予承保，投保人不能订立保险合同，自然不会产生杀害被保险人以谋取保险金的动机。

综上所述，《保险法》之所以规定他人为被保险人投保死亡保险须经被保险人同意，其立法意旨只有一项，即控制道德危险。不过，道德危险

[①] 潘勇锋：《试论人身保险合同中的保险利益原则》，载中外民商裁判网：http://www.zwmscp.com/list.asp? unid=7543，2010年5月7日访问。

[②] 樊启荣：《死亡给付保险之被保险人的同意权研究——兼评我国〈保险法〉第56条第1、3款之疏漏及其补充》，《法学》2007年第2期。

终究属于保险学上的概念,若从法学的角度来看,保险法作如此规定的目的,乃在于保护被保险人之生命权。从这一观点出发,被保险人同意权之理论基础亦可为二:控制道德危险和保护被保险人的生命权。①

三 "保险利益"可否取代"同意":二者关系之考察

我国《保险法》在第 12 条第 1 款规定:"人身保险的投保人在保险合同订立时,对被保险人应当具有保险利益。"在第 31 条中规定了投保人对哪些人具有保险利益,并再次重申:"订立保险合同时,投保人对被保险人不具有保险利益的,合同无效。"法律之所以对保险利益作如此严密的规定,其目的一方面在于防止赌博行为,另一方面在于防止道德危险。②投保人为他人投保死亡保险须经被保险人同意的立法本意,也在于防止道德危险。两个制度的目的均在于防止道德危险,是否存有重复之嫌?可否以"保险利益"制度取代"同意"制度?抑或以"同意"制度取代"保险利益"制度?尤其是,依我国《保险法》第 31 条第 1 款第 4 项之规定:"被保险人同意投保人为其订立合同的,视为投保人对被保险人具有保险利益。"在此情况下,被保险人的"同意"与"保险利益"高度一致,在要求被保险人具有"保险利益"后,还需要求被保险人对死亡保险表示"同意"吗?

我们首先需要通过国外立法例进行考察。

在英美法系,即使投保人对被保险人具有保险利益,投保死亡保险也需要经过被保险人同意,即,英美法系采取"双重标准"。最典型的莫过于美国纽约州《保险法》第 146 条第 3 款的规定:"保险利益与被保险人同意同时具备始生效力。"在英国,著名的保险法学者克拉克教授也指出:"关于人寿保险,其目的不是除去每个特定合同的投机性,而是限制公众

---

① 我国立法者对此做出的解释为:"为了保护被保险人的利益,防止道德危险,对以死亡为给付保险金条件的合同,其保险金额及保险单的转让或者抵押的程序,均须由本法做出规定。参见全国人大法工委经济法室主编的《中华人民共和国保险法解读》,中国法制出版社 2009 年版,第 78 页。

② 吴定富主编:《〈中华人民共和国保险法〉释义》,中国财政经济出版社 2009 年版,第 84 页。

以他人的生命为对象从事买卖保险单的投机生意,该目的可通过两项限制投保人范围的保护措施达到:①他们与标的生命的人必须有紧密的家庭关系或经济联系。②投保必须征得标的生命的人的同意。"[1] 英美法系要求投保人在对被保险人具有保险利益之外征得其同意,一方面强调了保险利益对防止赌博和道德危险的重要性,另一方面也在客观上保护了被保险人的生命不受侵害。

在大陆法系,法典通常不会规定保险利益的问题,但对投保死亡保险须经被保险人同意通常都有明文规定,即,大陆法系采取"单一标准"。大陆法系在关于保险利益的规定方面,选择了集体沉默,德国、法国、日本等国的立法对可保利益鲜有明文解释。但是,几乎所有的大陆法系国家,在投保死亡保险须经被保险人同意的问题上都选择了明确规定。表面上看,大陆法系在立法上似乎以"同意"取代了"保险利益",实则不然,大陆法系对保险利益的学术研究非常深入,据江朝国教授研究,保险利益这一概念发源于13世纪末北意大利之海上保险,之后经过了一般性保险利益学说、技术性保险利益学说、经济性保险利益学说等演化,[2] 可谓历史悠久,理论深厚,之所以未在法典中明文规定,可能与大陆法系概念法学思维方式有很大关系,因为可保利益本身的复杂性和可保利益学说的诸多分歧,使得无法对其准确界定。[3] 其虽对保险利益未作规定,但并非有意以"同意"取代"保险利益",只是立法技术上的不足所致。

自笔者看来,"同意"与"保险利益"是两重防止道德危险的制度,我国保险法效法英美法系,兼采了"保险利益"与"同意"双重标准,具有相当的先进性。

从法律体系解释的方法论上来考察,"保险利益"与"同意"制度是两个制度。我国《保险法》在第12条规定了"保险利益"制度,随后又在第31条规定在订立合同时,如果投保人对被保险人没有保险利益,则合

---

[1] Malcolm A. Clarke, The law of Insurance Contracts, 3rd Edition, London HongKong, Lloyd's London Press, 1997, p.79.
[2] 江朝国:《保险法基础理论》,中国政法大学出版社2002年版,第47—68页。
[3] 杨芳:《可保利益效力研究——兼论对我国相关立法的反思与重构》,法律出版社2007年版,第21页。

同无效。由此，保险利益作为保险合同的特别生效要件。但在紧随其后的第34条，《保险法》又规定死亡保险未经被保险人同意，保险合同无效。在相隔如此之近的两个法条中规定两次合同无效，显然不是立法者的疏漏所致，而是立法者有意将二者都作为保险合同的特殊生效要件。

从制度的适用范围来看，"保险利益"与"同意"制度适用的范围具有明显差异。任何保险合同均适用"保险利益"制度，但并非任何保险合同均适用"同意制度，只有包括死亡责任的人身保险合同才适用，纯生存性质的保险合同虽须投保人对被保险人具有保险利益，但投保人无须征得被保险人的同意方能投保"。

《保险法》之所以在死亡保险方面设置两重杜绝道德危险的防线，一是死亡保险涉及被保险人的生命安全，较之一般保险合同不得不更加严防死守。另一方面是因为在人身保险中，依靠家庭关系享有保险利益者，其保险利益并不牢靠，即家庭关系并不能完全杜绝道德危险。由于人性和家庭关系的复杂性，在某些时候，对保险金利益的注重可能会大于家庭亲情，在此情况下，以家庭亲情产生的保险利益在防免道德危险方面的能力已经微乎其微，为防止道德危险，只能通过被保险人自己的判断，即当其判断投保人不会谋杀自己谋取保险金时，就会同意投保人为其投保死亡保险。当其判断投保人投保后有杀害自己的倾向时，可以拒绝他人为自己投保。[①] 尤其在具有保险利益之人的范围较广时，"同意"制度更能显现其出防止道德危险的能力。例如，在英美国家，除了家庭成员享有保险利益外，雇主对雇员享有保险利益，债权人与债务人相互享有保险利益，合伙人之间享有保险利益，在这些非家庭成员之间已经存在保险利益时，由于没有亲情赖以控制道德危险，被保险人的同意也就成为控制道德危险的最佳模式。

[①] 我国关于人身保险利益享有者的规定，主要以家庭关系为主，非家庭关系的投保人只能是经被保险人同意的人或者被保险人的雇主，在经被保险人享有保险利益的场合，即使是死亡保险，也无须经被保险人再次同意。在投保人是被保险人雇主的场合，其受益人只能指定为被保险人或其近亲属，此时要防止的道德危险来自近亲属。其余场合，死亡保险须经被保险人同意的规定，都是为了防止来自家庭成员的道德危险。因此，可以说，我国关于死亡保险须经被保险人同意的规定，基本上是为了防止来自家庭成员的道德危险。

四 同意之方式：世界立法、我国选择及解释

（一）世界立法之两种模式："同意"及"书面同意"

关于被保险人同意权之行使方式，自世界各国立法观之，计有两种模式："同意"和"书面同意"。

1. 英美国家在立法模式选择上，多采取"同意"模式。此种模式，只要求被保险人为"同意"之表示，至于以何种形式同意，立法不作要求。在美国，"为了对被保险人提供特别的控制和保护措施，在保单可能由被保险人以外的任何人取得时，法规要求必须取得被保险人的同意。如果没有被保险人的同意，保单无效。"① "近一半的州都明文规定：以他人生命投保的保险，事前必须征得被保险人的同意，只有涉及配偶关系或者父母为未成年人购买保险的除外。"② 在英国，尽管法律没有明文规定被保险人的同意作为投保人寿保险的条件，③ 但著名的保险法专家伯兹认为："法律能够允许任何人保险，但要以人寿被保险人的同意为条件，这是现代法律遗漏的唯一要求。显然现在是我国解决此问题的时候了。"④ 值得注意的是，英美法系国家在规定这一问题时，并没有明确规定仅在死亡保险中适用，不过，英美法系的表达"以他人生命投保"的字样足以使我们相信，在死亡保险事项上，其要求获得被保险人的同意。这一模糊表达在大陆法系的日本得到了澄清，2008 年颁布的日本《保险合同法》第 38 条规定："以生命保险契约当事人以外之人为被保险人的死亡保险契约（保险人约定就被保险人的死亡支付保险给付的生命保险契约）未经被保险人同意，

---

① John F. Dobbyn, *Insurance law*, forth Edition, West Group, 2003, p. 102.
② ［美］小罗伯特·H. 杰瑞、［美］道格拉斯·R. 里士满：《美国保险法精解》（第四版），李之彦译，北京大学出版社 2009 年版，第 142 页。
③ 在英国，判断第三人为被保险人购买的死亡保险是否有效的标准是第三人主观是否善意，如果第三人为被保险人投保死亡保险主观是善意的，则死亡保险合同有效，如果主观恶意，则保险合同无效。但是，英国法官往往把被保险人的同意作为投保人善意的一个方面看待。参见 Malcolm A. Clarke, The law of Insurance Contracts, 3rd Edition, London Hong Kong, Lloyd's London Press, 1997, p. 85。
④ ［英］约翰·伯兹：《现代保险法》，陈丽洁译，河南人民出版社 1987 年版，第 29 页。

不发生效力。"

无论是英美立法还是大陆法系的日本立法,均未要求被保险人之同意采取书面模式。"这种同意可以采取'不要式',既可以采用书面形式,也可以采用口头形式。但是从保险实务的角度考察,生命保险公司一般采用书面形式,而且要求被保险人亲自签名盖章,以避免日后争议发生。"[①]

2. 除日本之外的大陆法系国家,通常采取书面模式。试举几例:法国《保险法》第L132-2条第1款规定:"由第三者订立以被保险人之死亡为保险事故的保险契约时,未经被保险人书面同意最初提供保障之保险金或年金之数额,保险合同无效。"韩国《商法》第731条第1款规定:"关于以他人的死亡为保险事故的保险合同中,在签订合同时须经他人的书面同意。"而旧的德国《保险契约法》第159条第2款规定:"以他人的死亡事故订立保险且约定的金额超过一般丧葬费用者,须经他人的书面同意才能生效。该他人为无行为能力或限制行为能力人或其有监护人者,要保人纵为其代理人,也不可以代为同意。"中国澳门地区《商法典》第1032条第2款则规定:"如投保人非被保险人,须获被保险人之书面同意。"

(二) 我国之选择及理由

在死亡保险同意权问题上,我国2009年前的《保险法》采取"书面同意"的立法模式。之所以规定"书面同意",其理由为"非以书面同意,不足以郑重其意愿"[②]。但2009年修改的新《保险法》将"书面同意"改为"同意"。修改之理由为:"保险实务中,以死亡为给付条件的合同但被保险人未以书面方式确认而导致保险人拒赔的案例为数不少。其中,有许多是保险人明知被保险人未书面确认而未作要求的,被保险人的死亡也不是由于投保人的道德危险而导致,但由于保险法的强行性规定,使得被保险人、受益人的权利无法得到有效保护,有失公平。为了更好地保护被保险人、受益人的权利,本次修法更注重实质,删除了"书面"二字,一方面,在出现上述情况时,只要举证被保险人实质上已经同意,保险人就不

---

① 沙银华:《日本经典保险判例评释》,法律出版社2002年版,第23页。
② 刘宗荣:《新保险法:保险契约法的理论与实务》,中国人民大学出版社2009年版,第381页。

得拒赔;另一方面,合同当事人为了避免将来出现纠纷,保护自己的权利,会自主安排有利于举证的方式,无须法律做出过多强制性安排。"①

在我国保险实务情况下,将"书面同意"改为"同意"具有相当进步性。首先,"同意"模式有利于实质公正。由于保险知识的缺乏及保险代理人的诱导,我国的投保人在为其亲属或朋友投保时,虽经被保险人口头同意或者以其他方式同意,但被保险人并未做出书面表示,若以此否认合同之效力,乃是以形式推翻实质,至为不公。其次,"同意"模式更有利于被保险人方面的举证。"书面模式"的证明责任对保险人极其有利。在"书面同意"模式下,保险人最多做出笔迹鉴定便可以证明保险单上应由被保险人签字处之签字并非被保险人所为,从而证明被保险人没有"书面同意",尽管投保人没有道德危险的故意,保险人也可以以"书面同意"系法律强制性规定为由拒绝赔付。② 在"同意"模式下,对保险人来说,想要证明被保险人没有口头同意却并非易事,而对投保方来说,其可以以多种形式证明被保险人已经同意,不必拘泥于"书面"。最后,投保方同意方式的多样化,更加有利于促进保险交易效率,保护被保险人及受益人的利益,关于被保险人同意的方式,我们将在下文论述。

(三)"同意"之解释

被保险人之"同意"如何解释,有时间与方式之别。

1. 以合同成立为界,被保险人之"同意"有"事前允许"与"事后承认"之分。事前允许,是指在保险合同生效前,由投保人通知被保险人欲为其购买死亡保险之想法,经被保险人同意后签订保险合同。事后承认是指保险合同已订立后,再由投保人或保险公司通知被保险人已为其购买死亡保险的事实,并请求其同意。无论事前承认抑或事后承认,在性质上均属于单方行为,一旦被保险人同意,即可生效。韩国《商法》规定"在签订合同时须经他人书面同意"属于"事前允许"型。我国《保险法》规定的同意权,未区分事前允许与事后承认,理解上既包括事前允许,也包

---

① 吴定富主编:《〈中华人民共和国保险法〉释义》,中国财政经济出版社2009年版,第93页。
② 由于未经"书面同意"的法律后果被规定为"合同无效",而我国法官对合同无效的理解又为"双方返还",导致许多案件的判决结果是,保险人退还投保人保险费了事,保险人并不承担保险责任。

括事后承认,体现了对被保险人的周全保护。①

2. 从同意之表示方式上区分,可有明示同意与默示同意之分。明示同意,是指使用直接语汇实施的表示行为,② 表示之意思为同意投保人为其投保死亡保险,并认可所投保之保险金额。无论书面表示同意或口头表示同意,均可视为明示同意。不过,在举证责任上,主张口头同意者须有证据证明。默示同意,是指由被保险人"实施某种作为或不作为行为,而由相对人间接第依据法律规定、习惯或合同约定,推知其意思的表示行为",③ 表示之意思亦为同意投保人为其投保死亡保险并认可保险金额。

唯默示同意在表现形式上多种多样,可以分为推定之同意与沉默之同意。

推定之同意。在民法上,意思表示的推定形式是指表意人实施一定的积极作为行为,相对人依据法律规定、习惯或合同约定间接推知其意思的表示形式。保险法上的"同意",也可以通过推定的形式表达。例如,他人通过电话形式为被保险人购买保险,在保险人出单后将保险单交给被保险人,被保险人接受保险单,则被保险人的接受行为可以推定为其同意投保人为其购买死亡保险。再如,被保险人将自己的身份证交给投保人,以便其购买保险的情形,依据习惯亦可推定为被保险人之同意。④

沉默之同意。意思表示的沉默形式,是指依照法律规定、习惯或者约定,从表意人单纯的不作为推理确定其意思的表示形式。在被保险人同意他人为自己购买死亡保险时,特殊情况下也可能出现被保险人的沉默可以认定为同意的情形。例如,当投保人为被保险人购买保险时,被保险人在场,对投保人为自己购买保险的行为并不表示反对,此时,依习惯可以推知被保险人同意他人为其购买保险。⑤ 同时,为了保证被保险人"同意权"

---

① 高宇:《论被保险人及其同意权》,《吉林师范大学学报》2004年第6期。
② 张俊浩主编:《民法学原理》,中国政法大学出版社1997年版,第211页。
③ 江平主编:《民法学》,中国政法大学出版社2000年版,第190页。
④ 何必:《试论航意险中被保险人的"同意"》,《中国保险报》2010年4月29日第2版。
⑤ 例如,江苏省滨海县的李某为其妻购买某寿险产品,其妻当时在场,未对购买保险表示反对,保单上的"被保险人同意"一栏由其李某代签名。事后,李某之妻患乳腺癌死亡,保险公司却以其妻未书面同意拒赔。这一案件发生在旧《保险法》情形下,法院依照旧《保险法》第56条宣告该保险合同无效。如果本案发生在新《保险法》实施后,法院可以以被保险人当时在场并不表示反对,推知其同意购买保险,此种情形,即属被保险人以沉默的方式表示同意。(案件具体内容参见王卫国、佟丽荣:《保险合同"代签名"的效力》,《中国保险报》2008年12月1日,本文引用已作删改。)

之行使，立法应当要求保险人就被保险人是否同意的情况询问投保人。投保人订立合同时，由于保险知识的匮乏或者代理人的误导，往往未经被保险人同意即代其签名，及至出险，保险人又主张该保险未经被保险人同意并认可保险金额，故而保险合同无效。为了避免上述情形出现，笔者建议，在保险合同签订后，保险人应当就被保险人是否同意并认可保险金额的情况询问被保险人，并告知其未经同意的法律后果，以提醒投保人注意被保险人同意权为重要问题，不得马虎。如此处理，至少有两方面的好处：一方面，对被保险人来说，不仅可以保证其同意权得以行使，而且能够保证将来出险不致因保险合同未经其同意而被拒赔；另一方面，对保险人来说，可以减少无效合同的数量。具体办法为，在保险人进行回访时，以电话或者其他方式通知并询问。① 倘若保险人不履行该通知或询问的义务，则发生保险事故后，保险人不得主张保险合同无效而拒赔。

综上所述，在世界两种立法模式中，我国选择了英美及日本之"同意"模式。这种模式，对保护被保险人的利益更加有利。其超越了只承认"书面"的僵化模式，不仅承认被保险人的口头同意，也承认被保险人的默示同意，包括以其行为推定同意及以沉默表示的同意。但是，推定同意和沉默同意应当具体情况具体分析，在可能涉及投保人道德危险时，谨慎认定此类同意。此外，立法倘能于保险合同订立后，要求保险人就被保险人是否同意询问被保险人，并告知其未经同意的法律后果，则被保险人的同意权能够获得充分的保证。

五　限制行为能力人之同意权：超越肯定说与否定说

保险法所称之"须经被保险人同意"，其前提很大程度上建立在被保险人为完全民事行为能力人，具有同意能力的基础上，不过保险活动中之被保险人，并非仅指完全民事行为能力人，对限制民事行为能力人，他人为其投保死亡保险是否须经被保险人同意？我国《保险法》第33条第1

---

① 保监会规定，在保险合同订立后，保险公司应当对客户回访。保险人可以在客户回访环节通知投保人注意被保险人同意权的行使，并将未经同意的法律后果告知投保人。

款规定:"投保人不得为无民事行为能力人投保以死亡为给付保险金条件的人身保险,保险人也不得承保。"由此可知,保险法禁止他人为无民事行为能力人投保死亡保险(父母除外),但并未禁止他人为限制民事行为能力人投保死亡保险。而根据《保险法》第34条第3款之规定,除父母为未成年子女投保人身保险,不须经被保险人同意之外,其他人等为他人投保死亡保险,均须经被保险人同意。由此推知,他人为限制行为能力人投保,自然须经限制行为能力人同意。

此处行使同意权之限制行为能力人,大致可分为两类:第一类为10周岁以上之未成年人,非父母为其投保者,须经未成年人同意。① 第二类为已成年之限制行为能力人(不能完全辨认自己行为的精神病人),无论父母抑或非父母为其投保死亡保险,均须经其同意。②

此两类限制行为能力人,其同意权如何行使?前人之研究可分为两种学说:其一,肯定说。此说认为,限制行为能力人之同意权,应由被保险人的法定代理人行使。其理由通常为,自民法理论看来,限制行为能力人之行为或权利,通常由其法定代理人代为行使。保险法为民法之特别法,故保险法上限制行为能力人行使权利,亦应由其法定代理人代为。其二,否定说。此说认为,被保险人之同意权,只能由被保险人亲自为之。其中原因,一方面是出于尊重被保险人人格权之需要;另一方面,从德国保险立法来看,限制行为能力人之同意权行使,均须经其本人亲自同意。然而,在我国背景下,肯定说与否定说均存在问题。肯定说之问题,持否定说者已经指出:"察人寿保险业之实情,为限制民事行为能力人投保者,一般而言,投保人与被保险人的内部关系大多为父母与子女,抑或养父母与养子女关系,也就是说,投保人就是被保险人之法定代理人。在此情形之下,若一方面认许投保人任意为限制民事行为能力人投保以死亡为给付保险金条件的人身保险,并可自由约定保险金额乃至指定谁为受益人,而另一方面又可以法定代理人名义直接代被保险人行使'书面同意'、'认可

---

① 若父母为10周岁以上之限制行为能力人投保,根据《保险法》第34条第3款之规定,不须经该限制行为能力人同意。《民法典》颁布后,10周岁以上之限制行为能力人,改为8周岁以上。

② 因其已成年,不再享受父母对未成年子女投保死亡保险不须经子女同意之豁免。

保险金额'乃至'指定受益人'等权利，则投保人既为'运动员'，又为'裁判员'，无异于'左手同意右手'。若保险金额不高，投保人'谋财害命'之道德危险或许还可能受到亲情之拘束；一旦约定保险金额过高，投保人则可能突破亲情约束之底线，为图谋高额保险金铤而走险、谋财而害命。"① 否定说之问题，乃在于被保险人无法亲自行使同意权，"即使有了同意权，被保险人被受益人谋杀的风险仍旧无法完全消除。"② 因为"这种同意可以被作为赠与或以极小的代价轻易地取得。"③ 如前所述，限制行为能力之被保险人，倘若不是 10 岁以上之未成年人，便是成年之半精神病人，其受骗同意他人为其投保死亡保险之概率较高，难免发生道德危险，若以其同意即可投保死亡保险，则"经被保险人同意并认可保险金额"之规定形同具文，其妥当性如何，亦备受质疑。如此，无论被保险人亲自行使同意权还是由其法定代理人代为行使，均存有问题。

依笔者看来，法律未必通过赋予限制行为能力同意权之方式控制道德危险，其道德危险可通过限制保险金额控制。若将限制行为能力人之保险金额限制为丧葬费用，则因保险金额较小，且限制行为能力人死亡后，保险金将用于善后费用，投保人不能因此获益，也就不会出现道德危险。

将限制行为能力人之保险金限制为丧葬费用，在保险学上有其根据。依据保险学原理，可以从两方面论证将保险金额限制为丧葬费用的合理性：一方面，从限制行为能力人死亡所造成的损失的角度看。一个完全民事行为能力人之死亡，其损失包括家庭成员生活所需、丧葬费用、不动产处置费用、巨额财产继承税等善后费用，但是，对限制行为能力人来说，其通常并不负有赡养、抚养其他家庭成员之义务，也没有善后财产需要处理，其死亡所丧失者，多为丧葬费用。以美国保险学专家侯百

---

① 樊启荣：《死亡给付保险之被保险人的同意权研究——兼评我国〈保险法〉第 56 条第 1、3 款之疏漏及其补充》，《法学》2007 年第 2 期。
② Robert H. Jerry, *Understanding Insurance Law*, Matthew Bender & Co., Inc., 1987, p. 205.
③ Holmesv Nationwide Mutual Ins Co, 244NYS 2d 148, 152（1963-life insurance）. 转引自 Malcolm A. Clarke, The law of Insurance Contracts, 3rd Edition, London HongKong, Lloyd's London Press, 1997, p. 83。

纳教授之学说"生命价值说"而论，其并不具有生命价值，因其生命并不具有赚钱能力。① 另一方面，从限制行为能力人死亡之需要的角度看，限制行为能力人死亡通常不会导致家庭物质生活水平下降，限制行为能力人无须为其子女准备成长费用及教育费用，亦没有须清偿之债务，无须考虑退休时生活费用之需要，其家庭真正需求的最大费用为善后费用，以丧葬费用为主。故而，从保险学角度考察，限制行为能力人真正需要保障者，实为丧葬费用。②

事实上，对限制行为能力人仅保障丧葬费用之立法，相关国家和地区早已存在。在德国，旧的德国《保险契约法》第159条第2款则规定："以他人的死亡事故订立保险且约定的金额超过一般丧葬费用者，须经他人的书面同意才能有效。该他人为无行为能力或限制行为能力或其有监护人者，要保人纵为代理人，也不可以代为同意"。可见，对限制行为能力人，如果保障范围仅限于丧葬费用，则不须经过被保险人同意，只有保险金额超过丧葬费用，方须经限制行为能力人同意。但该同意，或许并非被保险人亲自同意，而是由监护法院指定的监护人行使监护权。③ 德国之经验，值得我国借鉴。

---

① S. S. Huebner, The Economics of Life Insurance, 3rd ed., New York: Appleton-Century-Crofts, 1959, p. 5.
② 关于限制行为能力人之保险需求，请参见拙文《未成年人死亡保险之研究》。
③ 也许读者不免要问，德国的限制行为能力人为何可以亲自同意，且其保险金额可以超过丧葬费用？笔者以为，从保险学原理上说，德国允许对限制行为能力人的保障金额超过丧葬费用，并不符合保险学原理，超过部分，已不属于保障，或属于投资。并且，德国法要求限制行为能力人"同意"，已不同于对完全行为能力人之"书面同意"，所谓之"限制行为能力人同意"，其实并非由限制行为之被保险人亲自同意。刘宗荣教授认为：德国新《保险契约法》规定"父母亲以七岁以上未成年子女为被保险人，投保死亡保险，纵然保险金额超过丧葬费用也无须获得被保险人同意。至于未成年人不满一定年龄而投保超过丧葬费用金额的死亡保险，仍然有必须获得被保险人同意规定之适用。此时才必须依照亲属法的规定，由监护法院所指定的监护人行使同意权，才能生效，以避免道德危险。"（参见刘宗荣《以未成年子女或精神障碍人为被保险人投保死亡保险的修法评议——评保险法第107条的修正得失》，《月旦法学》2010年第4期。）笔者从刘宗荣教授的文字中管窥，该限制行为能力人之监护权由监护法院指定之监护人行使同意权，并非由限制行为能力人亲自"同意"。而监护法院指定同意权代行人时，势必考虑道德危险之控制，其实质是将限制行为能力人或无行为能力人死亡保险之道德危险，交由监护法院控制。在我国，并无监护法院之制度，因此无法将无行为能力或限制行为能力人保险之道德危险交由法院控制，该两类人死亡保险之道德危险控制，最好还是通过保险金额控制，即，将保险金额控制在丧葬费用之内，以之防免道德危险之发生。

综上可知，我国《保险法》第33条、第34条之规定，要求以限制行为能力人为死亡保险之被保险人时，须经被保险人同意。该种同意权之行使，依肯定说，应由限制行为能力之法定代理人行使；依否定说，应由限制行为能力人本人亲自行使。肯定说有不能防止道德危险之弊端，否定说则存在同意权事实上无法行使之缺陷。以笔者之见，法律可不赋予限制行为能力人同意权，通过将限制行为能力人之保险金额限制为丧葬费用，不须经限制行为能力人同意，亦能防止道德危险，且完全符合保险学之原理，且此种做法，已有德国立法为先例可循。

六 同意之撤销：被保险人解除权之行使

经被保险人同意，他人可以为之订立死亡保险合同，然被保险人同意之后，若情势发生变更，被保险人不再愿意将其生命或身体作为死亡保险之标的，① 其是否可以撤销其同意？若被保险人对其同意可撤销，于同意撤销后，对各方主体将产生何种法律效果？此间问题殊值研究。

（一）同意可否撤销？

在被保险人可否撤销其同意的问题上，有观点认为，被保险人不可撤销，理由主要包括三方面：其一，除非经投保人同意或保险条款有明确规定，否则，终止合同的只能是保险合同当事人，由于被保险人撤销同意意味着保险合同无法继续存在，性质上系终止合同，被保险人并非保险合同当事人，因而无权终止合同；第二，人身保险利益存在于合同订立之时，合同订立之后，即使被保险人撤销同意，投保人的保险利益已经存在，保险合同仍可为有效合同；其三，如果允许被保险人终止契约，则有可能影响投保人的利益及保险合同的安定性。②

笔者认为，被保险人有权撤销其同意，理由主要是：

---

① 此种情形，最典型的事例为：一对已婚夫妇，在离婚前，夫以妻为被保险人投保死亡保险，并指定受益人为夫自己。夫妻离婚后，二人交恶，前妻不愿再以自己之生命换取前夫领取巨额保险金之权利，遂向保险公司主张撤销其同意，并解除保险合同。

② 参见杨猛《被保险人同意权研究》，硕士学位论文，吉林大学，2006年。亦见于江朝国《保险法论文集》（三），瑞兴图书股份有限公司2002年版，第232页。

从同意权之立法目的看，否定被保险人之同意权有悖于同意权的立法目的。如前所述，法律之所以赋予被保险人同意权，主要目的乃在于防止他人针对被保险人之道德危险。然而，在保险合同订立后，如果情势发生变化，例如夫妻反目、父子成仇、兄弟势如水火者，"若使其保险契约继续有效存在，而无其他可兹救济之途径，其道德危险之高，不下于常人"。[1] 制度之本意乃在防止道德危险，不意却使道德危险增大，这一后果实非法律所愿。

从人身保险保障之对象看，人身保险的保障对象是被保险人，而非投保人，将终止合同的权利完全赋予投保人，违背保险原理。事实上，无论在英美法系还是大陆法系，保险保障的对象都应当定位为被保险人，[2] 投保人只是交付保险费之人，其不受保险保障。既然保险保障的对象是被保险人，则根据保险自愿原则，被保险人有权选择接受保险保障，亦有权选择退出保险保障，因此，被保险人应当有权撤销同意，进而解除保险合同。[3] 此外，人身保险合同本欲保障被保险人，在投保人与被保险人关系发生变化后，保险合同本身可能成为危险来源，"若该保险合同的存在对被保险人而言极为不利时，这就与'保险所保障之对象为被保险人'之本质相悖。因此，立法应当赋予被保险人撤销原先之书面同意权利，使其对自身的权益有机会重新予以利害权衡，并进而得以'自保'。"[4]

从保险利益的角度看，订立合同时具有保险利益，并不妨碍被保险人在合同订立后解除保险合同。投保人在订立合同时具有保险利益，保险合同可以生效。但是，正如所有合同在订立后都可能因种种原因解除一样，

---

[1] 江朝国：《保险法论文集》（三），瑞兴图书股份有限公司2002年版，第236页。

[2] 在采取三分法（投保人、被保险人、保险人）的大陆法系国家，虽然保险合同由投保人与被保险人签订，但保险合同保障者为被保险人，例如我国《保险法》第12条第5款规定："被保险人是指其财产或者人身受保险合同保障，享有保险金请求权的人。"在采取两分法（被保险人和受益人）的英美法系国家，被保险人被称为"Cestui que vie"简称CQV，据Jeffrey·W. Stempel教授解释，Cestui que vie是指其生命受保单保障的人，即大陆法所指的被保险人。

[3] 我国保险法理论和实务中均有观点认为只有投保人才能解除合同，但事实上，保险合同保障的对象是被保险人，如果允许投保人随意解除合同，将使被保险人丧失保险保障，可能造成被保险人的损失。笔者认为，在投保人与被保险人不一致的情况下，只有被保险人才有权解除保险合同，若投保人意欲解除保险合同，须征得被保险人同意。

[4] 樊启荣：《死亡给付保险之被保险人的同意权研究——兼评我国〈保险法〉第56条第1、3款之疏漏及其补充》，《法学》2007年第2期。

保险合同订立后也可可能因诸种情况的出现而解除。投保人因享有保险利益而订立有效保险合同之理由，不能阻却被保险人撤销同意、解除保险合同权利之行使。

此外，被保险人撤销同意虽可能造成被保险人之损失，亦可能导致保险合同的不稳定，然投保人之损失应在其预料之内，保险合同之不稳定在保险业亦为常见现象，虽可能造成一定不良后果，但二者均不足以对抗针对被保险人之道德危险及被保险人生命安全之保护，因此不能成为否定被保险人撤销同意之理由。关于此部分内容，下文在撤销同意之法律效果部分仍有论述，在此不再赘述。

（二）撤销同意之法律后果

被保险人撤销同意之法律后果，有无效说、解除说、终止说三种：无效说认为，被保险人的同意权可决定保险合同是否生效，若被保险人撤销其同意，即等同于被保险人未为同意，从我国《保险法》第56条第1款（现《保险法》第34条）之规定来看，若无被保险人同意时，其合同无效。① 终止说认为："鉴于寿险契约往往为一长期性契约之性质，被保险人行使撤销权时，其效力宜依照要保人终止权之行使，使契约效力于撤销时向将来失其效力。"② 解除说认为："基于人身保险（人寿保险）合同的长期性及储蓄性特质之考量，被保险人行使对先前同意之撤销权时，其效果应依照投保人解除权之行使，在法律适用上，应类推适用上述我国《保险法》第69条（现《保险法》第47条）有关'投保人解除合同及其效果'之规定，使合同效力于撤销时向将来失其效力，且投保人也应依法请求返还保险单的现金价值，如此对当事人双方权益之保障方为公平。"③

依笔者观之，被保险人撤销同意，虽云"撤销"，却并非行使法律上之撤销权，其法律后果应为解除保险合同。无效说将被保险人撤销同意之后果界定为保险合同无效，然依合同法理论，无效合同自始无效，应溯及既往至合同订立之时，但是，在保险合同订立之时，被保险人同意投保人

---

① 肖梅花：《保险法新论》，中国金融出版社2000年版，第151页。
② 江朝国：《保险法论文集》（三），瑞兴图书股份有限公司2002年版，第242页。
③ 樊启荣：《死亡给付保险之被保险人的同意权研究——兼评我国〈保险法〉第56条第1、3款之疏漏及其补充》，《法学》2007年第2期。

为其投保死亡保险,投保人既具有保险利益,又经被保险人同意,认定此时保险合同无效,似有勉强。终止说与解除说在保险合同的法律后果方面,并无多大区别。"在现行合同法中,不再将解除与终止作为并列概念而使用,而是将解除作为终止的一种特殊情况,即将终止作为解除的上位概念来使用的。"① 保险合同的终止,在形式上包括被保险人死亡之自然终止、解除合同方式终止、履约终止等情形,② 被保险人撤销同意而导致的保险合同终止,应为解除合同终止之方式,特别之处仅在于,此种解除系因保险合同关系人提出而终止,有别于保险合同当事人提出之终止。

被保险人解除保险合同,自解除之日起,保险合同失其效力,但其失效不溯及既往。合同可以分为连续性合同和非连续性合同,其解除的法律后果亦有不同。"在非连续性合同,解除具有溯及力,而体现这种溯及力的直接标志就是恢复原状。连续性合同的解除原则上无溯及力……由于这些合同在内容上的特殊性而无法适用恢复原状……即合同的解除只向将来发生效力。"③ 保险合同是典型的连续性合同,因此,在保险合同解除后,已经履行的部分属于有效履行,而未履行的部分则不再履行。

不过,允许被保险人解除合同,是否会对保险合同各方当事人及关系人的利益产生影响?即被保险人解除保险合同后,对各主体将产生怎样的后果尚需进一步澄清。

对被保险人来说,其自愿解除保险合同,且保险费并非由其支出,故而,解除合同不至对其造成损害,自不必赘言。

对保险人来说,被保险人解除保险合同后,应按投保人解除保险合同之规则处理。对保险人来说,无论是被保险人解除保险合同,还是投保人解除保险合同,其结果均为保险合同不再履行,因此,投保人解除保险合同对保险人之后果可适用于被保险人解除保险合同的场合。具体而言,即,对不产生现金价值的保险合同、例如意外伤害保险来说,保险人可收取已经履行部分之保险费,退还尚未履行部分之保险费。对产生现金价值

---

① 李永军:《合同法》,法律出版社 2004 年版,第 632 页。
② 覃有土主编:《保险法概论》第二版,北京大学出版社 2001 年版,第 213—215 页。
③ 李永军:《合同法》,法律出版社 2004 年版,第 632—633 页。

之保险合同，依据《保险法》第 47 条之规定，保险人应向投保人退还现金价值。①

对受益人来说，被保险人解除保险合同后，其即失去受益权，不得向保险合同相关主体行使请求权。被保险人之受益权，虽名为权利，但尚不受法律保护，因此学者称其为"期待"，而并非"期待权"。依王泽鉴先生之观点，期待权与期待之区别，乃在于前者受法律之保护；后者则非法律上之权利，并不受法律上之保护。② 受益人之权利在保险事故发生前不受法律保护，于被保险人可以随时更换受益人可见一斑。只有保险事故发生后，受益人之保险金请求权方可落到实处。而对死亡保险来说，被保险人撤销同意之时，保险事故尚未发生，所谓之"受益权"，不受法律保护。又因受益人在被保险人撤销时，并无损失，故不得向任何主体请求赔偿。

对投保人来说，被保险人解除保险合同，可能造成其损失，但此种损失应在其预料之内，由其自行承担。投保人为交付保险费之人，若被保险人解除保险合同时，于不具有现金价值的保险合同，投保人将丧失已履行部分的保险费；于具有现金价值的保险合同，由于现金价值往往少于其已经交付的保险费，③ 而解除保险合同仅退还保险费，因此，投保人极有可能遭受损失。④ 然而，投保人遭受之损失，应为其所能预料，在多数情况下，投保人甚至准备承担更大的支出。⑤ 其原因在于，当投保人为被保险人订立保险合同时，其应当知道此笔保险费乃是为别人支出，并且自己可能并无任何收获，而其甘愿为之，即所谓法律上之甘愿"自担风险"，当损失出现时，应由其自行承担，法律不可强求其他主体（此处即指被保险

---

① 我国《保险法》第 47 条规定了人身保险合同解除的法律后果，但这一规定仅仅针对具有现金价值的保险合同，对于不具有现金价值的保险合同，其解除的后果则没有规定，但一般认为，解除不具有现金价值的保险合同，保险人应当退还未履行部分的保险费。
② 王泽鉴：《民法学说与判例研究》（第 1 册），中国政法大学出版社 1998 年版，第 147 页。
③ 依寿险原理，通过精算设计之现金价值，由于须扣除保险代理人之高额招揽费用及保险公司其他经营成本，故往往少于投保人所交之保险费，此种情形，于保单生效之时间越短，体现越为明显，例如，保单生效 1 年后，现金价值可能仅为所交保费之 1/3。
④ 此间所谓之"损失"原则上不能成为损失，其实为投保人愿意支出之保险费，只是在投保人与被保险人交恶，被保险人解除保险合同时，可能投保人感觉像是一种损失，然投保人签订保险合同并交付保险费之时，并不认为其为损失。
⑤ 如果被保险人不解除合同，投保人将继续支付续期保险费。

人）对其赔偿。①

为了保证投保人充分了解被保险人可能撤销同意，笔者建议，保险合同订立后，在保险人就被保险人享有同意权通知并询问投保人时，亦可一并告知被保险人享有撤销同意之权利及法律后果。如此，则投保人更应预见到其所支出之保费可能受到损失，也应当做好承担损失的准备。

综上所述，从被保险人同意权之立法目的来看，被保险人撤销同意以防止道德危险与立法防免道德危险之意旨一致；人身保险之保障对象又为被保险人，而被保障之人应有放弃保障之权利，因此，被保险人可以撤销同意。被保险人撤销同意之法律后果为保险合同解除，解除之效力向将来发生，不具有溯及既往的效力。所解除之保险合同不具有现金价值时，保险人应向投保人退还未履行部分之保险费，所解除之保险合同具有现金价值时，保险人应向投保人退还保单之现金价值。由于受益人、被保险人在合同解除中通常不受损失，故解除合同对其通常没有影响，至于投保人所受之保险费损失，因其支付保险费属于自愿，故损失可由其自担。

七　结论

保险法之所以规定为他人投保死亡保险须经被保险人同意，其意乃在避免道德危险，于立法之时，立法者并无保护被保险人人格权之意，只是不期暗合而已。我国将原保险法规定之"书面同意"改为"同意"，意在更好地保护被保险人的利益，在删除"书面"二字后，"同意"的形式更加多样化，不仅包括了书面同意和口头同意，且被保险人的某种行为甚至沉默都可能被法院认定为被保险人同意投保人为其购买死亡保险。对限制行为能力人之死亡保险，由于限制行为能力人通常没有同意能力，因此其

---

① 从法经济学的角度看，损失的承担者应当为预防成本比较低的一方，预防成本由预测成本和交易成本两部分组成，关于预测成本，由于投保人和被保险人在订立保险合同时一般均无法预测将来解除合同，因此成本大致相同。但在交易成本上，投保人消除风险的成本要比被保险人消除风险的成本要低得多，只要不为被保险人订立保险合同，就不会未来被保险人撤销保险合同造成的损失。因此，被保险人撤销同意造成的损失，应当由投保人承担。关于风险预防与损失承担的理论，可参见理查德·A. 波斯纳：《法律的经济分析》，蒋兆康译，中国大百科全书出版社1997年版，第134页。

死亡保险金的设计以丧葬费用为宜，如此方能不经被保险人同意而能够防免道德危险。并且，于被保险人同意他人为其购买死亡保险之后，若情势发生变化，应当允许被保险人撤销同意，进而解除保险合同，此种情形下之保险合同解除不具有溯及既往的效力。

鉴于保险法短期内不会再行修改，最高人民法院正在制定保险法司法解释，笔者认为，《保险法》第34条第1款之问题，可通过司法解释解决，为此，笔者拟出以下条文：

以死亡为给付保险金条件的合同，未经被保险人同意并认可保险金额的，合同无效。（《保险法》第34条第1款）

本条规定之以死亡为给付保险金条件的合同，是指投保人他人投保的以死亡为给付保险金条件的合同。综合性保险中包括有死亡责任，但未经被保险人同意的，其死亡责任部分无效。

本条规定之同意，可谓订立合同前之允许或订立合同后之承认。同意之形式，可采取明示或默示方式。

被保险人同意后，可撤销其同意，撤销之方式应以书面通知保险人及要保人。被保险人撤销同意后，保险合同解除，保险人应退还未履行部分之保险费或现金价值。

死亡保险合同订立后，保险人对投保人进行回访时，应当就是否经被保险人同意询问投保人，并说明未经同意之法律后果，保险人亦应就被保险人享有撤销同意之事项即撤销之结果通知投保人。

以限制行为能力人为被保险人订立之死亡保险合同，不须经被保险人同意，但死亡保障部分之保险金额，不得超过丧葬费用。丧葬费用之数额，由国务院保险监督管理机构规定。

附录　其他国家或地区关于死亡保险被保险人同意权之规定

●日本《保险法》第38条：（生命保险被保险人的同意）

以生命保险契约当事人以外之人为被保险人的死亡保险契约（保险人约定就被保险人的死亡支付保险给付的生命保险契约）未经被保险人同意，不发生效力。

第 67 条：（伤害疾病定额保险合同被保险人的同意）

1. 以伤害疾病定额保险合同当事人以外的人为被保险人的伤害疾病定额保险合同，未经被保险人的同意，不发生效力。但是，被保险人（有关被保险人死亡的保险给付，为被保险人或者其继承人）是保险金受益人的，不在此限。

2. 前款但书的规定，仅对给付事由是伤害疾病引起的死亡的伤害疾病定额保险合同不适用。

●意大利《民法典》第 1919 条：（为自己或者第三人生命的保险）

1. 为自己或者第三人的生命，可以缔结保险契约。

2. 第三人或其法定代理人未同意缔结契约的，对第三人死亡的情形约定的保险无效。同意应当以书面形式表达。

●德国《保险合同法》

第 150 条：（人寿保险的被保险人）

1. 投保人可以为自己或他人购买人寿保险。

2. 以他人之死亡为保险事故订立保险合同并且约定之赔偿金额超过普通丧葬费用的，须经他人书面同意保险合同才能生效。在公司养老保险计划的团体人寿保险中，上述规定不予适用。如果他人为无行为能力人或限制行为能力人或有监护人的，即使投保人是其代理人，也不能代其做出书面同意。

3. 如果父母为其未成年子女订立保险合同，并且根据保险合同约定在子女年龄满七岁之前死亡时，保险人依旧要承担保险责任或者约定保险人之赔偿责任超过普通丧葬费用最高限额的，须经未成年人同意。

4. 如果监管机关对普通丧葬费用做出特定最高限额之规定，则应当遵照其规定。

第 179 条：（意外伤害保险的被保险人）

1. 投保人可以为自己或他人购买意外伤害保险。以他人所受伤害订立的保险，在有疑义时视为为第三人利益购买的保险。

2. 以他人可能遭受的伤害为标的购买保险的，必须得到该人的书面同意，保险合同才能生效。如果该人为无民事行为能力人或者限制民事行为能力人或有监护人的，即使投保人有权代理该人的，也不得代其做出同意的决定。

3. 在本条第2款规定的情况下，投保人所知悉的事实与其行为依照本法规定具有法律上意义的，则该他人之知悉与行为亦同。

● 法国《保险合同法》第 L132 – 2 条：

1. 由第三者订立以被保险人之死亡为保险事故的保险契约时，未经被保险人书面同意最初提供保障之保险金或年金之数额，保险合同无效。

2. 被保险人对保险合同相关利益第三人的授权必须以书面的形式做出同意，并在保险合同上签字。

● 韩国《商法典》第731条：（他人生命的保险）

1. 关于以他人的死亡为保险事故的保险合同中，在签订合同时须经他人的书面同意。

2. 将因保险合同产生的权利让与被保险人以外之人的，同第1款。

● 中国澳门地区《商法典》第1032条：（得订立保险合同之人）

1. 人寿保险合同得由本人或第三人订立

2. 如投保人非被保险人，须获被保险人之书面同意。

3. 如被保险人为未成年人，上款所指同意须由其法定代理人按一般法之规定做出，并由该未成年人认可。

4. 不得订立以14岁以下之未成年人或被确定判决宣告为无行为能力之人为被保险人之死亡保险合同。

专题六　不丧失价值选择之制度构建

——《保险法》第35条之增订

【摘要】 分期付款之人寿保险，若因保费欠缴而解除合同，对双方当事人均无好处，世界保险实践以不丧失价值选择制度应对这一问题。不丧失价值选择制度应以约定与法定两种形式分层建构，我国实践中的约定不丧失价值选择制度包括自动垫交条款、减额缴清条款和保单转换条款三种，但均存在缺陷，需要加以完善。法定不丧失价值选择制度则是我国的法律空白，为了弥补这一法律空白，我国保险法宜规定，积存有现金价值之分期付款人寿保险，如投保人或被保险人欠缴次期以后之保险费，且保险合同未约定现金价值处理的方式，或者投保人或被保险人于该合同宽限期结束后未对现金价值处理做出选择时，保险人应以现金价值趸交保费给予减额缴清保险。

【关键词】 现金价值；分期交付；不丧失价值选择；法定缴清保险

一　问题的提出

人身保险之交费，可选择一次缴清和分期支付。一次缴清，极少出现保费未交之情形，然分期缴付，则常出现投保人忘交之情形。于此情形，依现行《保险法》第36、37条之规定，保险人须首先给予30日（催告交费之情形）或60日（未催告交费之情形）之宽限期，若投保人仍不交费，则保险合同中止，两年之中止期经过后，倘投保人依然未交保费，其结果是：保险合同无以复效，保险人有权解除保险合同，被保险人因此失其保障,于保险合同依约定积存有保单现金价值之情形,由保险人退还现金价值。保险合同未积存现金价值者,保险人不须退还任何款项。

然而,投保人或被保险人或许只是因为公务繁忙等原因忘交保费,退还保单现金价值并非其之所欲,保障之丧失更为投保人或被保险人所不欲。对投保人或被保险人来说,现行《保险法》之上述做法似乎过于严苛。同时,这一做法对保险人亦无益处,毕竟,原本存在于保险人账户上之现金价值为投保人或被保险人所领取。那么,如何从保险法上设计一种制度,通过这一制度对上述严苛后果适度缓冲,并对保险各方主体,尤其是投保人、被保险人的利益保护有所裨益,实为保险法学者应当思考的问题之一。

解决这一问题,须建立不丧失价值选择制度。所谓"不丧失价值选择",乃是指保单积存有现金价值时,投保人或被保险人对现金价值的处理。[①] 于投保人未交到期保费的情况下,若想让被保险人获益,且不伤及保险人,唯一的办法是利用保单的现金价值续交保费,以使合同继续有效,或者变更保险合同,使被保险人获得部分保障。如此,可以缓减《保险法》规定之解除保险合同、退还现金价值的严苛后果。[②]

我国理论界对不丧失价值选择制度鲜有研究,实务界虽有零星的不丧失价值选择之操作,但亦存诸多问题。为此,须在我国分层建立约定不丧失价值选择制度和法定不丧失价值选择制度,明确规定:于投保人或被保险人未能依照约定不丧失价值条款对现金价值的处理做出选择时,应当将该人身保险转换为法定减额缴清保险。本文试图对此深入研究。

二 不丧失价值选择的中国实践及其检讨

我国《保险法》虽未对不丧失价值制度做出规定,但保险实践已参仿

---

① 传统保险法教科书中,不丧失价值选择通常包括退还现金价值、变更为减额缴清保险、变更为展期定期保险三种。但不丧失价值系指保险单在解约时尚未丧失而应由保险人返还之价值,对该价值的处理选择即为不丧失价值选择。依此,投保人或被保险人若主动选择将现金价值用于垫付保险费,亦为对现金价值之处理选择,诚属不丧失价值选择之一种。本文为讨论我国实践中对现金价值的处理,将保费自动垫交条款作为不丧失价值选择之一处理。

② 严格而言,退还现金价值也是不丧失价值选择之一,但本文旨在讨论现行《保险法》规定之外的缓冲措施,故而除非必要,本文不再讨论退还现金价值之问题。

先进国家之做法,尝试为投保人或被保险人提供不丧失价值选择。不过,实务界的诸多做法颇有值得改进之处。

(一) 中国实践中的不丧失价值选择

笔者查阅了中国保险行业协会网站上公布的各家保险公司的在售产品,发现在我国保险合同实务中,主要提供了三种不丧失价值选择:

第一种选择是保费自动垫交条款。自动垫交条款系寿险保险单之条款,"于宽限期到期后,应缴保险费仍未缴纳时,则利用保险单现金价值自动垫交应缴之保险费,其主要目的在防止非故意之保险单停效。"① 而在我国保险合同实践中,自动垫交条款的典型表述是:"您可以选择保险费自动垫交功能,即如果您在宽限期结束时仍未交纳保险费,我们将以本合同的现金价值扣除各项欠款及应付利息后的余额自动垫交到期应交的保险费,本合同继续有效。我们将对自动垫交的保险费计收利息。如果本合同的现金价值扣除各项欠款及应付利息后的余额不足以全额垫交到期应交的保险费,则本合同自宽限期满的次日零时起效力中止。"②

第二种选择是减额缴清条款。减额缴清保险是指"在人寿保险中,根据长期保险的不没收选择权,被保险人在不能继续交费时,可以用保单的解约金以趸交方式购买保险,保险期限与保险种类和原保单相同,但保额减少。"③ 在我国保险合同实践中,典型的减额缴清条款表述是:"在本合同保险期间内且本合同有效,自本合同生效日或最后复效日(以较迟者为准)起2年后,如果本合同具有现金价值,您可以申请将本合同变更为减额交清保险合同。我们将以申请当时本合同具有的现金价值净额,一次性支付相应降低了基本保险金额后的全部净保险费,降低后的基本保险金额不得低于申请时我们规定的最低金额。本合同变更为减额交清保险合同后,您不必再交纳保险费。减额交清保险仅适用于标准体。"④

第三种选择是保单转换条款。保单转换条款是指在分期付款的人寿保

---

① 梁正德主编:《保险英汉辞典》,财团法人保险事业发展中心2003年版,第120页。
② 泰康人寿保险公司"泰康健康人生终身寿险(分红型)条款"第6.3条。
③ 中国保险报社、加拿大永明人寿保险公司合编:《英汉保险词典》,商务印书馆1998年版,第532页。
④ 太平人寿保险公司"太平一世终身寿险条款"第17条。

险中，投保人届期未交保费时，若投保人申请，保险人可以将保单现金价值用于购买另一种保险，但该现金价值可以购买何种保险须由保险人决定的条款。保单转换条款的典型表述是："本合同已交足两年以上保险费且生效两年后，您到期未交纳保险费的，在宽限期满前可申请将本保险转换为本公司认可的保险。本公司将根据宽限期开始前一日保险单的现金价值与有可能分配的特别红利之和，在扣除各项欠款后转换本保险。"① 这是一种保险学教科书中没有提到的不丧失价值选择条款，其特征在于现金价值可以购买的险种由保险人自主决定，而非双方于合同中提前约定。

（二）不丧失价值选择实践之检讨

详察我国保险合同实践中的不丧失价值选择，至少存在三个问题：

首先是实践中不丧失价值条款的供给不足。查阅中国保险行业协会各家保险公司的在售产品可以发现，绝大多数中小型保险公司很少提供不丧失价值选择条款，而大型保险公司虽在部分产品中提供了不丧失价值选择条款，但所占寿险产品比例较低。笔者在中国保险行业协会网站"保险产品"一栏中输入"人寿保险""在售""个人""分期付款"四个条件，对中国平安人寿、新华人寿、太平人寿三家保险公司的在售产品条款进行搜索，② 统计其提供的不丧失价值条款，结果如下：

中国平安人寿股份有限公司的不丧失价值选择条款数量（括弧中的数字为该类产品总数）：

表1

	现金价值条款	自动垫交条款	减额缴清条款	保单转换条款
定期寿险	9（14）	0（14）	2（14）	0（14）
终身寿险	7（7）	4（7）	4（7）	0（7）
两全保险	34（34）	26（34）	10（34）	0（34）

可见，在中国平安人寿具有现金价值的50款产品中，提供自动垫交条

---

① 新华人寿保险公司"祥和万家两全保险（分红型）条款"第3.5条。
② 因中国保险行业协会网站提供的产品查询无法显示中国人寿股份有限公司的具体产品条款，故无法提供该公司的不丧失价值选择条款数量。

款的有 30 款，占比 60%；提供减额缴清条款的产品有 16 款，占比 32%；中国平安人寿不提供保单转换条款。

新华人寿股份有限公司的不丧失价值条款数量（括弧中的数字为该类产品总数）：

表 2

	现金价值条款	自动垫交条款	减额缴清条款	保单转换条款
定期寿险	8（10）	0（10）	4（10）	0（10）
终身寿险	5（5）	0（5）	0（5）	2（5）
两全保险	33（33）	0（33）	5（33）	11（33）

可见，在新华人寿具有现金价值的 46 款产品中，提供减额缴清条款的产品有 9 款，占比不足 20%；提供保单转换条款产品的共计 13 款，占比约为 28%；新华人寿不提供自动垫交条款。

太平人寿股份有限公司的不丧失价值条款数量（括弧中的数字为该类产品总数）：

表 3

	现金价值条款	自动垫交条款	减额缴清条款	保单转换条款
定期寿险	4（9）	0（9）	2（9）	0（9）
终身寿险	19（19）	0（19）	3（19）	0（19）
两全保险	53（53）	0（53）	12（53）	0（53）

可见，在太平人寿具有现金价值的 76 款产品中，提供减额缴清条款的仅有 17 款，占比约为 22%；太平人寿不提供自动垫交条款和保单转换条款。

统合三家保险公司，具有现金价值的产品共计 172 款，计有 87 种产品不提供不丧失价值选择，占比 50.6%，另有 85 款产品提供不丧失价值选择，占比 49.4%。其中，提供自动垫交条款产品仅为 30 款，占比约 17.4%；提供减额缴清条款的产品计 42 款，占比约 24.4%；提供保单转换条款的产品计 13 款，占比约 7.6%（如下图所示）。上述为大型保险公司提供的不丧失价值条款比例，由于中小保险公司很少提供不丧失价值选择，故而可以肯定，中国保险合同实践中的不丧失价值选择提供近于匮乏。

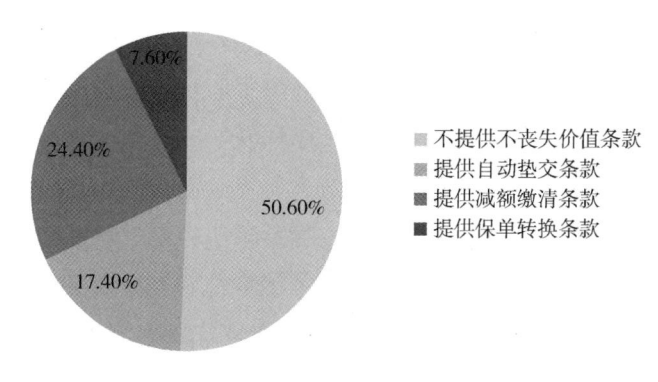

图1　不丧失价值条款提供示意图

不丧失价值条款的供给不足，其后果是，大量保险合同因未交保费中止后，保险人只能退还现金价值，这一做法无论对投保人、被保险人还是保险人均无益处可言。

其次，即便保险人已经提供了不丧失价值条款，还需要投保人或被保险人主动选择适用，倘若被保险人因故没有选择，其结果仍然是保险人解除合同，退还现金价值。考察现存三种不丧失价值条款，可以发现，各条款均包含有"您可以申请"或"可申请"字样。这意味着，不丧失价值条款的适用前提是投保人或被保险人明确选择，如果投保人或被保险人没有主动选择适用，则保险人无权利，亦无义务主动适用该条款。由于我国《保险法》规定，投保人届期未交保费，保险人可以采取催告交费措施，亦可以不采取催告交费措施，使保险合同效力中止。① 于保险人不采取催告交费措施的情况下，投保人极有可能因诸种原因忘交保费。此时，投保人或被保险人通常不可能主动就上述三种不丧失价值条款进行选择，其结果必然是保险合同效力中止，其后，倘若保险合同未能复效，保险人便可

---

① 《保险法》第36条规定，投保人届期未缴保费，保险人可以进行催告，经催告30日后，仍未支付保险费的，保险合同效力中止。保险人也可以不经催告，自费到期日始经过60日，保险合同效力中止。

以解除保险合同,退还现金价值。

最后,各家保险公司对现行三种不丧失价值条款表述不一,部分保险公司的表述不尽合理。

就自动垫交条款而言,大部分自动垫交条款是合理的,但也有一小部分自动垫交条款存在不合理因素。现行保单中的自动垫交条款大部分由投保人或被保险人主动选择适用,但是,亦有部分自动垫交条款采取了"不主动选择即自动适用"的不合理模式。其结果是,在投保人或被保险人不知情的背景下,现金价值被消耗殆尽,最终合同仍被解除,且没有现金价值可以退还。例如,某保险公司的自动垫交条款规定,投保人对自动垫交条款"没有做任何反对的书面声明",该条款便于宽限期结束后即刻启动,保单现金价值用于交付保险费。① 然而,投保人或被保险人可能直至现金价值被垫交殆尽也没有意识到保费欠交的问题,现金价值丧失后,保险合同继而中止,接着是保险人解除合同,且无现金价值可以退还。对此,施文森教授指出:"保单之'自动垫交保费'条款,表面观之,似对要保人有利,尤其于延长期间内被保险人发生事故者为然,但若于延长期间内,保险事故并未发生,岂不使要保人于未经同意下,无端遭受金钱上之损失?"② 此外,部分自动垫交条款规定,在现金价值垫交至不足交付到期应交保险时,保险合同即告中止,此即所谓的"按期垫交"。以此,现金价值必须足以交付一期保费,否则该条款不予适用。例如,若合同约定保费年交,即便现金价值足以交付十一个月,保险亦中止。这对投保人或被保险人似有不利。

就减额缴清条款而言,部分保险公司设计的条款限制了该条款的适用

---

① 海尔纽约人寿"丰盈年年两全保险(分红型)"第20条规定:"如果您在宽限期内没有交纳到期应交的保险费,并且在宽限期届满前没有做任何反对的书面声明,我们将自本合同宽限期开始时进行自动保单贷款,自动保单贷款的可贷款金额(以下简称"可贷款金额")以本合同当时所具有的现金价值净额(包括附加合同的现金价值净额)为限。(一)如果本合同当时的可贷款金额大于当期应交的保险费,我们将通过自动保单贷款垫交当期应交的保险费,使本合同继续有效;(二)如果本合同当时的可贷款金额小于当期应交的保险费,我们将按当时的可贷款金额与当期应交保险费的比例折算成承保期间,通过自动保单贷款垫交承保期间内应交的保险费,使本合同继续有效。承保期间届满后本合同的效力中止。"

② 施文森:《保险法判决之研究》(上册),三民书局2001年版,第245页。

范围。一种限制方法是：将该条款限制适用于标准体，次标准体和部分拒保体则不予适用。例如，有减额缴清条款明确规定："减额交清保险仅适用于标准体"；① 亦有减额缴清条款规定："若我们对您的主合同有增加保险费或者部分不予承保的，您不能享受该项减额缴清保险利益。"② 另一种限制方法是：如减额缴清后的保险金额低于一定额度，不得适用减额缴清条款。例如，部分减额缴清条款规定："变更减额交清保险后的有效保险金额不得低于人民币 10，000 元。"③ 这样的规定无疑限制了减额缴清保险的适用范围。

就保单转换条款而言，至少存在三方面的瑕疵：其一，保险人对保险转换的控制力过于强大。保单转换条款规定，投保人或被保险人意欲转换的险种须经保险人认可，倘若保险人拒绝认可对方提出的任何险种，保单转换条款便无从实施；其二，投保人或被保险人对可转换的险种不具有可预见性。投保人或被保险人在投保时便需要了解未来可能转换险种的情况，但保单转换条款没有明确可转换的险种，妨碍投保人或被保险人对转换后保险的判断，也因此减损了保单转换条款的功能。况且，我国普通民众的保险知识仍然匮乏，在不了解相关险种的情况下，要求其做出转换选择，诚属困难。其三，保单转换条款与减额缴清条款存在功能上的重叠。依照保单转换条款，若投保人或被保险人选择不变更险种，仅降低保险金额时，只要得到保险人的认可，亦无不可，而此时的保单转换条款本质上乃是减额缴清条款。

（三）小结

在我国保险实践中，绝大多数保险产品未提供不丧失价值选择，在投保人或被保险人欠缴保险费时，保险人仅仅依照《保险法》的规定解除保

---

① 太平人寿保险公司"太平福祥一生终身保险条款（分红型）"第18条第3款。
② 信诚人寿保险公司"信诚终身寿险"第3.5条第3款。
③ 太平洋人寿保险"银泰人生终身寿险条款（分红型）"的减额缴清条款规定："在本合同有效期内累积有现金价值的情况下，您可提出书面申请，经我们审核同意后，将本合同变更为减额交清保险，变更减额交清保险后的有效保险金额不得低于人民币10，000元。减额交清时，将本合同基本保险金额所对应的现金价值扣除各项欠款后的余额作为一次性交清的保险费，以变更当时的合同条件，减少本合同有效保险金额。变更为减额交清保险后，本合同按变更后的有效保险金额参加以后各年度的红利分配。"

险合同，退还现金价值。这一做法虽然符合公正的理念，但未能将保险各方主体的利益最大化。少数保险产品提供有不丧失价值选择条款，主要包括：自动垫交条款、减额缴清条款和保单转换条款三种。此三种条款各有自己的缺陷：如果当事人选择自动垫交条款，可能导致现金价值丧失殆尽，保险合同仍被解除的后果；现行减额缴清条款的问题在于其适用范围受到保险人的严格限制；现行保单转换条款则存在保险人的控制力绝对化，投保人或被保险人选择困难，且与减额缴清保险功能重叠等问题。此外，即便保险产品提供有不丧失价值条款，倘若投保人或被保险人未能主动选择，仍难逃解除合同，退还现金价值的命运。故而需要由法律规定法定不丧失价值条款，强化保险各方主体的利益保护。

三 不丧失价值选择制度的分层重构

鉴于我国不丧失价值条款实践中出现的问题，应当重构不丧失价值选择制度。我们需要解决的问题是：一方面，对保险人提供的不丧失价值选择条款进行完善，即约定不丧失价值选择制度的完善问题。另一方面，针对保险人未提供不丧失价值选择，或者保险人已经提供，但投保人或被保险人未做任何选择时的情况做出处理，即法定不丧失价值选择制度的建立问题。

（一）约定不丧失价值选择制度的完善

所谓约定不丧失价值选择制度，乃是指保险人在保险合同中提供不丧失价值选择条款，由于该类条款须经投保人或被保险人选择方可适用，由此构成保险合同主体之间的约定，故称约定不丧失价值选择条款，与之相对应的制度便为约定不丧失价值选择制度。如上所述，我国保险实践中，少数保险合同中存在约定不丧失价值选择条款，但这些约定不丧失价值选择条款存在瑕疵，这意味着，我国实践中的约定不丧失价值选择制度存在问题，对其完善需要注意如下方面：

对自动垫交条款来说，至少有两处可以改进之处：第一，应将"不主动选择即自动适用"的模式改为投保人或被保险人"主动选择方才适用"的模式。上文已述，"不主动选择即自动适用"的模式容易导致投保人或被保险人在不知情的情况下丧失现金价值，对其不利，故学者多主张现金价值"是否用以垫交保费，应由要保人自行决定"①，我国大部分保险公司亦坚持了这一做法。例如，有保险公司条款规定："您可以申请使用保险费自动垫交功能，即如果您在宽限期结束时仍未支付保险费，我们将以保险合同的现金价值扣除您尚未偿还的各项欠款之后的余额自动垫交到期应付的保险费，保险合同继续有效，所垫交的保险费视同贷款，按照保单贷款利率计算利息。"② 第二，将部分条款中的"按期垫交"模式改为"按日垫交"模式。在"按期垫交"模式下，只要现金价值不足以交付一期保费，便不再适用自动垫交条款，这必然会使保险合同在仍积存现金价值的情况下过早进入中止期，倘若中止期内发生保险事故，被保险人不能获得赔付，故对被保险人保护不利。而"按日垫交"模式下，直到现金价值为零之日，保险合同方才效力中止，对被保险人的保护显然更为有利。对此，江朝国教授表示："若当事人一方无其他表示者，纵然不足垫交一期保费，其余额亦应按日数予以比例垫缴部分欠缴之保险费，以防保险公司于契约终止时借口已无现金价值为由占为己有。国外保险公司通例，肯定不足交纳一期保险费之解约金净额，可依比例垫交部分保险费，可供我国参考。"③ 我国部分保险公司已采取了"按日垫交"的模式。例如，平安人寿的自动垫交条款规定："当现金价值扣除各项欠款后的余额不足以垫交到期应付的保险费时，我们将根据现金价值的余额计算保险合同可以继续有效的天数，保险合同在此期间继续有效。当现金价值余额为零时，保险合同效力中止。"④

对于减额缴清条款来说，应当扩大该条款的适用范围。针对实践中将减额缴清条款限制于标准体的现状，应当为标准体以外的情形寻找减额缴清的出路。标准体以外的情形既然可以通过提高保费的方式承保，以该保险的现金价值趸交保险费，从而获得减额缴清保险至少在理论上不存在障碍，只不过保险减额较低而已。事实上，在美国的保险实践中，保险公司

---

① 施文森：《保险法判决之研究》（上册），三民书局2001年版，第245页。
② 中国平安人寿保险公司"平安鑫盛终身寿险（分红型）条款"第6.2条第2款。
③ 江朝国：《保险法论文集》（二），瑞兴图书股份有限公司1997年版，第66页。
④ 中国平安人寿保险公司"平安得益人生两全保险条款"第5.2条第3款。

承保次标准体并可以将该保险转换为减额缴清保险的情形并不罕见,例如,美国某保险公司的减额缴清条款规定:"如果……保费类别是'标准保费',则本保单将自动按展期保险方式继续提供保障;如果……保费类别是'非标准保费',则本保单将自动按减额缴清保险方式继续提供保险保障。"① 这一条款将"非标准保费"的保险转换为减额缴清保险,从另外一个角度即可解读为,以"非标准体"作为保险标的的保险可以转换为减额缴清保险。可见,至少在美国,以"非标准体"作为保险标的的缴清保险转换并不存在技术上的障碍。至于实践中对减额缴清后的保险金额进行限制的措施,对保险主体均无益处,应予取消。以减额缴清后保险金额不得低于 10000 元的实践为例,倘若允许转换,则被保险人至少仍能获得部分保障;倘若拒绝转换,则保险人必须退还现金价值,而此笔现金价值数额较小,对投保人或被保险人意义不大。而且,保险人并未因此获益,其不仅丧失了作为保险费的该笔现金价值,而且丧失了一个保险客户。我国某些保险公司的减额缴清条款设计较为合理,例如,某保险公司的减额缴清条款规定:"您可以申请使用减额缴清功能。即如果您决定不再支付续期保险费,我们将以本主险合同宽限期开始前一日的现金价值扣除您尚未偿还的各项欠款之后的余额作为一次交清的净保险费,重新计算本主险合同的基本保险金额。减额缴清后,本主险合同的基本保险金额会相应减少,您不需要再支付保险费,本主险合同继续有效。"②

对保单转换条款来说,不妨将其改造为展期定期保险。所谓展期定期保险,是指"保险公司将保单净现金价值全部用于购买与原保单具有相同保额的定期保险,保险期长度为净现金价值所能购买的最长期限。"③ 值得一提的是,展期定期保险采取趸交方式,以原保单净现金价值一次性缴清展期定期保险的保费。④ 将保单转换条款改造为展期定期保险条款的优势

---

① Muriel L. Crawford, *Life and Health Insurance Law*, seventh edition, FIMI Insurance Education Program Life Management Institute LOMA, Atlanta, Georgia, 1994, p. 321.
② 中国平安人寿保险公司"平安幸福定期保险条款"第 5.2 条。
③ [美]哈瑞特·E. 琼斯、[美]丹尼·L. 朗:《保险原理:人寿、健康和年金》(第二版),赵凯译,中国财政经济出版社 2004 年版,第 133 页。
④ 参见[美]肯尼思·布莱克、[美]哈罗德·斯基博《人寿与健康保险》,孙祁祥、郑伟译,经济科学出版社 2003 年版,第 236 页。

之一是，展期定期保险可以与减额缴清保险形成完美组合。其组合原理是：对投保人或被保险人来说，若欲以现金价值的缴付继续原来的保障，由于现金价值小于保险金额，则其选择无非有二：要么降低保险金额，要么缩短保障期限，除此别无他途，前者正是减额缴清保险，后者则是展期定期保险，二者组合，形成了对投保人或被保险人可能选择的全面覆盖。优势之二是，其可以消除保单转换条款的弊端。如上所述，保单转换条款至少存在三方面的缺陷，而改造为展期定期保险条款之后，保险人对转换的控制力丧失，若投保人或被保险人选择适用展期定期条款，保险人无由拒绝；投保人或被保险人对转换后保险的可预见性增强，其明确知晓转换后的保障与原保障范围相同，只是保障期限缩短；同时，在功能上，展期定期条款与减额缴清条款完全不同，不再出现功能上的重叠问题。事实上，展期定期条款与减额缴清条款是英美保险实务中最重要的两类不丧失价值选择条款，我国保险实践中未能采用，实为憾事。

（二）法定不丧失价值制度的模式选择

约定不丧失价值条款为投保人或被保险人提供了选择，然而这种选择有其前提，即，投保人或被保险人清楚地意识到自己未交保费，并主动以现金价值垫交保费延续保险保障。然而，许多情况下，投保人或被保险人也许并未意识到自己未交保费，或者虽然意识到自己未交保费，却最终因遗忘等原因未交保费，并且未主动选择适用约定不丧失价值条款，此时，法律应当规定法定不丧失价值选择制度，以保护其利益。[①]

[①] 原理上说，投保人或被保险人未选择约定不丧失价值条款时，保险人可以终止保险合同并退还现金价值，这也是不丧失价值选择的一种表现。但是，与下文所述法定不丧失价值选择相比，退还保险金并非最合理的选择。其原因是：第一，法定不丧失价值选择能够贯彻投保人或被保险人的投保初衷。对大多数人来说，其购买人寿保险乃是为了保障其家属日后的生活需要，如果采取退还现金价值的办法，则投保人或被保险人购买保险的目的将无法实现。况且，在投保人或被保险人遗忘交付保险费时，其主观上并无终止保险，取回现金价值的意图，此时，宜推定投保人或被保险人主观上仍欲获得保障；第二，与法定不丧失价值选择相比，退还现金价值所获利益较小。法定不丧失价值选择所能获得的保险保障，是以现金价值作为垫交保费所获得的保障，其保险金额必然大于现金价值的数额，两者相比，多寡自现，退还现金价值的优势只是能够及时领取而已。基于以上两点，法定不丧失价值选择在立法上有存在之必要。不过，我们不能排除的情况是，个别投保人或被保险人在遗忘缴付保险费后，因经济困难更愿选择退还现金价值，为解决这一问题，可修改宽限期制度，要求保险人在催告缴付保险费时，于催告书中载明：若投保人仍不交付保险费，其可以选择退还现金价值。经此明确催告，保险人未选择退还现金价值者，保单转为法定缴清保险。

可查的世界立法中，关于法定不丧失价值选择制度，大致有两种模式：

第一种模式是美国的保险人选择模式，该模式要求保险人必须给予不丧失价值选择，但给予何种不丧失价值选择由保险人自行决定。19世纪40年代初，美国出台了《格廷法》，① 该法要求，保险人应当在保险合同中规定一个条款，依据该条款，于被保险人未缴保费时，保险公司应当就不丧失价值作缴清处理，即将现金价值作为保费趸交，至于保险公司应当给予何种不丧失价值选择，《格廷法》并未强制要求，保险人既可以给予减额缴清保险，也可以给予展期定期保险。② 随着《格廷法》越来越多地被美国诸州所采用，《格廷法》中的法定不丧失价值选择也在这些州产生了效力。例如，加利福尼亚州《保险法》于10151条中规定："于本州内承保本州居民之生命由任何个人或公司签发之寿险保单（附加之意外死亡或失能险给付排除在外），于保费缴满三年后未再继续交费时，应规定无须被保险人为任何行为，保险人即得动用依计算保费及保险价值之责任准备金基础上所得之保单净现金价值，以一次趸交以购买下列各项保险……第一，购买与原保单面额及红利相等一次缴清保费之分红或不分红之定期寿险，其期间按被保险人于原保单失效时值年龄以原保单之前开净值作为一次交付保费所得购买者定之……第二，购买保费一次缴清分红或不分红之定期寿险，其金额按保单面额加红利减去负债额定之，其期间则按被保险人当时之年龄，以保单前开净值作为一次缴清之保费所得购买者定之……第三，购买与原保单条件、期间相同之分红或不分红之缴清保单，但保险金额之大小，由原解约之准备金所定之现金价值及被保险人当时之年龄决定之。"③ 简而言之，于保费未付的情况下，加利福尼亚州《保险法》规

---

① 十九世纪三十年代末及四十年代初，美国保险监理官协会就不丧失价值选择制度展开研究，成立了"不丧失价值及其相关问题研究会"，该委员会于1942年11月30日提交了长达289页的报告，该报告被美国保险监理官协会采纳以后，又被一些州在立法中采纳，形成了《标准不丧失价值法》和《标准价值法》，后来，人们将这两种立法合称为"格廷法案"，用以纪念"新生命表及相关问题研究会"和"不丧失价值及其相关问题研究会"的会长格廷先生。（William R. Vance, *Handbook on the Law of Insurance*, West Publishing Co., 1951, pp. 614 – 615.）

② William R. Vance, *Handbook on the Law of Insurance*, West Publishing Co., 1951, p. 616.

③ 参见《美国加州保险法》（中册），施文森译，地区财团法人保险事业发展中心1999年版，第805—806页。此条又被该法第10154条称为"自动不丧失价值"选择。即法律强行规定适用的不丧失价值制度。

定：保险人应当在保单中规定法定不丧失价值条款，该条款可以是减额缴清条款，也可以是展期定期条款。①不过，在美国实践中，最常见的法定不丧失价值选择条款是展期定期保险条款。②

第二种是德国的法定减额缴清模式。该模式要求保险人必须将净现金价值作为保费趸交，用以购买减额缴清保险。德国《保险合同法》第166条第1款规定："如果保险人终止保险合同，该保险应转换为终止后的完全缴清保险，在此转换过程中，本法第165条的规定应予适用。"其中的"保险人终止保险合同"自然包括保险人因投保人或被保险人欠缴保险费而终止合同，而应予适用的第165条，正是关于缴清保险的规定，其第3款规定："于任何保费欠付的情况下，在当前保险期间终止之时，应计算完全缴清保险的保险金，保单持有者要求支付溢额保险金的请求不受影响。"可见，在投保人欠缴保险费的情况下，德国法的做法是将原保险转换为缴清保险，以原保单现金价值作为保险费一次缴清，并据此计算缴清保险的保险金额。

上述两种模式各有特点，但笔者以为，第二种模式于我国更为适宜。

第一种模式，也就是保险人选择模式可能出现被保险人利益保护不力的问题，因此饱受质疑。此种模式给予保险人两种选择，依据经济学原理，"最大化被看作每个经济行为体的目标"，③理性保险人在不违反法律规定的情况下，通常会做出让自己利益最大化的选择，但是，由于保险人的利益通常与投保人或被保险人的利益相对立，保险人的利益最大化选择往往对投保人或被保险人不利。④美国保险人多将法定不丧失价值选择设置为展期定期保险，其原因极可能是展期定期保险对其有利。在美国，保

---

① 尽管加利福尼亚州《保险法》针对法定不丧失价值给予了三种选择，但第一种与第二种选择均属于展期定期保险，只是计算展期定期保险保障期间的依据有所不同而已，第三种选择则是减额缴清保险。

② 参见［美］哈瑞特·E.琼斯、［美］丹尼·L.朗：《保险原理：人寿、健康和年金》（第二版），赵凯译，中国财政经济出版社2004年版，第132页。

③ ［美］罗伯特·考特、［美］托马斯·尤伦：《法和经济学》，张军译，上海三联书店、上海人民出版社1994年版，第22页。

④ 当然，也可能出现保险人在完全竞争情况下，为争取客户做出对投保人或被保险人有利的选择，但此种选择的可能性比较小。

险人的此种法定不丧失价值选择引发了诸多诉讼，这些诉讼多因被保险人于展期定期保险的保障期限之外死亡，保险人因而不须赔付，继而引发受益人对保单中法定展期定期保险的不满而发生。① 近百例这样的案件发生后，密苏里州开始反思保单将法定不丧失价值选择设置为展期定期保险的合理性，他们认为，受益人至少应当获得等同于净趸交保费的利益，或者，将法定不丧失价值选择设置为减额缴清保险可能更加合理。② 由此看来，美国的保险人选择模式似有转向减额缴清模式的趋势。

与第一种模式相比，减额缴清模式并没有受到太多质疑。2008年修订之前的德国《保险合同法》，于第174条中规定了法定减额缴清制度，修订后则在第166条中重新规定了该制度。

在法定不丧失价值选择制度上，我国宜采减额缴清模式。理由大致有二：其一，减额缴清模式能够贯彻投保人投保之初衷。减额缴清保险与原保险的区别仅在于保险金额较小，是最接近于原保险的保险，最易于贯彻投保人之目的。对此，早期保险法学者已有认识，王孝通先生指出："盖终身保险之目的，全在于被保险人身后家属危险之救济，含有长期保险之性质。生存保险之目的，在于被保险人本身生存困难之救济，其性质近于定期储蓄。故虽因一时无力，中止给付保险费，保险人亦不能终止其契约，返还其积存金，惟有采用减少保险金额或年金之一法也。"③ 其二，减额缴清模式更易为大众所接受。与展期定期保险相比，减额缴清保险最终所获之保险金虽然较少，但仍有所获，且因投保人或被保险人未依约交付保险费，其对保险金减少不乏预期，故较能接受。而展期定期保险虽然保险金与原保险无异，但倘若保险事故发生于展期定期保险约定之期限之后，投保人或被保险人无法获得保险金，且丧失了原保单之现金价值，故不易为投保人或被保险人所接受。

（三）小结

我国的不丧失价值选择制度，应分约定与法定两种，关于约定不丧失价值选择制度，宜由保险公司提供自动垫交条款、减额缴清条款和展期定期条

---

① William R. Vance, *Handbook on the Law of Insurance*, West Publishing Co., 1951, p. 619.

② Ibid.

③ 王孝通：《保险法论》，上海法学编译社1933年版，第130页。

款。由于我国实践中的约定不丧失价值选择条款存在缺陷，应作以下完善：对自动垫交条款来说，应将"不主动选择即自动适用"的模式改为投保人或被保险人"主动选择方才适用"的模式，并将条款中的"按期垫交"改为"按日垫交"。对于减额缴清条款来说，应当扩大该条款的适用范围，针对实践中将减额缴清条款限制于标准体的现状，应当为标准体以外的情形寻找减额缴清的出路，并取消对减额缴清保险最低可转换保险金额的限制。对保单转换条款来说，应将其改造为已经成熟的展期定期条款。倘若投保人或被保险人对保单中的不丧失价值条款未加主动选择，或者保单根本没有提供上述不丧失价值条款，则法律应当规定法定不丧失价值选择。关于法定不丧失价值选择，世界立法有两种模式：美国的保险人选择模式和德国的减额缴清模式。鉴于美国模式遭受质疑，而德国的减额缴清模式长盛不衰，且由于减额缴清模式能够贯彻投保人或被保险人之投保初衷，并易为广大群众所接受，故我国的法定不丧失价值选择制度应确定为减额缴清模式。

四 法定减额缴清制度的具体构建

于不丧失价值选择制度，约定与法定均应构建。惟于法律而言，法定不丧失价值选择制度必须由法律规定，且本文囿于篇幅，故在此仅研究法定不丧失价值选择制度，即法定减额缴清的法律制度。该制度之重点，乃在于适用条件、保险金额计算以及与其他制度之协调问题。

（一）法定减额缴清制度之适用条件

法定减额缴清制度适用的第一个条件是：分期付款之保险欠缴次期以后保费。缴付保险费乃保险合同存续之重要因素，若保费未交，经过一定期间，则保险人可以解除合同，为救济解除合同对投保人或被保险人之不利影响，乃有法定减额缴清制度之产生，故保费欠缴是法定缴清保险制度适用之首要条件。对此，有学者明确指出："要保人未依约交付保险费，经催告到达30日期限届满后，仍不交付者，保险人得依保险契约所载条件，减少保险金额或年金。"[①] 各国法律亦有明文规定，例如，德国《保险

---

① 梁宇贤：《保险法新论》，中国人民大学出版社2004年版，第240页。

合同法》第 165 条第 3 款规定有"于任何保费欠付的情况下"之文字，美国加利福尼亚州《保险法》第 10151 条则有"于年保费缴满三年后未再继续交费时"之文字。可见，保费未交为各国法定不丧失价值制度之共同规定。不过，需要强调的是，此处的保费未交，乃指分期付款之保险次期以后的保费未交。详言之，一方面，须为分期付款之保险。若为趸交之保险，因不发生保费欠缴问题，亦无法定缴清之适用。如学者所言："显然缴清保险之对象乃限于分期交付保险费之客户，一次趸交之保户则无此选择，因一次缴付后盖无往后之所谓缴清问题。"①"不惟如此，即一部分系分期交付，一部分系一次交付，其一次交付之部分，亦不生此'缴清'问题。"② 另一方面，须为次期以后保险费未交。依我国实务，交付首期保费乃保险合同生效之要件，若首期保费未交，保险合同未能生效，也就无由将该合同转换为减额缴清保险。

　　法定减额缴清制度适用的第二个条件是：原保单存有净现金价值。因投保人或被保险人已欠缴原保单之保险费，减额缴清之保险费只能来源于原保单之现金价值，故除非原保单积存有现金价值，方能使减额缴清保险生效。用于购买缴清保险的实际现金价值数额有时与保单载明的现金价值数额有所差异，因为投保人在原保单有效期间可能尚有保单贷款未还，故而，作为缴清保险之保费者，只能是净现金价值，即"保单现金价值扣减未偿还的保单贷款及利息，加上保单红利与其赚取的利息，以及增额缴清保险（增额缴清定期寿险除外）的净值。"③ 至于法定减额缴清适用于何种险种，有法律将其限定为终身寿险与两全保险，其余人身保险不适则不予适用。但是，以我国实践来看，一些定期寿险，甚至一些健康保险亦存有净现金价值，④ 拒绝这些存有现金价值的保险适用法定缴清保险制度，也

---

①　江朝国：《保险法论文集》（二），瑞兴图书股份有限公司 1997 年版，第 63 页。
②　陈云中：《人寿保险的理论与实务》，三民书局 1992 年版，第 247 页。
③　[美] 缪里尔·L. 克劳福特：《人寿与健康保险》，周伏平、金海军等译，经济科学出版社 1999 年版，第 292 页。
④　短期定期寿险因为保费较低，一般不考虑现金价值。而长期定期寿险的现金价值或出现先升后降的方式，特别是采用年缴保费方式，现金价值从 0 开始慢慢增长，到某一保单年度达到最高，而后又开始慢慢下降，到保险期满时，保险责任终止，现金价值为零。（参见吴岚、张遥《人身保险产品》第二版，广州信平市场策划顾问有限公司 2009 年版，第 88—89 页。）

便限制了该制度优势的完全发挥。对此,江朝国教授指出:"至于非属终身寿险或生存保险,或虽属前二种保险但保险费非交足两年以上者,保险人亦得以同条第二项之规定,将之改为减额缴清保险。"① 而德国与美国加利福尼亚州亦并未限制法定减额缴清制度对其他人身保险之适用,故而,笔者以为,凡为人身保险并积存有净现金价值者,均可适用法定缴清保险制度。

法定减额缴清保险制度适用的第三个条件是原保单未提供约定不丧失价值选择,或者,投保人、被保险人未作不丧失价值选择。如保单已提供约定不丧失价值选择,投保人或被保险人亦明确选择,则说明其对净现金价值之处理已有明确意向,无论该意向为何种约定不丧失价值选择,均应尊重其选择。只有在宽限期结束仍未交付续期保费,而且投保人或被保险人因保单未提供约定不丧失价值条款而无法选择,或者对保单提供的不丧失价值条款未加选择时,法定减额缴清制度才能启动。②

(二) 法定缴清保险之保险金额确定

于保险实务,通常先确定保险金额,然后依确定之保险金额决定保险费之多寡。然于缴清保险,则先有保险费之确定,再依据保险费数额确定保险金额。二者之计算程序相逆,但计算所考虑之因素完全相同。计算人寿保险费之参考因素通常为:(1) 被保险人之年岁;(2) 保险种类;(3) 保险金额;(4) 所用死亡表之性质;(5) 保险人预计之利率。③ 在保险费确定的情况下,逆向计算保险金额则须明确被保险人之年岁、保险种类、所用死亡表之性质、保险人预计之利率。由于法定缴清保险为与原保险条件相同之保险,故保险种类、所用死亡表之性质、保险人预计之利率均与原保险相同,无须考虑。须考虑者,惟被保险人之年龄,因保单转换为法定缴清保险之时,被保险人之年龄势必增长,法定缴清保险之保险金额,究以被保险人订立原保险合同时之年龄计算,抑或以转换为缴清保险时之年龄计算,不无争议。

---

① 江朝国:《保险法论文集》(二),瑞兴图书股份有限公司1997年版,第63页。
② 参见[美]哈瑞特·E. 琼斯、[美]丹尼·L. 朗《保险原理:人寿、健康和年金》(第二版),赵凯译,中国财政经济出版社2004年版,第132页。
③ 参见陈云中《保险学》(第三版),五南图书出版公司1984年版,第271—272页。

以"订立原契约时"之年岁作为保险金额计算标准似有不妥。有学者已对此提出质疑,认为"由于'转换时'与'订立契约时'不同,相距数年,对双方当事人均难期公允。"① 实则,此种计算标准有利于投保人或被保险人,对保险方则属不利,其原因在于,在原保单转换为法定减额缴清保险之时,因时间经过,被保险人年龄自然增长,倘以原合同订立时之年龄计算保险金,则由于年龄小者所缴保费较少,原保单之净现金价值所购得之保险金额必然较多。并且,缴清保险虽与原保险险别相同,但因原合同履行之故,缴清保险之期间短于原保险,在保险费确定之情况下,保险期间越短,则保险金额越高。两种因素叠加,以该种标准计算之保险金额势必大大提高,这意味着,发生保险事故时,保险人赔付之数额较大,对保险人显为不公。

以原保险转换为缴清保险时之年龄为标准计算保险金额则较为公正。其原因在于,法定缴清保险之保险期间为原保险期间去除转换前之期间,因此较短,作为固定保险费的净现金价值,所购得之缴清保险金额较多。但是,倘以转换时之较高年龄购买,则因年龄较高者所缴付之保费较多,固定保险费所购得之保险金额较少,保险期间与被保险人年龄这两个因素共同作用,终使双方利益趋于平衡。简言之,法定缴清保险并不是原保险,以原保险合同订立时被保险人之年龄作为标准计算保险金额,显有张冠李戴之嫌,而应以法定缴清保险合同生效时之年龄为标准,方符合实际情况。

值得注意的是,以净现金价值交付保险费时,该现金价值并非作为毛保费,而是作为纯保费交付,保险人不得扣除附加费用。故而,较之以现金价值重新购买一份相同保险,法定缴清保险所购买的保险金额显然较高。保险人之所以不应当收取附加费用,是因为法定缴清保险转化过程中,保险人并未支出佣金、纳税等附加费用,其转换成本较低,似可忽略。对此,英美保险法学者明确指出:"保险人对这一保障按净保费率收取保费,也就是说,保险人没有收取附加费用。所以,通过这种方式购买保险,其成本往往低于领取保单现金价值后重新购买一份相同的缴清保

---

① 刘宗荣:《新保险法:保险契约法的理论与实务》,中国人民大学2009年版,第411—412页。

的成本。"①

(三) 法定缴清保险与其他制度之协调

理论上讲，原保险转换为法定缴清保险，二者期间应当衔接，亦即，自投保人或被保险人应缴而未缴原保险保费之次日起，法定缴清保险开始起保。然而，依我国《保险法》，原保险之保费未缴，保险人对原保险合同尚应给予宽限期和中止期。由此，一方面，法定缴清保险已经起保，另一方面，原保险之宽限期和中止期尚存，不免有所龃龉，若于宽限期或中止期内发生保险事故，如何赔付自成问题。法定缴清保险与宽限期及中止期制度之适用问题，必须从理论上予以协调。

法定缴清保险制度与宽限期制度并存时，应优先适用宽限期制度，并存期间发生保险事故，应依原保险合同予以赔付，若未发生保险事故，法定缴清保险自应交而未交保费之次日起保。宽限期是法律给予被保险人的优惠，此处的优惠，乃是让未交保费之保险合同继续有效。"在宽限期内，人身保险合同处于有效状态，既然是有效合同，发生保险事故，保险人自然应当依照合同约定的内容予以赔付。"②而不能按照法定缴清保险合同的内容赔付。美国学者明确指出："如果在宽限期末仍未缴付续期保费，而且被保险人没有选择其他形式的不丧失选择权，那么该不丧失权益将自动生效。"③这就是说，法定不丧失价值选择只有在宽限期结束后才能生效，宽限期之内的事故当按原合同赔付。不过，这并不是说宽限期与法定缴清保险的保险期间是一前一后两个时段，④在宽限期未发生保险事故的情形下，法定缴清保险虽自宽限期结束次日生效，但其效力却须追溯至应缴而未交保费之次日，宽限期间之保费应基于法定缴清保险计算。若其效力仅从宽限期结束开始，势必造成原保险与法定缴清保险之间的保障空白，二者因此割裂成完全没有关系的两个合同，此与法定缴清保险制度之本意背

---

① [美]哈瑞特·E.琼斯、[美]丹尼·L.朗:《保险原理：人寿、健康和年金》(第二版)，赵凯译，中国财政经济出版社2004年版，第129页。
② 梁鹏:《人身保险合同》(第二版)，中国财政经济出版社2011年版，第186页。
③ [美]哈瑞特·E.琼斯、[美]丹尼·L.朗:《保险原理：人寿、健康和年金》(第二版)，赵凯译，中国财政经济出版社2004年版，第132页。
④ 参见[美]小罗伯特·H.杰瑞、[美]道格拉斯·R.里士满《美国保险法精解》，李之彦译，北京大学出版社2009年版，第271页。

道而驰。

法定缴清保险制度与中止期制度并存时，原合同之可复效性应适用中止期制度之规定，赔付问题则应适用法定缴清保险之规定。中止期制度所解决的两大核心问题是：第一，原保险合同可以复效；第二，中止期发生保险事故，保险人不应赔付。在法定缴清保险期间与原保险中止期重合时，这两个问题是否依旧适用中止期制度之规定，须分别而论。关于原保险合同是否可以复效的问题，我们认为，应适用中止期制度之规定，允许原保险合同复效。其理由是，存在法定缴清保险的情况下，允许保险合同复效对当事人双方仍有好处。即便存在缴清保险，由于缴清保险的保险金额较小，如不允许原保险合同复效，被保险人所获之保障额度较低；同时，对保险人来说，若不允许合同复效，其不能从投保人或被保险人再获得保险费的缴付。相反，若允许原保险合同复效，被保险人所获之保障额度可以提高，而保险人可再获保险费之缴付，对双方无疑均有益处。关于中止期发生保险事故，保险人应否赔付的问题，我们认为，保险人应当赔付，但仅按照法定缴清保险之规定予以赔付。其理由是，处于中止期之原保险合同，效力处于停止状态，其效力状态虽与终止有异，各国《保险法》仍否认保险人应依原保险予以赔付。但是，此时法定缴清保险合同却处于有效状态，故仅能依照法定缴清保险赔付。学者对此指出："依保险法规定必须转换为缴清保险者……纵然在保险契约效力停止之后发生保险事故，保险人仍应依缴清保险保险金额之计算方式，计算其应付之保险金额，并为给付。"[①]

（四）小结

于投保人或被保险人欠缴次期以后之保险费，且保单积存有现金价值时，若保单未提供不丧失价值选择，或者在投保人、被保险人对保单提供的不丧失价值条款未予选择的情况下，应当由法律规定法定缴清保险制度，上述三个条件，乃为法定缴清保险制度之适用条件。法定缴清保险与原保险的最大区别在于其保险金额较低，法定缴清保险之保险金额的确定，保单积存之现金价值与被保险人之年龄为关键因素，但现金

---

① 刘宗荣：《新保险法：保险契约法的理论与实务》，中国人民大学 2009 年版，第 413 页。

价值为原保单所规定，为确定之因素，唯被保险人之年龄应依原保单投保时计算，抑或转换为法定缴清保险时计算不无疑问。理论上讲，应以转换为缴清保险时之年龄计算，此点亦得德、美法律规定所佐证。原保险转换为法定缴清保险时，法定缴清保险之期间与原保险之宽限期、中止期相重合。在法定缴清保险与原保险宽限期重合时，应优先适用宽限期之规定，发生保险事故者，保险人仍按原保险合同约定赔付。法定缴清保险期间与原保险中止期重合时，应为投保人或被保险人保留原保险合同之复效主张权，但发生保险事故者，仅得依法定缴清保险所定之保险金额予以赔付。

五　结论

如果投保人或被保险人在中止期之后仍不交保费，各国保险法允许保险人以解除合同，退还现金价值的方式对保险合同进行处理。然而，这种处理方法可能导致投保方与保险方两败俱伤。为降低这种方法对双方当事人的不利影响，国外保险实践发展出不丧失价值选择制度。我国保险实践中的不丧失价值选择制度是对国际经验的学习，但是，在学习过程中出现了诸多问题需要加以完善。

在不丧失价值选择制度的构建上，应先由保险人在条款中提供诸种对现金价值的处理方法，由投保人或被保险人选择适用。为了防止投保人或被保险人因未阅读保险条款而不了解不丧失价值选择制度，保险人在催告投保人或被保险人缴付保险费时，[①] 应在催告书中提醒投保人或被保险人有权选择自动垫交、减额缴清、展期定期、退还现金价值等方式处理原保单积存之现金价值。倘若投保人或被保险人经催告而不进行选择，则保单应当转换为法定减额缴清保险，当然，催告书亦应向投保人或被保险人告知原保险将转化为"法定减额缴清保险"之事实。[②]

[①] 我国现行保险法下，保险人可以不经催告而使保险合同进入中止期，不经催告的规定不利于被保险人保护，应修改为必须催告。参见拙作《保险法宽限期制度研究》，《保险研究》2012年第12期。

[②] 参见刘宗荣《新保险法：保险契约法的理论与实务》，中国人民大学2009年版，第413页。

现行《保险法》再次修改时，可在第 35 条之下增订不丧失价值选择制度。之所以将其放在《保险法》第 35 条之下，其原因是：不丧失价值选择制度根源于投保人或被保险人欠交保费，其实施方法则是将现金价值作为保费一次趸交。而我国《保险法》第 35 条是关于人身保险保险费交付的规定，其规定保险费可以一次全部支付或分期支付，但未提及分期支付转为一次全部支付的问题，法定缴清保险将现金价值作为保险费趸交，乃是将分期交付变为一次全部交付，故可在《保险法》第 35 条中作增订处理。其具体条款设计为：

"分期付款之人身保险，当事人可以在保险合同中约定现金价值处理之条款，投保人或被保险人有权选择现金价值处理之方式。

积存有现金价值之分期付款人身保险，如投保人或被保险人欠缴次期以后之保险费，且保险合同未约定现金价值处理的方式，或者投保人或被保险人于该合同宽限期结束后未对现金价值处理做出选择时，保险人应以现金价值作为保险费一次性支付，用以购买减额缴清保险。

上款规定之减额缴清保险，应以减额缴清保险生效时被保险人之年龄计算保险金额。"

附录　其他国家或地区关于不丧失价值选择制度的规定

●德国《保险合同法》

第 165 条：（完全缴清保险）

1. 在当前保险期间终止之前的任何时间，于双方已经协定之最低保障范围内，保单持有人可以决定将保险转换成完全缴清保险，如果保单持有人未作此项决定，保险人须依本法第 169 条之规定支付剩余可用现金价值和溢额股份。

2. 完全缴清保险的保险金应以本法第 169 条第 3 款至第 5 款规定的现金价值作为保险费，在此基础上根据可接受的精算规则计算。同时，完全缴清保险的保险金，应体现于每一保险年度为单位体现于保险合同中。

3. 于任何保费欠付的情况下，在当前保险期间终止之时，应计算完全缴清保险的保险金，保单持有者要求支付溢额保险金的请求不受影响。

第 166 条：（保险人终止合同）

1. 如果保险人终止保险合同，该保险应转换为终止后的完全缴清保险，在此转换过程中，本法第 165 条的规定应予适用。

2. 于本法第 38 条第 2 款之情形，当保险事故发生时，如原保险已转换为完全缴清保险，保险人应以完全减额缴清保险承担其应尽之给付义务。

3. 当保险人根据本法第 38 条第 1 款之规定设定交费期限时，应指出保险合同之转换事项。

4. 于雇主为雇员利益订立人身保险合同之情形，保险人应根据本法第 38 条第 1 款之规定以书面形式通知被保险人支付保险费之期限以及保险合同被转换的事实，保险人应给予被保险人不短于两个月的支付期限。

● 美国加利福尼亚州《保险法》第 10151 条：（不丧失规定）

于本州内承保本州居民之生命由任何个人或公司签发之寿险保单（附加之意外死亡或失能险给付排除在外），于年保费缴满三年后未再继续交费时，应规定无须被保险人为任何行为，保险人即得动用依计算保费及保险价值之责任准备金基础上所得之保单净现金价值，以一次趸交以购买下列各项保险：前开寿险保单应载明死亡率及所采用之利率，保单之净价值至少应与于保费未付之全部纯责任准备金及红利相等，此项责任准备金应按不低于美国经验生命表另加年息百分之三又二分之一，扣除不多于保险金额及附加红利百分之二又二分之一，及以保单为担保对保险人之负债计算之。

第一，购买与原保单面额及红利相等一次缴清保费之分红或不分红之定期寿险，其期间按被保险人于原保单失效时值年龄以原保单之前开净值作为一次交付保费所得购买者定之。但于养老保险下，其延长期间不得逾越原契约期间，若仍有剩余金额，得以用同样缴清方式购买一金额较小之养老保险，于原契约规定期间届满而被保险人仍生存时为给付。

第二，购买保费一次缴清分红或不分红之定期寿险，其金额按保单面额加红利减去负债额定之，其期间则按被保险人当时之年龄，以保单前开净值作为一次缴清之保费所得购买者定之。但若原契约为养老险者，定期寿险之期间不得超越原保单之期间，若仍有剩余金额，得以统一方式购买一金额较小之养老险,于期间届满而被保险人仍生存时为给付。

第三,购买与原保单条件、期间相同之分红或不分红之缴清保单,但保险金额之大小,由原解约之准备金所定之现金价值及被保险人当时之年龄决定之。

专题七　宽限期制度之研究

——以《保险法》第 36 条为中心

【摘要】 宽限期制度不仅适用于分期付款的人身保险合同，也应当适用于分期付款的财产保险合同。在宽限期的产生方式问题上，我国采取的选择模式不尽合理，合理的宽限期产生方式应为催告模式。保险人应于保费到期之后向投保人发出书面催告，并将催告书送达保险合同载明的投保人最后住址，催告书应载明交费时间、交费金额以及不交保险费之法律后果。

【关键词】 宽限期；财产保险合同；选择模式；催告

宽限期（grace period）系指在义务履行期限届满后，允许迟延履行某项义务而无需承担迟延履行责任的额外期间。① 保险保单中的宽限期条款是最典型的宽限期规定。② 我国保险法将宽限期条款法定化，于《保险法》第 36 条规定："合同约定分期支付保险费，投保人支付首期保险费后，除合同另有约定外，投保人自保险人催告之日起超过三十日未支付当期保险费，或者超过约定的期限六十日未支付当期保险费的，合同效力中止，或者由保险人按照合同约定的条件减少保险金额。被保险人在前款规定期限内发生保险事故的，保险人应当按照合同约定给付保险金，但可以扣减欠交的保险费。"然而，这一规定在宽限期的适用范围、产生模式、催告制度的具体操作、未经催告的法律后果等方面均有可探讨之余地。

---

① 薛波主编：《元照英美法词典》，法律出版社 2003 年版，第 609 页。
② Bryan A. Garner, *Black's Law Dictionary*, Eight Edition, West Group, 2004, p.717.

一　宽限期之适用范围：所有分期付费保险

在我国保险法中，宽限期制度适用于人身保险。规定宽限期制度的第36条，被置于保险法第二章第二节——人身保险合同部分，自体系解释的角度看，立法者对该制度的定位是，仅适用于人身保险，而不适用于财产保险。这一立法思想在我国得到了广泛支持，各类教科书都将宽限期条款作为人身保险的常见条款讲述。①

在此，我们提出的问题是：财产保险是否适用宽限期制度？

（一）两大法系关于宽限期适用范围的规定

大陆法系许多国家均将宽限期条款规定在保险合同总则或一般规定部分，这意味着，他们的宽限期条款适用于财产保险合同。试举几例：德国《保险合同法》在总则部分第38条第1款中规定："如果保单持有人未及时缴纳续期保险费，保险人可以就其费用设置不少于两周的交费期限，并以书面方式通知保单持有人。保险人的书面通知须告知保单持有人拖欠保费的本金和利息，并根据本条第2款和第3款的规定告知该期限届满的法律后果，否则该期限不产生法律效力。"韩国《商法典》保险法部分在第一章通则第650条第2款规定："在约定的期限内未支付继续保险费时，保险人可以规定一定的期间催告保险合同人。在该期间内仍未支付，可以终止该合同。"② 意大利《民法典》保险法部分在一般规定的第1901条第2款规定："约定期间届满而投保人未继续支付保险费的，自期间届满后第15日的24时起，保险契约处于效力中止状态。"

从英美法系学者的著述中可以获知，财产保险亦可适用宽限期制度。在一本英国著名的保险法教科书中，对宽限期制度的讨论从宽限期的一般理论谈起，然后特别讨论了人寿保险中的宽限期制度。这说明，人寿保险

---

① 参见李玉泉《保险法》第二版，法律出版社2003年版，第245页；王卫国《保险法》中国财政经济出版社2009年版，第255页；王伟《保险法》，格致出版社2010年版，第164页。

② 法条引自吴日焕所译《韩国商法》，惟法条中的"终止"，笔者疑为"中止"之笔误，因该法第651条又规定了保险合同效力的回复，而效力以终止之合同效力似无法回复，只有效力中止之合同可以回复。

当然是适用宽限期制度的主要领域,但英国在其他保险领域并不排斥宽限期制度的适用。① 英国学者指出,经过长期的实践,在所有类型的保险中发展出了宽限期制度,如果付款期限届至,而续期保费未缴,在一定期限内,保险合同不应被宣告无效。② 澳大利亚《保险合同法》第 39 条则规定:"如果一般保险合同中包含有分期付款条款,在该条款中,保险人以某一期保险费未付为由限制其承担的责任,则,保险人不可以仅以执行该条款为由,对索赔全部或部分拒绝赔付,除非出现下列情况:(a) 某一期应付保险费未付至少已达 14 天之久;并且 (b) 在保险合同签订前,保险人就该条款的效力以书面形式明确通知了被保险人。"由于该法中的一般保险合同主要是指财产保险合同,故而应当认为,澳大利亚的财产保险合同中适用分期宽限期制度。而我国研究英美保险法的学者陈欣教授在论述宽限期条款时也指出:"几乎所有的人身保险合同和个别财产责任保险合同载有'宽限期条款'。"③

(二) 宽限期制度适用于财产保险的理论分析

从理论上分析,宽限期制度亦应适用于财产保险。

首先,从宽限期制度设计的目的来看,其应可以适用于分期付款的财产保险。在人寿保险中,设置宽限期的目的主要有二:第一,宽限期制度有利于投保人。④ "在长期的交费中,投保人可能因经济条件的变化而发生临时交费困难的情形,或出于疏忽等种种原因而未能及时交费,若保险人不给予其一定的宽限期,可能最终导致许多合同并非出于当事人的意愿而失效。"⑤ 第二,宽限期制度对保险人也有好处。宽限期制度帮助保险人留住客户,如投保人在宽限期内补交保费,则保险合同继续有效,若无宽限期制度,投保人可能转投其他保险公司,原保险人丧失客户。在财产保险

---

① Brij Nandi Singh, Insurance Law: A comprehensive Treatise on Law of Insurance Covering All Risks Except Marine Insurance, Third Edition, The University Book Agency, 1993, pp. 55 – 57.

② Nicholas Legh-Jones, Mac Gillivray on Insurance Law, Ninth Edition, London, Sweet and Maxwell, 1997, p. 171.

③ 陈欣:《保险法》,北京大学出版社 2000 年版,第 103 页。

④ 本文所称投保人,是指在保险合同履行过程中,负有交付保险费之人。

⑤ 奚晓明:《〈中华人民共和国保险法〉保险合同章条文理解与适用》,中国法制出版社 2010 年版,第 243 页。

中设置宽限期，上述好处同样存在。故而，从制度设置目的上看，不应否认分期付费财产保险中的宽限期制度。

其次，从合同履行的理论来看，财产保险中应有宽限期制度之适用。合同履行的理论认为，订有履行期限的合同，于一方当事人到期未履行时，他方应催告并给予一定的期限以便履行，该期限届满，他方方可终止合同。"普通的履行迟延场合，解除权的发生以经过催告为必要，这也是一些典型立法的通例。"① 我国《合同法》遵此通例，于第49条第3项规定："当事人一方迟延履行主要债务，经催告后在合理期限内仍未履行，债权人可以解除合同。"尽管保险合同属于特殊类型的合同，但在履行交费义务的问题上，似可采此规定，将《合同法》中规定的"经催告后的合理期限"，作为宽限期适用于财产保险合同。

再次，在保险交付之性质上，财产保险的分期交付与人寿保险的分期交付并无不同，适用于人寿保险的宽限期制度，亦可适用于财产保险。关于保险费，财产保险与人寿保险最大的区别在于人寿保险不得以诉讼的方式要求投保人支付保险费。这一区别产生的主要原因是人寿保险本身具有储蓄性质，以诉讼方式要求支付保险费无异于强制储蓄，因此应予禁止。但宽限期制度之设置，只要能够达到保护保险双方当事人之利益的目的即可，禁止强制储蓄之特质与分期交付保费并无关联，与宽限期制度亦不相干。因此，有学者指出："同法第116条所规定者，和人寿保险费之特质并无关，而属一般性效力之规定，应无妨亦适用于财产保险陆续到期保险费未交付之情形。"②

最后，财产保险中设置宽限期制度，并未造成保险人承担风险的实质性改变。"因为迟付保费只是个别情况，而被保险人于宽限期内、支付迟付保费之前发生承保危险所造成的承保损失又是极个别情况。"③ 并且，除非故意制造保险事故，否则投保人很难准确预见保险事故一定会在宽限期内发生，利用宽限期不交保费。更重要的是，宽限期内发生的保险事故，如系故意制造，保险人可以依据《保险法》第27条第2款之规定拒绝赔

---

① 韩世远：《合同法总论》，法律出版社2004年版，第606页。
② 江朝国：《保险法基础理论》（第四版），瑞兴图书股份有限公司2003年版，第435页。
③ 陈欣：《保险法》，北京大学出版社2000年版，第103页。

付，如系非故意，保险人在赔付保险金时，仍可扣除未交之保险费，其承担之风险并无实质性变化，风险与投保人实际支付之对价并不失衡。

综上，在分期支付的财产保险中应有宽限期制度之适用。① 我国《保险法》应将关于人身保险宽限期之规定自"人身保险合同"部分移至"一般规定"部分，所有分期付款之保险合同均适用该制度。

（三）小结

现行《保险法》的宽限期制度仅适用于分期付款的人身保险合同，于分期付款的财产保险合同则不适用。然而大陆法系诸国及英美法系的理论均表明该制度可适用于分期付款的财产保险合同。从制度设计目的、合同履行理论、人身保险与财产保险保费交付的性质、保险人承担的风险变化等方面考虑，宽限期条款可以适用于分期付款的财产保险合同。我国《保险法》应将宽限期制度的适用范围从分期付款的人身保险合同扩展至所有分期付款的保险合同。

二 "未支付当期保险费"之解释：因投保人之原因

宽限期制度适用之前提为"未支付当期保险费"（以下简称为"未交保费"或"未交保险费"），然而，是否只要未交保费均应导致宽限期制度之启动，值得探讨。在保险实践中，未交保费存在多种原因，例如，保险人未催告投保人交付保险费、保险人未主动上门收取保险费、投保人将续期保险费交给保险代理人、代理人未及时交给保险公司、保险人拒收续期保险费、保险人未履行保险费自动垫交义务等。② 对这些原因不加以区分

---

① 笔者同时认为，在分期支付的财产保险制度中，亦有复效制度之适用，因复效制度与宽限期制度设置之目的相似，均在保护保险合同双方当事人利益。且于宽限期制度，保险人不可审查承保风险之变更，而复效制度中，保险人对承保风险仍有一定的审查权，因此保险人的主动性较之宽限期制度更加强化，分期付款的财产保险可以适用宽限期制度，更可适用宽限期制度。江朝国教授指出："本条项之立法重点在于籍保险人之催告及订宽限期之义务，提醒要保人之交费义务，亦给予缓冲准备期间，若宽限期间经过之后要保人仍未交付者，契约效力始停止。而保险人亦得终止契约之效力，但于终止权行使前，要保人亦得补缴保险费及其他费用以恢复其效力。"（江朝国：《保险法基础理论》（第四版），瑞兴图书股份有限公司2003年版，第435页。）

② 参见恒安标准人寿保险有限公司法律部编著《人身保险法律事务解析》，法律出版社2012年版，第130—139页。

而启动宽限期制度，将会导致不公平的后果。

投保人未交付保险费的原因，可以分为两种：因保险人之原因未交保险费和因投保人之原因未交保险费。保险实务中，合同约定的交费方式通常包括三种：自交、上门收费和自动转账。显然，在自交方式下，投保人负有主动交费的义务，若投保人未能交费，属于因投保人之原因未交保费。① 在上门收费方式下，投保人不负有主动交费的义务，投保人未能交付保费，属于因保险人之原因未交保费。在自动转账方式下，情形相对复杂，如果投保人账户中存有足够的资金，而保费却未能转账，属于因保险人之原因未交保费，如果投保人账户中所存资金不足以交付保险费，导致保费未交，则属因投保人之原因未交保费。此外，如果保险合同约定有保费自动垫交条款，于现金价值足以支付当期保费的情况下，保险人未将现金价值垫交为保费的，属于因保险人之原因未交保费。② 再者，交付保费虽属投保人之义务，但倘若投保人欲交付保费，但保险人拒收者，亦属因保险人之原因未交保费。

保费因投保人之原因未交者，宽限期制度自当启动，倘因保险人之原因未交者，则宽限期制度不应启动。其原因不难理解，因投保人原因未交保费者，乃属投保人未履行其义务，过错在投保人；因保险人原因未交保费者，自属保险人未履行其义务，过错在保险人，保险人不履行义务之后果，应由自己承担，此后果则为，合同本身继续有效，无须以宽限期制度的方式认定合同继续有效，因此宽限期制度不应启动。③

综上，我国《保险法》第36条规定宽限期开始计算的前提为"投保人未交当期保费"，但并非只要保费未交，宽限期制度即行启动。在保费

---

① 不过，笔者认为，虽然约定了保费自交，但实际交付时，却每期都由保险人上门收费，如果保险人上门收取三次以上，则表明保险人以实际行动改变了交费方式，此时，上门收费成为保险人的义务，如其未能收取，则不宜开始计算宽限期。

② 在王某诉中国人寿一案中，保险合同约定有保费自动垫交条款，保险人在现金价值足以支付保险费的情况下未予垫交保费。天津市一中院判决，此种情形应认定王某已交付保险费，保险合同继续有效，并未适用宽限期制度。参见李书华《保险合同欠款纠纷案》，载 http: //www.110. com/ziliao/article - 168920. html，最后访问时间：2012 年 11 月 11 日。

③ 实践中，因保险人之原因导致投保人未交保费的纠纷，保险人多主张保险合同效力中止，投保方则多主张合同继续有效，法院多判决合同继续有效，笔者认为，法院所判决的合同继续有效，并非因为合同处于宽限期而继续有效，而是因为保险人负有义务未履行，应承担不履行义务的法律后果。

因投保人之原因未交的情况下，宽限期制度自当启动；倘若保费因保险人之原因未交，则宽限期制度不应启动。实践中，因投保人之原因未交保费的情形主要有两种：其一，合同约定以自交方式交付保费，投保人未交付保费；其二，合同约定以自动转账方式交付保费，投保人未在其账户中存入足额资金。因保险人未履行义务导致投保人未交保费的情形主要有四种：其一，合同约定保险人上门收取保费，保险人未收取者；其二，合同约定以自动转账方式支付保费，投保人账户中存有足额资金，但保险人未转账者；其三，保险合同约定有保费自动垫交条款，保单现金价值又足以支付保费，保险人未予垫交者；其四，投保人欲交保费而保险人拒收者。

三　宽限期之产生方式：选择模式的弊端及其解决

若对《保险法》第 36 条作文义解释，宽限期的产生有三种方式[①]：第一，约定方式。法条描述为"除合同另有约定外"，即宽限期的产生完全依据保险合同的约定；第二，催告方式。法条描述为"投保人自保险人催告之日起超过三十日未支付当期保险费"，即宽限期的产生依据保险人的催告而定，将宽限期定为 30 日；第三，法定方式。法条描述为"超过约定的期限六十日未支付当期保险费"，即在合同双方没有约定，保险人亦未催告的情况下，宽限期由法律规定，自交费期限届满次日起六十日为宽限期。保险人可以在这三种模式之中选择一种模式作为确定宽限期的方式，因此，总体上，我们将宽限期产生的方式称为"选择模式"，选择模式有其弊端，赋予了保险人过宽的选择权，有利于保险人而不利于被保险人。

（一）约定方式的歧义

约定方式的表述"除合同另有约定外"在实务中易生歧义，主要表现为三种解释：

第一，合同约定可以排除宽限期制度的适用。此种解释认为，因法律

[①] 参见吴定富《〈中华人民共和国保险法〉释义》，中国财政经济出版社 2009 年版，第 97 页。但严格而言，宽限期产生的方式只有催告方式与法定方式两种，约定方式其实是对宽限期间长短的约定，不能算作宽限期产生的方式。

允许当事人约定，《保险法》关于宽限期产生方式的规定为任意性条款，既为任意性条款，保险人可以在保险合同中约定排除宽限期，于保费交付期限界至而投保人仍未交付保险费时，终止对被保险人之保障。

第二，合同约定虽不能排除宽限期制度的适用，但当事人可以约定：于保险人催告之情形，宽限期可以短于 30 日；于保险人免为催告之情形，宽限期可以短于 60 日。此种解释之理由，亦因《保险法》赋予当事人约定之权利，此权利之行使，犹在法律规定之先，故约定无论缩短或延长法律对宽限期之规定，均不违反法律之本意，毕竟，宽限期是保险人对投保人未履行交费义务的馈赠，保险人事先消减馈赠亦无不可。

第三，于保险人催告之情形，合同仅得约定长于 30 日之宽限期；于保险人免为催告之情形，合同仅得约定长于 60 日之宽限期，不得约定短于 30 日或 60 日之宽限期。此种解释认为，《保险法》关于宽限期间之规定，并非任意性规定，而系相对强制规定，既系相对强制规定，则合同约定较之法律规定更有利于被保险人者，为有效约定，反之则为无效约定。因之，双方仅得约定长于 30 日或 60 日之规定。

第一、第二种解释存在不合理之处。第一种解释排除宽限期制度的适用完全不合常理，任何保险人均不会在合同订立时约定排除宽限期，因为宽限期不仅对投保人有利，而且对保险人有利。事实上，保险人对旧合同的保全非常重视，在订立合同时便以排除宽限期制度之方式拒绝保全旧合同的情形在实务中不会出现。第二种解释的不合理之处在于，该解释使得法律关于 30 日或 60 日宽限期间的规定成为一纸废文。如果当事人可以任意约定宽限期，法律大可不必规定宽限期间，只需直接规定宽限期间由双方当事人约定即可。

相比之下，第三种解释应为合理解释。将宽限期条款解释为相对强制规范，至少有两方面的理由：其一，保险法具有监督性质，[①] 其实质是通过法律监督保险人损害被保险人权益，规定 30 日或 60 日的宽限期，旨在监督保险人不得约定短于该期限的宽限期；其二，我国保险法修改将保护保险消费者权益作为其宗旨，如允许约定较短宽限期，与修法的目的相违

[①] 参见江朝国《保险法论文集》（二），瑞兴图书股份有限公司 1997 年版，第 54 页。

背。我国有学者认为宽限期条款属于半强行性规范,① 其所言半强行性规范,与相对强制规范含义相同,即法律规定最低限度的标准,在此基础上,作为强势一方的保险人可以约定对投保人或被保险人有利的条款,约定不利于投保人或被保险人的条款则被认定为无效,仍应依照法律规定的最低标准履行。有学者则针对宽限期条款直接指出:"此一三十日的宽限期间,系为保护要保人所设,解释上应认为系相对强制规定,如保险契约约定的宽限期间较三十日为短者,应认为无效,而仍应适用法定的三十日宽限期间。"②

据此,我国宽限期条款中的"除合同另有约定外"的正确解释是,在保险人催告的情况下,合同可以约定超过 30 日的宽限期,在保险人不为催告的情况下,合同可以约定超过 60 日的宽限期,但合同不得约定短于 30 日或 60 日的宽限期。可见,约定方式其实并非宽限期产生的一种独立方式,而是对催告方式及法定方式宽限期间长短的调整方式。

(二) 法定方式的遗憾

较之催告方式,法定方式虽然能够给予投保人 60 日的宽限期,但法定方式亦存在一定遗憾,并非最佳选择。遗憾之一是,法定方式不足以使投保人知晓其未交保险费将可能导致丧失保障。投保人未交保费,主要原因是出于遗忘,法定方式下,保险人只需静待宽限期经过,不负通知投保人交费的义务,因此难以起到警示作用。③ 遗憾之二是,保险人可以利用宽限期制度达到不便公开的目的。例如,在经济形势恶化或者证券市场低迷,继续履行合同将使保险人遭受损失的情况下,保险人更希望投保人忘记交费,法定方式的存在给予了保险人这样的机会,因为在法定方式下保险人不须通知投保人补交保费。再者,假如投保人未如实告知,保险人发觉时已经经过两年的不可抗辩期,发生保险事故保险人本不能拒赔,但法

---

① 参见徐卫东、高湘宇《论保险法上的半强行性规范》,载王保树主编《中国商法年刊——和谐社会构建中的商法建设》,法律出版社 2008 年版,第 732 页。
② 叶启洲:《保险法实例研习》(第二版),元照出版有限公司 2011 年版,第 112 页。
③ 特别是在保费交付采取自动转账方式的情况下,投保人往往在账户中存入一定数额的金钱,但该部分金钱足以支付多长时间的保费往往被投保人忘记,此时若不由保险人催告,极易造成保险合同中止。

定方式的存在使得保险人可以通过静候保险合同进入中止期而拒赔。

（三）催告方式的缺陷与完善

与法定方式相比，催告方式的优势在于能够提醒投保人交付保险费，尽可能保证合同的有效性，避免了上述法定方式的遗憾。也许正是因为催告方式的这一优势，许多大陆法系国家或地区选择了催告方式，前述德国、韩国、意大利正是适例，此外，中国澳门地区[①]也采取了催告方式。有保险法学者明确指出催告方式的好处："惟我保险法明定人寿保险之保险费到期未给付者，须经催告后逾三十日，契约效力始为停止，保险人虽多一番手续，而在要保人，则可从容筹措，有喘息之余地。"[②] 更有学者指出采取催告方式的必要性，"为使此种'宽限期'能真正发挥保障之功能，以避免要保人因疏忽不知保险费到期未缴致宽限期径行起算，保险人之催告即不可避免。"[③]

不过，现行的催告方式还有一点缺陷，将现行催告方式与约定方式的正确解释相结合才是最佳选择。现行催告方式的缺陷在于，其规定的 30 日宽限期是一个固定期间，限制了保险人对宽限期间的延长。《保险法》本希望借助约定方式来解决这一缺陷，但如前所述，现行约定方式易生歧义。笔者以为，在立法技术上作一些改进，将现行催告方式与约定方式的正确解释相结合，是保险法对宽限期规定的最佳方法，即规定投保人未支付到期保费时，保险人应当催告投保人交付保费，且给予投保人不少于 30 日的宽限期。这样，催告成为保险人的义务，起到提醒投保人交费作用的同时，也允许保险人与投保人约定较长的宽限期间，诚为合理模式。

（四）小结

综上，约定方式虽存在解释上的歧义，但如将其解释为相对强制规范，则符合立法的目的，并有利于保护被保险人的利益。法定方式的遗憾

[①] 中国澳门地区《商法典》第 1045 条规定："一、保险合同仅于支付第一年保险费或首笔分期保险费时生效。二、如支付第一期保险费后不再支付保险费，则保险效力于保险人以附回执之挂号信通知投保人后第三十日中止。三、如支付第一年保险费后不再支付保险费，保险人得于以附回执之挂号信通知投保人后第三十日解除合同。"

[②] 桂裕：《保险法》，三民书局 1984 年增订新版，第 77 页。

[③] 江朝国：《保险法论文集》（二），瑞兴图书股份有限公司 1997 年版，第 51 页。

不仅在于其无法起到提醒投保人交费的作用,还在于保险人可能利用这一模式达到其不便公开的目的。催告方式可以起到提醒交费的目的,但我国催告方式规定的宽限期间是一个固定期间,即使保险人想要延长也没有可能。合理的模式是对催告方式进行改造,将现行催告方式与约定方式的正确解释相结合,规定投保人未支付到期保费时,保险人应当催告投保人交付保费,且给予投保人不少于30日的宽限期。如此,方符合宽限期制度设立的目的。

四 催告之基本要素:时间、地点、对象、形式与内容

如上所述,宽限期产生的合理方式是催告方式,然而,我国《保险法》仅于法条中提出"催告"二字,对催告之具体实施未作规定,无法满足实务需求。为此,须研究催告之诸要素,以使催告对双方当事人切实可行。

(一) 催告之时间

催告之时间包括两方面的内容:保险人发出催告的时点与催告生效的时点。

1. 保险人发出催告的时点

保险人要求交付到期保险费之时点,实务中有两种做法。以美国为代表的英美法系国家多采取期前通知的做法,即,保险人于交费期限届满之前通知投保人或被保险人交付保险费。例如美国纽约州《保险法》第151条规定:除非保险人于保费到期前45日内,以书面方式通知被保险人,人寿保险契约或长期残废保险契约自保费迟延之日起,一年内不因付费迟延而终止。美国北达科他州《保险法》第26条第4款第7项规定:除非保险人于保险费到期前三十日通知被保险人,保险契约不因投保人未为给付而停止。[1] 以德国为代表的大陆法系国家多采用期后催告的做法。尽管大陆法系国家在法条中未明确规定催告之时点,但通过解读法条可知,催告应在交费期限届满之后。例如,韩国规定"在约定的期限内未支付继续保

---

[1] 参见施文森《保险法论文》(第一集),三民书局1988年版,第55—56页。

险费时，保险人可以规定一定的期间催告保险合同人。"从中不难看出催告应在交费期限届满之后。

相比之下，期后催告似乎更符合通知交费之目的。期前通知与期后催告的目的均在于警示投保人交付保费，但是，期前通知不若期后催告的警示力量强大。其原因在于："于履行期到期前被催告缴付保险费之人，一般皆认为尚有充裕的时间来给付，因此催告无法发挥其'警示之作用'。履行期到期前之催告虽要保人积极谨慎的收到，惟保险人不能要求、期待履行期到期前交付保险费，故履行期到期前之催告即变得无意义。"① 并且，要求保险人期后催告，并不损害保险人之利益，期后催告虽可能延迟保险人收取保险费的时间，但只要保险人及时催告，其经济利益损失可以忽略不计。正因为如此，我国《保险法》的修订者将《保险法》中催告方式的催告时点理解为期后催告。其指出："本条中催告的时间应理解为履行到期后的催告，而非履行到期前的催告。"②

2. 催告生效之时点

我国现行《保险法》的催告方式仅规定"自催告之日起超过三十日未支付当期保险费"，而催告是一个过程，该规定并未明确三十日的宽限期自催告的哪个环节起算。也就是说，现行保险法并未规定催告生效的时点。催告究于何时生效适当，还需加以研究。

尽管自民法理论观之，催告并非法律行为，而系准法律行为，③ 然而正如德国民法学者梅迪库斯所指出的，由于准法律行为与法律行为之间不存在一条清晰的界限，因此有关法律行为的规定也应该可以类推适用于准法律行为。④ 法律行为的核心内容是意思表示，关于意思表示的生效理论应可运用于催告行为。

从意思表示生效的理论来看，催告应于到达投保人可控范围时生效。催告中的意思表示属于有相对人（投保人）的意思表示。该种意思表示的生效，在学说上有四种观点：其一，表示主义，即表意人将其意思表达出

---

① 江朝国：《保险法论文集》（二），瑞兴图书股份有限公司1997年版，第57页。
② 吴定富：《〈中华人民共和国保险法〉释义》，中国财政经济出版社2009年版，第98页。
③ 参见李永军《民法总论》，中国政法大学出版社2008年版，第175页。
④ ［德］迪特尔·梅迪库斯：《德国民法总论》，邵建东译，法律出版社2000年版，第161页。

来，意思表示即为生效。例如，表意人完成其函件的书写；其二，发信主义，即表意人将其意思表示之载体发送出去，意思表示即为生效。例如，表意人将表达其意思之函件自邮局发出。其三，到达主义，即表意之载体到达相对人的支配范围，意思表示方才生效。例如，函件送达收件人之单位。第四，了解主义，即表意人之意思为相对人所了解，意思表示方才生效。此四种观点中，到达主义成为主流观点。"表示主义似嫌过早，而了解主义又嫌过迟。而且表示与了解事实，不易证明。因此，不宜以之作为意思表示发生的时点，立法也鲜有采用者。至于发信主义和到达主义，各有利弊。但两相比较，到达主义更为合理，因为这种方案把信报遗失和迟到的危险性，分配给发信人，合情合理。"① 关于催告之生效，尽管催告须以投保人了解催告之内容方能起到警示作用，但探采了解主义存在两方面的弊端：一方面，了解系属人之主观方面，证明当事人是否了解殊为不易；另一方面，探采了解主义容易导致投保人坚称未了解催告内容而拒交保费，却能享受宽限期之保险金赔付，无疑存在放纵投保人之嫌。因此，催告之生效时点，应于催告到达投保人可控之范围即应生效。②

（二）催告之地点

催告之地点，是指投保人将催告发往之地点。通常而言，此地点应为投保人的地址。我国《保险法》要求在保险合同中列明"投保人、被保险人的姓名或者名称、住所"，一般来说，保险合同中列明的投保人住所即为催告的地点。若住所变动，投保人应通知保险人，保险人以批单方式就住所予以变更，此时催告地点应为经批改之最后地址。

催告地点可能出现的问题是，投保人变更住所，但未通知保险人，此时催告地点如何确定？由于投保人未就住所变更通知保险人，故而无论主观上

---

① 张俊浩：《民法学原理》，中国政法大学出版社1997年版，第230页。
② 尽管催告应于到达投保人或被保险人可控范围生效，但这并不意味着宽限期自催告到达之时起算。宽限期之三十日的起算，《民法通则》第154条第2款规定："规定按照小时计算期间的，从规定时开始计算。规定按照日、月、年计算期间的，开始的当天不算入，从下一天开始计算。"据此，宽限期的起算，应自催告到达投保人或被保险人的次日零时起算。宽限期的终期，亦应根据《民法通则》第154条第3、4款确定，即期间最后一日是星期日或者法定休假日的，以休假日的次日作为期间的最后一天。期间的最后一天的截止时间为二十四点，有业务时间的，到停止业务活动的时间为止。

还是客观上，保险人只能将催告书送达保单或批单载明的最后住所。德国《保险合同法》第 13 条第 1 款明确承认这一做法，规定在投保人未经通知变更地址的情况下，保险人将相关文件送达投保人之前告知的地址即可。①

（三）催告之对象

催告之对象，一般应为投保人。依据我国《保险法》，投保人是依照合同约定负有支付保险费义务之人，且实务中保费一般亦由投保人支付，故催告之对象，自应为投保人。

惟投保人以他人为被保险人订立保险合同时，催告是否应当送达被保险人有所疑问。② 各国立法多默认催告对象为投保人，却未对是否应催告被保险人做出规定，在可查之法典中，唯有韩国《商法》在要求投保人催告投保人之外，③ 于第 650 条第 3 款特别规定："在为特定的他人投保的情况下，当保险合同人迟延支付保险费时，保险人也规定一定期间催告该他人支付保险费；未经催告，则不得解除或终止合同。"亦即，保险人须催告被保险人支付保险费之法定强制性义务。

韩国《商法》就保险人催告被保险人课以法定强制性义务，其立意甚好，但对保险人来说，其义务未免过重。宽限期制度本为保险人给予投保人或被保险人之优惠，若不给予此优惠，对双方亦无不公。保险法对保险

---

① 德国《保险合同法》第 13 条第 1 款："如果投保人未告知保险人地址改变的事实，则当保险人将相关文件已经送达投保人之前告知的地址时，就认为保险人向投保人做出某种声明的行为已经履行完毕。法律推定上述声明在文件邮寄后的 3 日后即生效。在投保人姓名或名称发生变化的情况下，比照上述规定处理。"值得注意的是，依照德国规定，在投保人未就住所变更通知保险人的情况下，催告的生效时点为催告发出之后的第 3 天。并未采取大陆法系的普遍做法——到达主义，即相关文件送达投保人最后住所时生效。笔者以为，在催告生效问题上，完全可以采用到达主义，无须推定催告发出之后第 3 天为催告生效时点。

② 在催告是否应当送达投保人之外的人的问题上，为方便行文，我们这里仅就是否应当送达被保险人进行讨论。事实上，当投保人未能交付保险费时，被保险人、受益人以及其他对保险合同具有正当利益之人，均可以代投保人交付保险费，以此维持合同效力。（参见中国澳门地区《商法典》第 1045 条第 5 款）因此，下文对催告通知是否应当送达被保险人之论述，亦适用于受益人或其他对保险合同具有正大利益之人，例如，美国纽约州《保险法》规定，"被保险人如指定收受通知之人者，应将此一通知寄达指定之人。被保险人如已将保单转让他人，并以书面通知保险人者，通知应寄达受让人"。

③ 参见《韩国商法》，吴日焕译，中国政法大学出版社 1999 年版，第 177 页。该法典第 650 条第 2 款规定保险人应催告"保险合同人"，因《韩国商法》中同时出现了"被保险人"和"保险人"和"受益人"的字眼，据此推断，"保险合同人"应等同于我国保险法中的投保人。

人课以催告投保人之义务，本已将立法政策倾斜于投保人一方，若再课以对被保险人之催告义务，难免有义务过重之嫌。自催告程序分析，若保险人首先催告投保人，于催告通知到达投保人可控之范围时，保险人尚不能确定投保人是否交费，倘若宽限期结束而投保人未交费时，保险人因法定义务必须再催告被保险人，再次给予被保险人一定的宽限期，如此，被保险人一方获得两个宽限期，对保险人显有不公；若保险人同时催告投保人与被保险人，则可能给当事人诸方增添麻烦，譬如，投保人与被保险人均因催告而交付保险费，二者之中必有其一为冗余交付行为，而保险人必须退还该保费，浪费双方之人力财力，① 似不妥当。

以笔者之见，保险人对被保险人之交费通知值得倡导，② 但不宜作为法定强制性义务。于投保人未能交付保险费时倡导保险人通知被保险人，其目的与宽限期制度设置之目的一致，均为保持合同效力，争取合同各方利益最大化。亦即，保险人可于其认为保持合同效力对其无害时，选择通知被保险人交付保费。此时，宽限期已经经过，保险合同进入中止期，被保险人交付保险费涉及的实际上是保险合同复效的问题。

（四）催告之形式

我国《保险法》虽规定了催告方式，但并未规定催告的形式。这可能是因为立法时的粗疏所致，也可能是因为存在可以替代催告方式的法定方式所致，由于催告方式可以被法定方式所替代，其显得并非必不可少，至于催告的形式，似乎也可以省略规定了。但是，如前讨论，在宽限期问题上允许保险人选择产生模式并不合理，由保险人催告投保人交付保险费是世界立法的大势所趋，为了有利催告的具体实施，应在《保险法》中规定催告的具体形式。

催告的形式，应以书面形式为佳。其理由是：一方面，书面形式可以

---

① 同时催告投保人与被保险人似乎还有一种办法可以避免双重交费，即在催告通知中告知被保险人在投保人不交保费时再行交付保费。但是，如执行这一做法，保险人仍需在宽限期结束而投保人未交保费时通知被保险人，并且也不可能要求被保险人即刻交付保险费，仍须给予被保险人一定的期间交付保费。故而，此种做法与先通知投保人，再通知被保险人交付保费相差无几。

② 笔者在此将保险人对被保险人的意思表示表述为"交费通知"，而非"催告"，是因为在投保人交费的情况下，被保险人并非法定的交费义务人，以"通知"取代"催告"更为恰当。

更好地实现催告的目的。催告的目的在于警示投保人交付保费，较之其他形式，譬如口头通知、电话、短信、电子邮件等方式而言，书面形式显得更为正式和尊重，也就更容易起到警示作用；另一方面，书面形式更容易保留证据。催告是否送达，应由保险人负举证责任。① 由于书面催告需要通过邮寄方式送达，在送达后可以取得送达回执，故而，一旦投保人与保险人就是否发生催告发生争议，该送达回执就可以成为催告通知已经送达并且生效的证据。其余形式的催告或者不容易保留证据，或者证据可能被篡改，均不若送达回执稳健。自世界立法规定来看，德国、美国纽约州、中国澳门地区均明文规定催告应以书面形式进行，其中，中国澳门地区《商法典》规定催告应以"附回执之挂号信"的形式送达，② 殊值参考。事实上，在我国保险实务中，对投保人予以催告的保险公司，通常也都采取书面形式予以催告。笔者建议，我国保险法应当学习中国澳门地区《澳门商法典》，将催告形式确定为"附回执之挂号信"。

（五）催告之内容

催告之行为，对投保人、被保险人权益影响较大，因此催告之内容宜以法律加以规定。我国《保险法》仅规定保险人可催告交费，对催告之内容并无要求，立法上不无缺漏。笔者以为，催告之内容，至少应当包括交费时间、交费金额以及不交保费之后果。

交费时间应包括两个部分：其一，投保人应当交费的时间，即依照保险合同约定，投保人应交而未交之保费的时间。该时间的通知，意在说明依照保险合同，投保人已经违反合同约定，须引起注意；其二，宽限期结束时间的计算方法。宽限期结束的时间对催告至为重要，必须对这一时间进行通知，以便投保人了解最后的交费时间。不过，由于保险人写就催告内容时，催告生效的时点尚不能确定，而宽限期三十日又应自催告生效开始计算，故实务中投保人最后应当交费的时间不易确定，只能以告知投保人宽限期计算方法的方式通知投保人，例如，保险人在催告书中写明：

---

① 参见叶启洲《保险法实例研习》（第二版），元照出版有限公司2011年版，第113页。
② 中国澳门地区《商法典》第1045条第2款规定："如支付第一期保险费后不再支付保险费，则保险效力为保险人以附回执之挂号信通知投保人后第三十日中止。"

"投保人应自催告书到达之日起三十日内交付保险费。"

催告书当然应当告知投保人应交之保险费数额，争议之处在于应否交付应交保险费之利息。依我国保险法之催告方式，投保人应交之金额仅限于"当期保险费"，并不包括保险费之利息。① 不过，德国《保险合同法》、美国北达科他州《保险法》均规定，② 催告内容应包括到期保险费及其利息。从理论上看，催告内容可以包括利息数额，其理由是，投保人本应依照合同约定交付保险费，却违反合同约定未能交付，且保险人在宽限期间仍然承担合同义务，应交保险费必然产生应当归属于保险人之利息，由投保人支付给保险人。值得注意的是，由于催告发出之时，保险人难以知晓投保人补交保险费之时点，而利息的数额又与因该时点的不同而有所差异，故而，于催告发出之时，利息数额事实上难以确定。对此，保险人可作技术处理，例如，在催告书中写明"投保人应补交保险费及其利息，其中保险费若干元，利息数额视补交时间而定。"当然，作为一项权利，保险人也可以放弃该利息。③

关于投保人不交保费的后果，世界立法大致分为四种模式：一是德国模式。此种模式下，投保人在宽限期内仍不交保险费的，保险人可以终止保险合同，也可以选择不终止保险合同。④ 采取此种模式的国家还包括希

---

① 我国《保险法》同时于第36条第2款中规定，于宽限期内发生保险事故，保险人应赔付保险金，但可从保险金中扣减"欠交的保险费"，亦未要求投保人支付利息。这一规定强化了我国《保险法》"仅交保费，不交利息"的立场。

② 美国北达科他州《保险法》规定，交费通知应当包括如下内容：（1）到期日；（2）到期之本金及利息；（3）不为给付之效果；（4）被保险人可得行使之权利：被保险人得交付保费，维持原保单之效力；或终止契约，退回保单，取得解约金；（5）被保险人应缴之金额，或终止契约所可获得之解约金。参见施文森《保险法论文》（第一集），三民书局1988年版，第56页。

③ 在美国，法律虽允许保险公司加收利息，但由于利息数额太小，且收取仍需费用，因此，保险公司却很少要求补交利息。参见［美］肯尼斯·布莱克、哈罗德·斯基珀《人寿保险》（第12版），洪志忠等译，北京大学出版社1999年版，第151页。

④ 德国《保险合同法》第38条第2款规定：如果保险事故发生在上述期限届满后，并且投保人仍未支付保险费本金及利息，则保险人可以免于承担保险责任。第3款规定："在上述期限届满后，只要投保人仍未缴纳保险费本金及利息，保险人可以不经事先通知而终止保险合同。保险人可以在要求投保人支付保险费的书面文件中，向投保人明确说明如保险期限届满后投保人仍未支付保险费本金及利息的，保险合同即告终止。如果投保人在保险合同终止后或在上述给付期限届满后1个月内支付了保险费本金及利息，若保险事故尚未发生的，则可排除终止合同之效力。"

腊和瑞典。① 二是中国澳门模式。此种模式下，投保人于宽限期内不交保险费的，保险合同视为自动解除。② 三是意大利模式。此种模式下，宽限期内不交保费，合同效力中止，中止期结束后，保险合同当然解除。③ 四是中国模式。此种模式下，宽限期内不交保费，合同效力中止，惟中止期结束后，保险人有权解除合同。四种模式的共同特点是：宽限期之后发生的保险事故，保险人均不予赔付，其原因毋庸赘言，盖投保人未支付保险保障之对价，保险人对事故不予保障之故。

四种模式中，中国模式最为合理。上述四种模式，又可以两个标准分别划归两大阵营。以是否给予中止期为标准，可将意大利与中国模式划为"中止派"，将德国与中国澳门划为"非中止派"。"中止派"给予一定的合同效力中止期，非中止派则正好相反。通常来说，给予中止期使得投保人获得申请合同复效的机会，对双方当事人均有益处。④ 以保险人是否具有终止合同的选择权为标准，可将意大利和中国澳门划为"当然终止派"，其中意大利模式于中止期结束后合同当然终止，中国澳门模式则于宽限期结束后由法律规定合同视为终止。而中国和德国模式则可划为"选择终止派"，其中中国模式于中止期结束后由保险人选择终止合同，德国模式则于宽限期结束后由保险人选择终止合同。较之"当然终止派"，"选择终止派"更具优势，因为"当然终止派"断然拒绝了合同恢复效力的可能，即使保险人愿意于投保人交付保费之后恢复合同效力，亦因法律的规定而无法复效，而"选择终止派"则相对缓和，承认双方协议恢复合同的效力，对合同双方不无益处。由于中国模式既属于"中止派"，又属于"选择终

---

① The Project Group of Restatement of European Insurance Contract Law, *Principles of European Insurance Contract Law*, European Law Publishers, 2009, P. 198.

② 中国澳门地区《商法典》第988条第1款规定："如投保人于付款通知所指日期不支付保险费或分期保险费，即构成迟延付款；自该日期起三十日后，合同视为自动解除。"

③ 意大利《民法典》的中止期设置比较特别，该法第1901条第3款规定："在前款所设的情形中，保险人在保险费或分期付款之日起满6个月未再收取保险费的，契约产生法律上的当然解除。"结合上款关于宽限期15日的规定可知，自分期保费到期日始15日为宽限期，宽限期结束后进入中止期，中止期的长度为6个月减去宽限期的15日。

④ 德国模式不给予中止期，保险人于宽限期后可以选择终止合同或不终止合同，合同能否继续履行，完全取决于保险人，对投保人或被保险人的保护不若给予中止期的意大利模式和中国模式。

止派",因此是四种模式中最合理的模式。

在保险人的催告书中,不妨依照中国模式写明不交保险费的法律后果,以此警示投保人。中国模式的法律后果是,投保人于宽限期内不交保险费的,保险合同效力中止,宽限期之后发生的保险事故,保险人不予赔付,两年的中止期结束后,保险人有权解除合同。

(六) 小结

催告方式是宽限期产生的合理模式,保险人之催告,应以书面形式进行。通常情况下,催告书应送达投保人,在投保人经催告仍未能交付保险费的情况下,保险人亦可通知被保险人、受益人等利害关系人交付保险费。送达地址为交费人的最后住所。催告应于保费到期日之后实施,其生效的时点为催告书到达投保人可控之范围时。至于催告之内容,至少应当包括投保人之交费时间、交费金额以及不交保费之法律后果。

五 未经催告的法律后果

(一) 现行《保险法》未经催告之法律后果

依照我国现行《保险法》,未经催告的法律后果为:自合同约定的交费期限届至之日起六十日内保险合同保持有效,六十日后投保人仍未交保费的,保险合同效力中止。如前所述,在宽限期的产生问题上,我国采取了选择模式,催告只是选择之一,如保险人未催告,则视为保险人采取另一种选择,即依照法律给予六十日的宽限期,而我国《保险法》又在第36条第2款中规定,宽限期内发生的保险事故,保险人应当赔付。这意味着,在六十日宽限期内,保险合同继续有效。[①]

(二) 其他国家或地区关于未经催告法律后果的规定

大部分国家或地区的保险法并未直接规定未经催告的法律后果,不过,仔细分析各国关于宽限期制度的规定,可以发现,对未经催告的法律后果,各国大致采取两种态度:其一,倘若未经催告,保险人在一定的期

---

① 参见吴定富《〈中华人民共和国保险法〉释义》,中国财政经济出版社2009年版,第98页。

限内不得中止或终止保险合同。采取这一态度的典型代表是美国纽约州，其规定，若保险人未通知投保人，保险合同"一年内不因付费迟延而终止"。美国学者指出，在美国，各州法律通常规定，如果保险人不及时按照要求通知投保人交付保费，自保费到期之日起六个月或一年内，被保险人不因未交保费而丧失保障。① 其二，倘若未经催告，保险合同效力便不会中止或终止。大陆法系国家多数采取此种态度。② 例如，韩国《商法》虽未在第 650 条第 2 款直接规定未经催告的法律效力，但其在第 3 款中针对为特定他人投保的情况规定催告时则明确指出"未经催告，则不得解除或者终止合同。"而第 2 款与第 3 款之间，区别仅在于催告对象不同，未经催告的法律后果不应有所差异，即，未经催告之保险合同仍为有效合同。欧洲保险法权威在这个问题上的基本态度亦同，他们认为，如果保单条款中存在因续期保费未付而免除保险责任的规定，则除非保险人催告投保人交费，否则该条款无效，保险人仍须承担保险责任。③

（三）我国关于未经催告法律后果的应然选择

上述国际关于未经催告之法律后果的态度，以第二种更为合理。其原因至少包括两个方面：一方面，第二种态度更容易实现催告的警示目的。从结果看，第二种态度较第一种态度更为严厉，因为只要保险人未为催告，保险人均应对保险事故进行赔付，而不是一定期间之后免为赔付。这一严厉的结果迫使保险人必须主动履行催告义务，投保人因此更容易得到提醒或警示。另一方面，第二种态度并不会对保险人之财务造成冲击，对其经营影响甚微。在未经催告的情况下，尽管保险人须对保险事故承担赔付责任，但是，各国均规定保险人在支付赔款之时，可以扣除应交保险费及其利息。这意味着，宽限期内，保险人仍可收取承保的对价，因此对保险人原订之经营计划几无影响。由此可见，第二种态度既容易实现催告之警示目的，又不会对保险人构成经营负担，自为合理选择。

大陆法系诸国采取的第二种态度值得我国借鉴。实际上，我国现行《保

---

① William R. Vance, *Handbook on the Law of Insurance*, West Publishing Co., 1951, p. 366.
② 仔细分析，不难发现德国、韩国、中国澳门地区均采取了第二种态度。
③ The Project Group of Restatement of European Insurance Contract Law, *Principles of European Insurance Contract Law*, European Law Publishers, 2009, p. 196.

险法》关于未经催告的法律后果的规定采取了第一种态度，即保险人在六十日内不得中止保险合同，但是，与美国各州将保险合同的有效期延长六个月到一年相比，我国的六十日显得过短，合理性更值探讨。前文已述，我国关于未经催告的法律后果，源自宽限期产生的选择模式，而上文亦对选择模式的弊端加以分析，认为保险人应对投保人进行催告，不应赋予保险人选择催告的权利。如果我国放弃选择模式，要求保险人进行催告，则不妨学习大陆法系诸国的第二种态度——未经催告者，保险人不得中止合同。

（四）小结

在我国，由于宽限期的产生采选择模式，因此保险人未经催告的法律后果为保险合同在六十日内不得中止。世界立法在这一问题上分为两种态度：一种是，未经催告保险合同在一定期间内不得中止或终止；另一种是，未经催告保险合同不得中止或终止。二者的区别在于：前者于一定期间，例如六个月或一年经过后，合同便可以中止或终止，后者则没有期间限制。由于第二种态度更能起到催告的警示作用，且对保险人的财务及经营计划影响甚微，故而第二种态度更为合理。我国关于未经催告法律后果的规定属于第一种态度，应于改进选择模式的基础上，借鉴第二种态度，将未经催告的法律后果规定为：保险人不得中止合同。

六　代结论：我国《保险法》第 36 条之司法解释及修法建议

《保险法》第 36 条的诸多缺陷可以通过司法解释加以解决。根据上述研究结果，笔者对司法解释的建议是：

1. 《保险法》第 36 条关于宽限期制度的规定，适用于分期付款的财产保险合同。

2. 《保险法》第 36 条中的"未支付当期保险费"是指因投保人之原因未支付当期保险费。因保险人之原因未支付当期保险费者，保险合同继续有效，不适用《保险法》第 36 条之规定。

3. 保险人催告投保人交付保险费的，应于当期保险费到期日之后，以书面方式将催告书送达保单或批单载明的投保人最后住所，催告书应载明交费时间、交费金额以及不交保险费之法律后果。催告于催告书到达投保人最后住所时生效。

不过,《保险法》第 36 条关于宽限期制度的规定还有一处硬伤无法通过司法解释解决,即宽限期产生的方式问题,日后修法应当放弃目前的选择模式,改采彻底的催告方式。于投保人未支付当期保费时,保险人应当催告投保人交付保险费,且至少应当给予投保人 30 日的宽限期。未经催告的法律后果是,保险合同不得中止。

附录 其他国家或地区关于宽限期制度的规定

●德国《保险合同法》第 38 条:(迟延支付后续保费)

1. 如果保单持有人未及时缴纳续期保险费,保险人可以就其费用设置不少于两周的交费期限,并以书面方式通知保单持有人。保险人的书面通知须告知保单持有人拖欠保费的本金和利息,并根据本条第 2 款和第 3 款的规定告知该期限届满的法律后果,否则该期限不产生法律效力。

2. 如果保险事故发生在上述期限届满后,并且投保人仍未支付保险费本金及利息,则保险人可以免于承担保险责任。

3. 在上述期限届满后,只要投保人仍未缴纳保险费本金及利息,保险人可以不经事先通知而终止保险合同。保险人可以在要求投保人支付保险费的书面文件中,向投保人明确说明:如保险期限届满后投保人仍未支付保险费本金及利息的,保险合同即告终止。如果投保人在保险合同终止后或在上述给付期限届满后 1 个月内支付了保险费本金及利息,若保险事故尚未发生的,则可排除终止合同之效力。

●韩国《商法》第 650 条:(保险费的支付与迟延效果)

1. 合同签订后,保险合同人应毫不迟延地支付全部或者第一期保险费;在保险合同人未支付的情形下,若另无规定,自合同成立之后起经两个月,则应视为该合同已被终止。

2. 在约定的期限内未支付继续保险费时,保险人可以规定一定的期间催告保险合同人。在该期间内仍未支付,可以终止该合同。

3. 在为特定的他人投保的情况下,当保险合同人迟延支付保险费时,保险人也规定一定期间催告该他人支付保险费；未经催告，则不得解除或终止合同。

●意大利《民法典》第 1901 条：（保险费支付的欠缺）

1. 投保人未支付保险费或者约定分期付款的第一期保险费的，直至投保人支付保险费之日的 24 时之前，保险契约处于效力中止状态。

2. 约定期间届满而投保人未继续支付保险费的，自期间届满后第 15 日的 24 时起，保险契约处于效力中止状态。

3. 在前两款所涉的情形中，保险人在保险费或分期付款之日起满 6 个月未再收取保险费的，契约产生法律上的当然解除；保险人仅可对保险期间所涉保险费和费用部分的偿还主张权利。本规定不适用于人寿保险。

●澳大利亚《1984 年保险合同法》第 39 条：（分期付款的一般财产保险合同）

1. 如果一般保险合同中包含有分期付款条款，在该条款中，保险人以某一期保险费未付为由限制其承担的责任，则，保险人不可以仅以执行该条款为由，对索赔全部或部分拒绝赔付，除非出现下列情况：

（1）某一期应付保险费未付至少已达 14 天之久；并且

（2）在保险合同签订前，保险人就该条款的效力以书面形式明确通知了被保险人。

●中国澳门地区《商法典》

第 987 条：（支付保险费之通知）

1. 保险人有义务最迟于保险费到期日前第八日以书面通知投保人，指明付款日期及金额；如属首笔保险费或首笔分期保险费而合同之生效取决于保险费之交付，则无须做出通知。

2. 上款所指通知必须载明不支付保险费之后果，尤其载明合同将按下条之规定自动解除之日期。

3. 如有疑义，保险人对第一款所指通知负举证责任。

第 988 条：（保险费之欠付）

1. 如投保人于付款通知所指日期不支付保险费或分期保险费，即构成迟延付款；自该日期起三十日后，合同视为自动解除。

2. 上款所指期限内，合同完全有效。

第 989 条：（欠付之保险费或分期保险费）

1. 如按上条第一款之规定解除合同，投保人仍有义务清偿合同有效期间之欠付保险费或分期保险费，并支付合同所定之违约金。

2. 保险人应在保险合同要约内载明投保人之下列声明：声明拟投保之风险是否全部或部分已由投保人负有债务或欠付保险费之合同承保。

第 1045 条：（保险费之支付）

1. 保险合同仅于支付第一年保险费或首笔分期保险费时生效。

2. 如支付第一期保险费后不再支付保险费，则保险效力于保险人以附回执之挂号信通知投保人后第三十日中止。

3. 如支付第一年保险费后不再支付保险费，保险人得于以附回执之挂号信通知投保人后第三十日解除合同。

4. 在上款所指情况下，如合同之规定容许，则不解除合同而将保险金减少。

5. 任何对保险合同有正当利益之人，均可代投保人支付保险费。

● 美国纽约州《保险法》第 151 条：

1. 除非保险人在保费到期前四十五日间，以书面通知被保险人，人寿保险契约或长期残废保险契约自迟延之日起，一年内不因付费迟延而终止。

2. 通知应邮寄被保险人，其地址应端正书写。被保险人如曾指定收受通知之人者，应将此一通知寄达经指定之人。被保险人如已将保单转让他人，并以书面通知保险人者，通知应寄达受让人。

● 美国北达科他州《保险法》第 26 条第 4 款第 7 项：

除非保险人于保险费或用以支付保险费之本票到期，或债务清偿期前三十日对被保险人为通知，保险契约之效力不因要保人未为给付而停止。通知应依通常邮递方式为之，贴足邮资，寄达被保险人，并载明下列各款事项：

（1）到期日。

（2）到期之本金及利息。

（3）不为给付之效果。

（4）被保险人可得行使之权利：被保险人得交付保费，维持原保单之效力；或终止契约，退回保单，取得解约金。

（5）被保险人应缴之金额，或终止契约所可获得之解约金。

专题八　保险合同复效比较研究

——以《保险法》第 37 条为中心

【摘要】 我国规定保险合同复效须由投保人与保险人达成协议，这种模式容易导致保险人滥用同意权阻碍保险合同复效，宽松的可保主义模式能够平衡投保人与保险人之间的利益。衡量投保人提供的可保证明是否符合复效要求应当采取理性保险人标准。复效合同性质上应为原合同与新告知内容的特殊组合，对新告知内容，投保人应当履行告知义务，保险人对新告知内容的抗辩应自复效之时起算，而自杀免责期的起算则应从保险合同成立之时起算。在宽松的可保主义制度下，自动复效阶段的复效时点为投保人补交保险费及其利息之时，在可保复效阶段，保险合同复效的时点因情况不同各有差异。

【关键词】 复效可保证明；复效合同的性质；复效时点

我国《保险法》第 37 条第 1 款规定："合同效力依照本法第 36 条规定中止的，经保险人与投保人协商并达成协议，在投保人补交保险费后，合同效力恢复。但是，自合同效力中止之日起满两年双方未达成协议的，保险人有权解除合同。"本条中，复效条件之"经保险人与投保人协商并达成一致"意味着保险人握有保险合同复效的同意权，借助这一权利，实务中出现了保险人滥用同意权阻碍本应复效之保险合同复效的情形。由此，我们不得不反思，赋予保险人同意权是否合理。不仅如此，2009 年修订的《保险法》虽增订了不可抗辩条款，但对合同复效后不可抗辩条款如何适用则欠缺规范，同样，修订后的《保险法》虽规定自杀条款自合同复效时起算，但这一规定与保险发达国家的规定正好相反。此外，我国的复效制度也未对复效时点问题做出明确规定。复效制度诸多问题的存在，导致复效制度的可操作性受到影响，保险合同复效纠纷的审判缺乏法律依据。本文通过比较研究的方法，试图较为全面地研究复效制度，为未来《保险法》的进一步修改及最高人民法院的司法解释工作贡献绵薄之力。

一 复效条件之差异：三种模式的选择

在复效条件上，世界立法的规定可以划分为三种模式：同意主义、可保主义、宽松的可保主义。这三种模式均承认复效须由投保人向保险人提出复效要求，并补交保险费，主要区别在于保险人控制复效的主动权大小。

同意主义，即保险合同复效须经保险人同意，保险人对复效拥有绝对的主动权。由于我国规定复效必须由保险人与投保人协商并达成一致，如保险人不同意复效，则双方无法达成一致，因此，我国的复效制度属于典型的同意主义。与此类似的还有日本的复效制度，在日本，保险法并未明确规定复效制度，但保险合同中通常规定有复效条款，由复效条款约定保险合同复效须经保险人同意。①

可保主义，系指只要投保人能够证明被保险人仍具备可保性，保险人便不能拒绝保险合同复效。在这种情况下，保险人具有审核可保性的权利，但并无绝对的复效控制权。采取这种主义的国家主要是美国和加拿大，例如，纽约州《保险法》第3203条规定："除退保金耗竭或展期保险满期外，在保单失效后三年内，投保人可以申请保单复效。投保人必须递交复效申请书，提交令保险人满意的证明⋯⋯"保险合同才能复效。加拿大魁北克《民法典》第2431条则规定："个人生命保险因不支付保险费被解除的，如在解除之日起2年内保单持有人申请恢复其效力，并证实被保险人仍符合被解除合同所要求的成为被保险人的条件的，保险人应恢复个

---

① 参见梁宇贤、刘兴善、柯泽东、林勋发《商事法精论》，今日书局有限公司2009年修订六版，第661页。

人生命保险合同的效力。① 在美国,尽管部分法院认为可保性应当由保险公司的管理人员判断决定,② 即保险人具有控制合同复效的权利,但是,当被保险人满足了保险人的可保标准时,其他法院会强制保险人批准保单复效,③ 即保险人不具有绝对掌控合同复效的权利。理论界也认为,只要投保人提交了适当的可保证明,保险人无权不合理地拒绝复效申请。④ 而加拿大魁北克《民法典》的规定更加明确:只要证明被保险人具备可保条件,保险人"应当"恢复合同效力。可见,采取可保主义的国家或地区,保险人对合同复效并无绝对的控制权。

宽松的可保主义,亦即将中止期间划分为两个时段,前一时段采取自动复效主义,只要投保人提出复效申请并补交保险费及利息,无须提交可保证明,保险合同自动复效;后一时段采取可保主义,须由投保人提出符合要求的可保证明,保险合同方能复效。有立法规定,以六个月为界,将中止期分为两个时段,前一时段采取自动复效主义,后一时段采取可保主义,除非保险人能够证明被保险人危险严重,已达拒保程度,否则不能拒绝合同复效,保险人对保险合同复效的控制权更小。

三种模式中,何种最为合理?

首先应当排除的是同意主义。同意主义模式赋予保险人过大的权利,导致保险人滥用权利的机会增加。法院已经发现,"某些保险公司在办理保险合同复效事宜的过程中,在缺乏正当理由的情况下,对投保人提出了过分苛刻的要求。"⑤ 并且,在理论上,如果"仅规定须经保险人同意,而未限制保险人得拒绝同意之条件,使保险人拥有完全依主观判断以决定是否同意复效之权利,若被保险人在复效申请时本具有可保性,但在保险人

---

① 孙建江、郭站红、朱亚芬译:《魁北克民法典》,中国人民大学出版社2005年版,第295页。理论上说,合同解除后,便无法恢复,但在保险法中出现了可以恢复效力的规定,我国保险法将这种尚未恢复的效力状态称为"中止",美国法中多称"失效"(lapse)。魁北克民法典2431条中的"解除"疑为"失效""停效"或"中止"。
② Conway v. Minnesota Mut. Life Ins. Co., 112, p.1106(Wash 1911).
③ Lane v. New York Life Ins. Co., 145, S. E. 196(S. C. 1928).
④ Harry P. Kamen & William J. Toppeta, *The Life Insurance Law of New York*, Wiley Law Publications, 1991, p. 120.
⑤ 刘建勋:《新保险法经典、疑难案例判解》,法律出版社2010年版,第81页。

尚未为同意复效之意思表示前发生保险事故，而保险人知悉事故已发生，乃拒绝复效，被保险人将丧失应有之保障。"① 职是之故，我国《保险法》所采取的同意主义模式并不合理。

可保主义虽具有一定程度的合理性，但细究起来，也存在一定的瑕疵。规定投保人提供可保证明的理由是，可保证明是防止投保人逆选择的主要手段，"如果不要求可保证明，那么身体不好或其他原因不能获得其他保险的人将比身体健康的人更可能申请保单复效。"② 如此，则使保险团体中身体不健康的人数增多，健康人数减少，保险人所承担的风险增大。为了控制这种逆选择的风险，必须赋予保险人危险筛选权，使之将复效时身体不具有可保性的人群排除在外。从这个意义上说，可保主义具有一定的合理性。然而，这一理由可能没有注意到以下三个问题：第一，保险合同效力中止期间被保险人健康状况恶化，通常是被保险人身体自然发展的结果，这一危险，原本便属于保险人应予保障之列，复效制度的目的既为恢复保险合同的效力，便应当对此承保；第二，更重要的是，通过筛选危险，保险人将部分原本属于承保范围的危险排除在外，保险人所承保的危险团体的危险性较之合同最初订立时反倒更加优良，危险程度降低；第三，并非所有申请复效之人都有逆选择的主观故意，对那些身体状况恶化，但没有逆选择故意的投保人来说，以防范逆选择为由禁止其合同复效有违复效制度设置的初衷。从这些方面看，可保主义有其不合理性。

比较之下，宽松的可保主义似乎更为合理。宽松的可保主义将中止期间分为前后两段。前一阶段，投保人仅须提出复效要求，补交保险费即可，无须可保证明。如此规定，盖出于此一阶段距保险合同效力中止时间较短，被保险人身体状况恶化之可能性较小，投保人逆选择之可能性较低考虑。后一阶段，投保人在提出复效要求，补交保险费之外，尚须提交可保证明，皆因这一阶段被保险人身体状况恶化概率增大，投保人逆选择可能性较高所致。从双方当事人利益平衡的角度考虑，前一阶段，对投保人

---

① 林勋发：《保险契约效力论》，作者1996年自版，第241页。
② Harriet E. Jones & Dani L. Long, *Principles of Insurance: Life, Health, and Annuities*, Second Edition, Life Management Institute LOMA, p. 175.

一方较为有利，保险人一方可能因逆选择遭受不利益，但后一阶段对保险人一方较为有利，投保人一方即使不存在逆选择主观故意，也可能因不具可保性而被拒绝复效。但综合整个中止期来看，双方当事人的利益可以获得大致平衡。较之严格的可保主义，宽松的可保主义更加合理。事实上，即使在立法上采取严格可保主义的美国，保险实务中也采取了较为宽松的做法，"大多数非故意失的失效在短期内会提出复效申请。保险人对此类案件通常采取宽大的态度，因为逆选择的机会极为微小。公司在契约上有权要求健康检查以及其他可保性证明，但在实务上对于最近的失效仅会要求有限的证明。"[①]

笔者建议，在投保人未交到期保费，保险人已为催交行为的情况下，允许投保人在保险合同效力中止后六个月内通过提交复效申请、补交保险费而使保险合同自动复效较为合理，但在保险人未为催告的情况下，则赋予投保人一年的自动复效期更符合我国的实际情况。于上述六个月或一年之后，投保人欲使保险合同复效，必须提供可保证明。

二　可保证明：理性保险人标准

无论是可保主义，还是宽松的可保主义，可保证明均是判断保险合同是否能够复效的关键所在，本部分需要探明的问题是：可保证明的内涵和外延是什么？在保险合同双方当事人因可保证明是否符合复效条件发生争执时，法院应采取何种判断标准？可保证明提出之程序如何？

在可保证明的内涵方面，有立法规定："除被保险人之危险程度有重大变更已达拒绝承保外，保险人不得拒绝其恢复效力"，亦即，投保人所提出的可保证明，须证明被保险人之危险程度未达投保人拒绝承保的程度。因此，"未达拒保程度"成为可保证明的模糊内涵。然而，什么样的程度可以认作"未达拒保程度"或"已达拒保程度"仍然是没有解决的问题，"立法者似有意将'可保证明'之定义与范围，籍由保险实务发展来界定之。"

---

① ［美］肯尼斯·布莱克、［美］哈罗德·斯基珀：《人寿保险》（第12版），洪志忠等译，北京大学出版社1999年版，第152页。

美国保险法的实践则试图廓清可保证明的外延。早期的美国法院判例认为，可保证明即被保险人"健康状况良好"的证明，例如，德克萨斯州上诉法院的法官曾在判决中指出："可保条件"一词与"健康状况良好"同义，保险人在做出复效决定时，没有必要询问健康状况以外的事项。① 但这一判决饱受学者非难，20世纪30年代以后，出现了扩大可保证明外延的判决，在卡尔曼诉衡平人寿保险组织一案中，法官指出："我们认为，复效法规和保单条款所要求的'令保险人满意的可保证明'并不仅仅指良好的健康状况，本案中，被保险人拥有巨额的超额保险，且与其财务状况不符，这对被保险人生存产生绝对影响，并可能导致道德危险行为的出现。"② "及至今日，美国各州法院均认为被保险人申请复效时，其健康状况并非为保险人判断其是否合乎'可保条件'之唯一因素……保险人尚得就其他因素，诸如被保险人之职业、习性、病历、近亲之健康情况、投保数额、财务状况、服役军中、从事国外旅行、航空以及其他具有危险之活动等加以考虑。"③ 从学者的论述可知，保险人拒绝复效的因素大致可以分为两类：一类是被保险人自身危险增加的情形，例如被保险人的职业变更为危险职业、健康状况恶化、国外旅行等。另一类是可能产生道德危险的情形，例如，财务状况欠佳却投保巨额保险者。尽管司法实践中采取这些因素进行判断，但美国立法和保单条款对可保证明的态度仍然比较暧昧，其用语为"令保险人满意的可保证明"。

"已达拒保程度"及"令保险人满意的可保证明"都存在操作上的问题，如果保险人声称被保险人"已达拒保程度"或者投保人提供的可保证明未能"令保险人满意"，而投保人坚称其提交的可保证明符合复效的条件，法官如何判断可保证明是否符合复效条件才是真正的判断标准。

可保证明是否符合复效条件可采取"理性保险人标准"加以判断。所谓理性保险人标准，是指在同一事实状态下，处于同一地位的一般保险人对投保人提出的可保证明的判断，如果一般保险人认为投保人提交的可保

---

① Missouri State Life Ins. Co. v. Hearne, 226, S. W. 7899 (Tex. Civ. App. 1920).
② Kallman v. Equitable Life Assurance Society, 5 N. E. 2d 375 (N. Y. 1936).
③ 施文森：《保险法论文》（第二集），三民书局1988年增订4版，第291页。

证明符合复效的标准，则保险合同可以复效，反之则不能复效。美国学者对此认为："判断保险人拒绝复效是否正当，应以一般保险人在此情形下将为何种行为，以估定特定保险人于此标准下所可能采取之行为。"① 法院对此的态度也十分明确，例如，加利福尼亚最高法院的法官指出："保险人拥有批准保单复效的权利，并只对提供'满意的可保证明'的保单才予以批准，但这并不意味着保险人有权专断独行、反复无常，一个理性保险人满意的可保证明可以作为保单应否复效的标准。"② 值得注意的是，在理性保险人标准之下，该理性保险人必须将投保人提交的可保证明与自己掌握的一定标准相比对，在该标准的掌握上，应大致与投保人投保时保险人采取的核保标准相同，只是被保险人年龄不同而已。

关于可保证明，我们还需要解决的一个问题是可保证明的提出程序问题，亦即可保证明的提出究应采取主动提出主义抑或询问回答主义。理论上，可保证明应由投保人提出，但投保人对什么样的可保证明符合复效的条件知之甚少，要求其主动提出内容翔实的证明确不容易，因此，采取主动提出主义不具有可操作性。相反，如果采取询问告知主义，即，可保证明的内容由保险人询问，投保人回答，不仅能够使保险人充分了解自己所需评估之内容，而且能够大大降低投保人提供可保证明的相关成本。因此，采取询问告知主义，"无论对揭露事项之妥适性、义务与法律效果之明确性、要保人复效申请之成本负担，皆较仅由要保人提供可保性证明为佳。"③ 实际上，询问回答主义与保险合同订立时投保人履行告知义务的程序基本一致，"保险人应可自行决定要保人复效申请之'可保证明'文件。故保险人要求被保险人重新填写要保书之告知事项，作为'可保证明'应属可行。"

综上，以被保险人"未达拒保程度"作为可保证明的内涵，虽有模糊之处，但也不乏可借鉴之处。而美国保险法实务将可保证明的外延从"健康状况良好"扩展到诸多被保险人危险程度及道德危险可能性增加之因

---

① William R. Vance, *Handbook on the Law of Insurance*, West Publishing Co., 1951, p. 605.
② Kenndy v. Occidental Life Insurance Co. 117 P. 2d 3（Cal. 1941）.
③ 汪信君：《再论人寿保险契约效力之停效与复效》，《月旦法学杂志》第187期。

素，具有相当的合理性。不过，可保证明的最终判断，应以理性保险人标准为依据。由保险人就可保证明的内容提出问题，投保人予以回答的询问回答主义不仅有利于保险人了解复效须审查之内容，也有利于降低投保人复效之成本。

三 复效合同之性质：对告知义务、不可抗辩条款及自杀条款之影响

关于复效后保险合同的性质，在国外保险法学界一直存在两派之争：一派认为，复效后的保险合同是一个新合同；另一派则认为，复效后的保险合同是原保险合同的继续。[①] 对这个问题的回答，直接关涉到投保人对可保证明是否应当履行告知义务、不可抗辩条款的适用以及自杀条款的时间起算等问题，因此应予关注。

复效后的保险合同是一个新合同的观点，是美国少数法院的观点。该观点认为：尽管复效合同的被保险人与原被保险人是同一个人，但该被保险人的风险已经经过保险人重新筛选，大多数投保人对被保险人的情况又有新的陈述，如果将这些陈述作为复效合同的内容，则复效合同是一个新的合同。这一观点将对保险人的新陈述作为新合同的内容，具有一定的合理性，但也存在如下两方面的缺陷：其一，这一观点违反了保险合同复效的宗旨。复效制度旨在恢复原合同，而非订立一个新合同，否则便不能称为"复效"；其二，如果复效合同是一个新合同，新合同将就投保人在订立合同时的不实陈述重新给予保险人2年的抗辩期，在原保险合同成立已经超过两年的情况下，原本已经不能抗辩的事由此时又可以作为保险人拒赔的抗辩事由，这对投保人有失公平。[②]

美国大多数法院坚持复效合同是原合同的继续之观点。[③] 这种观点的主要理由是：其一，复效制度的宗旨在于延续原保险合同的效力；第二，

[①] David Norwood, *Norwood on Life Insurance Law in Canada*, Third Edition, Carswell, 2002, p.206.
[②] Robert H. Jerry, *Understanding Insurance Law*, Matthew Bender & Co., Inc., 1989, p.286.
[③] 参见陈欣《保险法》，北京大学出版社2000年版，第116页。

一般来说，原保险合同与复效后的保险合同在条款、费率以及保障范围上都是一致的。① 但是，这一观点可能忽略了上一种观点注意到的问题：如果将投保人就被保险人的新情况对保险人所作陈述作为合同的内容，则复效保险合同中至少存在一部分新的内容。

笔者认为，复效合同是一种特殊的合同组合体，即原合同内容与新告知内容的组合。一方面，复效合同在条款、费率、保障范围等方面均遵循依照原合同进行处理的原则，这也是复效制度的宗旨所在；另一方面，投保人新的告知事项明显带有新条款的色彩，并且，我国许多复效保险合同明确约定，复效申请书中的新内容属于复效合同的内容。例如，由投保人提供的复效申请书经常会出现这样的提问："原保单生效日至今是否有新发的或以往既有的任何身体不适症状或体征，原保单停效至今是否出现任何身体不适症状、体征或疾病。"投保人对该问题的回答是原合同所没有的，而该申请书往往明确规定，申请书作为复效合同的一部分。② 由此可见，在复效保险合同中出现了两部分内容：原合同内容和申请书中的新内容，本质上来说，加入新内容的复效合同是一个新的合同，或者是一个经过变更的合同，但如上所述，将其作为一个全新的合同不仅违反复效制度的本意，而且将原合同内容按照新合同规则处理容易造成对投保人或被保险人的不公平。而将复效合同中的旧内容按照原合同规则处理，新内容按照新合同规则处理，采取"老人老办法、新人新办法"的处理方式，不失为一种合理的选择。从这一意义上说，复效合同是原合同与新告知内容的特殊组合。

复效保险合同的性质决定了合同复效后的告知内容应当缩减，投保人无须再就原合同已经告知的内容进行告知，仅须针对复效申请书中的新告知内容进行告知。由于对原合同的告知义务在原保险合同订立时已经履行，故复效时无须再行告知。之所以要求投保人对复效申请书中的新内容另行告知，是因为复效制度为了降低逆选择风险，赋予保险人危险选择权，而危险选择权的行使，离开投保人对合同效力中止期间危险情况的告知，便无法实现，正如订立新保险合同时，投保人必须将被保险人的相关情况告知保险人一

---

① Robert H. Jerry, *Understanding Insurance Law*, Matthew Bender & Co., Inc., 1989, p. 286.
② 参见中国保险行业协会《保险诉讼典型案例年度报告》，法律出版社 2010 年版，第 175 页。

样。与此相适应，如果投保人违反申请书中新内容的如实告知义务，根据《保险法》，保险人可以解除保险合同，拒绝承担保险责任。

不可抗辩制度的适用也受到复效合同性质的影响，在合同复效的情况下，原合同内容的抗辩期自原合同成立之日起算，新告知内容的抗辩期则自复效日开始起算。为了限制保险人以投保人违反如实告知义务为由解除保险合同，保险法设计了不可抗辩条款，规定保险合同成立2年后，保险人不得以投保人违反如实告知义务拒绝承担保险责任。如上所述，在复效合同中，原合同的内容适用原合同的规则，据此，保险人对投保人在订立合同时已经履行的告知义务的抗辩，应当自原合同成立时起算。新告知内容适用新合同的规则，故而，若投保人在复效申请书中所作新陈述存在虚假情况，保险人亦有2年的抗辩期间，与原合同不同的是，该抗辩期的起算应当自保险合同复效开始。这一规则在美国已经成为主流规则，法官指出："出于公共政策考虑，被保险人在保险申请中不存在欺诈的声明只是告知，并非保证，保险人只能在规定期限内，对复效申请中被保险人所做出的错误声明提出抗辩，正如对原投保单中的不实陈述提出抗辩一样……大多数法院采纳了这一观点……认为自失效保单复效之日起，不可抗辩条款也重新开始，且只能对申请复效的不实陈述提出抗辩。"[①] 美国部分州的保险法典对此也明确规定："对本州签发的寿险或年金复效合同，保险人只能对复效申请书中的重大不实陈述或欺诈提出异议，复效保单的抗辩期间及抗辩条件与原保单相同。"[②]

涉及时间起算问题的还有自杀免责条款，在自杀免责期究竟应从保险合同复效之日起算还是原合同成立之日起算的争论中，后一种观点似乎更具说服力。世界立法在这个问题上分为两大派别，以我国为代表的大陆保险法认为：保险法赋予保险人的2年自杀免责期，应当自复效之日起算。[③] 其理由在于："为了预防被保险人在保险合同效力停止期间产生自杀念头，

---

① Sellwood v. Equitable Life Insurance Co. of Iowa, 42 N. W. 2d 346 (Minn. 1950).
② W. VA. CODE §33-13-26 (1996).
③ 参见我国保险法第44条，英美法系加拿大也采取这一做法，魁北克《民法典》第2434条规定："一旦恢复保险合同的效力，保险人可因虚伪陈述或隐瞒风险，或因被保险人自杀而适用保险责任的除外条款而提起主张宣告保险合同无效之诉或缩减保险责任之诉的2年期间，重新起算"。

而在缴纳所欠保险费使保险合同复效后，采取自杀行为。如此，不仅造成被保险人的逆选择，而且保险制度成为鼓励自杀行为的制度，违反本法宗旨。"① 以美国为代表的英美法系国家认为：自杀免责期的起算点应当自原保险合同成立之日起算。其主要理由是：复效合同是原合同的继续，并未形成新保单，既属原保单，自杀免责期便应当自原保险合同成立开始计算。其主要理由是：除了复效申请书中的新告知内容，复效合同的其他内容性质上属于原合同，而在保险法上，对被保险人危险状况的新陈述，除了影响告知义务和不可抗辩条款的适用，对包括自杀免责条款在内的其他制度并无影响。对此，汉德法官指出："复效保单自原保单签发之日起计算各类制度的期间，尽管可能会出现例外，但至少自杀免责条款不是其中的一个，它仍然遵守一般规则。"② 除此之外，笔者认为还有第二个理由支持后一种观点，即，与复效后产生自杀念头相比，合同效力中止期间产生自杀念头的可能性较小，特别是保险合同在订立时尚无自杀念头，合同中止期临时产生自杀念头，并具有相当的保险知识，能够想到通过复效制度博取保险金的可能性非常之小。我国《保险法》自复效之日起算自杀免责，是将这种极小可能之情况当作经常发生的情况处理，也是立法者认为人性本恶的表现。这种立法前提的假设，必然导致法律条文的不合理。因此，我们认为，自杀免责期的起算，原则上应自合同成立，而非合同复效之日起算。不过，我们也无法完全排除被保险人在合同效力中止期产生自杀动机，并通过复效博取保险金的可能性，这样的小概率事件，应当通过例外来规定，即，如果保险人确能证明被保险人在效力中止期已产生自杀动机，并存在通过合同复效获取保险金的意图，则保险人仍可拒赔。

总而言之，复效的保险合同在性质上属于原合同与新告知内容的特殊组合合同。基于复效合同的这一性质，投保人于订立保险合同时已告知的内容，在合同复效时无须再为告知，订立合同时已告知事项的抗辩期间应自合同成立时起算。相反，投保人对保险人在复效申请书中提出的新问

---

① 吴定富主编：《〈中华人民共和国保险法〉释义》，中国财政经济出版社2009年版，第117页。

② Tatum v. Guardian Life Insurance Co. 75F. 2d 476（2d Cir. 1935）.

题，必须履行如实告知义务，否则保险人可以解除已经复效的保险合同，并拒绝赔付，对新告知内容的抗辩期间，应当自保险合同复效时开始计算。关于自杀免责期的时间起算，原则上应当自保险合同成立时，而非复效时开始计算，但如果保险人能够证明被保险人在合同效力中止期间已产生自杀动机，并存在通过复效制度博取保险金的意图，则保险人仍可就自杀行为予以拒赔。

四 复效之时点：自动复效与可保复效的区分

依我国现行《保险法》，复效之条件为双方达成协议及投保人补交保险费，二者均具备保险合同方能复效。不过，如前文所述，此种复效模式偏惠于保险人，应予摒弃，转采宽松的可保主义模式。在宽松的可保主义模式下，保险合同复效的时点又当如何确定，是这一模式必须解决的问题。由于宽松的可保主义将复效却分为自动复效主义与可保主义两个阶段，故下文区分自动复效与可保复效两个层次讨论复效的时点问题。

在自动复效主义模式下，保险合同的复效时点取决于保险人收受保险费的时点。复效之条件本应有三个：投保人申请、补交保险费、以及提供可保证明，但在自动复效主义模式下，如果投保人补交保险费，该行为亦可认定为投保人申请复效，并且，自动复效不需投保人提交可保证明，这就使得保险合同复效的条件仅剩投保人缴纳保险费一个，因此，只要投保人缴纳保险费，保险人接受，自保险人收受保险费之时起，保险合同自动复效。当然，投保人缴纳保险费的方式不同，保险人接受的方式亦有不同，譬如，在投保人亲往保险公司补交保险费时，公司业务员接受保险费的时间可以作为保险合同复效的时点；在投保人将保险费交给保险公司代理人时，该代理人接受保险费视为保险合同复效；在保险公司通过银行转账的方式收取保险费时，保险费进入保险公司账户时视为保险合同复效之时。

在可保复效主义模式下，保险合同复效大致可以分为投保人提出复效要求、保险人要求投保人提供可保证明、投保人提供可保证明、保险人审查可保证明四个阶段，除第一阶段外，保险合同复效的时点可能出现于任一阶段。

在保险人要求投保人提供可保证明阶段，若保险人怠于要求，则保险合同在合理期间经过后复效。在可保主义条件下，出于危险筛选的必要考虑，应赋予保险人要求投保人提供可保证明的权利。作为一项权利，保险人可以放弃行使。于投保人提出复效要求之后，保险人应立即要求投保人提供可保证明，如保险人超过合理期限未要求，在法律上应当认定保险人放弃行使危险筛选权，保险合同于该合理期限经过后自动复效。

在投保人提供可保证明阶段，若可保证明客观上符合理性保险人标准，则保险合同自保险人收到可保证明之日起复效。可保主义的特点在于复效采取客观主义，而非保险人同意的主观主义，即"复效申请不在于是否业经保险人认可，而在于保险单所规定之条件是否已为被保险人所遵行，若被保险人业已完全遵行，则保险人之行为或不行为应无关紧要。"[①]如果可保证明的客观标准为理性保险人标准，则只要可保证明符合理性保险人标准，即使保险人不同意复效，保险合同亦自保险人接受可保证明之时起当然复效。这一时点对法院审理可保证明审核期间的保险事故纠纷特别重要，如果被保险人在保险人审查可保证明期间死亡，可保证明又符合理性保险人标准，则保险人应当赔付。美国法院对此态度非常明确，例如，在保伊诉银行家寿险公司一案中，[②]投保人兼被保险人递交了复效申请书，提供了令理性保险人满意的证明，并且满足了保单复效的其他条件，在保险人批准其复效之前，被保险人驾车不慎驶出桥外，坠河溺死。法官认为："如果保单包含复效条款，投保人在规定期间递交了无格式或实质错误的可保证明，并补缴保险费及利息；而被保险人又完全符合保单规定的条件，且因其可保证明以外的意外原因死亡，那么，保单自递交复效申请书且补缴保险费之日起复效。"

投保人提交符合理性保险人标准的可保证明保险合同即复效，这是一般规则，但这一规则也有例外，在保险人审查可保证明期间，即使可保证明不符合理性人标准，保险合同也可能复效，这主要是指保险人不合理地拖延审查可保证明的情形。保险人不合理地拖延审查，将导致保险合同不

[①] 施文森：《保险法论文》（第二集），三民书局1988年增订4版，第297页。
[②] Bowie v. Bankers Life Co., 105 F. 2d 806 (10th Cir. 1939).

能及时复效，对保险合同双方均无益处，为了敦促保险人及时审查，美国学者认为，在保险人不合理地拖延审查的情况下，不仅于可保证明符合理性保险人标准时保险合同应当复效，即便在可保证明不符合理性人标准时，保险人的不合理拖延行为也应被视为保险合同效力已经恢复。[1] 例如，审理沃尔德纳诉大都会人寿保险公司一案的法官认为，如果保险人无故搁置复效申请的处理工作，则意味着其主动放弃拒绝保单复效的权利。他指出："被告（保险人）不能无期限地搁置复效申请书，同时又不拒绝复效申请，且不能在被保险人死后较长时间内不给付保险金，从而以被保险人未提供令人满意的可保证明为由逃避给付责任。"[2] 那么，保险人审查可保证明的合理期间应当如何？笔者认为，保险人审查可保证明的期限可设计为十五日，超期未拒绝复效者，无论可保证明是否符合理性保险人标准，保险合同均自十五日经过后恢复效力。

值得注意的是，上述保险合同复效的时点，建立在投保人已经缴纳保险费的基础上。由于缴纳保险费和提交可保证明均可以被视作投保人已经提出复效要求，故而保险合同的复效条件实际上只有缴纳保险费和提交可保证明两个。如投保人于上述时点尚未缴纳保险费，则保险合同至保险费缴纳时复效。[3]

简言之，保险合同复效的时点，应区分自动复效与可保复效两种情形：在自动复效的情况下，保险人缴纳保险费合同即复效；在可保复效的

---

[1]　William R. Vance, *Handbook on the Law of Insurance*, West Publishing Co., 1951, p. 601.
[2]　Waldner v., Metropolitan Life Insurance Co., 87 P. 2d 515 (Kan. 1939).
[3]　保险合同复效的两个条件之关系，世界有两种模式：日本保单条款通常约定以保险费交付为绝对复效要件：（1）在保险人同意复效后，要保人清缴欠缴保险费者，于保险人受领欠缴保费时生效；（2）保险人于同意复效前，受领欠缴保费者，于受领欠缴保费时生效。即，保险人一旦收取欠缴保险费，保险合同即刻复效。美国则规定保险合同复效须两条件同时具备，仅收取保险费并不足以使保险合同复效。两种立法例之差别，在于日本采取了同意主义，而美国采取了可保主义。在同意主义下，保险人收取保险费合同即复效的做法有其合理性，由于复效与否的控制权完全掌握在保险人手中，为了杜绝保险人随意收取保险费，随后发生保险事故却不同意复效现象的发生，应当规定保险人收取保险费即视为同意复效。但日本的这一做法使得保险人丧失了危险筛选权，增大了保险团体的危险性。美国赋予保险人危险筛选权的做法相对较为合理，但也可以借鉴日本不允许提前收取保险费的做法，不过，如果规定保险人收取补缴保险费合同即复效显然剥夺了保险人的危险选择权。在保留保险人危险选择权的基础上，可以由保险监管机关规定，如保险人提前收取保险费，给予一定的行政处罚，以此防止保险人提前收取保险费的行为。

情况下，复效时点因复效阶段的不同而不同，在保险人要求投保人提供可保证明阶段，如果保险人在合理期间（5日）内未要求投保人提供可保证明，保险合同自该合理期间经过起复效；在投保人提供可保证明阶段，若可保证明客观上符合理性保险人标准，保险合同自保险人收到可保证明之时起复效；在保险人审查可保证明期间，如果保险人不合理地迟延审查，无论可保证明是否符合理性人标准，保险合同亦自合理期间（15日）经过起复效。不过，纵有上述时点到来，若投保人未缴纳保险费，则保险合同应自投保人缴纳保险费之时复效。

五 补缴保险费：中止期保费与利息的问题

我国《保险法》规定："经保险人与投保人协商并达成协议，在投保人补缴保险费后，合同效力恢复。"但"补缴保险费"的范围并未明确规定。在理论上，在保险合同效力中止之前，由于保险人已经为被保险人承担了风险，投保人应当补缴该期间的保险费，并承担保险费的利息，此点不存争议。争议之处在于：中止期之保费应否交付及保险费之利息应否交付。

美国各州保险法多规定投保人应缴纳中止期保费及利息，且该利息应以6%之复利计算。美国保单示范条款也规定："所有未缴纳的应付保费必须缴清，从保费到期日至复效日，按年复利6%计算。"日本寿险保单多规定要保人应缴清自保费到期日至复效日为止各期欠缴保费。[①] 我国保险实务中，保险人亦通过保险合同约定收取中止期保费及利息，例如，新华人寿保险公司吉利相伴A款两全保险（分红型）保单约定："本合同效力中止后两年内，您申请恢复本合同效力的，应填写复效申请书，并按本公司规定提供被保险人健康申明书或体检报告书，经本公司审核同意，双方达成复效协议，自您补缴保险费及中止期欠缴的利息后的次日零时起，本合同效力恢复。"而该保单对利息的解释，亦为复利。

笔者认为，保险人与投保人平均分担保险费及利息较为合理。美国、日本、我国的实务中忽视了保险人于合同效力中止期间不承担保险责任的

---

① 林勋发：《保险契约效力论》，作者1996年自版，第242页。

事实。保险合同效力中止期间，各国均规定保险人不承担保险责任，保险人既然不承担保险责任，便无权收取该期间的保险费及利息，若保险人不承担中止期保险责任，却可以收取保险费，甚至包括该保险费之利息，对投保人更是不公。至于保险人承担的风险增加，自有可保证明制度予以保障。因此，较为公平之制度设计，应为保险人与投保人分担合同效力中止期间之保险费。考虑到保险合同效力中止之过错在于投保人未缴保险费，双方可平均分担保险费，平均分担之制度，虽不能达到绝对公平，但较之允许保险人收取或者禁止保险人收取全部中止期保费的制度，更加趋近于公平。当然，在此制度下，投保人所应承担保险费部分的利息，亦应一并缴纳。

综上，中止期之前的保险费及其利息，投保人应当补缴，中止期内的保险费及其利息，应当由保险人与投保人分担。

六　代结论：复效制度之修改建议暨司法解释之方向

我国《保险法》第 37 条关于复效制度的规定，于 1995 年《保险法》颁布以来，历经两次修法，并无太大变化。但是，与其他国家或地区的同一制度相比，我国的规定存在明显缺陷，应予修改。笔者尝试将上述研究结果条文化，供未来修法参考。据悉，最高人民法院正在起草《保险法司法解释二》，本文提出的不成熟修法建议，亦可作为最高人民法院起草司法解释条文之参考。条文如下：

"合同效力依照本法第 36 条中止的，自合同效力中止之日起 2 年内，经投保人提出申请，保险合同可以复效。

保险人依照本法第 36 条第 1 款催告投保人支付当期保险费的，自保险合同效力中止之日起六个月内，投保人补缴应缴保险费及利息后，保险合同自保险人收受保险费之日起自动复效。保险人未依本法第 36 条第 1 款催告投保人支付当期保险费的，自保险合同效力中止之日起一年内，投保人补缴应缴保险费及利息后，保险合同自保险人收受保险费之日起自动复效。

自上款规定之六个月或一年后，保险人可于投保人申请复效之日起 5 日内要求投保人提供被保险人之可保证明，除被保险人之危险程度以理性保险人标准衡量已达拒绝承保外，保险人不得拒绝合同复效。保险合同复效之时点自保险人收取符合要求之可保证明之时起计算。保险人未于5日内要求提供可保证明，或于收到可保证明后15日内不为拒绝的，视为同意保险合同复效。

投保人应就保险合同效力中止期间的重要事项履行如实告知义务，投保人违反如实告知义务的，保险人可以解除合同，保险人解除合同适用本法第16条第3款（不可抗辩条款）之规定。

以被保险人死亡为给付保险金条件的合同，保险合同复效后，被保险人自杀的，如自杀发生于保险合同成立后2年内，保险人不承担给付保险金的责任。

本条第2款涉及之应缴保险费及利息，包括保险合同复效前投保人应补缴之保险费及银行同期利息，但中止期内之应缴保险费及利息，由保险人与投保人平均分担。"

附录　其他国家或地区关于保险合同复效的规定

●美国纽约州《保险法》第3203条：

除退保金耗竭或展期保险满期外，在保单失效后三年内，投保人可以申请保单复效。投保人必须递交复效申请书，提交令保险人满意的证明。

●加拿大魁北克《民法典》第2431条：

个人生命保险因不支付保险费被解除的，如在解除之日起2年内保单持有人申请恢复其效力，并证实被保险人仍符合被解除合同所要求的成为被保险人的条件的，保险人应恢复个人生命保险合同的效力。

●韩国《商法》第650条之二：（保险合同的复效）

根据第650条第2款的规定，保险合同已终止但未支付终止返还金的，投保人在一定期间内，支付保险滞纳金及约定的利息，则可请求恢复该合同。第638条之2的规定适用于此情形。

●德国《保险合同法》第 38 条：（迟延支付后续保费）

1. 如果保单持有人未及时缴纳续期保险费，保险人可以就其费用设置不少于两周的交费期限，并以书面方式通知保单持有人。保险人的书面通知须告知保单持有人拖欠保费的本金和利息，并根据本条第 2 款和第 3 款的规定告知该期限届满的法律后果，否则该期限不产生法律效力。

2. 如果保险事故发生在上述期限届满后，并且投保人仍未支付保险费本金及利息，则保险人可以免于承担保险责任。

3. 在上述期限届满后，只要投保人仍未缴纳保险费本金及利息，保险人可以不经事先通知而终止保险合同。保险人可以在要求投保人支付保险费的书面文件中，向投保人明确说明，如保险期限届满后投保人仍未支付保险费本金及利息的，保险合同即告终止。如果投保人在保险合同终止后或在上述给付期限届满后 1 个月内支付了保险费本金及利息，若保险事故尚未发生的，则可排除终止合同之效力。

专题九 "禁止诉追保费原则"之扩张适用

——从《保险法》第38条谈起

【摘要】 我国《保险法》将"禁止诉追保费原则"限制适用于人寿保险，主流解释认为，在人寿保险中，该原则对一次交付或分期交付之首期保费并不适用，只有续期保费不得通过诉讼方式请求。此种解释的理由值得怀疑，对于一次交付或首期保费的交付，以"契约必须遵守"等理由支持诉追保费，难谓充分；对于续期保费，以"不得强制储蓄"和"情事发生变更"作为理由亦有瑕疵。"禁止诉追保费"的真正理由乃是"不得强制保险"，民法上的依据是不完全债权理论。在此理论支持下，"禁止诉追保费原则"应扩大适用于所有保险。保险人虽不得以诉讼方式追讨保费，但可以在合同中约定，投保人未交保费则保险人不再承担保险责任，以此规避该原则带来的不利后果，但该约定须书面通知投保人。

【关键词】 诉追保费；不得强制保险；不完全债权救济

顾名思义，"禁止诉追保费原则"，乃是保险人不得通过诉讼之方式向投保人追索保险费的规则。我国《保险法》第38条规定："保险人对人寿保险的保险费，不得用诉讼方式要求投保人支付。"便是这一规则的体现。惟须注意者，1995年我国《保险法》颁布之时，该规则的适用范围为"人身保险"，亦即，在人寿保险、健康保险、意外伤害保险中，保险人均不得以诉讼方式向投保人追讨保险费，然2009年修订《保险法》时，立法上将其适用范围被限于"人寿保险"，于意外伤害保险、健康保险不再适用。① 不仅如此，理论界于解释上再次对"禁止诉追保费原则"的适用范围加以限制，认为其仅适用于人寿保险中分期交付之"续期保险费"，对人寿保险一次交付之保险费或分期交付之首期保险费，则不适用"禁止诉追保费原则"。然而，英美法系的通说认为，在所有保险中，投保人如果没有履行支付保险费的义务，保险人通常是无权强迫投保人支付的，保险人唯一的救济就是不再承担保险责任，而不能通过诉讼迫使投保人支付保费。② 也就是说，在英美法系国家，"禁止诉追保费原则"的适用范围要大得多。理论上，各种保险的保险费在本质上并无太大差别，均为风险保障之对价，似不宜区别适用"禁止诉追保费原则"，我国《保险法》关于"禁止诉追保费原则"的规定是否应当扩张解释，颇值研究。

一 人寿保险"禁止诉追保费"的立法解释

依据投保人交付保险费的方式，学理上对"禁止诉追保费"分别处理。投保人交付保险费之方式，有一次交付与分期交付之别，对于分期交付，又可分为首期保费之交付与续期保费之交付两种。由于一次交付与分期交付之首期保费交付具有相似性，学说上一般将二者相提并论，从而将保费交付之方式分为"一次交付或首期保费之交付"与"续期保费之交付"两种。我国通说认为，对上述两种方式应当区别对待，前者不应当适用"禁止诉追保费原则"，只有后者才能适用该规则。③

（一）一次交付及首期交付之保费适用之否定

对一次交付之保费或分期交付之首期保费不适用"禁止诉追保费原

---

① 立法上将"禁止诉追保费原则"限缩于人寿保险领域的理由大致为："修改《保险法》过程中，学者们提出，人身保险包括人寿保险、健康保险、意外伤害保险等，健康保险和意外伤害保险的保险费，与财产保险的保险费，并无性质上的差别，若根据前述规定，保险人一概不能以诉讼请求投保人支付恐违反法理，因此，修改后的《保险法》规定，保险人对人寿保险的保险费，不得用诉讼方式要求投保人支付。"参见奚晓明《〈中华人民共和国保险法〉保险合同章条文理解与适用》，中国法制出版社2010年版，第259页。

② 参见［美］小罗伯特·H.杰瑞、［美］道格拉斯·R.里士满：《美国保险法精解》，李之彦译，北京大学出版社2009年版，第258页。

③ 参见樊启荣《保险法》，北京大学出版社2011年版，第81页。

则",其理由大致有四:其一,基于"契约必须遵守原则"。这一理由认为,在人寿保险合同签订之后,双方当事人必须依照契约的约定履行义务,而投保人的义务是支付保险费,如果其拒绝支付,对方当事人当然可以以起诉的方式要求其履行义务。有学者指出:"盖保险契约乃基于要保人与保险人之合意所订,且其本质为'有偿契约',故必有交付保险费之约定,基于'契约必须遵守原则'(pacta sunt servanda),要保人以此保险契约而生的给付保险费之义务,自须履行无疑。"① 其二,投保人在订立契约时,应当考虑是否能够支付保险费,若订立契约后不能支付,投保人接受强制支付之后果。如学者所言:"投保人在保险合同订立时,应自量第一次应交保险费的经济能力,不会出现预料不到的经济窘境。若到时无法交付,保险人解除合同或以诉讼方式强制履行,对投保人并无不公。"② 第三,我国《保险法》第36条规定,分期付款的人身保险合同,投保人支付首期保险费后,到期未支付续期保险费的,可以适用保险合同中止制度及最终解除制度保护保险人之利益。但对一次性交付与首期保费却无合同中止制度适用之规定,如此,倘不赋予保险人诉追保费的权利,保险人将陷入束手无策之境地,造成投保人及被保险人享受保险保障,却无须给付作为对价之保费,不啻容许无偿的保险契约存在,违反保险之有偿性本质。③

(二) 续期交付之保费适用之肯定

对分期付款之续期保险费适用"禁止诉追保险费原则",理由主要有二:其一,"交费情事发生变更",在投保人交付情事发生变化的情况下,若允许诉追保费将导致投保人生活进一步恶化,与投保人购买保险之目的相悖。这一理由认为:"人寿保险一般期限较长,每年的保费远大于健康保险和意外保险,要求投保人按合同约定持续不断支付保险费,对投保人来说也会有一定的困难,尤其是在投保人的经济能力出现问题的情形下,如果强令其必须交纳,则更增加了其负担,违背了人寿保险保障生活的立

---

① 江朝国:《保险法逐条释义》(第四卷:人身保险),元照出版有限公司2015年版,第490页。
② 吴定富:《〈中华人民共和国保险法〉释义》,中国财政经济出版社2009年版,第104页。
③ 参见江朝国《保险法逐条释义》(第四卷:人身保险),元照出版有限公司2015年版,第490—491页。

法目的。"① 其二，不得强迫储蓄。这一理由认为：人寿保险之保费交付，具有储蓄性质，对于储蓄而言，应遵守"自愿原则"，若当事人不愿储蓄，对方当事人不得强迫，在保险合同，则是不得以诉讼方式强制投保人交付保险费。如学者所言："人寿保险的保险费由两部分组成，危险保险费与储蓄保险费。前者是根据每年的危险保险金额计算而得的保险费，后者是投保人的储蓄金，以责任准备金的形式积存。因此，人寿保险保费中储蓄保险费具有储蓄性质，最后将以保险金的形式返还给投保人。综上，对人寿保险的保险费，如果赋予保险人以诉讼的方式予以主张，则无异于强制储蓄，有违自愿原则。"②

二 人寿保险"禁止诉追保费"解释理由之怀疑

对于上述"禁止诉追保费"于人寿保险之适用解释理由，笔者颇有怀疑。

（一）一次交付或首期保费可得诉追理由之怀疑

一次交付或首期保费可得诉追之第一个理由为"契约必须遵守原则"，但这一理由可能与投保人的终止合同的意愿相违背。不可否认，通常情形下，合同生效后，当事人必须依据合同履行，然而，这不是说当事人只能以履行合同的方式终止合同。合同履行过程中，若当事人意欲终止合同，如不违反公共利益，法律无由反对，该当事人只需承担法律责任即可。这一原理在人寿保险合同中亦应适用，保险合同订立后，若投保人遇有特殊情况无法支付保险费，甚至主观上不再愿意购买保险，应当允许其以承担法律责任的方式终止合同履行，在有利于保险人的"契约必须遵守原则"和有利于投保人的"终止合同履行"之间，法律似应选择有利于投保人的"终止合同履行"，原则上不允许保险人以诉讼方式要求投保人支付保险费。

一次交付或首期保费可得诉追的第二个理由是"投保人应自量交费能

---

① 奚晓明：《〈中华人民共和国保险法〉保险合同章条文理解与适用》，中国法制出版社2010年版，第259页。

② 同上。

力",但投保人的投保计划可能因其他情况发生改变,诉追保险费显得不合情理。订立保险合同时,投保人当然应当考虑自己是否具有交费能力,然而,计划赶不上变化的事情时有发生,投保人的交费能力可能在数天内突然降低,此时允许保险人诉追保费,将会导致投保人雪上加霜。即便投保人的交费能力没有下降,而是投保意愿有所改变,法律亦不应允许保险人诉追保费,其中原因可根据"举重明轻"原理得知。众所周知,长期人身保险设有冷静期制度,此制度规定:在投保人交付首期保费之后,可在十日内考虑是否购买该保险,若十日内决定不再购买,则投保人可以解除合同,保险人应在收取工本费后无条件退还所缴保费。交付首期保费后尚且如此,未交付任何保费之时,更应允许投保人解除合同,而不是赋予保险人诉追保费的权利。

一次交付或首期保费可得诉追的第三个理由是"保险人没有其他救济手段",即"若不允许诉追保费,保险人将束手无策,则是允许无偿保险之存在",这一理由低估了保险人的应对能力。这一理由认为,法律对分期付款之续期保费的迟延交付规定了应对措施,但对一次交付或首期交付的保费的迟延交付则未规定救济措施,故而保险人对一次交付或首期交付保费的迟延束手无策。但事实上,保险人完全可以通过合同约定的方式应对,例如,保险合同可以约定,若投保人不支付一次交付或首期交付之保险费,保险人不予承担保险责任。这一约定在一些国家甚至被上升为法律,典型的立法是韩国《商法典》,该法典第656条规定:"若无其他约定,保险人的责任自其收到首期保险费时开始。"通过诉讼解决纠纷是最后一条救济手段,在此之前,若保险人可以采取其他措施自力救济,则赋予保险人诉追保费的必要性必将降低。

综上,对一次交付及分期缴付之首期保险费,似不得以诉讼方式追讨为佳。

(二)续期保费不得诉追理由之怀疑

续期保费不得诉追的第一个理由"交费情事发生变更"较为有力,毕竟保险之目的在于使人们的生活更美好,而不应因保险而使生活雪上加霜。[①]

[①] 投保人"交费情事发生变化"的理由,虽有瑕疵,但整体上是合理的,本文将在第三部分对其展开论述。

但第二个理由,即不得强制储蓄之理由却颇值怀疑。

保险学上"人寿保险的储蓄性",来自保险费平准计算的方法。① 人寿保险之储蓄性来源可作如下描述:"一般而言,人之年龄愈大,死亡之可能性愈高,故通常死亡保险,每因被保险人年龄之增长,而须逐渐增加其保险费……逐年递增缴纳保险费之方式……谓之自然保险费……然而人之年龄愈大,其职业收入可能愈少,但其保险费之数额却愈来愈多,因此时常发生保险费欠交或延交之现象,令保险人甚感困扰,因此保险公司对于计收保险费之方法,往往改采平均方式。"② 此即目前实务所采纳之平准保费方式,"即将总保险费分为数期额度相当的保费分期缴纳,换言之,将危险率较高的后期保费平均摊付于各期保费中,以回避窘境。因此在寿险契约初期危险率较低之阶段,要保人所缴付之保费多半高于保险成本,形成溢缴保费暂存于保险人处,其所有权仍属要保人所有,惟保险人得代于保管运用之情形……此即保单之'不丧失价值',实务上皆以'保单价值准备金'表彰该价值。"③ "此种平准保费制度,能够产生投保人的储蓄,而为节约价值的唯一来源。"④

然而此种储蓄性,与传统储蓄差异较大,在法律上似不可看作一种储蓄。人寿保险所谓之储蓄性,在互助性、技术性、领取数额、处分自由度等方面与传统储蓄差别甚大,⑤ 此点已是保险界之共识。关键问题在于,从保险保障与保费消耗之关系看,前期交付保费所生之"保单价值准备金",于保障后期会被作为保险费而用尽,既然前期所积累之多于保费最终用尽,自不能谓之储蓄。尽管在保险学上,终身寿险和定期两全保险的保单价值准备金慢慢增加,最后等于死亡给付或期满给付,但自法律的角度看,数额上的相等并不能代表其就是一种储蓄,保险人最终赔付之保险金,应当是保险人基于保险合同对被保险人承担的责任,不宜看作投保人

---

① 参见袁宗蔚《保险学——危险与保险》,首都经济贸易大学出版社2000年版,第636页。
② 林群弼:《保险法论》,三民书局2002年版,第591—592页。
③ 江朝国:《保险法逐条释义》(第四卷:人身保险),元照出版有限公司2015年版,第490—491页。
④ 汤俊湘:《保险学》,三民书局1998年版,第482页。
⑤ 参见陈云中《人寿保险的理论与实务》,三民书局1992年版,第5页。

所交保费之储蓄所得。故而，从法律关系角度，我们对人寿保险是否具有储蓄性存在怀疑。倘若对人寿保险的储蓄性不予认定，则以"不得强制储蓄"作为理由禁止诉追保费，自然无法立足。

即便认定人寿保险具有储蓄性，对我国将"禁止诉追保费"的规则限制适用于人寿保险，我们仍有如下疑问：

第一，不具有储蓄性质之定期人寿保险，缘何亦不得以诉讼方式要求支付？在人寿保险中，终身寿险与两全寿险具有上述所谓之储蓄性，但"各种形式之定期保险，完全为保障需要之目的，因定期保险并无现金价值，故无储蓄性质之存在。"① 定期寿险既无储蓄性可言，以"不得强制储蓄"作为禁止诉追之理由当不成立。

第二，在健康保险中，亦有存在保单价值准备金者，缘何此种保险亦得诉追保费？例如，中国人民健康保险股份有限公司开发的"关爱专家终身重疾个人疾病保险"条款中存在"因上述情况导致被保险人身故或初次发生合同约定的重大疾病的，本合同效力终止，本公司向投保人退还本合同的现金价值。"可见，本款产品含有现金价值，②而现金价值是保单价值准备金的另一种说法。这说明，健康保险中亦有诸多具有所谓之储蓄性者，且为长期保险。若依"不得强制储蓄"之原理，此类保险亦不得以诉讼方式要求保险费，但依我国《保险法》之规定，健康保险则可以诉讼方式追交，于此，"不得强制储蓄"之理由难以解释。

第三，一次交付、首期交付之保费与续期保费同具储蓄性，缘何仅对续期保费不得诉追？在保险理论上，一次交付的保费、首期保费、续期保费均存在保单价值准备金，甚至一次趸交之保费，其产生的保单价值准备金更大，缘何对一次交付之保费或首期保费可得以诉追，对续期保费则不得诉追？对此，有学者认为："首期保险费与续期保险费一样，均有储蓄

---

① 袁宗蔚：《保险学——危险与保险》，首都经济贸易大学出版社2000年版，第639页。
② 许多长期性健康保险中均含有现金价值，譬如，幸福人寿保险公司的"幸福附加聚宝重大疾病保险"条款在责任免除部分规定："发生上述第1项情形导致被保险人身故的，本附加险合同效力终止，我们向具有受益权的受益人退还本附加险合同的现金价值。发生上述其他情形导致被保险人身故的，本附加险合同效力终止，我们向您退还本附加险合同的现金价值。"

性的性质，续期保险费因储蓄性不得以诉讼的方式请求，首期保险费以理亦不得以诉的方式请求。"①

由上可知，储蓄性可能并非决定是否赋予保险人诉追保费权利之依据。某些具有储蓄性之保险产品，如长期健康保险，依法可以诉追保费，而另外一些不具储蓄性的保险产品，如定期寿险，依法却不能够诉追保费，于此可见，具有储蓄性并非是否赋予保险人诉追保费权利的依据。而一次交付或分期缴付保险费，均具有储蓄性，亦不能以"一次交付保险费或首期交付保险费"与"续期保险费"为标准，决定是否赋予保险人诉追保费的权利。

（三）小结

依我国《保险法》，对约定一次性交付之保险费，以及约定分期交付之首期保险费，保险人可得以诉讼方式要求投保人支付，其理由不外"契约必须遵守""投保人应自量交费能力"以及"保险人没有其他救济手段"。然而，在保险交易这种特殊交易面前，这些理由似乎均不够充分，"契约必须遵守"在与"投保人终止合同之权利"的角力中并未占据上风；"投保人应自量交费能力"必须接受交费能力突然下降的挑战；"保险人没有其他救济手段"的说法更是子虚乌有，实践中保险人往往采取不补交保费则不承担保险责任的方法应对。因此，首期保费可以诉追的三个理由值得怀疑。同时，对分期缴付之续期保费，我国《保险法》规定不得以诉讼方式要求投保人支付，但其"不得强制储蓄"的理由似乎很难立足。一方面，从法律角度看，人寿保险是否具有储蓄性不无疑问；另一方面，即便人寿保险具有储蓄性，以"不得强制储蓄"作为禁止诉追保费的理由也需要面对三个疑问：第一，不具有储蓄性质之定期人寿保险，缘何亦不得以诉讼方式要求支付？第二，健康保险中，亦有存在保单价值准备金者，缘何此种保险亦得诉追保费？第三，一次交付、首期交付之保费与续期保费同具储蓄性，缘何仅对续期保费不得诉追？在这三个疑问面前，储蓄性作为"禁止诉追保费"的理由摇摇欲坠。惟余"交费情事发生变更"作为

---

① 樊启荣、郑光勇：《论保险费的交付与人寿保险合同的成立》，载贾林青主编《海商法保险法评论》（第三卷），知识产权出版社2010年版，第158页。

"禁止诉追保费"的理由有其合理性。

三 "禁止诉追保费原则"扩张解释之理由及其法学阐释

(一)"禁止诉追保费"扩张解释之理由:禁止强制保险

上文已述,"不得强制储蓄"作为"禁止诉追保费"之理由很难立足,则"禁止诉追保费"的理由惟余"交费情事发生变更"。不过,"交费情事发生变更"的提法并不准确,"禁止诉追保费"的真实理由在于诉追保费违背投保人之保障初衷,不啻强制投保人购买任意保险。

"交费情事发生变更"本身并不是"禁止诉追保费"的理由。学者所论"交费情事发生变更",多指投保人可能因经济能力下降,导致无法交付保险费之情形。然而经济能力下降,并不能阻却债权人通过诉讼要求履行债务,正如一个普通的买卖合同,即便买受人经济能力下降,亦不能阻止出卖人通过诉讼要求其支付对价。因此,"交费情事发生变化"不足以阻却诉追保费。

阻却诉追保费的真正原因在于,诉追保费有违投保人的投保意愿,涉嫌强制投保人购买保险。自愿性商业保险合同与普通合同有所不同,其更加强调投保人对购买产品的自愿性,有学者甚至将"公平自愿原则"作为保险合同法的基本原则。① 其原因在于,保险之目的在于保障生活,使生活更加美好,若强制投保人投保,一方面违反合同自由原则,另一方面,因商业保险需要支付保费,可能降低投保人的日常生活水平,与保险保障生活之目的相违背,因而,是否购买商业保险,必须由投保人根据自身情况自愿选择。不仅如此,尊重投保人的购买意愿,也体现在保险合同已经开始履行之后,例如,前述保险冷静期制度之规定,使得投保人可以在冷静期内任意解除合同,摆脱合同之约束,而不承担违约责任。又如,在冷静期之后,《保险法》尚赋予投保人随时解除合同的权利,对这种合同解除,保险人亦不得追究投保人之违约责任,学者称其为"投保人的任意解除权",投保人享有之任意解除权,可以解读为"投保自愿,退保自由",

---

① 参见傅廷中《保险法学》,清华大学出版社2015年版,第94页。

即"不得强制保险"的理念。若允许保险人诉追保费,乃属强制投保人履行合同,与强制投保人投保实质相同,违反"不得强制保险"之原理。

韩国保险法界对"不得强制保险"似乎有着更为准确的认识,其认为:"鉴于保险属于投保人自发应对危险的一种方式,如果投保人不缴纳保险费,则意味着其不再愿意通过保险的方式应对危险,若仍然强迫其继续参保,反而有违保险的本意,所以在实践中几乎未发生保险人行使保费请求权的案例。"①

"不得强制保险"的原理,使得"禁止诉追保费原则"可能扩展到各种交费形式。对于人寿保险之续期保费,《保险法》规定不得诉追,这完全符合"不得强制保险"之理念,无需赘论。一次交付或分期交付之首期保费,如前所论,以诉讼方式追讨并不适宜。并且,自"不得强制保险"的视角观之,对已经开始履行的合同尚且允许投保人解除合同,且不承担违约责任,一次交付或分期交付之首期保费未交付者,属于尚未开始履行之情形,亦不得允许保险人诉追保费以履行合同。据此,无论是一次交付之保费、分期交付之首期保费,抑或是分期交付之续期保费,均不得以诉讼方式要求投保人交付。

"不得强制保险"的原理,亦使得"禁止诉追保费原则"可能扩展到所有险种领域。人寿保险领域不得诉追保险费已有立法规定,② 自不必说。于意外伤害保险和健康保险领域,我国 2009 年修改之前的《保险法》亦规定不得诉追,实践中并未出现任何问题,修改之理由为:意外伤害保险及健康保险与财产保险一样,都是以不确定的危险为保险事故,投保人交付保险费都与保险人承担保险责任构成对价,一旦保险合同生效,投保人就必须受其约束。③ 但这一修法理由忽略了"不得强制保险"的理念,赋予保险人诉追保费之权利,事实上,即便在财产保险领域,"不得强制保险"的理念也是正确的,在一次性交付保险之财产保险或分期交付之财产保险,若合同订立之后投保人未能交付保险费或未交首期保费,说明投保

---

① 崔吉子、黄平:《韩国保险法》,北京大学出版社 2013 年版,第 52—53 页。
② 譬如法国《保险合同法》第 L132-20 条第 1 款,以及我国《保险法》第 38 条。
③ 参见吴定富《〈中华人民共和国保险法〉释义》,中国财政经济出版社 2009 年版,第 104 页。

人的投保意向有所变化，以诉讼方式追讨保费，显然违背投保人的意图，系属强制投保。在分期付款之财产保险，若续期保费未交，则以诉讼方式追交，亦为强制投保人继续履行保险合同，此与投保人可以任意解除保险合同之理念相左，相当于强迫投保人续保下一期限之保险，当属强制保险。如此，即便在财产保险中，亦可适用"禁止诉追保费原则"。故而，这一规则可适用于任何保险领域。

（二）"禁止诉追保费原则"之法学阐释：不完全债权理论

对于普通合同来说，合同既已订立，双方当事人应当履行义务，特别是合同已经开始履行之后，债权人通常有权通过诉讼要求债务人履行义务，惟保险合同之保险人不得通过诉讼请求保险费，此种情形，于法学上如何解释？笔者以为，可用不完全债权理论解释。

债法理论上的完全债权与不完全债权，是以债权是否存在瑕疵为标准的一种分类。完全债权是指"在运行中能行使债权的效力或权能而得以实现的债权。"[①] 一项完全债权应当具有"诉请履行力、强制执行力、私力实现力、处分权能及保持力。"[②] 其中，诉请履行力至关重要，其是指债权人通过诉讼请求债务人履行义务的权能，亦是完全债权最基本的权能。与完全债权相对的不完全债权，是指"欠缺债权的效力或权能而不能行使或难以实现的债权。"[③] 一项债权通常因欠缺诉请履行力、强制执行力或者处分权能而成为不完全债权，例如，婚约产生的债权、罹于诉讼时效的债权、因赌博产生的债权等，均为不完全债权。

对于保险人来说，在投保人未能交付保险费之时，其享有的债权因不能通过诉讼请求，故为丧失诉请履行力的不完全债权。在英美法系，早已形成保费不得以诉讼方式追讨的惯例，其认为："被保险人可以明示或暗示承诺缴纳保费，但如果他没有遵守承诺，保险人唯一的救济就是中止履行义务，而无权通过诉讼来迫使对方支付保费。"[④] 如果用大陆法系的债法

---

① 张俊浩：《民法学原理》，中国政法大学出版 2000 年版，第 598 页。
② 王泽鉴：《债法原理》，北京大学出版社 2013 年版，第 68 页。
③ 张俊浩：《民法学原理》，中国政法大学出版 2000 年版，第 598 页。
④ [美] 小罗伯特·H. 杰瑞、[美] 道格拉斯·R. 里士满：《美国保险法精解》，李之彦译，北京大学出版社 2009 年版，第 258 页。

理论解释，不得以诉讼方式追讨保费，即意味着保险人之债权丧失了诉请履行力。① 故有学者指出："按保险费债务为金钱给付之债，性质上并非不适于强制执行，故非上述单纯排除执行力之类型，而系欠缺请求力之不完全债务类型。"②

（三）小结

关于"禁止诉追保费原则"的理由中，唯有"交费情事发生变更"这一理由尚可立足，这一理由的实质核心是：若投保人因经济能力下降，或者因其他原因不愿再继续交付保险费者，保险人强制其交费有违投保人自愿投保之本意，不啻强制保险。以这一实质核心为依据，可以认为，无论以何种方式交付保险费，也无论在何种保险领域，由于不得强制保险之原理存在，均不允许保险人诉追保费，这一规则已为英美法系普遍认同。自债法角度观察，在投保人不交付保险费的情况下，保险人之债权属于不完全债权，此种债权，由于欠缺诉请履行力，故而保险人不得通过诉讼方式要求投保人交付保险费。

四 "禁止诉追保费原则"的不利影响及其救济

（一）"禁止诉追保费原则"对保险人的不利影响

依据我国《保险法》之规定，尽管投保人未交付保险费，保险合同仍然可能生效，保险人亦可能开始承担保险责任。我国《保险法》第13条第1款规定："投保人提出保险要求，经保险人同意承保，保险合同成立。"同条第3款规定："依法成立的保险合同，自成立起生效，投保人和保险人可以对合同的效力约定附条件或者附期限。"第14条规定："保险合同成立后，投保人按照约定交付保险费，保险人按照约定的时间开始承担保险责任。"从上述规定可知，交付保险费并非保险合同成立、生效、承担保险责任的要件，如果对保费交付没有特别约定，自双方当事人意思

---

① 有学者指出，人寿保险中，投保人所负之债务为自然债务，（参见施文森《保险法总论》，三民书局1990年版，第76页，林群弼《保险法论》，三民书局2002年版，第596页。）依债法原理，自然债务即属不完全债务之一种。
② 江朝国：《保险法逐条释义》（第四卷：人身保险），元照出版有限公司2015年版，第488页。

表示一致之时，保险合同即已成立生效，保险人亦开始承担责任，但此时投保人可能并未交付保险费。

在上述情况下，如果禁止保险人诉追保费，对保险人殊为不利。这种不利主要表现在：激励投保人将交付保费拖延至保险事故发生之后。依《保险法》，保险合同通常自成立起生效，保险人开始承担保险责任，又不允许保险人诉追保费，于是，在保险事故未发生的情况下，投保人根本没有动力交付保险费，直到发生保险事故，投保人方才提出交付保险费以换取保险人的赔付，甚至出现保险事故不发生，保险人便不付保险费的情形。这一结果存在三个方面的坏处：第一，不符合保险的本质。保险之本质在于保障偶发性风险，在投保人出险方才支付保费的情况下，保险人面对的则是必然发生的风险。第二，对保险人至为不公。保险人仅收取了少量保费，却需要承担保费数十倍、数百倍的赔付。第三，造成保险公司大量应收保费不能收回，影响保险公司的偿付能力。应收保费是指保险公司应当收取而未收取的保险费，亦是保险公司的一大顽疾，"除了少数公司外，绝大多数财产保险公司每年因此所造成的坏账以数千万甚至数亿元计。"① 而不允许保险人诉追保费，将进一步扩大应收保费的数额，严重影响保险人的偿付能力。

（二）"禁止诉追保费原则"下保险人之自力救济

"禁止诉追保费原则"将保险人通过诉讼方式救济的途径堵死，但保险人仍可寻求自力救济之途径。

对于一次交付或分期交付的首期保费，保险人可以将其约定为保险合同的生效要件，以此避免在未收到保费的情形下承担保险责任。将"交付保险费"作为合同生效的要件，不仅符合合同自由之原理，且符合我国《保险法》之规定。我国《保险法》第13条第3款规定："投保人和保险人可以对合同的效力约定附条件或者附期限。"据此，在保险合同中将"交付保险费"约定为生效要件并不违反法律的规定。并且，这一做法也有法理依据，美国学者认为："支付保险费其实是保险人进行给付的一个

---

① 卞江生：《保险费法律问题》，载贾林青主编《海商法保险法评论》（第二卷），知识产权出版社2007年版，第254页。

条件，而不是被保险人必须履行的义务。"① 保险人若在合同中作此约定，则投保人未交付保费之时，保险合同不生效，保险人自不须承担保险责任。

不过，保险人须将"交付保险费作为合同生效要件"的约定书面通知投保人。之所以必须书面通知投保人，乃是为了防止投保人对"保险合同成立即刻生效，保险人开始承担责任"的误解，明示并强调投保人交付保险费的重要性。对于这一做法，多国立法均已肯定，例如，德国《保险合同法》第37条第2款规定："在保险事故发生时，如果投保人并未支付全部保险费或首期保险费，则除非投保人对未支付上述保险费的行为并无任何责任，否则保险人可以拒绝承担保险责任。只有在保险人已用单独书面通知形式或在保险单中以显著条款告知投保人不支付保险费的法律后果后，保险人才能免于承担保险责任。"《欧洲保险合同法原则》第5：101条规定："如果保险人以投保人支付首期保险费或者一次性支付保险费作为合同成立或者承保开始的条件，则该条件仅在下述情形下有效：（a）保险人以书面形式使用明确的语言将此条件通知投保人，并向其警示不支付保险费便不予承保，且（b）投保人收到符合上述（a）项要求的付款通知两周后仍未支付保险费。"

对于分期交付之续期保险费，可参照人身保险已有的规定进行处理，在投保人迟延支付续期保费的情况下，给予一定的宽限期，在该期限之后，保险人不再承担保险责任。我国《保险法》第36、37条就人身保险中投保人未能交付续期保费的情形作了规定，大致为：在投保人未能支付保险费的情况下，保险人给予至少30日的宽限期，宽限期经过后，如投保人仍未交付保险费，保险合同效力终止，保险人不再承担保险责任。这一规定虽置于"人身保险合同"部分，但其原理对财产保险亦可适用。德国《保险合同法》第38条是关于续期保费迟延支付的法律后果的规定，其第1款规定应当给予投保人至少两周的宽限期，第2款则规定："如果保险事故发生在上述期限后，并且投保人仍未支付保险费本金及利息，则保险人可以免于承担保险责任。"这一做法与我国颇为相似，而德国《保险合同

---

① ［美］小罗伯特·H. 杰瑞、［美］道格拉斯·R. 里士满：《美国保险法精解》，李之彦译，北京大学出版社2009年版，第258页。

法》第38条被置于"总则"之下,于财产保险及人身保险均有适用。我国《保险法》对财产保险续期保费迟延支付的情形未作规定,保险人可在保险合同中借鉴德国《保险合同法》的规定,对这一情形给予投保人不少于30日的宽限期,宽限期经过后,保险人不再承担保险责任。

当然,对续期保费迟延支付,保险人将不承担保险责任的后果,保险人亦须书面通知投保人。通知之目的,乃在于提醒投保人交付保费,防止已经生效之保险合同因迟延交付保费而不再享受保障。对此,《欧洲保险合同法原则》规定第5:102条:"保单持有人如未按照约定分期支付保险费,则保险人承保风险之义务被解除,但仅以下述情形为限:(a)保单持有人已收到载明应付金额和付款期限的付款通知;(b)保险费支付日到期之后,保险人向保单持有人发送付款提示,且该提示至少给予两周的延长期,并警示若不支付保险费则立即终止承保。"

(三) 小结

"禁止诉追保费原则"保护投保人免受强制保险之累,但在保险合同已经成立生效的情况下,对保险人则有失公允,因为保险合同生效之后,保险人须承担保险责任,而其并未收取保险费。然而,保险人虽无法行使债权之诉请履行权能,但并不妨碍其以私力救济方式自我救济,在所有保险均适用"禁止诉追保费原则"的情况下,保险人可将"一次交付或交付首期保费"作为保险合同生效的要件,这样,只要投保人不交付保费,则保险合同不生效,故保险人无须承担保险责任。对于投保人未能交付续期保费的情形,我国《保险法》对人身保险已有处理,在财产保险中亦可参仿人身保险的做法,在投保人未交续期保费的情况下,给予投保人一定的宽限期,在宽限期经过后,保险人不再承担保险责任。当然,无论是一次交付保费、首期交付保费、还是续期交付保费的迟延,保险人若不承担保险责任,须就迟延交付的后果明确通知投保人,以敦促其交付保险费。

五 结论

从理论角度分析,由于赋予保险人诉追保费之权利可能导致保险人强制投保人进行保险,这与投保人的意愿相违背,同时违背了商业保险自愿性的特征。基于这一认识,即使投保人迟延交付保险费,保险人对其享有债权,该债权亦应视为不具"诉请履行力"之不完全债权,由于保险人不能诉请投保人履行交付保险费的义务,故"禁止诉追保费原则"在法理上可获支持。"禁止诉追保费原则"不独适用于人寿保险,亦应适用于健康保险、意外伤害保险和各种财产保险;不独适用于分期支付之续期保险费,亦应适用于一次性支付或分期支付之首期保费。"诉追保费原则"虽对保险人不利,但保险人可以采取合同约定"未交付保费不承担保险责任"的办法加以应对。

从实践角度分析,对于保险人来说,其并不愿意采用诉讼的办法追讨保费,因为追讨之保费数额通常较少,而诉讼之成本较高,故而"通过诉讼强制履行不具有经济性。"① 对于投保人来说,多数情形下,未能交付保费乃因情事发生变化,致其丧失交费能力或不再需要保险,其自不愿作为被告遭遇诉讼。投保人愿意被诉追保费之情形,大概只有一种,即,保险人未在合同中约定"未交付保险费则不承担保险责任",且保险事故已经发生,投保人可以获取保险金之时。然而此时保险人亦不必通过诉讼方式请求保费,只消从保险金中扣除投保人应交之保费即可。由此,无论投保人还是保险人,均不愿通过诉讼解决保费纠纷,赋予保险人诉追保费之权利并无实益。

我国《保险法》第38条虽规定了"禁止诉追保费原则",但仅适用于人寿保险领域。他日修法之时,应当将该原则置于"一般规定"项下,使之适用于所有险种。惟法律修改之前,虽不能改变法律之规定,于司法上可对第38条作尽力扩大之解释,其解释应为:

"《保险法》第38条关于人寿保险不得诉追之规定,适用于一次交付之保险费、分期交付之首期保险费及续期保险费。

保险人可以在合同中约定,投保人未支付到期保险费的,保险人不承担保险责任。但是,保险人若作此约定,须书面通知投保人,未书面通知

---

① [日]山下友信、米山高生:《保险法解说》,日本有斐阁2010年版,山下友信教授委托华东政法大学李伟群教授组织翻译为中文,但尚未出版,蒙伟群教授惠赠电子文档,得以先睹为快。

投保人的,该约定不生效力。"

附录　其他国家或地区关于迟延交付保险费的规定

●意大利《民法典》第 1924 条:(保险费支付的欠缺)

1. 投保人未支付第一年保险费的,保险人可以自保险费到期之日起的 6 个月内就契约的履行提起诉讼。保险费是分期付款的,也适用该规定,第 1901 条第 1 款、第 2 款的规定继续有效;① 在该情况下,自各分期付款的期间届满时起算。

2. 在保单预定允许的期限内或者在保单未预定期限的情况下,自期间届满的 20 日内,投保人未支付后续保险费的,契约发生法律上的当然解除,已支付的保险费归属于保险人,但是附有保险买回或者减少保险金条件的情况(1925),不在此限。

●中国澳门地区《商法典》

第 986 条:(保险费之缴付)

1. 保险费应准时由投保人直接向保险人或其明示指定之其他实体支付。

2. 首笔保险费或首笔分期保险费应于订立合同日支付。

3. 如未能于上款所指日期发出收据,首笔保险费或首笔分期保险费应于保险人发出收据日起第十日支付。

4. 随后之保险费或分期保险费应于合同所定日期支付,但不影响以下数款之规定。

5. 如属可变动之保险费之合同,随后之保险费或分期保险费应于发出有关收据之日支付。

6. 如属预约保险单之保险合同,逐次运用之保险费或分期保险费应于发出有关收据之日支付。

---

①　第 1901 条:(保险费支付的欠缺)"投保人未支付保险费或者约定分期付款的第一笔保险费的,直至投保人支付保险费之日的 24 时起,保险契约处于效力中止状态(1460)。

约定期间届满而投保人未继续支付保险费的,自期间届满后第 15 日的 24 时起,保险契约处于效力中止状态。"

7. 如合同无撤销或解除，合同存续期之各期保险费应一次缴清，但亦得按保险单之规定分期支付。

第987条（支付保险费之通知）

1. 保险人有义务最迟于保险费到期日前第八日以书面通知投保人，指明付款日期及金额；如属首笔保险费或首笔分期保险费，而合同之生效取决于保险费之支付，则无须做出通知。

2. 上款所指通知必须载明不支付保险费之后果，尤其载明合同将按下条之规定自动解除之日期。

3. 如有疑义，保险人对第一款所指通知负举证责任。

第988条（保险费之欠付）

1. 如投保人于付款通知所指日期不支付保险费或分期保险费，即构成迟延付款；自该日起三十日后，合同视为自动解除。

2. 上款所指期限内，合同完全有效。

●德国《保险合同法》

第37条（迟延支付首期保费）

1. 投保人未及时支付保险费或首期保险费，保险人有权解除保险合同，除非投保人对于未支付保险费的事实没有过失。

2. 在保险事故发生时，如果投保人并未支付全部保险费或首期保险费，则除非投保人对未支付上述保险费的行为并无任何责任，否则保险人可以拒绝承担保险责任。只有在保险人已用单独书面通知形式或在保险单中以显著条款告知投保人不支付保险费的法律后果后，保险人才能免于承担保险责任。

第38条（迟延支付后续保费）

1. 如果投保人未及时缴纳第2期及以后之保险费，则保险人可以书面方式通知投保人应在两周以上的给付期限内缴纳剩余保险费，上述通知费用由投保人负担。只有当保险人在书面文件中告知投保人拖欠保险费的本金和利息，并根据本条第2款、第3款规定告知投保人期限届满的法律后果时，上述期限才具有法律效力。

2. 如果保险事故发生在上述期限后，并且投保人仍未支付保险费本金及利息,则保险人可以免于承担保险责任。

3. 在上述期限届满后,只要投保人仍未缴纳保险费本金及利息,保险人可以不经事先通知而终止保险合同。保险人可以在要求投保人支付保险费的书面文件中,向投保人明确说明如保险期限届满后投保人仍未支付保险费本金及利息的,保险人合同即告终止。如果投保人在保险合同终止后或在上述给付期限届满后 1 个月内支付了保险费本金及利息,若保险事故尚未发生的,则可排除终止合同之效力。

●法国《保险合同法》

第 L113 – 3 条

1. 投保人应当将保险费交至保险人或受保险人委托的保险代理人的经营场所所在地。此外,按照最高行政法院令的规定,投保人还可以在被保险人所在地或其他约定地点向保险人支付保险费。

2. 当投保人在约定期限到来后的 10 天内没有支付保险费或仍有部分保险费没有支付的,则无论保险人是否向法院起诉要求强制投保人支付保险费,保险合同的效力只能中止 30 日,该期间应自被保险人接到保险人要求支付保险费的正式通知之日起算。如果年度保险费是通过分期付款的方式支付的,则当投保人迟延支付某笔保险费时,保险合同的效力中止并直至该年度终结。无论在何种情形下,当保险人正式通知投保人之后,投保人都应当按期支付保险费或分期付款的保险费。

3. 如果因投保人没有按期支付保险费导致保险合同效力中止,则在保险合同效力中止 30 日届满之时起 10 日后,保险人有权终止保险合同。

4. 对于那些保险人没有解除的合同,如果投保人向保险人或保险人指定的代理人补交了保险费或者补交了分期付款的剩余保险费,则保险合同的效力可以恢复。

5. 本条第 2 款至第 4 款的规定不适用于人寿保险合同。

第 L132 – 20 条:

1. 保险人不得以诉讼方式要求投保人支付保险费。

2. 当投保人在保险费缴纳期限到来之日起 10 日内尚未全部或部分缴纳保险费时,保险人可以向投保人寄送挂号信并告知被保险人,从发送挂号信之日起 40 日期限届满，如果投保人没有向保险人或保险人指定的代理人支付全部或部分到期之保险费，将会导致保险合同终止或保险金额减少。

3. 在上述情形下，保险人可以在任何时候邮递挂号信向投保人催缴保险费。

4. 投保人未缴纳投连险保险费时，保险人可以中止保险合同，也可以终止保险合同。在保险人终止保险合同的情形下，保险单持有人有权获得保险单的现金价值。

●韩国《商法典》

第 650 条：（保险费的交付和迟延的效果）

1. 保险合同签订后，投保人应立刻交付全部或首期保险费；投保人未交付保险费的，如无其他规定，自合同成立之日起经过 2 个月，视为该合同已解除。

2. 在约定的期间未交付续期保险费的，保险人可催告投保人于一定期间内交付。投保人在该期间内仍未交付的，保险人可终止合同。

3. 为特定他人投保的情形，投保人延迟交付保险费时，保险人亦须催告该他人在一定期间内交付保险费，未经催告，不得解除或终止合同。

第 656 条：（保险费的交付与保险责任的开始）

若无其他约定，保险人的责任自其收到首期保险费时开始。

●俄罗斯《民法典》第 954 条：（保险费和保险费交纳）

1. 保险费是指投保人（受益人）应按照保险合同规定的方式和期限向保险人交纳的保险费用。

2. 保险人在确定根据保险合同交纳的保险费数额时，有权根据保险标的和危险的性质，适用由保险人制定的确定按单位保险金收取保险费的保险费率。在法律规定的情况下，保险费的数额根据由国家保险监督机关制定或者调整的保险费率确定。

3. 如果保险合同规定保险费分期交纳，则合同可以规定在规定的期限内未交纳定期保险费的后果。

4. 如果保险事故在定期保险费交纳前发生，而保险费又逾期交纳，则保险人在根据财产保险合同确定给付保险赔偿或者根据人身保险合同确定给付保险金数额时有权扣除逾期的保险费数额。

● 《欧洲保险合同法原则》

第5：101条：（支付首期保险费或者一次性支付保险费）

如果保险人以投保人支付首期保险费或者一次性支付保险费作为合同成立或者承保开始的条件，则该条件仅在下述情形下有效：

（1）保险人以书面形式使用明确的语言将此条件通知投保人，并向其警示不支付保险费便不予承保，且

（2）投保人收到符合上述（a）项要求的付款通知两周后仍未支付保险费。

第5：102条：（分期支付保险费）

1. 保单持有人如未按照约定分期支付保险费，则保险人承保风险之义务被解除，但仅以下述情形为限：

（1）保单持有人已收到载明应付金额和付款期限的付款通知；

（2）保险费支付日到期之后，保险人向保单持有人发送付款提示，且该提示至少给予两周的延长期，并警示若不支付保险费则立即终止承保；且

（3）上述（2）项规定的延长期届满后，保单持有人仍未支付保险费。

2. 在上款（2）项规定的延长期届满之后保险人的责任自动解除。承保人可以在将来保单持有人支付欠缴的保险费时即行恢复，但保险合同依第5：103条终止后除外。

专题十　论保险受益人指定权

——《保险法》第 39 条之司法解释

【摘要】 在受益人指定权问题上，有投保人指定与被保险人指定两种观点，从尊重被保险人的人身权及防范道德危险的角度看，赋予被保险人指定权更为合理。投保人指定受益人未经被保险人同意，其法律后果为：若被保险人尚存，由其重新确定受益人，若其死亡，推定被保险人本人为受益人。关于劳动关系保险，投保人指定受益人仍须被保险人同意，但我国保险法将受益人限制为被保险人及其近亲属似有过度，只需排除投保人作为受益人便能达到立法目的。

【关键词】 受益人；指定权；被保险人；劳动关系保险

关于保险受益人之指定权，我国《保险法》于第 39 条中分三款规定：第一款：人身保险的受益人由被保险人或者投保人指定。第二款：投保人指定受益人时须经被保险人同意。投保人为与其有劳动关系的劳动者投保人身保险，不得指定被保险人及其近亲属以外的人为受益人。第三款：被保险人为无民事行为能力人或者限制民事行为能力人的，可以由其监护人指定受益人。第三款是关于监护人指定受益人的规定，严格适用代理原理，并无争议。然而，对第一、二款中关于受益人指定权的规定，理论与实务界却有不同看法，争议主要集中在三个方面：其一，究竟何人享有受益人指定权？其二，投保人指定受益人未经被保险人同意，指定行为效力如何？其三，投保人为与其有劳动关系的劳动者投保的人身保险（以下简称"劳动关系保险"），其受益人指定是否须经被保险人同意？对指定人选的限制是否合理？本文试图就这些问题发表浅见。

一 受益人指定权争议反映的理念差异

受益人指定权究属何人，不仅世界各国立法不同，理论界亦存争议：

（一）投保人享有指定权之立法例及其理由

世界立法中，一些国家（地区）采取了投保人享有指定权的模式。在该种模式下，投保人是受益人指定的唯一主体，无限制地享有指定权，其他主体均无指定权。其典型代表是韩国、德国和中国澳门地区，韩国《商法》第733条第1款规定："保险合同人有权指定或者变更保险受益人。"[①]德国《保险合同法》第159条第1款规定："给付一定金额之保险契约，如有疑义时，推定投保人保有不经保险人同意，指定及变更受益人之权利。"中国澳门地区《商法典》第1034条第4款则规定："投保人得指定受益人或改变已做出之指定而无须保险人许可。"这三部法典均提出投保人有指定受益人之权利，但并未提及被保险人有权指定受益人，或者投保人指定受益人须经被保险人同意。故而，至少从法条规定本身来看，投保人享有指定受益人之权利。

美国的受益人亦由投保人指定，不过，当投保人与被保险人并非一人的时候，美国部分州的法律要求受益人须对被保险人具有保险利益。尽管一般美国保险法著作将受益人指定的主体描述为"保单所有人"，然而，在美国，普遍认为，在大多数情况下，"保单所有人"就是申请保单的"投保人"，[②] 因此，受益人的指定权归于投保人。然而，当投保人以他人为被保险人投保，指定第三人为受益人时，该第三人应对被保险人具有保

[①] 韩国《商法》中的"保险合同人"，就是我国《保险法》上的"投保人"。

[②] 投保人（applicant）是申请保单的个人或企业。保单签发之后，对保单拥有所有权的个人或企业称为保单所有人（policyowner）。在大多数情况下，投保人就是保单所有人。（［美］哈瑞特·E. 琼斯、［美］丹尼·L. 朗：《保险原理：人寿、健康和年金》（第二版），赵凯译，中国财政经济出版社2004年版，第31页。）笔者以为，少数保单所有人非投保人的情况，是指因特殊情况，保单所有人与投保人分离的情形，例如投保人转让保险单，但是，由于保单所有人与投保人分离之时，受益人指定已经完成，倘若保单所有人重新指定受益人，已属受益人变更，而非受益人指定。如果将受益人指定界定为首次在保单中设定受益人，投保人就是受益人指定权人。

险利益。① 如此要求，乃在于防止受益人对被保险人的道德危险行为，较之韩、德等无限制的指定权，美国模式可以称之为有限制的受益人指定权，不过，在指定权问题上，美国模式本质上与韩、德无异，均属投保人指定。

在我国理论界，支持投保人享有指定权的观点提出三点理由：第一，受益人只能由保险合同当事人指定。受益人的确定，属于人身保险合同的一项内容，只能源于合同当事人的约定，依据传统保险法理论，投保人才是保险合同当事人，被保险人只是保险合同关系人，并非合同当事人，因此不享有指定受益人的权利；② 第二，受益人由被保险人指定不合通例。受益人由投保人指定为世界立法通例，日本、德国、韩国等国均采取了这一通例；第三，赋予被保险人"同意权"即可防范道德危险，无须赋予被保险人指定权。这一理由认为，在被保险人具有指定权的观点看来，被保险人被赋予指定权的目的在于防范受益人杀害被保险人的道德危险，然而，在投保人为他人投保的场合，赋予被保险人同意权即可达到维护被保险人利益、防范道德危险的目的，因此，没有必要赋予被保险人指定权。③

（二）被保险人享有实质指定权之立法例及其理由

部分国家（地区）采取了二元指定的立法模式，即投保人与被保险人均享有受益人指定权，但投保人享有的仅是形式指定权，其指定受益人须经被保险人同意，被保险人享有实质指定权。典型代表有俄罗斯和亚美尼亚，俄罗斯联邦《民法典》第 934 条第 2 款规定："如果人身保险是为了被保险人以外的人的利益，包括不是被保险人的投保人的利益时，只有经过被保险人的书面同意，人身保险合同才可以订立。"这一规定并未明确指出被保险人具有指定受益人的权利，④ 但是，该法第 956 条第 2 款规定：

---

① Jeffrey W. Stempel, *Interpretation of Insurance Contracts: Law and Strategy for Insurers and Policyholders*, Little, Brown and Company, 1994, p. 316.
② 参见刘宗荣《新保险法：保险契约法的理论与实务》，中国人民大学出版社 2009 年版，第 66—67 页。
③ 参见温世扬《论保险受益人与受益权》，《河南财经政法大学学报》2012 年第 2 期。
④ 与我国《保险法》第 34 条的规定相比，俄罗斯联邦《民法典》第 934 条第 2 款的规定更加严格，只要投保人以他人为被保险人投保，即须经过被保险人同意，而我国《保险法》第 34 条仅要求投保人以他人为被保险人投保死亡保险须经被保险人同意。

"经被保险人同意而指定的人身保险合同的受益人（第 934 条第 2 款），只有在被保险人同意时才允许变更。"① 综合分析上述两个条文，可以发现，在俄罗斯，当投保人与被保险人为同一人时，被保险人（同时亦是投保人）具有指定受益人的权利，当投保人与被保险人非为同一人时，只有被保险人才是真正的指定权人。亚美尼亚共和国《民法典》第 990 条规定："在人身保险合同中，投保人只有经被保险人书面同意后，才能指定被保险人之外的其他主体为受益人。"我国《保险法》第 39 条第 2 款亦规定投保人指定受益人须经被保险人同意，显然属于此种立法例。在此种立法例下，"指定受益人的权利从根本上将属于被保险人，故投保人参与受益人的指定，实质是向被保险人提出受益人的人选建议，决定权依然属于被保险人。"② 可见，投保人享有形式指定权，只有被保险人才享有实质指定权。

在我国理论界，支持被保险人享有实质指定权的理由主要是：一方面，人身保险以被保险人的生命或身体作为保险标的，被保险人当然享有指定权。"从人身保险合同订立的目的看，无论是人寿保险、健康保险还是意外伤害保险都是以被保险人的生命或身体为标的设立的，受益人有保险金请求权的场合须以被保险人的死亡为条件，而只有被保险人才最关注自己的生命，所以由被保险人来决定谁是受益人最为合适。"③ 另一方面，以被保险人作为实质指定人更容易防止道德危险。"在多种道德风险中，对被保险人而言，受益人谋财害命的风险无疑是最大的道德风险，而由被保险人最信赖和最亲近的人作为受益人，可以在最大程度上降低受益人的道德风险，至于谁是被保险人最信赖和最亲近的人，被保险人当然最有发言权……被保险人作为身体或生命受保险保障的人，会充分考虑受益人的道德风险，应当享有对保险受益人指定的独立决定权或最终决定权。"④

（三）指定权争议反映的立法理念差异

指定权的争议，反映了各国立法理念的差异，差异主要表现在以下两

---

① 法条翻译源于《俄罗斯联邦民法典》，黄道秀译，北京大学出版社 2007 年版，第 323、329 页。
② 奚晓明：《〈中华人民共和国保险法〉保险合同章条文理解与适用》，中国法制出版社 2010 年版，第 264 页。
③ 潘红艳：《人身保险合同受益人法律问题研究》，《当代法学》2002 年第 2 期。
④ 张秀全：《保险受益人研究》，《现代法学》2005 年第 4 期。

个方面。在笔者看来,被保险人享有实质指定权的观点更为合理。

1. 注重保单的财产权还是人身权

注重保单的财产权还是人身权是立法理念的第一个差异,主张投保人享有指定权者重视保单中的财产权。美国学者哈瑞特和丹尼教授指出:"保单属于无形私人财产——它代表着无形的法定权利,具有价值并可以由法院执行。保单所有人(不是被保险人和受益人)拥有保单的这些所有权……保单所有人有权对其保单进行各种方式的处理,比如,寿险保单的所有人有权指定保单的受益人,一般也可以在保单有效期内的任何时间变更受益人。"① 这一观点指出,保单权利是一种财产权,受益人指定权是保单财产权的内容之一,并且特别提出,它是保单持有人(即投保人)的权利,并非被保险人和受益人享有的权利,亦即,投保人享有指定权的观点并不着重于人身保险对被保险人身体或生命的依附,在受益人指定问题上,并不强调被保险人对保单人身方面的权利,而是强调谁出资购买,谁享有受益人指定权。②

主张被保险人享有实质指定权者强调保单中的人身权。尽管他们也承认保单是一种财产权,但他们同时认为:"寿险契约所保障之直接标的,应为被保险人对自己生命、身体之利益,此种利益的反面即为损害,亦即为寿险契约所欲填补之对象。盖若承认寿险为在填补要保人因为被保险人死亡所产生之经济上损害,则不啻以'他人之生命、身体'作为自己经济上之利益而为之法律行为标的,如此一来,将有违私法上尊重人格生命之基本原则。反之,若吾人承认被保险人得以自己之生命、身体之利益为标的,则无此顾虑。因此,真正享有保险金和有权处分保险金之人应为被保险人,故指定受益人之权亦当然应属被保险人所有。"③ 这一观点以"尊重

---

① [美]哈瑞特·E. 琼斯、[美]丹尼·L. 朗:《保险原理:人寿、健康和年金》(第二版),赵凯译,中国财政经济出版社2004年版,第56页。

② 杰瑞教授也持同样的观点,主张投保人指定受益人的权利与投保人的财产权有密切的关系:"购买保险者(即投保人——作者注)当然有权根据自己的意愿分配保单利益。不管是人寿保险保单还是其他器物,只有当所有人能够控制该物品时,所有人的满意度才能得到最大化,如果所有人不能确信其满意度可以最大化,他自然不愿意购买。" Robert H. Jerry, *Understanding Insurance Law*, Matthew Bender & Co., Inc., 1989, p. 220。

③ 江朝国:《保险法论文集》(三),瑞兴图书股份有限公司2002年版,第339页。

被保险人人格"为由，将受益人指定权赋予被保险人，显系重视保单人身权之结果。

比较两种理念，笔者以为，在承认保单财产权的同时，对保单中的人身权应予重视，保单的财产权，包括受益人指定权，应当归被保险人所有。其理由是：以投保人为受益权指定权人，如德国、韩国等模式，投保人可以在不通知被保险人的情况下以他人为被保险人投保，被保险人在毫不知情的情况下被他人利用，成为为他人谋利之工具，除非受益人就是被保险人本人，否则不无侵害被保险人人格权之嫌。正是基于对被保险人人格权之保护，一些国家放弃了保单财产权属于投保人的观念，改采被保险人中心主义，将受益权及保单的其他权利授予被保险人，例如，亚美尼亚共和国《民法典》第990条第2款规定："人身保险合同应当被看作是为被保险人利益签订的……"意大利《民法典》第1891条第2款更是明确规定："契约产生的权利属于被保险人；虽持有保单但未经被保险人明确同意的投保人，不得主张契约所生权利。"

2. 对道德危险防范之态度

在防范道德危险问题上，被保险人享有指定权较之投保人享有指定权更为积极。当投保人可以不受限制地指定受益人时，受益人指定制度几无防范道德危险之功能，因为经投保人任意指定的受益人，很容易出现为谋取保险金杀害被保险人之道德危险，德国、韩国模式属之。美国模式要求投保人指定的受益人对受益人具有保险利益，以之控制道德危险，较之德国、韩国已有进步。但是，以法律规定的保险利益控制道德危险，似乎不若由被保险人自己控制更加靠谱，因为，在被保险人自己决定何人领取保险金时，理性人会充分考虑受益人对自己生命、身体的威胁。加之在英美保险法中，保险利益不限于家庭关系，具有合同关系的主体之间亦存在保险利益，于是，道德危险的可能性便有所增加，故而，以被保险人享有指定权控制道德危险，整体上更为严密。

基于如上分析，将被保险人作为实质指定人更为合理，但是，将投保人设为形式指定人亦有必要。毕竟，投保人才是与保险人签订合同之主体，若签订合同时被保险人不在现场，订约之效率可能因受益人不能确定而降低。为便利签订合同，提高交易之效率，缔约时不妨先由投保人指定受益人，嗣后再经被保险人同意即可。不过，此时投保人享有之受益人指定权，实系源于被保险人之"隐蔽性授权"，[①] 并非实质性指定权。

从这个意义上说，我国《保险法》规定投保人享有受益人指定权，但其指定受益人须经被保险人同意具有相当的合理性。

（四）小结

在保险受益人指定权问题上，韩国、德国、美国、中国澳门地区属于投保人享有指定权的立法例，学界拥护者以投保人为保险合同当事人、该立法例系为通例、赋予被保险人同意权即可等理由支持。俄罗斯、亚美尼亚、我国则采取了被保险人享有指定权的立法例，学界支持的理由为被保险人是保险合同的标的、有利于防范道德危险。两派之争源于立法理念的差异，前者注重财产权，而后者在承认财产权的同时强调人身权，前者对防范道德危险重视不足，后者则非常重视。我国立法采取的以被保险人享有实质指定权，投保人享有形式指定权的做法殊值赞同。

二 指定未经被保险人同意之法律后果

尽管我国《保险法》要求投保人指定受益人须经被保险人同意，但实务中因投保人遗忘等原因，指定受益人并未经被保险人同意，其法律后果如何？

（一）观点分歧

关于未经被保险人同意之指定行为的效力，学界大致有两种观点：其一，指定行为无效。"投保人指定受益人须经被保险人书面同意。未经保险人书面同意的，指定无效。保险人对是否取得被保险人同意，负有审查义务。被保险人可以随时以书面方式通知保险人及投保人，撤销其所作的同意。"[②] 其二，指定行为效力待定。"投保人指定受益人未经被保险人或其监护人书面同意的，其指定行为性质上属于效力待定的民事行为。被保险人或其监护人事后追认的，溯及至指定时生效；被保险人或其监护人

[①] 参见江朝国《保险法逐条释义》（第一卷：总则），元照出版有限公司2012年版，第214页。
[②] 邢海宝：《中国保险合同法立法建议及说明》，中国法制出版社2009年版，第61页。

未追认的,则不生效力。"①

(二) 两种观点的评析

首先需要说明的是,投保人指定受益人未经被保险人同意,不应影响合同效力。自罗马法以来,在合同问题上,一直坚持"宁可使之有效而不使之无效"的原则。② 在保险合同方面,同样应当贯彻这一原则。自保险法理论来看,投保人指定受益人须经被保险人同意的本意在于根据被保险人的意思确定保险金之最后归属主体,只要受益人能得到合理确定,使其既能符合被保险人之本意,又能防范道德危险,便没有必要宣布合同无效,如果因此否认整个合同的效力,对各方主体均无益处,③ 未免过于严苛。从我国规定来看,保险法已要求投保人于投保死亡保险之时,必须经被保险人同意,否则保险合同无效,以此控制道德危险足矣,在此同意之基础上,若再要求投保人指定受益人须经被保险人同意,并将未经被保险人同意之合同设置为无效合同,叠床架屋,实不足取。因此,投保人之指定行为即便未经被保险人同意,保险合同仍为有效合同。

尽管保险合同为有效合同,但未经被保险人同意的指定行为效力如何,仍需探讨。

将未经被保险人同意的指定行为认定为无效行为看似正确,实则存在瑕疵。认定无效的理由大约是该行为违反法律规定,即《保险法》规定投保人指定受益人须经被保险人同意,未经被保险人同意之指定行为显然违反了《保险法》的规定,根据《民法通则》第58条第1款第5项之规定,无论是指定行为及结果均无效。④ 但是,关于法律行为的研究表明,违反强制性规定的行为未必无效。"'违法=无效'的观念根深蒂固,司法审判中的合同无效率居高不下……如此简单、武断的违法无效制度已经不能适

---

① 张秀全:《保险受益人研究》,《现代法学》2005年第4期。
② 李永军:《民法总论》,中国政法大学2008年版,第220页。
③ 对投保人来说,其投保行为未能成功,浪费精力与财力;对保险人来说,即使因保险合同无效可以不承担保险责任,但可能需要承担审查不严的法律后果,并对其声誉产生不良影响;对被保险人和受益人来说,其无法获得保险赔付,因此,否认此种情况下的合同效力,对各方主体均无益处。
④ 参见奚晓明《〈中华人民共和国保险法〉保险合同章条文理解与适用》,中国法制出版社2010年版,第266页。

应我国社会主义市场经济和市民社会不断发育成熟的现实……重建我国违法无效制度已经迫在眉睫,该制度的重建应以公法强制和私法自治的协调为理念,不仅要从根本上否定'违法=无效'的传统公式,而且也要放弃其他抽象的、概括的、类型化的效力判断方法。"① "导致法律行为无效的唯一原因是公共利益受到了损害。"② 未经被保险人同意的指定行为,很难称得上危害公共利益,至少其中的部分行为不属于危害公共利益的行为。例如,当投保人将被保险人本人指定为受益人时,尽管未经被保险人同意,但其既符合保险原理,又不存在道德危险的可能性,更难说其侵害公共利益,为什么要宣告该指定行为无效呢?

将未经被保险人同意的指定行为认定为效力待定的法律行为有其理由,但不能解决实务中的特殊问题。由于被保险人对指定受益人具有最终决定权,为尊重被保险人的指定意愿,由被保险人事后追认或否认投保人的指定,亦即,指定行为的效力留待被保险人决定,当然是不错的选择。理论上讲,"投保人指定受益人时须经被保险人同意"属于赋予被保险人同意权的赋权性规范,违反该规范的行为属于效力待定的法律行为。③ 只要经权利人追认,该行为仍可为有效法律行为。但是,实务中常见的情况是,当发现投保人指定受益人未经被保险人同意时,被保险人已经死亡,既无法追认投保人的指定行为,也无法否认投保人的指定行为,从而无法根据被保险人的意愿最终确定受益人,投保人的行为效力永远处于悬而未决的状态,无助于解决实际问题。

(三) 被保险人同意之落实

尽管未经被保险人同意之指定行为效力上属于效力待定,但效力待定行为并非最终的法律后果,保险受益人须由被保险人确定。于被保险人生存的场合,由其确定指定行为是否有效并不困难,被保险人只需审核投保人指定的受益人,符合自己的意愿,则追认该指定行为有效;如不符合自己的意愿,则认定该指定行为无效,被保险人可以重新行使权利,指定自

---

① 孙鹏:《民法理性与逻辑之展开》,法律出版社2009年版,第122—123页。
② 黄忠:《违法合同效力论》,法律出版社2010年版,第169页。
③ 参见孙鹏《论违反强制性规定行为之效力——兼析〈合同法〉第52条第5项的理解与适用》,载王卫国主编《21世纪中国民法之展望》,中国政法大学出版社2008年版,第493页。

已满意的受益人。

于被保险人死亡的场合，落实被保险人同意之受益人则须法律根据保险原理进行推定。如前所述，投保人指定受益人即使未经被保险人同意，保险合同仍应作为有效合同。作为有效的人身保险合同，必须设置保险受益人，以领取保险金。被保险人业已死亡，由其确定受益人已无可能，此时，受益人应由法律推定。在笔者看来，法律应当推定被保险人之法定继承人作为受益人。其原因在于，投保人指定受益人的行为无效时，应认定该保单没有受益人，在保单欠缺受益人的情况下，应推定被保险人愿意将其法定继承人作为受益人，此为人之常情，不需详论。此外，以被保险人之法定继承人作为受益人，自税法上看来，可以避免遗产税的征收，补充我国社会保障之不足。自保障被保险人法定继承人生存权的角度看来，亦可避免被保险人债权人对保险金之追偿，保障被保险人法定继承人之生存权。同时符合保险金处置之国际惯例。故，在投保人未经被保险人同意而指定受益人，而该被保险人已死亡的情况下，宜以被保险人之法定继承人作为受益人，[①] 依照《中华人民共和国继承法》的规定分配保险金。

（四）小结

关于未经被保险人同意之指定行为的效力，学说上有无效说和效力待定说两种。无效说的依据是指定行为违反法律规定，但违法等于无效的观点已被否定，未经被保险人同意之指定行为无效的观点恐有疑问。效力待定的观点较为合理，但在被保险人死亡且受益人指定未经其同意的情况下，事实上被保险人已无法肯认或否定指定行为之效力。为解决这一问题，笔者提出，法律应推定被保险人之法定继承人作为受益人，方符合保险保障之原理。当然，在被保险人仍生存的情况下，其可以追认投保人的指定行为有效，或者重新指定受益人。

三 劳动关系保险之受益人指定权

劳动关系保险受益人指定之规定，为2009年修订保险法所新增。新增

---

① 参见拙作《受益人缺失与保险人赔付之处理》，载贾林清主编《海商法保险法评论》（第七卷），知识产权出版社2015年版。

的原因在于，修法之前，于单位为员工投保人身保险的场合，单位往往未经员工同意而将单位指定为受益人，发生保险事故时，单位领取保险金，被保险人却无法获得保险金，由此引发大量的保险纠纷，人们普遍认为此种情形不合理，① 为解决这一问题，新法规定增订"投保人为与其有劳动关系的劳动者投保人身保险，不得指定被保险人及其近亲属以外的人为受益人"，如此，保险金便由被保险人本人或者其近亲属领取，而不是由单位领取。这一规定虽有进步，但亦存疑问。

（一）投保人指定受益人是否仍须被保险人同意

《保险法》第39条第2款在规定"投保人指定受益人时须经被保险人同意"之后，马上提出"投保人为与其有劳动关系的劳动者投保人身保险，不得指定被保险人及其近亲属以外的人为受益人"，于解释上，不能排除投保人指定受益人不须被保险人同意之理解。一来投保人只能将被保险人本人或其近亲属指定为受益人，这些受益人发生道德危险的可能性极小，似乎没有再征求被保险人意见之必要；二来自法条结构来看，下句似构成上句之但书规定，倘若如此，投保人指定受益人便不须经被保险人同意。②

然而笔者以为，即使投保人将被保险人本人或其近亲属指定为受益人，亦须征得被保险人同意。指定受益人之关键，端在遵循被保险人意志。当投保人指定被保险人本人为受益人时，被保险人或许只愿意将某一近亲属作为受益人，此二者在保险金最终归属上有所不同，譬如，于被保险人死亡时，前者之保险金最终归其法定继承人所有，后者则仅归于被保险人同意之该近亲属。当投保人指定其他近亲属为受益人时，由于近亲属范围较广，甚至包括不属于第一顺位继承人之兄弟姐妹、孙子女、外孙子女、祖父母、外祖父母，其中难免出现被保险人不愿指定之人，若不经被保险人同意指定该人为受益人，必然违背被保险人意志。故而，在劳动关

---

① 参见王伟《保险法》，格致出版社、上海人民出版社联合2010年版，第179页。
② 另外，也可能出现这样的想法，即如果投保人指定被保险人本人或其近亲属仍需经被保险人同意，则《保险法》没有必要在第31条中规定"投保人对与其有劳动关系的劳动者具有保险利益"，因为投保人指定受益人须经被保险人同意，而被保险人既同意指定某人为受益人，自然同意投保人为其订立保险合同，而《保险法》在第31条中已经规定只要被保险人同意，即视为投保人对其具有保险利益，如此，《保险法》第31条便无须规定"投保人对与其有劳动关系的劳动者具有保险利益"。

系保险中，投保人指定受益人亦应经被保险人同意。

（二）受益人指定权之对象限制是否过度

在劳动关系保险中，投保人指定受益人须经被保险人同意，既然经过被保险人同意，法律又缘何要求受益人只能为被保险人本人或其近亲属？其原因在于，"雇主与劳动者在劳动关系中通常处于不平等状态，雇主毫无疑问地处于强势地位，并且经常利用其强势地位强迫劳动者做出违背真实意思的表示。在审判实践中发现，雇主在为劳动者订立合同时，指定自己为受益人，以牺牲劳动者的生命健康为代价使自己获得保险金的现象屡见不鲜。"① 例如，单位以格式合同的形式与被保险人签订《同意购买人身保险申明》，被保险人如不同意，则可能在单位遭到迫害，甚或被开除，因此不得不同意将单位指定为受益人。法院在处理这类纠纷的实践中形成了新保险法所规定的共识，新保险法将其规范化，最终形成了"投保人为与其有劳动关系的劳动者投保人身保险，不得指定被保险人及其近亲属以外的人为受益人"的规定。②

将受益人限制于"被保险人及其近亲属"排除了投保人对被保险人的强制，但似乎对被保险人的实质指定权限制过度。举例来说，在劳动关系保险中，被保险人同意将其女友确定为受益人，有何不可？理论上讲，遵循被保险人意志为指定受益人之原则，只要不违反公共利益，被保险人可以指定任何主体作为受益人。《保险法》为防止雇主强迫被保险人同意其作为受益人，将受益人限制于"被保险人及其近亲属"，虽然能够排除雇主作为被保险人，但也排除了被保险人确定自己、近亲属之外的其他主体作为受益人，显然不合理地限制了被保险人确定受益人的权利。

欲对劳动关系保险的受益人进行限制，只需限制投保人（雇主）作为受益人即可。这样，既能限制投保人借助其强势地位强迫被保险人同意自己作为被保险人，又能充分尊重被保险人的指定意愿，被保险人指定自己、近亲属或者投保人之外的其他主体作为被保险人，均属允许范围。事

---

① 奚晓明：《〈中华人民共和国保险法〉保险合同章条文理解与适用》，中国法制出版社2010年版，第266页。
② 参见马作彪《团体意外伤害险指定受益人的效力认定》，《人民司法》2010年第24期。

实上，在英美法系，尽管个人保险的受益人指定权属于投保人，但包括雇主——雇员关系在内的团体保险的受益人指定权却属于被保险人，① 不过，"对于雇员的团体人寿保险来说，受益人不能指定为雇主。"② 在我国，受益人指定权虽属投保人和被保险人，但投保人指定受益人须经被保险人同意，其实质与被保险人指定相差无几。因此，在劳动关系保险中，无论投保人还是被保险人指定受益人，只需限制将投保人（雇主）作为受益人即可。如投保人（雇主）未经被保险人同意指定其本人作为受益人，于被保险人仍生存时，可由被保险人重新确定受益人人选；于被保险人已死亡的场合，法律可推定该保险的受益人为被保险人本人。

如果仅仅排除投保人（雇主）作为受益人也许会招致这样的疑虑，即，如果投保人与第三人合谋，将第三人作为受益人，然后由第三人将领取的全部保险金或部分保险金转还给投保人（雇主），则被保险人或其亲属依然不能获得保护。此问题如何解决？笔者以为，任何法律制度的设计，都可能存在利益保护的瑕疵，在劳动关系保险的问题上，如果将受益人确定为"被保险人及其近亲属"，可能损及被保险人的自由指定权，如果将受益人确定为"投保人（雇主）之外的人"，则可能出现投保人与第三人通谋，将受益人指定为第三人的情形，同样损害被保险人的利益。这两种制度设计孰优孰劣，仍需权衡。在笔者看来，投保人与第三人通谋的情形并不容易出现，其原因是：其一，投保人指定第三人作为受益人须经被保险人同意，而被保险人不会轻易同意投保人指定的第三人作为受益人；其二，投保人强迫被保险人同意第三人作为受益人亦非常见情形；其三，即使投保人通过强迫的手段指定第三人作为受益人，投保人与第三人之间通谋同样并不容易出现。投保人与第三人之间通谋，需要承担法律责任，其责任可能是刑事责任，这一责任最终由做出通谋行为的单位领导承担，也就是说，单位获取保险金，责任由做出通谋行为的领导承担，料想理性的领导人不会选择这样的行为。在保护被保险人的自由指定权与防止

---

① 参见［美］哈瑞特·E. 琼斯、［美］丹尼·L. 朗:《保险原理：人寿、健康和年金》（第二版），赵凯译，中国财政经济出版社2004年版，第199页。
② ［美］缪里尔·L. 克劳福特:《人寿与健康保险》，周伏平、金海军等译，经济科学出版社1999年版，第427页。

投保人与第三人通谋之两个利益之间，即使权重相同，也因为投保人与第三人通谋的情形不容易出现，而应优先保护被保险人的自由指定权。更何况在笔者看来，被保险人的自由指定利益，本身就优于防止被保险人与第三人通谋的利益。

此外，限制投保人（雇主）作为受益人的目的乃为了保护被保险人的自由指定权，倘若被保险人爱厂如家，执意将受益人指定为投保人（雇主），而法律却不能认同，岂不违背被保险人指定受益人之自由意志？笔者以为，被保险人欲真心将受益人指定为单位投保人的极其罕见，此时，固然法律规定使其意志不能自由实现，但较之实践中常见的单位投保人强制或蒙蔽被保险人将其指定为受益人的情形，仍应限制后者。被保险人若执意将保险金给予单位投保人，可以选择赠与、遗赠或者其他方式实现。

（三）小结

劳动关系保险属于团体保险的一种，通常由雇主以雇员为被保险人签订合同，由于合同为作为投保人的雇主所签订，故实践中受益人指定亦由雇主进行，但雇主指定受益人仍需遵循被保险人同意的原则。我国《保险法》将劳动关系保险的受益人限定为"被保险人本人及其近亲属"，依此规定，被保险人指定某慈善机构作为受益人便属不合法行为，可见，该规定对被保险人的指定权限制过度。一个合理的限制是，无论雇主（投保人）还是雇员（被保险人）指定受益人，均不得指定投保人（雇主）作为受益人。

四 代结论：我国《保险法》受益人指定权的司法解释及修法建议

在保险受益人指定权问题上，我国将指定权赋予投保人和被保险人，倘若投保人指定受益人，须经被保险人同意，这一做法在遵循被保险人意志原则的同时，兼顾了订立合同的便利性，值得肯定。不过，我国《保险法》未规定投保人未经被保险人同意指定受益人的法律后果，对此，保险法司法解释可以补充规定："投保人指定受益人未经被保险人同意，如果被保险人仍生存，可由被保险人重新确定受益人；如果被保险人已死亡，推定该保险合同的受益人为被保险人,保险金作为被保险人的遗产由其继承人继承。"

在劳动关系保险中,由于《保险法》限定受益人必须为被保险人及其近亲属,投保人指定受益人是否仍须被保险人同意不无疑问,为尊重被保险人指定受益人的意愿,保险法司法解释应当明确:"投保人为与其具有劳动关系的劳动者投保人身保险,在指定受益人时,须经被保险人同意。"

但是,我国《保险法》禁止将劳动关系保险的受益人指定为"被保险人及其近亲属之外的人"对被保险人的指定权限制过度,为防止雇主强迫被保险人同意指定自己为受益人,保险法应规定:"投保人为与其具有劳动关系的劳动者投保人身保险,该保险不得指定投保人作为受益人。"不过,由于我国《保险法》关于"不得指定被保险人及其近亲属以外的人为受益人"的规定属于法律的强制性规定,司法解释无权更改,劳动关系保险受益人的适度放宽,只能留待日后修法解决。

附录　其他国家或地区关于受益人指定权的规定

●德国《保险合同法》第159条:(受益人分配)

1. 给付一定金额之保险契约,如有疑义时,推定投保人保有不经保险人同意,指定及变更受益人之权利。

2. 通过可撤销指定确定的第三方受益人直到保险事故发生时才可以取得保险人赔付的保险金。

3. 通过不可撤销指定确定的第三方受益人有权获得保险人赔付的保险金。

●韩国《商法》第733条:(指定或变更保险受益人的权利)

1. 投保人有权指定或者变更保险受益人。

2. 投保人尚未行使第1款的制定权即已死亡的,以被保险人作为保险受益人;投保人尚未行使第1款的变更权即已死亡的,保险受益人的权利视为已确定。但已经约定投保人死亡时,由其继承人行使第1款权利的除外。

3. 保险受益人在保险存续期间死亡的,投保人可重新指定保险受益人,此时,如果投保人未行使制定权即已死亡的,以保险受益人的继承人为保险受益人。

●中国澳门地区《商法典》第 1034 条：（为第三人之利益订立之保险合同）

1. 如属为第三人之利益订立之保险合同，得在合同中指定受益人，或于日后通过向保险人做出书面意思表示，又或在遗嘱内指定受益人。

2. 受益人之指定只要可以充分理解及客观，即使以概括或间接方式指定亦有效。

3. 在遗嘱中将保险金额做出分配，在一切效力上，视为受益人之指定。

4. 投保人得指定受益人或改变已做出之指定而无须保险人许可。

5. 如投保人未指定受益人，则推定其保留随时指定受益人之权能；如于被保险人死亡日仍未指定受益人且无法确定受益人之客观准则，则保险金额转为投保人之财产。

●俄罗斯联邦《民法典》

第 934 条：（人身保险合同）

1. 依照人身保险合同。

一方（保险人）收取他方（投保人）所付的合同规定的费用（保险费），在投保人本人或者合同指定的公民（被保险人）的生命、健康受到损害，或者被保险人达到一定年龄，在其生活中发生合同规定的其他事件（保险事故）时，保险人有义务一次或者分期向另一方给付合同约定的金额（保险金）。

取得保险金的权利应属于合同为其利益而订立的人。

2. 如果合同中未指定其他人为受益人时，则人身保险合同视为为被保险人的利益而订立。在合同的被保险人死亡，而合同中未指定其他受益人的，被保险人的继承人为受益人。

如果人身保险合同是为了被保险人以外的人的利益，包括不是被保险人的投保人的利益时，只有经过被保险人的书面同意，人身保险合同才可以订立。未经此种同意而订立的合同可以根据被保险人提起的诉讼而被认定为无效，而在被保险人死亡时，可以根据其继承人提起的诉讼而被认定为无效。

第 956 条：（受益人的变更）

1. 投保人有权在书面通知保险人后，以其他人更换保险合同中确定的受益人。

2. 经被保险人同意而指定的人身保险合同的受益人，只有在被保险人同意时才允许变更。

3. 当受益人履行了保险合同中的某项义务或者向保险人提出了支付保险赔偿或者保险金请求以后，受益人不能再更换为其他人。

● 亚美尼亚共和国《民法典》第 990 条：（人身保险合同）

1. 依照人身保险合同的规定，在投保人按照保险合同的约定向保险人支付保险费后，遇到被保险人或保险合同中载明的其他主体因人身、健康原因遭受损害，达到约定的年龄，或者在其生存期间发生合同约定的其他事故时，保险人应当按照合同约定向受益人赔付保险金。

在保险事故发生时，只有保险合同的受益人有权获得保险合同约定的保险金。

2. 人身保险合同应当被看作是为被保险人的利益签订的，除非保险合同中明确载明了受益人。在被保险人死亡并且没有其他受益人的情况下，被保险人的继承人应当视为保险合同的受益人。

在人身保险合同中，投保人只有经被保险人书面同意后，才能指定被保险人之外的其他主体为受益人。如果没有上述同意，则被保险人以及被保险人死亡后的继承人可以请求法院判决保险合同无效。

专题十一　论不可撤销受益人制度之建立

——《保险法》第 40 条之补充

【摘要】 依照现行保险法，被保险人对变更受益人享有绝对之权利，然而，在被保险人对受益人存在某种承诺的情况下，这种变更可能损害原受益人的利益。对这种利益损害的救济办法有三种：追究被保险人的违约责任、对保险人课以通知义务和责任、建立不可撤销受益人制度。其中，建立不可撤销受益人制度最具优势。我国应采取"声明放弃主义"建立不可撤销受益人制度，不可撤销受益人的受益权对被保险人的保单贷款、解除保险合同、转让保险合同利益等构成限制。不可撤销受益人取得保险金可能受到法律规定、合同约定以及其杀害被保险人行为的阻却。在不可撤销受益人先于或者与被保险人同时死亡的情形下，保险金归于该受益人的遗产，但保险合同另有约定者除外。

【关键词】 不可撤销；受益人；权利限制；保险金归属

一　变更受益人引发的问题

我国《保险法》第 41 条第 1 款规定："被保险人或者投保人可以变更受益人并书面通知保险人。"据此，在我国，变更受益人之权利归于投保人和被保险人两个主体。又因人身保险中，保险金之给付乃基于被保险人寿命或身体之损害而来，被保险人于保险法律关系中处于核心地位，[①] 对处分保险合同利益有绝对掌控权，故被保险人对变更受益人享有实质权利，投保人所享有之变更权不过是形式上的权利，其行使须经被保险人同意，因此便有《保险法》第41条第2款之规定："投保人变更受益人时须经被保险人同意。"法理上，将此款视为被保险人享有绝对变更权之依据。[②]

于通常情形，由被保险人绝对行使变更权，并不会造成原受益人利益之损失。但是，于特殊情形，被保险人任意变更受益人则可能导致受益人利益之损害。此种情形，多发生于受益人与被保险人之间存在债权债务关系之时，譬如，因担心被保险人死亡之后，自己之债权无法获得清偿，债权人乃为债务人投保人寿保险，以债权人作为受益人，或者，债权人要求债务人作为投保人，以债务人自身为被保险人，债权人作为受益人投保人寿保险，在被保险人身故之后，由债权人领取身故保险金作为清偿债权之手段。倘若此时仍允许被保险人行使变更受益人之权利，将受益人变更为他人，则势必影响债权之实现，损害债权人利益。

即使受益人与被保险人之间并无债权债务关系，被保险人随意变更受益人亦可能违背原受益人与被保险人之约定，造成投保意图无法实现的后果。譬如，甲与乙为大学同学，毕业后，乙因性格与运气等原因，生活困顿，至四十岁仍为单身，且身体状况每况愈下。甲为解决乙之生活问题，乃与乙协商，由甲出资为乙购买生死两全人寿保险，乙为被保险人，在乙生存期间，每月领取生存保险金用于生活与医疗诸费用。乙百年之后，身故保险金由甲作为受益人领取，借此弥补保险费之支出。乙同意，甲乃与保险公司签订合同。不意甲于十年后娶妻，并私下将该保单之受益人变更为其妻，又十年，甲因病死亡，保险人依据保险合同将保险金给付于乙妻。甲之领取保险金填补保费支出的意图遂无从实现。

自我国《保险法》现行规定来看，上述情形中，被保险人变更受益人均属合法行为，然原受益人利益受损亦是不争之事实。于此可见，我国

[①] 参见潘红艳《被保险人之法律地位》，《当代法学》2011年第1期。
[②] 无论受益人之指定还是变更，被保险人都处于决定性地位，为行文方便，下文论及指定或变更时，均仅提被保险人，忽略投保人。

《保险法》规定的受益人变更制度有其缺陷，应有其他制度予以弥补，以保护原受益人之利益。

二 原受益人利益损害之救济路径选择

解决上述受益人利益受损问题，似有三种路径：追究被保险人的违约责任、建立保险人通知制度或者建立不可撤销受益人制度。

（一）追究被保险人的违约责任

1. 追究被保险人违约责任的内容

这是依据目前法律规定所做出的处理。这一路径是，在被保险人变更受益人，而原受益人受有损失之情形，保险合同背后必有另一层法律关系存在，这层法律关系或是原受益人对被保险人的债权关系，或是原受益人与被保险人之间的其他约定。无论如何，被保险人违反了订立保险合同之初的承诺，应当承担责任。但承担责任的方式不应当是支付保险金。因为，保险金源于被保险人寿命或身体所受之损失，被保险人有绝对处分之权利，除非法律另有禁止变更的规定，否则被保险人变更受益人的权利必须予以承认。目前我国法律并未对被保险人变更受益人做出任何禁止规定，故无论被保险人如何变更受益人，均应当遵循被保险人之真意给付保险金，由新受益人领取保险金。原受益人所受之损失，只能通过违约责任追究。

2. 追究被保险人违约责任措施的缺陷

在现行法条件下，上述分析并无错误，但是，这一路径并不能完美地保护原受益人之利益。其一，当原受益人追究被保险人之违约责任时，被保险人极可能已经死亡。被保险人若变更受益人，通常不会通知原受益人，因为对被保险人来说，变更行为至少存在道德上的污点，并且可能立刻招致原受益人对被保险人的诉讼或者其他对抗行为，故理性的被保险人必然选择沉默。于是，只有在被保险人死亡之后，原受益人才能发现自己已经被变更。而此时由于被保险人已死亡，自然无从追究其违约责任。其二，原受益人追究被保险人的违约责任，可能存在举证上的困难。原受益人虽然可以证明被保险人曾经将其指定为受益人，却往往难以证明被保险人将其作为受益人的目的,这一目的,或是为了偿还债务,或是为了填补保费支出,通常并无书面约定,执行这一目的的保险合同为保险公司提供的格式合同,亦不会体现当事人订立保险合同之目的。而被保险人对受益人的承诺,恰恰体现在这一目的中,目的既无从表现,也便很难举证,故而原受益人之利益不易保护。

(二) 保险人通知制度

1. 保险人通知制度之内容

笔者曾设想建构被保险人变更受益人时的保险人通知义务,但现在看来,这一设想有其问题。保险人通知制度的具体表现是:在被保险人变更受益人时,如果保险人通知了原受益人,由于原受益人与被保险人有约在先,原受益人便可以追究被保险人的违约责任,如果保险人未为通知,则法律可以追究保险人未为通知的法律责任,要求保险人承担原受益人因此所受的损失。[①] 例如,在被保险人以身故保险金填补原受益人保险费支出的情形,保险人至少应当赔偿原受益人(即投保人)所支出之保费及其利息。

2. 保险人通知制度之缺陷

这一路径有其优点,由于保险人须在被保险人变更受益人时通知原受益人,故其解决了原受益人追究被保险人违约责任时被保险人已经死亡,从而无法追究的问题,并增加了另外一条保护原受益人的途径:保险人承担未为通知的法律责任。然而,这一路径缺点依然较为明显。一方面,这一制度对保险人所课之义务似有过重。变更受益人乃被保险人之法定权利,变更后对原受益人的通知,理论上应为被保险人之权利,今被保险人变更受益人,却要求保险人承担通知义务,理论上似有牵强,即便法律为实现保护原受益人之目的而赋予保险人特殊义务,亦应给予其对等之权利,例如收取相应通知费用。更重要的是,保险人若不为通知,便须承担损害赔偿之责任,实质是将被保险人之责任转由保险人承担,因未为履行通知义务而承担被保险人所承担之违约责任,对保险人显有不公。另一方面,这一制度仍无法解决第一条路径之下的举证困难问题。对原受益人来

---

① 参见梁鹏《评论与反思——发现保险法的精神》,西南财经大学出版社 2011 年版,第 69 页。

说，这一制度的本质仍是追究被保险人的违约责任，因为，在法律规定了保险人通知义务即责任之后，保险人为避免承担责任，必然尽力履行通知义务，在其通知之后，难题重新回到原受益人面前，如上文所述，原受益人必须证明被保险人对其曾有承诺，即便在被保险人生存的情况下，证明这一事实并非容易。

（三）不可撤销受益人制度

1. 不可撤销受益人制度之内容

不可撤销受益人制度是这样一种制度：当被保险人在保险合同中指定某人作为受益人后，通常便无权再行变更，除非经原受益人同意，方能变更受益人。① 对被保险人来讲，实质上已无权撤销原受益人并进行更换，故理论上将该类受益人定义为"不可撤销受益人"。

2. 不可撤销受益人制度的优势

应当说，前两种救济路径着眼于"事后追责"，不可撤销受益人制度则聚焦于"事前预防"。② 其事前预防主要表现在：如果被保险人已经承诺将身故保险金给予受益人，受益人可以要求被保险人在保险合同中将自己指定为不可撤销受益人，如此，则未经受益人本人同意，任何人均不得变更受益人，也便不会出现被保险人私自变更受益人，导致原受益人利益受损的情况。显然，对于杜绝被保险人私自变更受益人的行为来说，"事前预防"比"事后追责"更加优越。

由于采取了事前预防，不可撤销受益人制度克服了上述两种救济路径的弱点：首先，受益人无须在被保险人死亡后追究被保险人的违约责任。指定不可变更受益人后，被保险人丧失变更权，保险人亦不会协助被保险人变更受益人，于是便不可能出现被保险人违反承诺变更受益人之情形，受益人自然无须在被保险人死亡之后对其追究违约责任。其次，受益人不存在举证上的困难。受益人只需证明保单将自己记载为不可撤销受益人即可，无须证明自己作为不可撤销受益人的原因如何。而这种证明，即便在该受益人

---

① 参见［美］哈瑞特·E. 琼斯、［美］丹尼·L. 朗《保险原理：人寿、健康和年金》（第二版），赵凯译，中国财政经济出版社 2004 年版，第 140 页。

② 严格意义上讲，"不可撤销受益人"制度并不是一种"救济"制度。为了论文结构上的美观，笔者将其放在"原受益人利益损害之救济路径选择"部分中进行论述。

不持有保单的情况下，也可以通过法院向保险人调取，其举证并不困难。最后，保险人不承担苛刻的通知义务。不可撤销受益人指定之后，被保险人无权变更受益人，保险人自无须就被保险人之变更通知受益人。

也许正是鉴于不可撤销受益人制度的上述优点，许多国家建立了不可撤销受益人制度，其代表性的大陆法系国家有德国、意大利等，美国和加拿大则是英美法系国家的代表。然而，我国《保险法》对不可撤销受益人制度并未规定，这似乎是立法上的疏漏。[①] 笔者以为，我国应当建立不可撤销受益人制度，以防止被保险人私自变更受益人引发的纠纷。

（四）小结

被保险人私自变更受益人，可能损害原受益人的利益，进一步引发原受益人与被保险人之间的纠纷。解决之路径有三：追究被保险人的违约责任、要求保险人通知原受益人、设立不可撤销受益人制度。第一条路径存在被保险人死亡无法追究责任，原受益人举证困难的问题；第二条路径除存在举证困难问题之外，亦有对保险人所课责任过重之嫌；唯有建立不可撤销受益人制度，允许受益人要求被保险人将自己设定为不可撤销受益人，被保险人因此不能私自变更受益人，方能预防上述纠纷的产生。故而，建立不可撤销受益人制度具有必要性。

三 不可撤销受益人制度的具体建构

（一）不可撤销受益人的指定

1. 指定主体

不可撤销受益人通过指定而产生，其指定主体与可撤销受益人的指定主体并无区别。依照我国《保险法》，投保人和被保险人均可作为指定主体，但投保人指定受益人须经被保险人同意，亦即，被保险人是实质指定主体。被保险人之所以牺牲自己的撤销权而将他人指定为不可撤销受益人，其理论基础为自愿原则，即被保险人本来拥有变更受益人的权利，其自愿放弃权利从而使受益人固定下来。当然，这种自愿背后也可能是一种利益交换关

---

① 参见温世扬《论保险受益人与受益权》，《河南财经政法大学学报》2012年第2期。

系，如被保险人为偿还不可撤销受益人之债权而自愿放弃变更受益人的权利，从而将保单利益转让给不可撤销受益人，用以偿还所欠债务。

2. 指定对象

在指定对象方面，原则上，任何主体都可以作为不可撤销受益人。但是，若以未成年人作为指定对象，并不是一个明智的选择。因为，被保险人在指定不可撤销受益人之后，有可能需要利用保单做出一些法律或保单条款允许的行为，例如保单贷款，但是，由于保单利益已归受益人所有，① 被保险人做出这些行为须经不可撤销受益人同意，但此时受益人尚未成年，难以独立做出同意的意思表示，被保险人所欲之行为只有等到该不可撤销受益人成年方可实现。② 或曰，被保险人可以请求不可撤销受益人的监护人同意，然而，如此情形下，监护人也很难表示同意，因为同意意味着消减被监护人的财产或权利，这与监护人保护未成年人财产的职责相违背。③

3. 指定模式

不可撤销受益人的指定，理论上有两种模式："声明保留主义"和"声明放弃主义"。

"声明保留主义"是指，只有在被保险人明确声明保留撤销权的情况下，其才享有撤销原受益人，重新指定新受益人的权利；若被保险人未明确声明保留撤销受益人的权利，则法律上应认定被保险人所指定的受益人为不可撤销受益人，此后被保险人非经原受益人同意不得变更。例如，美国联邦最高法院曾在判决中写明，被保险人在指定受益人时未声明保留处分权的，视为抛弃处分权，受益人对保单取得既得权利。④ 加拿大魁北克省也规定，寿险保单的所有人在指定配偶为受益人时，如果保单持有人没有特别声明，法律将这种指定默认为不可撤销指定。⑤

---

① 关于指定不可撤销受益人后保单利益归该受益人所有的论述详见下文。
② 参见〔美〕缪里尔·L.克劳福特：《人寿与健康保险》，周伏平、金海军等译，经济科学出版社1999年版，第231页。
③ 参见〔美〕肯尼思·布莱克、〔美〕哈罗德·斯基博《人寿与健康保险》，孙祁祥、郑伟译，经济科学出版社2003年版，第227页。
④ Central National Bank of Washington City v. Hume, 128 U.S. 195 (1888).
⑤ 参见〔美〕哈瑞特·E.琼斯、〔美〕丹尼·L.朗《保险原理：人寿、健康和年金》（第二版），赵凯译，中国财政经济出版社2004年版，第140页。

"声明放弃主义"又称"直接主义",系指只有被保险人明确声明放弃撤销权的情况下,其所指定的受益人才是不可撤销受益人,倘若被保险人未声明放弃撤销权,则法律上应认定所指定之受益人为可撤销受益人。①

笔者以为,"声明放弃主义"比"声明保留主义"更为合理,未来我国立法,应选择"声明放弃主义"。理由是:自法律史角度来看,"声明保留主义"似乎即将退出历史舞台。人寿保险发展初期,受益人一经指定就不得撤回。② 而时至今日,大多数寿险保单指定的受益人属于可撤销受益人。③ 自人类理性角度来看,为被保险人保留撤销权更符合人类理性。人寿保险多为长期性契约,漫长合同期间,倘发生时过境迁之事,自当允许被保险人另行指定受益人,④ 人们通常更愿意将撤销受益人的主动权掌握在自己手中,除非有特殊情况存在,才会放弃自己掌握的主动权。而"声明放弃主义"正好为被保险人保留了撤销受益人的主动权。自交易的便捷程度来看,"声明放弃主义"更加便捷。由于大多数保单所指定的受益人为可撤销受益人,故而,应原则上规定"未作声明者视为保留撤销权",如此,绝大多数保险合同无须声明便自动为被保险人保留了撤销权,少部分需要保留撤销权者则应主动声明。这正是"声明放弃主义"的特点。倘若采取"声明保留主义"则绝大多数保险合同均须声明,只有少数合同无须声明,难谓鼓励交易便捷。

(二) 不可撤销受益人指定之法律效果

不可撤销受益人指定后的法律效果,主要是指定后相关当事人之间的权利义务变化。下文分别从受益人和被保险人的角度加以论述。

1. *不可撤销受益人受益权之取得*

对受益人来说,在其被指定为不可撤销受益人后,当然享有对保险金的受益权。理论上的问题是,该受益权性质上究为何种权利,却不无疑问。在英美法上,学者认为该受益权为既得权,例如,克劳福德教授指

---

① 参见张秀全《保险受益人研究》,《现代法学》2005 年第 4 期。
② 参见[美]约翰·道宾《美国保险法》,梁鹏译,法律出版社 2008 年版,第 149 页。
③ 参见[美]哈瑞特·E. 琼斯、[美]丹尼·L. 朗:《保险原理:人寿、健康和年金》(第二版),赵凯译,中国财政经济出版社 2004 年版,第 140 页。
④ 参见陈云中《人寿保险的理论与实务》(第九版),三民书局 1992 年版,第 156 页。

出:"不可撤销受益人一经指定,就对死亡保险金具有既得权利。"① 然而,从大陆法系理论分析,不可撤销受益人的受益权在性质上并非既得权,而是一种期待权。既得权是权利人现时即可享受某种法律上特定利益的权利,② 不可撤销受益人应当享有获取保险金的权利,但这种权利并非"现时即可享受"的,不可撤销受益人真正获取保险金,须在保险事故发生之后,故而不属于既得权。而期待权是一种附条件的权利,该权利的确定取决于特定事件的发生。③ 就不可撤销受益人来说,其已经取得了法律保护的地位,被保险人若欲变更该受益人将不被法律所允许,但是,不可撤销受益人尚无法取得受益权的实质内容,保险合同对其至少附加了一个条件,即发生保险事故,领取保险金这一受益权的核心内容只有在保险事故发生之后才能实现。故而,不可撤销受益人所享有的权利显然属于期待权。

值得注意的是,在保险合同中,不可撤销受益人之地位与可撤销受益人显有不同。我国有观点认为,可撤销受益人所享有的权利亦是一种期待权,④ 然而,期待权的构成,至少需要三方面的条件:其一,对未来取得某种权利的期待;其二,已经具备取得权利的部分要件;其三,期待权是一种受法律保护的地位。⑤ 尽管可撤销受益人所处的地位符合前两个条件,但是,由于不可撤销受益人随时可能被被保险人撤销,法律并不承认其稳固的受益地位,故而,著名学者江朝国教授指出:"受益人之地位,依本法第111条之解释,得因指定权人撤销或变更其指定而随时有丧失之可能。而对于指定人之任意指定或其他行为,又不能以之为利益侵害而有任何请求,其无主张被侵害之可能,称其为权利,似无必要。"⑥ 相反,对于不可撤销受益人来说,由于被保险人不能再行撤销或变更,其地位稳固,且受法律保护,因为,倘若被保险人再行撤销或变更受益人,不可撤销受益人至少可以向被保险人提起违约之诉。

---

① [美]缪里尔·L.克劳福特:《人寿与健康保险》,周伏平、金海军等译,经济科学出版社1999年版,第225页。
② 参见申卫星《受益权研究导论》,《清华法学》2002年第1期。
③ Black's Law Dictionary, West Publishing Co., 6th ed, 1990.
④ 参见覃有土《保险法概论》(第二版),北京大学出版社2001年版,第342页。
⑤ 参见申卫星《受益权研究导论》,《清华法学》2002年第1期。
⑥ 江朝国:《保险法逐条释义》(第一卷),元照出版有限公司2012年版,第231页。

2. 对被保险人权利之限制

对于被保险人来说，一旦指定了不可撤销受益人，其对保单的权利就受到了限制。尽管不可撤销受益人享有的仅仅是期待权，但这一期待权具有很大程度的确定性，故而在英美法系甚至将这种权利作为既得权对待。① 受益权的核心是获取保险金，被保险人之行为，只要存在降低保险金给付之可能性，便受到不可撤销受益人之受益权的制约。其理由是，受益权已属不可撤销受益人，即便此权利源于被保险人之授予，被保险人亦不得减损已属他人之权利。保险实务中，可能减损受益权的行为主要有如下三种：第一，保单贷款行为。被保险人进行保单贷款，倘若贷款无法偿还，保险人将从保险金中扣除贷款，剩余保险金给予不可撤销受益人，倘若被保险人未为偿还保单贷款，自然可能减少不可撤销受益人之保险金获取；第二，退保行为。退保本为被保险人之权利，但指定不可撤销受益人后，这一权利宣告丧失，其理由至简，倘若仍允许被保险人退保，即便现金价值归于不可撤销受益人，其数额亦少于约定之保险金；第三，保单转让行为。被保险人转让保单，所转让者无非保单利益，而此前其已通过指定不可撤销受益人之方法将保单利益让与该受益人，再次转让无异于转让他人之物，法律自得禁止。不过，对被保险人权利之限制并非绝对禁止，倘若被保险人能够征得不可撤销受益人同意，法律自当允许。

（三）不可撤销受益人权利实现之阻却

如上所述，被保险人指定不可撤销受益人后，只要合同正常履行，该受益人便能于保险事故发生后取得保险金。然而，由于某种情形的出现，亦可妨碍不可撤销受益人获得保险金。这些情形大致可以分为三类：不可撤销受益人丧失受益权之情形、法定不得获取保险金之情形、依约不得获取保险金之情形。

1. 丧失受益权之情形

倘若丧失受益权，不可撤销受益人当然不能领取保险金。受益人丧失

---

① 参见施文森《保险法论文集》（第一集），三民书局1988年版，第238页。不过施先生指出："所谓既得权，系指保险契约照约履行所生之利益完全归属于受益人，而非指受益人对于保险金额之受领已获得确保。"

受益权之情形，我国《保险法》仅规定了一种情形：受益人故意制造保险事故，造成被保险人死亡、伤残、疾病，或者故意杀害被保险人未遂。不过这一规定针对的是可撤销受益人，不可撤销受益人享有期待权，其地位更为稳固，是否适用这一规定，仍须论证。

在不可撤销受益人故意制造保险事故，导致被保险人死亡的情况下，应当剥夺该受益人的受益权。其理由是：其一，不可撤销受益人的行为危害公序良俗。不可撤销受益人故意制造保险事故导致被保险人死亡，其实质就是受益人杀害被保险人致死，该受益人的行为违背公序良俗当无疑问，而公序良俗是控制保险赔付的一个重要依据。倘若不可撤销受益人杀害被保险人仍可获取保险金，则可能出现受益人为获取保险金而杀害被保险人的道德危险，故而，对受益人的此类行为，应当拒绝给付保险金，即便不可撤销受益人拥有稳固的法律地位亦是如此。其二，不可撤销受益人不应从其违法行为中获益。任何人均不得从其违法行为中获益是法律的一项基本原则。不可撤销受益人杀害被保险人，显系违法行为，而领取保险金自属获益行为，依据这一原则，不可撤销受益人当然应当被剥夺受益权。对此，桂裕教授明确指出："保险契约之利益，经订明绝对归属受益人享有者（要保人声明放弃处分权），……受益人故意杀害被保险人，依法丧失其受益权。"[①] 意大利《民法典》第1922条第1款亦规定："当受益人谋害被保险人生命时，受益人的指定虽然是不可撤销的也同样无效。"

然而，上述规则在不可撤销受益人故意制造保险事故，但被保险人仍生存的情况下是否仍然适用，颇值思考。笔者以为，通常情形下，该不可撤销受益人的受益权应当被剥夺，但是，如果被保险人仍生存，且被保险人反对剥夺该受益人之受益权时，应当尊重被保险人的选择。其理由是：赋予受益权是被保险人的单方处分行为，法律不得随意干涉。如果被保险人坚持赋予加害受益人以受益权，而法律竟不允许，不免有过度干涉被保险人处分自己权利之嫌疑。因此，即便不可撤销受益人作为罪犯，其亦有权获取保险金。[②]

[①] 桂裕：《保险法》，三民书局1984年增订初版，第134页。
[②] 参见梁鹏《受益人故意制造保险事故之研究》，《中国保险学会2014年年会论文集》，第424—425页。

不过，通常情形下，被保险人对杀害自己之受益人不会坚持赋予受益权，该受益人即使为不可撤销受益人，其受益权亦被强制剥夺。

2. 法定不得获取保险金之情形

法定不得获取保险金之情形，系指由法律规定，基于保险合同本身，或者投保人或被保险人的某些行为，保险人不予给付保险金之行为。在我国《保险法》上，此类情形主要包括：其一，保险合同无效之情形。现行保险法在人身保险部分规定了三种情形：我国《保险法》第31条第2款规定的投保人对被保险人不具有保险利益之情形；《保险法》第33条规定的，非父母为未成年投保死亡保险之情形；《保险法》第34条规定的投保死亡保险未经被保险人同意之情形。[①] 其二，投保人违反如实告知义务之情形。此为《保险法》第16条之规定。其三，被保险人自杀之情形。此为《保险法》第44条之规定；其四，被保险人故意犯罪或者抗拒依法采取的强制措施导致其伤残或死亡之情形。此为《保险法》第45条之规定。上述情形的共同特征在于：由于保险合同本身，或者投保人、被保险人的某些行为，导致保险合同的履行出现问题，而不可撤销受益人获得保险金的前提是保险合同依约履行，既然保险合同履行出现问题，导致保险人依法不承担赔付责任，不可撤销受益人便无法获得保险金。

3. 约定不得获取保险金之情形

约定不得获取保险金之情形，是指保险人通过保险合同之约定，将自己的保险责任排除，从而不支付保险金的情形。这些情形，大致可以分为两类：一类是不属承保范围之情形。任何保险人均会在保险合同中规定承保范围，在保险条款中表现为"保险责任"，保险事故属承保范围者，保险人方予赔付。倘若发生之保险事故不属承保范围，保险人自有权拒赔。例如，意外伤害保险所承保者，系意外事故，倘若被保险人因疾病死亡，即便该保险合同指定了不可撤销受益人，保险人亦不对其支付。另一类是属于免责范围之情形。为排除特殊风险，保险人通常会在承保范围之内设置免责情形，事故虽属承保范围，但又属"免除保险人责任"之范围者，保险人亦有权拒赔。例如，许多人寿保险合同将"主动吸食毒品""醉驾

---

① 不过，这些情形是否应当无效，学理上仍有争议。

驾车""核爆炸"导致的死亡作为免责条款,只要其免责条款公平合理,法院应当予以尊重,被保险人因上述免责原因死亡者,保险人不承担赔付责任,即便合同之受益人为不可撤销受益人亦然。

(四) 不可撤销受益人先于或与被保险人同时死亡

在受益人可撤销的情况下,倘若受益人先于被保险人死亡,或者与被保险人同时死亡,受益人均不能获得保险金,受益人之继承人亦不能获得保险金。对此,我国《保险法》先在第 42 条第 1 款规定,受益人先于被保险人死亡的,保险金作为被保险人的遗产,根据继承法的规定继承。又在第 42 条第 2 款中规定受益人与被保险人在同一时间中死亡,且不能确定死亡先后顺序的,推定受益人先死亡,保险金归于被保险人。这两款规定本质相同,即在受益人先于或与被保险人同时死亡的情况下,保险金归于被保险人的遗产。[1]

那么,在受益人为不可撤销的情况下,其先于被保险人死亡或者与被保险人同时死亡,是否丧失受益地位?

1. 不可撤销受益人先于被保险人死亡

笔者认为,通常情形下,不可撤销受益人并不丧失受益权,但合同另有约定的除外。不可撤销受益人通常并不丧失受益权是因为:第一,当被保险人指定不可撤销受益人时,事实上已经放弃了保单利益;第二,被保险人变更受益人,须经不可撤销受益人同意,而此时不可撤销受益人已死亡,不可能征得其同意;第三,倘若被保险人指定不可撤销受益人背后有利益关系存在,例如不可撤销受益人作为被保险人的债权人,将保险金归于被保险人的遗产势必损害该债权的实现。对此,桂裕教授指出:"受益人先于被保险人死亡,其受益权即归于消灭,此指通常情形而言,……于明示放弃撤销权之情形,保险契约上之利益即为该受益人所得,无异为契约之转移,属该受益人之遗产,自不归于消灭。"[2] 施文森教授亦指出:"受益人如先于被保险人死亡,保险契约利益应成为受益人之遗产,由其继承人继承。"[3] 不过,

---

[1] 参见吴定富《〈中华人民共和国保险法〉释义》,中国财政经济出版社 2009 年版,第 109—111 页。
[2] 桂裕:《保险法》,三民书局 1984 年增订初版,第 134 页。
[3] 施文森:《保险法论文集》(第一集),三民书局 1988 年版,第 239 页。

倘若保险合同约定被保险人得剥夺不可撤销受益人之受益权者，应遵从各方当事人的约定。美国和加拿大的许多寿险保单中，有条款明确规定，如果受益人（包括不可撤销受益人）先于被保险人死亡，其权利即告终止。这一条款的本质是对不可撤销受益人的确定设置了一个条件，其目的在于，防止保险金自动归于不可撤销受益人的遗产，允许保单所有人在不可撤销受益人死亡以后重新指定新的受益人。① 只要这一条件不违反法律或社会公共秩序，应当肯认。

2. 不可撤销受益人与被保险人同时死亡

不可撤销受益人与被保险人同时死亡的情形，保险金亦应归于不可撤销受益人之遗产。理由至简，在不可撤销受益人先于被保险人死亡时，保险金尚且归于受益人之遗产，受益人与被保险人同时死亡更应如此，除非保险合同另有约定。

（五）小结

不可撤销受益人之指定主体与指定对象，与可撤销受益人大致相同，唯应注意者，指定未成年人为不可撤销受益人并不是一个明智的选择，因为被保险人可能无法取得未成年人或其监护人的同意行使保单相关权利。不可撤销受益人指定之模式，应以"声明放弃主义"为佳，即除非被保险人明确声明该受益人为不可撤销受益人，否则推定该受益人为可撤销受益人。不可撤销受益人指定后，其享有受益权，该权利在性质上应为期待权，并且，这一权利的存在必将限制被保险人的保单贷款行为、退保行为和保单转让行为。不可撤销受益人并非确定能够取得保险金，其取得保险金可能受到法律规定、合同约定以及杀害被保险人行为的阻却。在不可撤销受益人先于或者与被保险人同时死亡的情形下，保险金归于该受益人的遗产，但保险合同另有约定者除外。

四　代结论：《保险法》第 40 条之补充

我国《保险法》未规定不可撤销受益人制度。现行法之下，保险合同

---

① 参见［美］哈瑞特·E. 琼斯、［美］丹尼·L. 朗：《保险原理：人寿、健康和年金》（第二版），赵凯译，中国财政经济出版社 2004 年版，第 141 页。

各方主体本可以约定不可撤销受益人，但法律既未规定，保险条款通常亦无提示，致使普通百姓几无约定之可能。为今之计，宜在我国《保险法》中增设不可撤销受益人制度。该制度应当置于《保险法》第40条第2款之后，[①] 具体条文设置为：

第3款：投保人或被保险人可以指定不可撤销受益人，投保人或被保险人未声明该受益人为不可撤销受益人的，视为可撤销受益人。

第4款：不可撤销受益人指定后，非经该受益人同意，投保人或被保险人不得进行保单贷款，不得解除保险合同，亦不得转让保单利益。

第5款：不可撤销受益人先于被保险人死亡，或者不能确定其与被保险人死亡的先后顺序的，保险金作为该不可撤销受益人的遗产，由保险人依照《中华人民共和国继承法》的规定履行给付保险金的义务。

附录　其他国家或地区关于不可撤销受益人制度的规定

●德国《保险合同法》第159条：（受益人分配）

1. 在有疑问的情形下，投保人有权不经保险人同意指定第三人作为受益人或变更受益人。

2. 通过可撤销指定确定的第三方受益人直到保险事故发生时才可以取得保险人赔付的保险金。

3. 通过不可撤销指定确定的第三方受益人有权获得保险人赔付的保险金。

●意大利《民法典》第1922条：（利益的丧失）

1. 当受益人谋害被保险人生命时，受益人的指定虽然是不可撤销的也同样失效。

2. 在第800条规定的情形下，不可撤销的且作为照顾而进行的指定可以撤回。

[①] 我国《保险法》第40条是关于受益人指定的规定，共分两款，第1款规定受益人的指定主体，第2款规定多数受益人的处理。两款原本仅为可撤销受益人而设计，但内容却能涵盖不可撤销受益人制度，为两类受益人所共用，故而，只需在现行《保险法》第40条后增设不可撤销受益人制度的特殊规定即可。

专题十二　保险受益人变更之研究

——以《保险法》第 41 条为中心

【摘要】 受益人变更行为之性质，应为单方法律行为。在受益人变更的形式和生效问题上，我国《保险法》的规定存在歧义。关于变更行为的形式，应采形式自由原则，不应由法律强制采取书面通知形式，遗嘱应可作为变更形式。关于变更的生效时点，由于变更行为系属无须受领的意思表示，应自变更行为发出之时生效。投保人或被保险人变更受益人采取通知形式的，于通知到达保险人之前，不得以此对抗保险人，保险人接受通知未行批注的，应当承担一定的行政责任，投保人变更受益人未经被保险人同意的，变更行为效力待定，若被保险人未及同意已死亡时，变更应为无效行为。

【关键词】 单方法律行为；变更形式；变更生效；变更效力

为解决保险实务中的受益人纠纷，我国《保险法》于第 41 条规定："被保险人或者投保人可以变更受益人并书面通知保险人。保险人收到变更受益人的书面通知后，应当在保险单或者其他保险凭证上批注或者附贴批单。投保人变更受益人时须经被保险人同意。"然而，关于保险受益人变更的问题，无论是变更行为的理论基础、变更方式、变更时点，还是变更效力的问题，理论界均缺乏深入研究，以致不能正确指导实务中问题的解决。本文拟就这些问题展开研究，以利完善我国的受益人变更制度。

一 变更行为之性质：单方法律行为

变更行为之性质与受益人变更之方式、时点、效力等规则的具体设置密切相关，为后文研究之基础，因此，在探讨具体制度之前，有必要对变更行为的性质进行分析。笔者以为，变更受益人的行为，于性质上应为单方法律行为。

所谓单方民事法律行为，"是指根据当事人一方的意思表示就可以成立的民事法律行为。只要一方当事人做出意思表示，无须再有他方当事人同意就可以成立。"① 单方法律行为大致可以分为三类：第一类，处分自己的权利的单方法律行为；第二类，为他人设权的单方法律行为；第三类，行使法律规定或者当事人约定权利的单方法律行为。② 无论哪一类单方法律行为，其典型特征均是无须他人同意便可以发生法律效力。因此，如果变更行为无须任何人同意，其便属于单方法律行为。

被保险人变更受益人，无须任何人同意。其原因在于，无论财产保险抑或人身保险，保险合同之保障对象均为被保险人，被保险人理应成为享有保险合同利益之人。③ 保险给付请求权应归属于被保险人，④ 被保险人变更受益人，其实质是以自己单方的意思表示授予受益人保险金请求权，作为权利主体，被保险人当然有权通过自己的行为达到自己希望获得的法律后果，并不需要他人同意。显然，变更行为与单方法律行为的定义相符，属于为他人设定一种期待的单方法律行为。⑤

我国《保险法》允许投保人变更受益人，但其变更须经被保险人同意，则投保人变更受益人是否单方法律行为？对此，笔者对此作肯定回答。需要他人同意方能实施的法律行为，并非均为双方法律行为或多方法律行为，德国《民法典》第182条就明确规定了须经他人同意的单方法律

---

① 江平主编：《民法学》，中国政法大学出版社2000年版，第185页。
② 参见李永军《民法总论》，中国政法大学出版社2008年版，第180页。
③ 参见江朝国《代缴保险费之受益人法律上地位》，《月旦裁判时报》第17期。
④ 参见吕锦峰《保险法新论》，神州图书公司2002年版，第47页。
⑤ 自被保险人处分权利的角度看，变更受益人属于上文第一类的单方法律行为。

行为。[1] 著名保险法学者江朝国教授认为，投保人指定或变更受益人之权利，源于被保险人之隐蔽性授权。[2] 被保险人对投保人变更受益人之"同意"，便是被保险人对投保人的授权。投保人并无独立之变更权，其所行使之变更权，实为被保险人之权利，变更行为之后果亦应归被保险人承担，因此，投保人变更受益人之行为，与被保险人本人的变更行为本质上并无差异，均为单方法律行为。[3]

被保险人变更受益人是否需要经保险人同意？如需经其同意，则变更行为属于合同行为，而非单方法律行为，笔者以为，被保险人变更受益人无须保险人同意。保险法理论界的主流观点认为，被保险人变更受益人无须经保险人同意，[4] 但也有学者认为，为了防止道德危险，被保险人变更受益人须经保险人同意，[5] 然而，如变更受益人须经保险人同意，不无过分干预被保险人处分自己权利之嫌，况且，现有制度亦能有效防控道德危险，法律将变更权赋予被保险人，由被保险人自己决定受益人人选，被保险人决定变更受益人时，自然会考虑新受益人的道德危险因素，这也是保险法中最常见的防范道德危险的方法，无须假手保险人同意以防范道德危险。

在被保险人变更受益人是否须经原受益人同意的问题上，由于我国立法采取变更的"直接主义"，故而，通常情形下，被保险人变更受益人不须经原受益人同意。所谓受益人变更的"直接主义"，是指"当投保人或被保险人指定受益人后，除声明放弃处分权外，仍可以依法变更受益

---

[1] 例如，德国《民法典》第182条第1款规定："合同或须向他人实施的单方法律行为的有效性取决于第三人的同意的，给予同意或拒绝同意既可以向一方表示，也可以向另一方表示。"
[2] 参见江朝国《保险法逐条释义》（第一卷：总则），元照出版有限公司2012年版，第214页。
[3] 我国亦有观点认为，投保人参与指定或变更受益人，实质是向被保险人提出受益人人选的建议，决定权仍归于被保险人。（参见奚晓明《〈中华人民共和国保险法〉保险合同章条文理解与适用》，中国法制出版社2010年版，第264页。）依此观点，投保人本无变更受益人的权利，所谓投保人变更受益人的提法，其实并不准确，只有被保险人享有变更权，其性质属为单方法律行为。
[4] 参见徐卫东《保险法学》，科学出版社2009年版，第72页。
[5] 参见管贻升《论被保险人变更受益人的法律规则与实践冲突——兼谈新〈保险法〉第41条的法律规范》，载贾林清主编《海商法保险法评论》（第三卷），知识产权出版社2010年版，第77页。

人。"① 换言之，投保人或被保险人未声明抛弃处分权的，其可以自由处分保险金请求权，不经受益人同意对受益人进行变更。② 通说认为，我国采取了"直接主义"这一通例，③ 因此，除非被保险人声明不再变更受益人，否则其有权行使处分权变更受益人，并且不经受益人同意。

综上所述，被保险人变更受益人，不须经投保人、保险人、受益人同意，而投保人变更受益人，虽须经被保险人同意，但在本质上，其变更行为与被保险人本人的变更并无差异，亦无须其他主体同意，二者均属处分权利的单方法律行为。

二　变更的形式：无需法律强制

（一）现行规定的文义解释：强制书面形式的疑问

我国《保险法》第41条规定："被保险人或者投保人可以变更受益人并书面通知保险人。"此规定是否强制要求变更受益人采取"书面形式"，学界多持肯定态度，"从该条的字面意思理解，法律要求变更权人必须以书面形式向保险人做出通知。"④ "受益人的变更属于要式条款，即仅有被保险人或投保人的真实意思表达尚不够，还必须符合一定的形式要件即应书面通知保险人。"⑤ 这种理解将法条的文字分为两个部分："被保险人或者投保人可以变更受益人"和"被保险人或者投保人变更受益人须书面通知保险人"。确实，在法条中出现了"书面通知"的字样，因此，将本条规定的变更形式理解为"书面形式"似也无可厚非。

不过，对本条规定的变更形式，似乎也可以有另外一种理解，即，本

---

① 李玉泉：《保险法学——理论与实务》，高等教育出版社2007年版，第342页。
② 与此相对应，采取"保留主义"立法例的国家，受益人指定后，除非投保人或被保险人声明保留处分权，否则其非经原受益人同意不得变更受益人。故而，通常情形下，投保人或被保险人变更受益人并非单方法律行为。
③ 参见温世扬《论保险受益人与受益权》，《河南财经政法大学学报》2012年第2期；李玉泉《保险法》，法律出版社2003年版，第255页。
④ 刘峰、王倩：《论人身保险合同中保险受益人的遗嘱变更》，载李劲夫主编《保险法评论》第一卷，中国法制出版社2008年版，第182页。
⑤ 宋素霞：《保险金的给付不适用遗嘱变更》，《保险研究》2003年增刊，第207页。

条并未规定必须书面通知,而是规定可以书面通知。这种理解将《保险法》第41条的"可以"作为"变更受益人"和"书面通知保险人"的共同修饰成分,使法条分为两个部分的内容:"被保险人或投保人可以变更受益人"和"被保险人或投保人可以书面通知保险人",这样一来,书面形式就不是变更受益人的必须形式了,而是一种示范性的变更形式,法律并不要求被保险人强制遵行。

由于语言表达本身的模糊性,单纯从字面意义看,不能否认任何一种理解的正确性。但是,合理的理解只能有一种,笔者以为,第二种理解更具合理性,以下从法律行为的要式性方面展开论述。

(二) 变更行为作为要式行为:必要性的欠缺

以是否需要完成一定的形式为标准,可以将法律行为分为要式行为与非要式行为。要式行为是指必须具备法律要求的形式才能成立的民事法律行为,而非要是行为是指不要求具备特定形式就能成立的民事法律行为。[①] 受益人变更行为是否需要强制采取书面形式,须从行为形式自由与行为形式强制两方面论述。

法律行为以不要式为常态,通常采取形式自由原则。在法律发展的早期阶段,法律行为采取形式强制原则。不过,随着时代的发展,法律行为采取要式行为的观念逐渐发生了变化,罗马法时期,形式强制已经出现了松动,买卖、租赁、合伙合同等法律行为,已不再适用形式强制原则。到了近代,几乎所有的债务合同,均不再要求特定形式。[②] 现代民法采取形式自由原则,"无论以何种形式,只要将意思宣示于外部,意思表示即可有效成立。发出意思表示既可用口头的话语,也可用书面的文字,还可使用电子脉冲或灯光脉冲及其他信号,只要他们具备可资识别的意义即可。"[③]

不过,法律为了实现某些目的,在例外情形下,偶尔也会实行形式强制,要求法律行为采取特定形式,例如书面、认证、公证等。著名学者王泽鉴教授将法律行为形式强制的理由或目的总结为以下几点:第一,达到

---

① 参见江平主编《民法学》,中国政法大学出版社2000年版,第186页。
② 参见[德]卡尔·拉伦茨《德国民法通论》,王晓晔等译,法律出版社2013年版,第555页。
③ [德]迪特尔·梅迪库斯:《德国民法总论》,邵建东译,法律出版社2013年版,第459页。

警告目的，使当事人了解其法律行为的意义及利害关系，避免仓促、轻率的决定；第二，保留证据，以便确定法律行为是否成立及法律行为的内容；第三，确保一定法律关系的公开性，尤其是不动产交易的公开性；第四，促进一定债权的流通性，特别是有价证券。[①] 通常，法律行为如不符合上述理由或目的，便不应对其形式加以强制。

  受益人变更行为不符合上述强制之理由，故不应对其形式进行强制。首先，变更受益人无须法律强制警告。在被保险人决定对原受益人变更，以新的受益人取代原受益人的情况下，被保险人对新受益人的选择一定深思熟虑，其不仅要考虑为什么原受益人不再适合，还需要考虑新受益人接受保险金可能带来的道德危险，甚至可能招致生命危险。在被保险人对变更行为已经认真考虑的情形下，无须法律通过强制形式对其加以警告。其次，变更行为只是一般的民事法律行为，无须特别通过法律强制的书面形式保留证据。正如债权转让合同不需要法律强制合同的形式一样，变更行为并不特别，没有理由要求法律为其做出特别要求，只需采取"谁主张谁举证"的方式即可。并且，法律如强制为了保留证据而对形式进行强制，势必限制了投保人或被保险人意思表示的表达方式，在一个对保险尚不熟知的国家尤为如此，其可能导致许多变更行为因形式问题而无效，从而违背投保人或被保险人的真实意图，其可行性似可疑问。再次，被保险人无须对外公开变更受益人的法律关系。公开法律关系，在民法中主要是公开物权关系，特别是不动产物权关系，由于不动产物权的高价值性，必须对其采取公示公信原则，在债权和其他领域中则不存在公示法律关系的问题，显然，变更受益人并不关涉物权关系的变动，因此也无须对外公示。最后，变更受益人的行为无关促进债权流通的问题。所谓促进债权流通，主要是有价证券的流通，例如票据流通，只有采取背书的要式方式，才能保证流通的安全性，并进一步促进流通。保单虽属有价证券，但变更受益人行为并不是转让或质押保单，也就不涉及债权的流转问题。

  据上所析，法律行为以形式自由为原则，以形式强制为例外，被保险人变更受益人的行为不符合法律强制之理由或目的，因此法律不应强制其

[①] 参见王泽鉴《民法总则》（修订版），三民书局2008年版，第328页。

采取书面形式。许多国家或地区的立法均未要求变更受益人采取书面形式，例如，日本《保险法》第43条规定"保险金受领人的变更通过对保险人的意思表示实现"，学者认为，在日本，"只要有能够确定投保人变更保险受益人的意思表示的事实，无论该意思表示是明示的还是默示的，都是有效的。"① 此外，德国、韩国、意大利、中国澳门地区的保险法律也并未强制采取书面变更方式。②

理论上，法律不应强制变更行为采取书面形式。不过，无论是我国还是国外保险审判实务中一直都存在以遗嘱方式变更受益人是否有效的争论，为此，我们应进一步加以澄清。

（三）遗嘱变更：否定论之批驳

关于被保险人是否能够以遗嘱的方式变更受益人，美国的主流学说持否定论，在我国，也有部分学者和实务界人士持否定论，笔者对此持肯定态度，下文拟就美国和国内的否定论加以批驳。

在美国，通说认为遗嘱不得变更受益人。③ 遗嘱不得变更受益人的主要理由有二：其一，"现代保单对于变更手续都有详细的规定。在大部分情况下，保单持有人既然有能力立遗嘱，自然也就具备完全的行为能力来履行保单规定的变更手续；不按规定来变更，单凭一份协议就想达到目的，这显然不行。"④ 其二，即使被保险人在遗嘱中另行指定了受益人，但在死亡发生之时，受益人已享有保险金的既得权，因此，被保险人遗嘱中关于转让保单或变更受益人的意思表示都是无效的，被保险人已无权变更受益人。⑤

美国否认遗嘱变更受益人的理由值得商榷。针对美国通说的第一个理

---

① 李红卫：《保险受益人的指定与变更——中日保险法的比较研究》，载王保树主编《商事法论集》（第九卷），法律出版社2005年版，第140页。
② 参见德国《保险法》第159条，韩国《商法》第733条，意大利《民法典》第1921条，中国澳门地区《商法典》第1035、1036条。
③ 参见[美]约翰·F.道宾《美国保险法》，梁鹏译，法律出版社2008年版，第155页；Muriel L. Crawford, *Life and Health Insurance Law*, seventh edition, FIMI Insurance Education Program Life Management Institute LOMA, Atlanta, Georgia, 1994, p, 261。
④ 参见[美]小罗伯特·H.杰瑞、[美]道格拉斯·R.里士满《美国保险法精解》，李之彦译，北京大学出版社2009年版，第165页。
⑤ Cook v. Cook, 111P, 2d 322（Cal. 1941）.

由，笔者认为，部分遗嘱在被保险人临终时出立，此时，被保险人已经没有能力按照保单规定的程序变更。即使被保险人在有能力的情况下以遗嘱的方式更换受益人，在我国也并不令人诧异，因为，我国被保险人对保险产品的了解不若美国深厚，绝大多数被保险人并不知道法律已经示范性地规定了变更受益人的形式，对格式保险条款中规定的变更程序和变更方式，也不会有太多被保险人了解，在被保险人不了解的情况下要求其遵照一定的形式变更，从而否定其遗嘱变更受益人的意思表示，乃属不教而诛，显然有失公正。更何况，被保险人必须按照保险合同规定的程序和形式变更受益人这一论证前提本身值得怀疑。针对美国通说的第二个理由，笔者认为，于被保险人在遗嘱中更换受益人时，变更受益人的意思表示必然于被保险人死亡之前发出，根据意思表示理论，变更行为应先于被保险人死亡而生效，此时原受益人对保险金并未享有既得权，变更行为应为有效行为而非无效行为。①

在我国审判实务中，法官对遗嘱能否变更受益人存在争议，② 理论界对这一问题也有不同看法。主流观点是，遗嘱不得变更受益人，其主要理由除《保险法》第 41 条规定变更受益人须书面通知保险人外，③ 尚有三点：其一，保险金不属于被保险人的遗产，不得以遗嘱的方式处分。"保险金不同于遗产，遗嘱人（被保险人）通过立遗嘱的方式来处分保险金不符合法律规定，不具有法律效力。"④ 其二，受益人的变更属于保险合同内容的变更，被保险人在遗嘱中重新指定受益人只是发出了要约，在保险人承诺之前，受益人不得变更。"投保人变更受益人实际上是另一种形式的新要约，保险人只有对这种要约做出承诺，保险合同有关变更内容才能生

---

① 关于遗嘱变更受益人情况下，变更行为生效的时点，我们将在下文论述。
② 判决遗嘱不得变更受益人的案例，参见潘赞名《投保人用遗嘱变更保险受益人，法院判决无效》，中国保险网，http：//www.china-insurance.com/news-center/newslist.asp? id = 186538，最后访问时间：2013 - 6 - 16。包慧、詹捷、高伟：《变更受益人，立遗嘱无效》，载《武汉晨报》2008 年 9 月 11 日。判决遗嘱可以变更受益人的案例，参见周玉华《最新保险法法理精义与实例分析》，法律出版社 2003 年版，第 356 页；王小晶《被保险通过遗嘱变更受益人是否有效》，华律网，http：//www.66law.cn/goodcase/7315.aspx，最后访问时间：2013 - 6 - 16。
③ 该观点笔者已在上文中论述了其不合理性，在此不再赘述。
④ 陈会平：《论遗嘱变更受益人的法律效力》，《上海保险》2003 年第 8 期。

效。而遗嘱要约是不完整的，没有经过保险人的承诺，当然它不应该产生法律上的效力。"① 其三，根据《合同法》，债权人转让债权，须通知债务人，被保险人转让保险金请求权未通知保险人，转让对保险人不生效力。"被保险人或者投保人转让指定或变更受益人，实质上来说是转让将来合同的权利……不以保险人的同意为前提条件，只需尽书面通知保险人的义务，由保险人在保险单上批注。但被保险人或投保人变更受益人时，未书面通知保险人的，受益人的变更，不能对抗保险人。"②

遗嘱不得变更受益人的三个理由亦不足取。首先，遗嘱当然可以处分遗产，但是，通过遗嘱处分的，并不一定全都是遗产，也可以是其他权利或利益。被保险人处分的，是保险金请求权，只不过采取了遗嘱形式，无论采取何种形式，只要能够表达实质内容——变更受益人的真实意图，便不应以形式否认实质，而应当承认变更行为的有效性；其次，被保险人的变更权属于形成权，③ 形成权的特征是，对方当事人必须接受权利的结果而不参与决策，④ 如果被保险人变更受益人尚需经保险人承诺，显然与其特性相违背，而在笔者看来，变更权作为形成权的坚挺地位，目前毫无动摇迹象；⑤ 最后，变更受益人并非债权让与，不能适用《合同法》关于债权让与的规则。退一步说，即使适用债权让与的通知规则，在被保险人通过遗嘱变更受益人，并且未能通知保险人时，其变更行为仍为有效行为，只是不能对抗保险人而已。基于上述分析，笔者赞同遗嘱可以变更受益人的观点。

遗嘱可以变更受益人的观点，亦为一些大陆法系国家明确接受。例如，日本《保险法》第44条规定："保险金受领人可以通过遗嘱的方式加以变更。"

---

① 高凤香：《人身保险受益人的法律思考》，《前沿》2004年第4期。
② 王慧：《遗嘱变更受益人是否有效》，《保险研究》2003年第8期。
③ 尹中安：《保险受益人论》，博士学位论文，中国政法大学，2007年，第95页。尹田：《中国保险市场的法律调控》。在日本，山下有信、西岛梅治、大森忠夫等保险法教授均持此观点。
④ 参见李永军《民法总论》，中国政法大学出版社2008年版，第53页。
⑤ 亦有学者认为，要约与承诺的规则，仅适用于合同内容的变更，变更合同的受益人，属于对合同主体的变更，不适用要约与承诺的规则。参见熊海帆《人身保险的受益人可以遗嘱指定》，《保险研究》2001年第8期。

（四）小结

若对我国《保险法》第 41 条中的"被保险人或者投保人可以变更受益人并书面通知保险人"进行文义解释，我们怀疑，该条中的"书面通知"仅为示范性的规定，并非法律强制要求的要式"书面"行为。这一猜测通过民事行为的要式性理论得到印证，根据此理论，一般情况下，法律行为应采"形式自由原则"，只有特别情况，法律方要求当事人采取要式行为，被保险人变更受益人作为单方法律行为，并不符合法律强制采取要式行为的理由和目的，因此无须强制采取"书面通知"的方式。被保险人采取遗嘱的形式变更受益人，亦属"形式自由原则"的体现，美国和我国部分理论界与实务界人士否认被保险人以遗嘱变更受益人的有效性，其理由并不充足。亦即，遗嘱可以作为变更受益人的方式。

三 变更行为之生效：意思表示的视角

变更行为何时生效，决定着原受益人丧失期待地位，新受益人取得期待地位的时点，甚至左右着保险金的支付对象问题，因此有必要加以研究。

（一）变更行为生效之观点：批注生效说与通知生效说之评析

关于变更行为生效的时点，目前有批注生效说与通知生效说两种。

批注生效说，顾名思义，是指变更行为自保险人在保险单或保险凭证上做出批注时生效。保险实务界人士多采此学说，[①] 认为"对于受益人的撤销、变更，必须征得保险人的同意，要及时向保险人做出通知，经保险人批注后才生效，不允许投保人或被保险人单方用口头形式变更受益人，也不允许单方通过书写的方式变更受益人。"[②] 采取此观点的主要理由是，我国关于变更受益人的程序属于强制性规定，《保险法》第 41 条"保险人收到变更受益人的书面通知后，应当在保险单或者其他保险凭证上批注或者附贴批单"，其中"应当"二字表明该规范的强制属性。

---

① 参见唐玮《受益人不能在遗嘱中指定》，《保险研究》2001 年第 1 期。陈会平：《论遗嘱变更受益人的法律效力》，《上海保险》2003 年第 8 期。王慧：《遗嘱变更受益人是否有效》，《保险研究》2003 年第 8 期。

② 高凤香：《人身保险受益人的法律思考》，《前沿》2004 年第 4 期。

批注生效说已经遭到了批判，学者认为其严重违背了私法自治原则，实质上限制了当事人的意思自治，① 我们也可以从我国《保险法》第41条的规范不应视为强制性规范的角度进行分析。所谓强制性规范，是指应为某种行为的规定（不得不为规定），② 其标志是法条中包含有"应当""必须""不得""禁止"等字样。如果从标志来看，《保险法》第41条规定的变更程序似乎应当为强制性规范。但是，正如学者所言，"应当所提示的法律规定，并非总是强制性规定"。③ 判断强制性规范的标准之一，乃是该规范的调整对象，"只有调整当事人利益与国家利益之间的关系以及调整当事人利益与社会公共利益之间的关系的规范，才属于强制性规范"。④ 亦即，强制性规范出现在调整私人与社会公共利益、私人与国家利益的规范之中，在这些规范中如出现了"应当""必须"等字样的，才可以称得上强制性规范。"如果某一法律条文对应的法律规范所涉及的利益冲突，只是涉及法律关系当事人的私人利益，这个法律条文所对应的法律规范一般都是补充性的任意性规范。"⑤ 我国《保险法》第41条所涉及的利益，仅仅为保险人、被保险人、受益人之间的私人利益，因此，很难将其认定为强制性规范。再者，我国《保险法》第41条规定的"应当"也只是在被保险人以书面形式通知保险人后，保险人"应当"采取批注的措施，但是，如前所论，被保险人变更受益人，即使不采取"书面通知"的形式，变更行为依然是有效行为，在被保险人不采取"书面通知"的情况下，也就很难适用《保险法》第41条中关于"应当批注"的规定，据此，我们认为，《保险法》第41条的规定，并非强制性规定，批注生效说因此丧失了理论依据。

通知生效说，是指变更行为于投保人或被保险人就变更事项通知保险人后生效。该说认为，变更行为自变更人书面通知后即可生效，即使保险

---

① 参见高宇《论我国保险法上受益人之变更》，《当代法学》2004年第6期。
② 参见王泽鉴《民法总则》（修订版），三民书局2008年版，第397页。
③ 孙鹏：《论违反强制性规定行为之效力——兼析〈合同法〉第52条第5项的理解与适用》，载孙鹏《民法理性与逻辑之展开》，法律出版社2009年版，第106页。
④ 钟瑞栋：《民法中的强制性规范》，法律出版社2009年版，第51页。
⑤ 同上书，第28页。

人忘记或迟延批注也不影响变更行为的效力。其理由是，变更受益人是被保险人的权利，并非是与保险人协商合同内容，因而无须双方达成一致，保险人的批注行为也不产生同意变更的效力。批注既非保险人的职务行为，也非为保险人的利益而设的行为，只是对被保险人或投保人履行了通知义务的一种证明。①

通知生效说对批注生效说的批评不无道理，但其本身仍有不合理之处，至少表现在以下两个方面：第一，并非所有变更行为均需通知保险人。如前所论，遗嘱应为变更受益人的一种有效方式，在遗嘱变更受益人的情况下，遗嘱人对受益人的变更，往往不会通知保险人，然而，我们不能否认遗嘱变更的有效性。变更行为固然因通知而生效，但不通知未必不生效，由此可见，通知行为不是变更行为生效的必要条件；第二，通知生效说未能界定变更生效的具体时点。通知生效说将变更生效的具体时点界定为"通知后"生效，但"通知后"是一个笼统的时点，既可以是投保人或被保险人发出通知时，也可以是保险人收到通知时，还可以是保险人批注时，笼统地界定变更生效的时点，无助于解决实务中的问题。

变更行为究竟何时生效，恐怕还要回到法律行为和意思表示的理论上，借助这些理论对之进行分析。

(二) 生效之时点：意思表示发出生效说

受益人变更行为属单方法律行为，其生效应依照法律行为的生效规则。不过，正如德国民法典的《立法理由书》所言："就常规言，意思表示与法律行为为同义之表达方式。使用意思表示者，乃侧重于意思表达之本身过程，或者乃由于某种意思表示仅是某项法律行为事实构成之组成部分。"② 既然意思表示与法律行为是同义语，③ 且意思表示更侧重于意思表达的过程，因此，在判断法律行为生效时点时，传统民法借助了意思表示理论，将法律行为的生效等同于意思表示的生效。

传统民法在判断意思表示生效的问题上，区分须受领的意思表示和无

---

① 参见戴军《关于保险合同受益人问题的几点思考》，《保险职业学院学报》2007年第3期。
② [德] 迪特尔·梅迪库斯：《德国民法总论》，邵建东译，法律出版社2013年版，第190页。
③ 为行文方便，除有特别说明外，下文中的"法律行为"与"意思表示"通用。

须受领的意思表示,① 我们首先需要判断变更行为属于须受领的意思表示还是无须受领的意思表示,才能确定变更行为的生效时点。所谓须受领的意思表示,也称有相对人的意思表示,是指这种意思表示是针对特定人而发出的。而无须受领的意思表示,也称无相对人的意思表示,是指意思一旦表示于外即告完成并生效的意思表示。② 大多数法律行为都属于须受领的意思表示,应当有意思表示的相对人,"仅在个别情形中,即在那些法律行为不直接关涉他人,实施法律行为的行为人仅为自己的权利领域制定规则的情形中,人们可以通过无须受领的意思表示实施单方法律行为。"③ 也就是说,无须受领的意思表示是那些行为人处分自己权利,并不侵害他人利益的意思表示,这类意思表示之所以无须相对人受领,是"因为这种法律行为不涉及第三人利益,故无需任何人对表意人的意思表示做出反应。"④ 遗嘱行为是典型的无须受领的意思表示,其特征便是遗嘱人独立处分自己的遗产,不给任何人带来不利影响。

从上述意思表示理论分析,受益人变更行为属于无须受领的意思表示。理由甚简:被保险人变更受益人,乃是在处分自己的保险金请求权,对保险人来说,该处分不会影响其保险金支出的多寡;对新受益人来说,其获得了保险金请求权,并无损害;对原受益人来说,尽管其丧失了保险金请求权,但其保险金请求权本来就是一种期待或者期待权,并非现实的权利,其应当能够预计到该请求权可能因被保险人的变更行为而丧失,并且其实际利益或现有利益并未损失。受益人的变更行为既属处分自己权利的行为,又不会对任何人的利益造成侵害,因此,变更的意思表示属于无须受领的意思表示。对此,我国学界虽未有讨论,但日本学界早已对此进行了深入讨论。在日本,不仅学界早已承认变更受益人的意思表示不需要

---

① 这是德国学者齐特尔曼对法律行为的分类,但是,德国学者弗卢梅认为,这样的分类表述其实并不准确,准确的表述是"须向他人做出的意思表示"与"无须向他人做出的意思表示"。参见[德]维布纳·弗卢梅《法律行为论》,迟颖译,法律出版社2013年版,第163页。
② 参见李永军《民法总论》(第二版),法律出版社2009年版,第441页。
③ [德]维布纳·弗卢梅:《法律行为论》,迟颖译,法律出版社2013年版,第164页。
④ 李永军:《民法总论》(第二版),法律出版社2009年版,第441页。

到达保险人或者新旧保险受益人，①而且，其现代研究也承认变更行为属于无对象的意思表示，该意思表示不必到达任何主体，例如，洲琦博史教授指出："考虑到投保人的各种情况，对意思表示的对象不加以限定，尽管多少牺牲了明确性，但从尽可能尊重投保人意愿的观点来看仍不失为妥当的解决方法。"②

无须受领的意思表示一经发出即生效，无须到达，除非法律规定了其他生效条件。③所谓"发出"是指"表意人已做成使其内心意思表示明确地表示于外的行为。在无相对人的意思表示，表意人完成其表示过程者，其意思表示即为发出"。④据此，变更受益人时，只要将变更的意思表示于外，脱离自己的控制，就算完成了表示过程，变更行为即生效，无须到达。

变更行为的意思表示发出，实践中大致有四种模式：口头、书面通知、合同和遗嘱。意思表示的口头模式，其发出时间为表意人完整地表达了变更受益人的意思之时。口头发出意思表示的问题在于难以证明，为此，主张保险金请求权之人应提供投保人或被保险人曾口头发出意思表示的证据。⑤如主张保险金请求权之人不能提供充分的证据，则不能认为变更行为生效。书面通知的模式是目前最常见的模式，此种模式的变更行为，应自投保人或被保险人于书面表达其意思，并签名于上时生效，无须该书面通知寄出或者到达。⑥至于合同模式，乃是投保人或被保险人与他

---

① 李红卫：《保险受益人的指定与变更——中日保险法的比较研究》，载王保树主编《商事法论集》（第九卷），法律出版社 2005 年版，第 140 页。
② ［日］洲琦博史：《保险受益人的指定·变更》，转引自李红卫《保险受益人的指定与变更——中日保险法的比较研究》，载王保树主编《商事法论集》（第九卷），法律出版社 2005 年版，第 141 页。
③ 参见［德］迪特尔·梅迪库斯《德国民法总论》，邵建东译，法律出版社 2013 年版，第 220 页。
④ 王泽鉴：《民法总则》（修订版），三民书局 2008 年版，第 367 页。
⑤ 此种证据的提供，类似于口头遗嘱的证明，例如，要求至少有两个以上的见证人在场见证。
⑥ 仅有投保人或被保险人在纸面上书写表达变更的意思不足以证明意思表示发出，因为无法判定该书面表达为投保人或被保险人随意为之，例如有意在练习书法，抑或为戏谑行为，例如与他人开玩笑。签名才能使得该书面表达成为正式的书面文件。正如自书遗嘱，仅将内容书写于字面并不足以认定为遗嘱，只有遗嘱人签名于上，方能视为意思表示的发出。参见王泽鉴《民法总则》（修订版），三民书局 2008 年版，第 367—368 页。

人签订合同,① 在合同中明确表达变更受益人的意思,② 该意思表示自投保人或被保险人签名于合同之上时,应认为意思表示发出,变更行为生效。

值得注意的是以遗嘱方式变更受益人的生效问题,其生效时点应为投保人或被保险人(遗嘱人)发出变更意思之时,而非遗嘱生效之时,通常应当认为,该意思表示发出之时为遗嘱作成之时。遗嘱变更何时生效?我国有观点认为,遗嘱生效之时便是变更行为生效之时。"被保险人在遗嘱中做出变更受益人的意思表示时遗嘱成立但并不能立即生效,而需待遗嘱生效时即被保险人死亡时才能发生变更的效力。"③ 而日本《保险法》第44条也明确规定:"通过遗嘱方式变更保险金受领人的,当遗嘱的效力发生后,投保人的继承人若不将其通知保险人,则不能以此对抗保险人。"④ 遗嘱发生效力之时,为遗嘱人死亡之时,亦即,在投保人或被保险人死亡之时,受益人变更行为方才生效。这一观点容易导致新旧受益人对保险金的争夺,因为原受益人的受益权通常亦自被保险人死亡时生效,势必出现新旧受益人均认为自己已享有保险金请求权的纠纷。笔者以为,变更行为意思表示的生效与遗嘱的生效是完全不同的两个问题,依据无须受领的意思表示理论,变更行为自意思表示发出之时生效,譬如,在自书遗嘱中,变更行为自投保人或被保险人书写变更意思并签名之时起生效。而遗嘱的生效必须符合法律规定的要件,即遗嘱人死亡。⑤ 遗嘱仅仅是变更行为的

---

① 此处之合同,应为投保人或被保险人与保险人之外的他人签订的合同,合同可以直接以变更受益人为目的,亦可不以变更受益人为目的,但附带有变更受益人之意思。
② 例如投保人于指定受益人后,另与他人订立契约,以其保险金额偿还债务即是。参见梁宇贤《保险法新论》,中国人民大学出版社2004年版,第237页。
③ 刘峰、王倩:《论人身保险合同中保险受益人的遗嘱变更》,载李劲夫主编《保险法评论》(第一卷),中国法制出版社2008年版,第185页。
④ 日本的山下友信教授也认为:"因遗嘱而做出的指定变更的生效时间,应是保险事故发生的时间。"[日]山下友信:《保险金受益人的指定·变更》,载《现代的生命·伤害保险法》,弘文堂2000年版,第35页以下。转引自李红卫《保险受益人的指定与变更——中日保险法的比较研究》,载王保树主编《商事法论集》(第九卷),法律出版社2005年版,第142页。
⑤ 梅迪库斯教授指出:"无须受领的意思表示一经发出即生效,无须到达,除非法律规定了其他生效条件。"参见[德]迪特尔·梅迪库斯《德国民法总论》,邵建东译,法律出版社2013年版,第220页。遗嘱行为与受益人变更行为同属无须受领的意思表示,但法律对遗嘱行为规定了特别生效要件,即自遗嘱人死亡之时生效,因此遗嘱必须待遗嘱人死亡时生效。但受益人变更行为不同,法律并未特别规定该行为的生效条件,因此,宜认为变更的意思表示一经发出便发生效力。

载体，变更行为的生效与该载体的生效应严格区分。以遗嘱方式变更受益人的，变更行为应当先于遗嘱本身，于遗嘱做出之时，而非于遗嘱生效时生效。

（三）约定生效程序：是否有效

在我国保险实践中，一些保险公司常常在保险合同中约定，变更受益人须书面通知保险公司，经保险公司批注后，变更行为方能生效。例如，泰康人寿泰康卓越财富终身寿险（万能型）条款规定："被保险人、投保人可于保险事故发生之前变更身故保险金受益人，但必须以书面形式向本公司申请，并经本公司在保险单上注明后方能生效，否则该变更申请不生效，因身故保险金受益人变更所引起的法律上的纠纷，本公司不负任何责任。"中英人寿财智人生终身寿险（万能型）条款规定："投保人经被保险人同意，可以书面形式申请变更身故保险金受益人，由中英人寿记录并出具批单或在合同上批注后生效。因上述保险金受益人变更所引起的法律上的纠纷，中英人寿不负任何责任。"民生人寿的民生长瑞年金保险（分红型）条款规定："受益人变更只能于保险事故发生之前，且必须以书面形式申请并经本公司在保险单上批注方能生效。"[①] 这些条款的出现意味着，被保险人或投保人变更受益人必须经保险人批注才能生效。

保险合同中出现的这些变更条款是否有效？

从《保险法》第41条的规范性质来看，这些条款似为有效条款。如前所论，《保险法》第41条并非强制性条款，而系任意性条款，既属任意性条款，当然允许双方当事人在合同中自由约定，即使约定变更受益人须经保险人同意亦无不可。

但是，从变更条款作为格式条款的视角来看，上述条款应为不生效力的条款。多数情况下，保险合同属于格式合同和消费者合同，人身保险合同尤其如此，上述实践中的变更条款通常亦为格式条款，因此应受特别规制，这可以从两个方面论述：一方面，在格式条款订入消费者合同的要件

---

① 本条款引自管贻升：《论被保险人变更受益人的法律规则与实践冲突——兼谈新〈保险法〉第41条的法律规范》，载贾林清主编《海商法保险法评论》（第三卷），知识产权出版社2010年版，第78页。

来看，上述实践中的变更条款不应认定为已经订入保险合同。"格式条款订入消费者合同一般需要如下要件：（1）向消费者合理提示格式条款；（2）消费者能够以合理的方式了解格式条款的内容；（3）对格式条款作必要的说明；（4）消费者同意将格式条款订入合同。"① 如不符合这些要件之一，该格式条款便不能进入格式合同，易言之，该条款不能生效。但是，在保险实践中，保险人基本无法做到上述要件，因此，即使保险合同中存在上述变更条款，该条款亦不生效。另一方面，即使格式条款已经订入合同，其仍要受格式条款内容控制之规制。② 我国《保险法》第 19 条规定："采用保险人提供的格式条款订立的保险合同中的下列条款无效：（一）免除保险人依法应承担的义务或者加重投保人、被保险人责任的；（二）排除投保人、被保险人或者受益人依法享有的权利的。"在保险合同中，变更条款如约定变更受益人须经保险人批注或同意方能生效，这意味着，对被保险人享有的法定变更权，保险人可以排除或者限制其行使。考虑到变更权属于被保险人单方的、固有的法定权利，保险人这一权利的排除或限制，涉嫌违反《保险法》第 19 条之规定，③ 至少不符合公平正义的要求，因此，应当认定实践中的变更条款为无效条款。

美国的实践也表明，并不需要完全遵循保单中规定的变更程序。在美国早期，变更受益人必须"严格遵从"保单规定的程序，"保单中通常都规定了变更受益人的程序。大部分保单要求被保险人向保险人书面申请，亲自署名，然后保险人才会予以变更"。④ 而法院通常认为，"投保人不能利用任何保单规定之外的方法变更受益人"。⑤ 不过，这一做法在美国实践中已经有所改变。大部分州对"实质遵从"规则的采行，使得被保险人变更受益人不再严格依照保单规定的程序。所谓"实质遵从"，是指被保险人在其权限内合理地做了其应当做的一切，以实现变更受益人的目的，法

---

① 苏号朋：《格式合同条款研究》，中国人民大学出版社 2004 年版，第 155 页。
② 参见朱广新《合同法总则》（第二版），中国人民大学出版社 2012 年版，第 124 页。
③ 保险人对被保险人变更权的排除或限制，同时涉嫌违反《合同法》第 40 条，其规定，提供格式条款一方免除其责任，加重对方责任，排除对方主要权利的，该条款无效。
④ Robert H. Jerry, *Understanding Insurance Law*, Matthew Bender & Co., Inc., 1989, p. 222.
⑤ Muriel L. Crawford, *Life and Health Insurance Law*, seventh edition, FIMI Insurance Education Program Life Management Institute LOMA, Atlanta, Georgia, 1994, p. 259.

院就承认这种变更。① "这一规则实际上提出了两部分要求:其一,被保险人必须具有变更受益人的意图;其二,被保险人必须采取了积极的行为,基本上能表明其意图。"② 从这两部分要求来看,其已经基本接近上文分析之"意思表示发出生效说"的观点。从"严格遵从"到"实质遵从",表明了美国司法界对保单中约定"变更条款"的否定态度,也表明了两大法系在变更生效时点上的趋同。

(四)小结

变更受益人的行为何时生效,学说上有批注生效说和通知生效说之分。批注生效说的依据是,《保险法》第41条属于强制性规范,但该规范调整的关系不涉及私人与国家利益、社会公共利益之间的关系,很难说是强制性规范。通知生效说的问题是,并非所有变更行为都会通知保险人,且该说未能界定变更行为生效的具体时点。所以,二说均不可取。

变更行为的生效应采意思表示发出生效说,变更行为的意思表示属于无须受领的意思表示,而无须受领的意思表示自该意思表示发出之时生效,故变更行为自变更的意思表示发出时生效。具体来说,口头模式的变更行为于投保人或被保险人完整地表达了变更受益人的意思之时生效;书面通知模式的变更行为应自投保人或被保险人于书面表达其意思,并签名于上时生效;合同模式的变更行为合同中明确表达变更受益人的意思表示,并由表意人签名于合同之上时生效。值得注意的是,以遗嘱方式变更受益人,变更行为不应为遗嘱生效之时,而应为投保人或被保险人(遗嘱人)发出变更意思之时。

保险合同中常有规定变更行为须经批注才能生效的条款,有观点认为该条款应为有效条款,理由是《保险法》第41条属于任意性条款,因此允许当事人自由约定。但是,由于变更条款属于格式条款,而保险人通常不会向投保人或被保险人提示、说明该条款,亦不会特别征求投保人或被保险人的同意,故不能认为该变更条款订入了保险合同,该条款因而不生

---

① 参见[美]约翰·F.道宾:《美国保险法》,梁鹏译,法律出版社2008年版,第155页。
② [美]小罗伯特·H.杰瑞、[美]道格拉斯·R.里士满:《美国保险法精解》,李之彦译,北京大学出版社2009年版,第161—162页。

效力。进一步说,即使该条款订入保险合同,也可能涉嫌违反《保险法》第 19 条之规定,至少不符合公平正义的要求。在美国,早期法院承认变更行为须"严格遵从"保单中规定的变更程序,但现在法院采行"实质遵从"原则,并不要求投保人或被保险人严格遵照保单中规定的变更程序,从这点来看,两大法系关于变更制度的规定正在趋同。

四 变更之效力:《保险法》未规定的三个问题

(一) 受益人变更未通知保险人:对抗效力

变更行为应采意思表示发出生效说,这意味着,变更受益人无须通知保险人。但是,变更行为若不通知保险人,势必对其支付保险金产生影响,究竟产生何种法律后果,须加以研究。

变更行为若不通知保险人,应产生对抗效力,即保险人可以此对抗投保人、被保险人和新受益人,若保险人已向原受益人支付保险金,即使该支付违背投保人或被保险人的意愿,亦不承担任何责任。这一学说在我国已成通说,[①] 大陆法系国家(地区)的立法对此亦持支持态度,例如,日本《保险法》第 43 条第 3 款规定:"前款的意思表示于通知到达保险人时,追溯到该通知发出时生效。但是,并不妨碍通知到达前所支付的保险给付的效力。"韩国《商法》第 733 条的规定更为明确:"在签订合同之后指定或变更保险受益人时,若未通知保险人,保险合同人不得以此对抗保险人。"其中原理,并不复杂,盖因保险人对投保人或被保险人变更受益人毫不知情,将保险金支付于原受益人乃属依约履行,对此无过错之支付行为不应科以责任。

保险人在未经通知的情形下将保险金支付于原受益人,新受益人必有损失,对此损失,新受益人可向原受益人要求返还。此种损失不可通过原受益人向保险人返还,再由保险人支付于新受益人。其中原因主要是:实

[①] 参见樊启荣《保险法》,北京大学出版社 2011 年版,第 203 页;奚晓明《〈中华人民共和国保险法〉保险合同章条文理解与适用》,中国法制出版社 2010 年版,第 277 页;李玉泉《保险法学——理论与实务》,高等教育出版社 2007 年版,第 343 页。

践方面，保险合同当事人已在保险合同中约定保险人对未经通知产生的任何法律后果免责，此约定应为有效约定；理论方面，经保险人中转之支付，不仅耗时费力，而且增加金钱成本，因保险人并无过错，此种成本不应由其承担，倘若赋予新受益人直接向原受益人请求的权利，自可消灭中转成本。至于新受益人向原受益人要求返还之请求权基础，我国学界多认为属不当得利返还。[①]

（二）未经批注：保险人的行政责任

我国《保险法》规定保险人在接到书面通知后，"应当"在保险单或保险凭证上批注或附贴批单。如果保险人收到通知之后，并未进行批注，其法律后果如何？笔者认为，如果保险人未进行批注，对变更行为的效力并无影响，但保险人应当承担一定的行政责任。批注之所以不会对变更行为的效力产生影响，是因为保险法规定的批注义务，"无非是为了进一步固化变更权人变更受益人的意思表示和强调保险人受该变更行为约束的对外法律后果。"投保方对其变更的意思已经发出始终应当承担证明责任，如果能够证明已经通知了保险人，变更行为自应生效；保险人之所以应当承担一定的行政责任，乃是为了督促其履行批注义务。在投保人采取通知方式变更受益人的情况下，投保方证明通知的方式在很大程度上依赖保单或保险凭证上的批注，因为，通知若采取口头方式，几无证据可以保留，通知若采取书面形式，通常采取变更申请书的形式，该书面申请最终由保险人保留，或者因年长日久而遗失，致使投保人或被保险人很难寻找通知的证据，加之举证之时，保险事故已经发生，多数情况下，被保险人亦已死亡，由新受益人提出业经通知的证据，实属勉为其难。故而，保险法规

---

① 参见高宇《论我国保险法上受益人之变更》，《当代法学》2004年第6期；参见奚晓明《〈中华人民共和国保险法〉保险合同章条文理解与适用》，中国法制出版社2010年版，第278页。不过，该种请求权是否属于不当得利请求权尚值探讨，从不当得利构成要件来看，至少在两个方面存在疑问：第一，不当得利构成要件要求所得利益与所受损失之间具有因果关系，这种因果关系，在学术上有直接因果关系与间接因果关系之争，如依直接因果关系说，由于新受益人的损失与原受益人的获利之间不存在直接因果关系，故而无法认定为不当得利；第二，不当得利构成要求受益人获益不具有合法依据，但在未收到变更通知的情况下，保险人对原受益人的支付，至少在形式上是合法的。但是，请求权基础是否为不当得利只是理论上的争议，不应影响新受益人向原受益人请求返还的制度设计。

定了保险人"应当"批注，其意乃在为被保险人一方保留证据。如因保险人之行为导致被保险人一方不能获得证据，自应由其承担一定的行政责任，如此方能督促保险人进行批注。

倘若保险人接受通知后，未行批注，进而错误支付，则新受益人仍可要求其支付保险金。未行批注可能伴随着保险人对新受益人记录的疏忽，最终导致保险人将保险金支付于原受益人，此时，只要能够证明通知已经到达保险人，则保险人不得对抗新受益人，亦即其须向新受益人重新支付保险金。当然，保险人亦可基于不当得利要求原受益人返还错误支付的保险金。

（三）投保人变更未经被保险人同意：效力待定与推定无效

我国《保险法》第41条第2款规定："投保人变更受益人时须经被保险人同意。"实践中，保险人通过要求投保人提供被保险人的授权委托书、被保险人在保险合同上签字等方式体现此种"同意"，通常不会出现问题，但也可能出现投保人伪造被保险人的签名变更受益人的情形，此种情形，实质上为未经被保险人同意变更受益人，其法律效果如何？

投保人变更受益人未经被保险人同意，应为效力待定之民事法律行为。民事行为的效力待定，是指某些民事行为成立后，能否依行为人效果意思发生法律效力尚未确定，待第三人意思表示补足后才能确定。[①] 当事人所为的法律行为，如依法律规定须有第三人同意，始能发生确定有效的效果者，即以第三人的同意作为生效要件的法律行为，是典型的效力待定行为。[②] 依我国《保险法》第41条第2款之规定，投保人变更受益人须经被保险人同意方能生效，因此，该行为属于效力待定的法律行为无疑。不过，效力待定之行为，其效力处于悬浮状态，仍需同意权人承认或拒绝，才能最终确定该行为的效力，如同意权人最终同意，则行为有效，同意权人拒绝承认，则行为无效。投保人未经被保险人同意变更受益人，在被保险人死亡之前，可以提请被保险人承认或拒绝，从而最终确定变更行为的效力，此为效力待定行为之常态。

然而，在保险实践中，投保人恶意变更受益人常常秘而不宣，被保险

[①] 参见江平《民法学》，中国政法大学出版社2000年版，第218页。
[②] 参见陈荣传《民法系列——法律行为》，三民书局2010年版，第175页。

人至死仍不知受益人已经变更，当然也无法对投保人的变更行为予以承认或拒绝，如此，受益人变更是否有效，便一直处于悬而未决状态。但是，法律功能之一，便是确定法律关系的状态，此种状态之最终法律效力，应由法律推定。

在被保险人已经死亡的情况下，法律应当推定投保人之变更行为无效。其理由是：第一，直至被保险人死亡之前，其未有主动变更受益人之行为，说明其主观之真意仍为保持原受益人不变；第二，变更受益人本质上为被保险人之权利，投保人未经被保险人同意即变更，乃是强夺他人之权利，应不为法律所允许；第三，将该行为推定为无效行为有利于防范道德危险。法律将变更权授予被保险人，意在通过被保险人的指定行为防止来自受益人的道德危险，因为只有被保险人自己能够判断哪些人会对自己构成道德危险，从而排除这些人作为受益人，如果将未经被保险人同意的变更行为视为有效行为，势必违背这一制度设计的初衷。

(四) 小结

实务中常出现投保人或被保险人变更受益人未通知保险人之情形，于此情形，变更行为虽为有效行为，但该行为对保险人不生效力，保险人如将保险金给付于原受益人，亦不承担任何责任。投保人或被保险人变更受益人如已通知保险人，但保险人未行批注者，虽不承担私法上的责任，但应科以一定的行政责任，以敦促被保险人履行批注义务。投保人变更受益人未经被保险人同意者，该变更行为属效力待定的法律行为，该效力待定之行为于被保险人生存时，可以通过被保险人的承认或拒绝落实变更行为的效力，被保险人承认投保人的变更行为时，变更行为为有效行为，被保险人拒绝追认时，变更行为为无效行为。唯实务中存在被保险人至死不知投保人已变更受益人的情况，在其死亡的情况下，无法对投保人的变更行为做出承认或拒绝，此时，法律应推定该变更行为无效。

五 结论：我国《保险法》受益人变更规定的司法解释

本文的基本结论是：受益人变更行为，本质上为单方法律行为。该行为采取何种形式，不应由法律进行强制。该行为的生效时点，应为变更的意思表示发出之时。我国《保险法》第 41 条关于这些问题的规定在理解上易生歧义，可以通过司法解释的形式予以明确，笔者对未来司法解释的建议是：

第一，被保险人或者投保人可以通过口头、书面通知、合同、遗嘱等方式变更受益人，变更后的受益人请求保险金时，须向保险人提供受益人已变更的证据。

第二，被保险人或者投保人变更受益人的，变更行为自变更的意思表示发出之时生效。以格式条款的形式在保险合同中约定变更受益人须经保险人同意或者须经保险人批注方才生效的，该格式条款无效。

第三，被保险人或投保人以通知方式变更受益人的，于通知到达保险人之前，不得以此对抗保险人。

第四，投保人变更受益人未经被保险人同意的，若被保险人尚未死亡，该变更行为应经被保险人追认，被保险人拒绝追认的或者被保险人已死亡的，该变更行为无效。[①]

附录　其他国家或地区有关受益人变更的规定

●德国《保险合同法》第 159 条：（受益人的分配）

1. 在有疑问的情形下，投保人有权不经保险人同意指定第三人作为受益人或者指定他人替换受益人。

2. 通过可撤销指定确定的第三方受益人直到保险事故发生时才可以取得保险人赔付的保险金。

3. 通过不可撤销指定确定的第三方受益人有权获得保险人赔付的保险金。

[①] 关于被保险人或投保人就变更事项通知保险人后，保险人未行批注应当承担的行政责任，我国《保险法》和相关规章制度并未涉及，因此，若在司法解释中加以规定，不具有可执行性，故而笔者在司法解释建议中未提及这一问题。

●立陶宛共和国《民法典》第 1006 条：（受益人的更改）

1. 除法律另有规定或保险合同另有约定外，投保人在提前书面通知保险人后有权将受益人更改为其他人。

2. 如果受益人是由被保险人指定的，则投保人只有在经过被保险人同意后才能更换受益人。

3. 如果受益人已经按照保险合同的约定履行了相关义务或向保险人提出索赔请求，则不能更改受益人。

●亚美尼亚共和国《民法典》第 1012 条：（受益人的更改）

1. 被保险人有权在书面通知保险人后将保险合同中的受益人更换为他人。在人身保险合同中，只有被保险人有权更换由其亲自指定的受益人。

2. 当受益人已经履行了保险合同规定的义务或者向保险人发出了支付保险赔偿金的申请，则此时，受益人不能为其他主体所替换。

●中国澳门地区《商法典》第 1035 条：（受益人之指定与撤回）

1. 不论受益人是否接受被指定为受益人，该指定亦可撤回；撤回得以上条第一款所规定之任一方式做出。

2. 如受益人已接受指定，投保人死亡前后或给付到期后，投保人之继承人不得做出上指撤回。

第 1036 条：（撤回之放弃）

1. 即使投保人已透过书面放弃撤回指定受益人之权利，于受益人接受指定前，投保人仍可行使该权利。

2. 不论放弃撤回或接受指定，均应通知保险人，否则，不得对抗后来指定之受益人。

●韩国《商法》第 733 条：（指定或变更保险受益人的权利）

1. 投保人有权指定或变更保险受益人。

2. 投保人尚未行使第 1 款的指定权即已死亡的，以被保险人作为保险受益人；投保人尚未行使第 1 款的变更权即已死亡的，保险受益人的权利视为已确定。但已经约定投保人死亡时，由其承继人行使第 1 款权利的除外。

3. 保险受益人在保险存续中死亡时，投保人可重新指定保险受益人。此时，如果投保人未行使指定权即已死亡时的，以保险受益人的继承人作为保险受益人。

4. 投保人行使第 2 款和第 3 款的指定权之前发生保险事故的，以被保险人或保险受益人的继承人为保险受益人。

●日本《保险法》

第 2 条：（定义）

本法中下列各项用语的意义，依各项内容而定。

（1）保险合同。是指无论是以保险合同、共济合同或者其他任何名称，当事人一方约定以发生一定事由为条件进行财产性给付（在生命保险合同以及疾病伤害保险合同中，仅限于金钱性给付。以下简称保险给付），就此对方当事人约定与发生该一定事由的可能性相对应的支付保险费（包括共济费。以下相同）的合同。

（2）保险人。是指保险合同的当事人中，负有保险给付义务的人。

（3）投保人。是指保险合同的当事人中，负有保险费缴纳义务的人。

（4）被保险人。指以下 a 至 b 中所列的与各类保险合同相对应，该 a 至 b 中所规定的人

a. 保险损害合同。受损害保险合同补偿的受到损害的人。

b. 生命保险合同。针对其生存或者死亡，由保险人向其进行保险给付的人。

c. 伤害疾病定额保险合同。根据其伤害或者疾病（以下简称伤害疾病），由保险人向其进行保险给付的人。

（5）保险金受益人。是指生命保险合同或者伤害疾病定额保险合同规定的接受保险给付的人。

（6）损害保险合同。是指保险合同中约定了保险人对一定的偶然事故导致的损害进行补偿的合同。

（7）伤害疾病损害保险合同。是指损害保险合同中约定保险人对人的伤害疾病所产生的损害（仅限于发生该伤害疾病的人受到的损害）进行补偿的合同。

（8）生命保险合同。是指保险合同中约定了保险人就人的生存或者死亡进行一定的保险给付的合同（属于伤害疾病定额保险合同的除外）。

（9）伤害疾病定额保险合同。是指保险合同中约定了保险人根据人的伤害疾病进行一定的保险给付的合同。

第 43 条：（保险金受领人的更改）

1. 投保人于保险事故发生前可以变更保险金受领人。

2. 保险金受领人的变更通过对保险人的意思表示实现。

3. 前款的意思表示于通知到达保险人时，追溯到该通知发出时生效。但是，并不妨碍通知到达前所支付的保险给付的效力。

第 44 条：（依据遗嘱的保险金受领人变更）

1. 保险金受领人可以通过遗嘱的方式予以变更。

2. 通过遗嘱方式变更保险金受领人的，当遗嘱的效力发生后，投保人的继承人若不将其通知保险人，则不能以此对抗保险人。

第 45 条：（受领人变更的被保险人同意）

死亡保险契约变更保险金受领人必须经被保险人同意，否则不发生效力。

第 46 条：（保险金受领人的死亡）

保险金受领人于保险事故发生前死亡的，其全体继承人成为新的保险金受领人。

● 意大利《民法典》第 1921 条：（利益的撤回）

1. 依前条规定的可以采取的方式，受益人的指定可以被撤回。但是在投保人死亡后不得由继承人撤回指定，在保险事故发生后，受益人做出了接受赔付的意思表示的，也不得撤回。

2. 在受益人向投保人表达了接受的意思后，投保人通过书面形式放弃撤回权的，该放弃没有效力。投保人的放弃和受益人的表示应当以书面通知保险人。

● 俄罗斯《民法典》第 956 条：（受益人的变更）

1. 投保人有权在书面通知保险人后，以其他人更换保险合同中确定的受益人。

2. 经被保险人同意而指定的人身保险合同受益人，只有在被保险人同意时才允许变更。

3. 当受益人履行了保险合同中的某项义务或者向保险人提出了支付保险赔偿或者保险金请求以后，受益人不能再更换为其他人。

专题十三　受益人缺失与保险人赔付之处理

——以《保险法》第 42 条第 1 款为中心

【摘要】在受益人缺失的情况下，世界立法关于保险金的处理方式有三种：归于投保人、归于受益人之继承人、归于被保险人之继承人。鉴于被保险人在保险关系中的核心地位、对被保险人人身权的保护等理由，由被保险人的继承人领取保险金更为合理。被保险人的继承人应当以受益人的身份领取保险金。被保险人没有法定继承人时，投保人应当被视为保险合同的受益人。投保人已死亡时，人身保险保障基金应当被视为保险合同的受益人。

【关键词】受益人缺失；被保险人；保险金；受益人

于被保险人死亡时，倘若人身保险合同没有受益人，我国《保险法》的惯行做法是将保险人应当支付的保险金作为被保险人的遗产处理，这一惯行做法的体现是，2009 年修订的《保险法》不仅沿用了 1995、2002 版本中的"保险金作为被保险人的遗产"字眼，并且，于 2009 年修法时新增了"依照《中华人民共和国继承法》的规定"的措辞，这一修法举措进一步强化了"在被保险人死亡且受益人欠缺的情况下，保险金就是被保险人的遗产"的观念。然而，在保险金与遗产并非同一事物的通识下，可否将保险金作为被保险人的遗产处理一直倍受质疑，因为保险金的性质不可能因受益人的存在与否有所变化，"指定受益人便是保险金，未指定受益人便是遗产"的观点难以服众。正如学者所指，一方面将保险金作为"遗产"处理,另一方面又要求保险人给付"保险金"的做法自相矛盾。① 于此,有必要对此种情形下的保险金归属,以及领取人之身份加以研究。

一 受益人缺失情况下保险金处理的方式

对受益人缺失情况下保险金的处理,世界立法有三种观点:将保险金支付给投保人、原受益人的继承人和被保险人的继承人。② 我国学界则主要有支付给投保人和被保险人的继承人两种观点。

(一) 保险金归于投保人

此种观点认为:"被保险人身故后,如没有身故受益人,不应当将保险金作为被保险人的遗产处理,而应当指定投保人作为其身故受益人。"③ 世界立法中,支持这种观点的主要有德国和中国澳门地区。德国《保险法》第160条规定:"如无第三人作为受益人取得对保险人请求给付的权利者,保险金请求权归投保人享有。"中国澳门地区《商法典》第1034条第5款则规定:"如投保人未指定受益人,则推定其保留随时指定受益人之权能;如投保人死亡日仍未指定受益人且无确定受益人之客观准则,则保险金额转为投保人之财产。"美国的做法也大致如此,美国学者指出,"在保单未指定受益人或者指定受益人都先于被保险人死亡的情况下,如果保单所有人仍然幸存,那么保险金就由保单所有人领取,如果保单所有人已经死亡,保险金就成为保单所有人的遗产"。④ 由于美国保险法上的保单所有人基本等同于我国保险法上的投保人,故而可以认为,在美国,于受益人欠缺情况下,保险金应归投保人所有。⑤

---

① 参见王影《无受益人之人身保险的保险金给付问题研究》,《中国保险法学研究会2013年年会论文集》,第365页。
② 为简化行文,如无特别说明,下文所指继承人仅指法定继承人,不包括遗嘱继承人。
③ 张晓永:《人身保险法》,中国人民公安大学出版社2004年版,第60页。
④ [美]哈瑞特·E. 琼斯、[美]丹尼·L. 朗:《保险原理:人寿、健康和年金》(第二版),赵凯译,中国财政经济出版社2004年版,第138页。
⑤ 另有美国学者指出:"当投保人未指定受益人,或者指定受益人在被保险人之前死亡时,通常按保单规定来确定受益人。在这种情况下,受益人往往是投保人本人或者投保人指定的遗嘱执行人或遗产管理人。"(Muriel L. Crawford, *Life and Health Insurance Law*, seventh edition, FIMI Insurance Education Program Life Management Institute LOMA, Atlanta, Georgia, 1994, p. 254.)

（二）保险金归于受益人之继承人

此种观点认为，在被保险人死亡时，若受益人已先于被保险人死亡，则保险金应由受益人的继承人领取。将这一观点作为立法基础的国家主要是韩国和日本。韩国《商法》第733条第3款规定："保险受益人在保险存续中死亡时，保险合同人可以重新指定受益人。在此情形下，若保险合同人未行使指定权而死亡，则应将保险受益人的继承人作为保险受益人。"日本《保险法》第46条则规定："保险金受领人于保险事故发生前死亡的，其全体继承人成为新的保险金受领人。"不过，保险金由受益人的继承人领取的做法，仅限于保单指定的受益人已经死亡的情形，不适用于保单原本就没有指定受益人的情形。对保单根本没有指定受益人的情形，韩国《商法》于第733条第2款规定："投保人尚未行使第1款的指定权（受益人指定权）即已死亡的，以被保险人作为保险受益人。"第733条第4款则规定，投保人未指定受益人之前发生保险事故，被保险人死亡的，以被保险人的继承人为保险受益人。① 韩国理论界认为，无论投保人以自己还是他人作为被保险人投保，只要没有指定受益人，在被保险人死亡时，保险金都应归于被保险人的继承人。② 日本《保险法》未对自始没有指定受益人的情形做出规定，理论界对这一问题的认识与韩国不同，他们认为，如果

---

① 韩国《商法》第733条对保单欠缺受益人的情形做出了复杂的规定，可以总结如下：（1）在保单上自始没有受益人，而指定权人，即投保人死亡的情况下，以被保险人作为受益人；（2）在保单上自始没有指定受益人，发生保险事故，被保险人死亡的情况下，以被保险人的继承人为受益人；（3）保单已经指定有受益人，但该受益人死亡，投保人又于重新指定受益人之前死亡的，该受益人的继承人为受益人；（4）保单已经指定有受益人，但该受益人死亡，而被保险人亦于重新指定受益人之前死亡的，该受益人的继承人作为受益人。（参见崔吉子、黄平《韩国保险法》，北京大学出版社2013年版，第240页。）

② 参见［韩］梁承圭《保险法》，三知院2005年版，第456页。梁承圭教授认为："投保人以自己为被保险人时，若未指定保险受益人，除特殊情形外，应解释为投保人指定自己为受益人，此时即为'为自己的保险合同'。作为被保险人的投保人死亡时，应由投保人（即被保险人）的继承人继承保险金请求权。"同时他还认为，在投保人以他人为被保险人的生命保险中，"由于以投保人以外的他人为被保险人，若未指定保险受益人的，应视为'为被保险人的继承人的保险'。当被保险人死亡时，通说认为'被保险人的继承人'为受益人。"（参见崔吉子、黄平《韩国保险法》，北京大学出版社2013年版，第240页。）仔细分析，可以得出这样的结论：尽管韩国学界将投保人为自己投保情形下的受益人推定为投保人（即被保险人），将为他人投保情形下的受益人推定为被保险人的受益人，但保险金最终均由被保险人的受益人领取。

人身保险的受益人未加指定或指定无效，应推定投保人为受益人，[①] 但是，日本判例认为，保单未指定受益人的，保险金应归于被保险人的继承人。[②]

(三) 保险金归于被保险人的继承人

我国大部分学者持这一观点，认为在受益人欠缺的情况下，保险金应由被保险人的继承人领取。[③] 在世界立法方面，俄罗斯、亚美尼亚的立法支持这一观点，例如，俄罗斯《民法典》第 934 条第 2 款第 1 项规定："如果合同中未指定其他人为受益人时，则人身保险合同视为为被保险人的利益而订立。在合同的被保险人死亡，而合同中未指定其他受益人的，被保险人的继承人为受益人。"由该法典规定的"以被保险人的继承人为受益人"，可知保险金最终将由被保险人的继承人领取。

(四) 小结

大体说来，受益人缺失情况下的保险金归属，世界立法分为三类，德国、美国、中国澳门地区规定应归于投保人；日本、韩国规定，在受益人先于被保险人死亡，没有其他受益人的，保险金应归于原受益人的继承人，但在保单根本没有指定受益人的情况下，韩国理论界倾向于将保险金支付给被保险人的继承人，而日本理论界则倾向于将保险金支付给投保人，俄罗斯规定保险金应支付于被保险人的继承人。我国学界目前对这一问题的认识存在分歧：多数学者认为在受益人欠缺的情况下，保险金应归于被保险人的继承人，少数学者则认为保险金应归于投保人。

二 受益人缺失情况下保险金处理观点之评析

上述保险金处理的观点，各有理由，须仔细分别，方能选择适合我国

[①] [日] 山下友信：《保险法》，有斐阁 2005 年版，第 490 页。
[②] 参见蔡军、赵雁丽《试论寿险受益人制度中的投保人》，《经济研究参考》2003 年第 30 期。沙银华：《日本保险经典判例评释》(修订版)，法律出版社 2011 年版，第 51 页。
[③] 参见李玉泉《保险法》(第二版)，法律出版社 2003 年版，第 252 页；樊启荣《保险法》，北京大学出版社 2011 年版，第 202 页；奚晓明《〈中华人民共和国保险法〉保险合同章条文理解与适用》，中国法制出版社 2010 年版，第 264 页；徐卫东《保险法学》，科学出版社 2009 年版，第 69 页；施文森《保险法总论》，三民书局 1990 年版，第 26 页；郑玉波《保险法论》，三民书局 2003 年版，第 177 页。

需要的处理规则。

(一) 保险金归于投保人之理由评析

支持保险金归于投保人的理由大致有二：其一，保险金是投保人交纳保费交换的结果，投保人是保单的所有权人，在无人领取保险金时，保单所有权人自然可以享受这种交换的结果，这符合市场交易中的"谁投资，谁受益"的原则。学者对这一理由的阐释是："商品经济社会中，所有权是进行交换的前提。人身保险合同中，投保人与保险人经过意思表示的一致，确认了双方的权利义务关系和内容，投保人通过履行交纳保险费的义务，获得人身保险保险单的所有权，成为保险单的所有者，被保险人、受益人的一切权利都是投保人通过订立保险合同，转移其权利而获得的。"① 其二，投保人是合同当事人，在保险关系中作用重大，于保单欠缺受益人的情况下，应当保护作为当事人的投保人的权利，以保证保险市场的存在和发展。学者对这一理由的阐释是："从合同的角度看，投保人的作用是至关重要的……是投保人实际履行交纳保险费的义务，保证了保险这一行业的存在和发展。而在确认受益人这一最终权利归属时，对投保人的利益不予考虑的话，势必导致对投保人利益的伤害，从而影响其参与保险行为的积极性。"②

如果从普通市场交易的角度看，上述理由有其合理性，但是，如果考虑我国保险的发展水平以及保险合同的特殊性，我们可以发现上述理由有其瑕疵。

首先，尽管投保人可以通过缴纳保费获取保单，但获取保单之人，未必一定获得保险金。保险合同属于为第三人利益的合同，③ 投保人与保险人订立合同，通常并非为投保人本人利益而订立，而是为被保险人或受益人的利益而订立。这一观念与市场经济中的"谁投资、谁受益的"观念并不相符。

其次，在我国保险法理论上，投保人作为合同当事人的地位不像其在

---

① 张晓永：《人身保险法》，中国人民公安大学出版社2004年版，第59—60页。
② 同上书，第60页。
③ 参见李利、许崇苗《以"为第三人利益合同"理论完善我国保险合同理论和法律体系》，载贾林青、许涛主编《海商法保险法评论》，知识产权出版社2007年版，第204—205页。尽管人身保险合同究竟是为被保险人利益还是为受益人利益的合同尚有争论，但将人身保险合同定位为第三人利益的合同并无争议。

普通合同中那样重要。在普通合同中，合同当事人需要履行合同义务，与此相对应，其也享有合同权利。但是，在保险合同中，投保人几乎只是履行合同义务，例如交纳保费、如实告知、出险通知等，但并不享有合同权利，特别是保险金请求权。也许正是基于投保人地位的这一特殊性，在英美保险法理论中，并不承认投保人的合同当事人地位，[1] 甚至在保险法教科书中也基本不出现投保人的概念。

最后，拒绝将保险金给付于投保人，不会严重影响投保人投保的积极性。在我国，投保人以他人为被保险人进行投保的情形，通常出现在亲属之间，投保人投保的目的，并不在于自己获得保险金，而在于保障其亲属，最终领取保险金的人选，亦由被保险人而非投保人确定。即使被保险人愿意将保险金支付于投保人，其最简便的方法是将投保人指定为受益人，如投保人未为指定，只能说明两个问题，第一，投保人对保险金的归属没有要求；第二，被保险人无意必须确定投保人为受益人。如被保险人指定投保人为受益人，而事故发生时作为受益人的投保人已经死亡，保险金已不能归其所有。[2] 既然投保人投保的目的不在于获取保险金，被保险人也未必同意将保险金支付于投保人，且保险事故发生时作为受益人的投保人已经因死亡而无法领取保险金，则投保人最终是否能够获得保险金这一因素对投保人投保的积极性影响不大。[3]

（二）保险金归于受益人的继承人之理由评析

保险金归于受益人之继承人，其理由亦大致有二：其一，保险金请求权属于受益人的固有权利，不应因被保险人的死亡而有所变化。亦即，一旦投保人或被保险人在保单中指定了受益人，该受益人的保险金请求权便

---

[1] Nicholas Legh-Jones: *MacGillivray on Insurance Law*, Ninth Edition, London, Sweet and Maxwell, 1997, p.1. Attracta O'Regan Cazabon: *Insurance Law in Ireland*, Round Hall Sweet & Maxwell, 1999, p.1.

[2] 参见邢海宝《中国保险合同法立法建议及说明》，中国法制出版社2008年版，第422页。

[3] 当然，我们也很难排除投保人对获取保险金持强烈期待者，但在我国《保险法》关于受益人指定必须经被保险人同意的规定面前，其获取保险金的期待受到抑制。在被保险人指定投保人为受益人的情形，由于受益人同时也是投保人，即使其先于被保险人死亡，其可能也希望自己的继承人获得保险金而收回保费投资，如受益人持此希望，则应当通过在我国建立不可撤销受益人制度处理，关于此点，我们将在下文中进行讨论。

作为受益人的一项原始权利固定下来,即使受益人先于被保险人死亡,其受益权亦不会因此丧失,鉴于受益人已经死亡,受益权应由其继承人继承。这种将保险金受益权作为固有权利的观念根深蒂固,研究韩国保险法的学者指出:"在为他人的保险中,受益人被指定后,当然有权请求保险金,此时,保险金请求权属于受益人的固有权利……被指定为受益人的继承人通过固有权利取得保险金请求权。"① 研究日本保险法的学者也持同样的观点:"保险合同的第三者被指定为保险金受益人的情况下,该保险金受益人不是从投保人那里继承而取得该地位的,而是根据保险合同的成立作为固有权利而取得保险金请求权的。"② 其二,尊重投保人的意图。在韩国和日本保险法上,投保人具有指定和变更受益人的权利,相反,被保险人在这方面的权利反倒不受重视。③ 如果保单上的受益权出现争议,其解释的首选办法是推测投保人的意图,④ 而不是推测被保险人的意图。在受益人先于被保险人死亡,且没有再指定其他投保人的情况下,日本保险法对投保人意图的推定是:投保人更愿意让已死亡受益人的继承人获取保险金,因而规定已死亡受益人的继承人作为新的受益人领取保险金。

对上述两个理由,笔者持不同看法。

针对第一个理由,笔者认为,将保险金请求权作为被保险人的固有权利值得怀疑。如果发生保险事故,且受益人未死亡时,受益人的保险金请求权可以认定为一种固有的权利。但是,在发生保险事故之前,即被保险人死亡之前,很难说受益人享有一种权利。我国主流观点认为,在投保人或者被保险人指定受益人之后,受益人即享有受益权,而受益权是一种期待权。⑤ 但是,关于权利的研究表明,受益人享有的,可能根本不是一种

---

① 崔吉子、黄平:《韩国保险法》,北京大学出版社 2013 年版,第 243 页。
② 沙银华:《日本保险经典判例评释》(修订版),法律出版社 2011 年版,第 19 页。
③ 有学者将这种指定和变更受益人的权利称为投保人"一人专属"的权利。(参见沙银华《日本保险经典判例评释》(修订版),法律出版社 2011 年版,第 21 页。)而韩国保险法甚至仅规定了投保人指定和变更受益人的权利,对指定受益人是否需要经过被保险人同意的问题只字未提。(参见《韩国商法》第 733 条第 1 款。)
④ 沙银华:《日本保险经典判例评释》(修订版),法律出版社 2011 年版,第 19 页。
⑤ 沈同仙、黄涧秋:《新编保险法学》,学苑出版社 2003 年版,第 287 页。魏华林:《保险法学》第二版,中国金融出版社 2007 年版,第 149 页。任自力:《保险法学》,清华大学出版社 2010 年版,第 174 页。

权利。德国学者舒佩和梅克尔认为，权利的本质为对特定的利益赋予法律上之力。① 权利的构成要素包括：（1）主体的意愿，（2）取得权利的行为，（3）所体现的利益，（4）法律的承认与保护。② 对于所谓的保险受益权来说，尽管其具备要素（3），即体现了一定的利益，但是，不具备其余三个要素。首先，投保人或被保险人指定受益人不须经过受益人同意，因此，有时受益人根本不知晓自己已被指定为受益人，其取得权利的意愿也就无从提起；其次，受益人不具备取得权利的行为，因为受益人的指定属于投保人或被保险人的行为，根本不需要受益人做出任何行为；最后，在保险事故发生之前，所谓的受益权其实不能得到法律的任何承认和保护。例如，第三人劝说投保人或被保险人变更受益人，原受益人即使认为自己的权益受到第三人的损害，但其在法律上也没有要求损害赔偿的权利。③ 也许正是基于上述分析，著名学者江朝国教授认为，在保险事故发生前受益人所享有的仅仅是一种期待的地位而非期待权。④ 可见，受益人在被保险人死亡之前享有的并非权利，而仅仅是一种期待地位，不符合我国继承法中遗产的概念，⑤ 也就无法将其作为遗产继承。故而，"若受益人先于被保险人死亡时，受益人之继承人不得以受益人之身份对保险人请求给付保险金额"。⑥

针对第二个理由，笔者认为，从推定投保人意图的角度看，投保人似乎更愿意推定自己的继承人作为受益人，而不是原受益人的继承人作为受益人。投保人指定第三人作为受益人，通常是因为投保人与第三人之间的特殊关系，例如挚友关系，如果受益人死亡，这种关系即告消灭，而第三人的继承人，如第三人的妻子，儿女与投保人之间关系往往并不密切。在这种情况下，投保人将自己的继承人指定为受益人乃为人之常情。故而，在受益人先于被保险人死亡的情况下，日本和韩国保险法将受益人的继承

---

① 参见郑玉波《民法总则》，三民书局1979年版，第45页。
② 参见申卫星《期待权基本理论研究》，中国人民大学出版社2006年版，第31页。
③ 参见乔平《期待权若干问题研究》，载 http://class.chinalawedu.com/news/16900/174/2004/6/ma29652834126400293725_118259.htm，2013年10月26日访问。
④ 参见江朝国《保险法论文集》（三），瑞兴图书股份有限公司2002年版，第243页。
⑤ 我国《继承法》中的遗产是指"公民死亡时遗留的个人合法财产"。
⑥ 江朝国：《保险法论文集》（三），瑞兴图书股份有限公司2002年版，第26页。

人作为新的受益人的做法无法令人信服。

不过，如果被保险人指定的受益人属于不可变更受益人，在该受益人先于被保险人死亡的情况下，保险金应归于该受益人之继承人。所谓不可变更受益人，是指被保险人指定受益人时，业已抛弃其对受益人重新指定的权利，在此情形下，保单利益于指定受益人之时即归于受益人，被保险人不得变更受益人。① 由此可知，不可变更受益人享有的是一种既得权利，② 在受益人死亡之后，其继承人继承其受益人地位，成为新的受益人，被保险人或其继承人对此无权干涉。③

（三）保险金归于被保险人的继承人之理由评析

在保险合同欠缺受益人的情况下，合理的做法是，由被保险人的受益人领取保险金。本部分本应列明此种做法的理由，但考虑文章各部分的协调性，并突出将保险金归于被保险人之继承人的理由，本文将其作为下一部分的内容单独论述。

（四）小结

保险金归投保人的观点着眼于"谁投资、谁受益"的原则，认为投保人作为合同当事人在合同中地位非常重要，在受益人欠缺的情况下，如不将保险金给付于投保人，势必影响投保人投保的热情。但是，保险合同是一种特殊的合同，作为一种为第三人利益而订立的合同，投保人的地位不似普通合同当事人那样重要，在很多情况下，投保人投保不是为了自己的利益，不能适用"谁投资、谁受益"的原则。既然投保人投保的目的并不是为了自己获取保险金，即使最终其不能领取保险金，亦不会影响其投保热情。保险金归原受益人之继承人的观点认为，受益权

---

① 参见施文森《保险法论文》（第一集），三民书局1988年版，第216页。
② [美]哈瑞特·E. 琼斯、[美]丹尼·L. 朗：《保险原理：人寿、健康和年金》（第二版），赵凯译，中国财政经济出版社2004年版，第140页。
③ 在美国的寿险保单中，有条款明确规定，如果受益人（包括不可变更受益人）先于被保险人死亡，受益人之权利即告终止。如此规定的目的在于防止保险金被自动归于不可变更受益人的遗产。（[美]哈瑞特·E. 琼斯、[美]丹尼·L. 朗：《保险原理：人寿、健康和年金》（第二版），赵凯译，中国财政经济出版社2004年版，第140页。）不过笔者认为，除非被保险人设定受益人时明确指出，在受益人先于被保险人死亡时，其可以变更受益人，否则这一条款难谓妥当，因为该条款罔顾不可变更受益人享有的是既得权利的事实，对被保险人的自由意愿随意更改违反私法自治，尊重当事人意愿，保护该不可撤销受益人期待利益之理念。

属于受益人的固有权利，一旦被指定为受益人，便享有保险金请求权，即使受益人死亡，该权利亦应由其继承人承继。从投保人的角度看，在受益人死亡的情况下，投保人更愿意将保险金给付于受益人的继承人。然而，研究表明，所谓的受益权，本身并不是一种权利，更无法称其为受益人的固有权利。从投保人的角度看，倘若被保险人死亡，投保人可能更愿意让自己的继承人作为受益人，而不是以原受益人的继承人作为受益人。故而，保险金归投保人，或者保险金归原受益人的继承人的观点均有探讨余地，在受益人缺失的情况下，保险金应归于被保险人的继承人。

三 受益人缺失情况下保险金归属之深层理由

保险金因何归于被保险人的继承人，学界并未深入分析，许多教科书对此避而不谈，只有少数学者以寥寥数语对此论述，认为其原因是：受益人是约定的保险金请求权人，被保险人是法定的保险金请求权人，当没有受益人时，保险金请求权回归被保险人享有。被保险人死亡后，应当由其继承人承继保险合同的利益。[①] 这一理由显得过于简洁，若想获知保险金因何归于被保险人继承人的理由，尚需对之作深层挖掘。笔者以为，保险金归于被保险人的继承人，其深层理由有三：

（一）被保险人在保险关系中的核心地位

从保险定义的角度看，被保险人是保险制度的中心所在。美国风险与保险学会的保险专业术语委员会对保险的定义是：保险就是通过将风险转移给保险人而对偶然损失进行共同分担。保险人同意对被保险人的损失进行赔偿，提供其他金钱上的补偿，或者提供处理风险方面的服务。[②] 从这个定义可以看出，保险是将被保险人的风险转移给保险人，保险人对被保险人的损失进行赔偿，或者对被保险人提供管理风险的服务。显然，对保

---

① 参见李玉泉《保险法学——理论与实务》，高等教育出版社2007年版，第344页。
② Bulletin of the Commission on Insurance Terminology of the American Risk and Insurance Association (October, 1965).

险人一方来说,被保险人才是其服务的核心。

从保险功能的角度看,保险的基本功能是分散危险和补偿损失。① 所谓分散危险,乃是将被保险人的危险分散于保险团体,所谓补偿损失,乃是补偿被保险人的损失,可以说,保险作为一种处理危险的手段,其最初和最根本的目的就在于保障被保险人的风险,对被保险人的损失予以赔付,所以,其必须以被保险人为核心而建立。

从保险合同法律关系的角度来看,被保险人居于保险合同法律关系的核心地位。尽管通说认为,被保险人仅是保险合同的关系人,而非保险合同当事人,但保险合同当事人的权利义务是围绕被保险人展开的。在财产保险中,合同当事人的权利义务虽指向"财产或利益的风险",但这些风险属于被保险人,所以,就主体的角度而言,投保人与保险人的权利和义务当然指向被保险人。如果说这一现象在财产保险中尚不明显的话,其在人身保险中的表现则较为明显,在人身保险中,由于保障对象"被保险人的寿命和身体"与"被保险人"很难截然区分,人们常常简单地将"被保险人"理解为保障对象,如采此种理解,则不仅在主体方面,投保人与保险人的权利义务指向被保险人,而且在合同客体方面,投保人的权利义务也指向于被保险人。被保险人因而成为保险合同法律关系的核心所在。②

(二) 人身权保护与保险金处分权

保单具有财产价值无须多论,唯在人身保险,大陆法系国家同时强调保单中的人身权。对人身权的尊重,于投保环节便开始重视,保险法强调投保人于投保时便应对被保险人具有保险利益,而保险利益的判断,要么基于投保人与被保险人之身份关系,例如父母子女关系、配偶关系、抚养、赡养条件下的近亲属关系等,要么基于对被保险人人格权的尊重,例如,被保险人同意投保人为其投保,一方面是为了防范道德危险,另一方面乃是为了尊重被保险人之人格。③ 然防范道德危险之目的,实质上乃在于防范投保人故意侵害被保险人之生命权,亦属对被保险人人格权的关

---

① 覃有土:《保险法概论》(第二版),北京大学出版社2001年版,第31页。
② 参见姚军、于莉《被保险人意思表示对人身保险合同的意义》,《中国青年政治学院学报》2012年第5期。
③ 参见江朝国《保险法基础理论》(第四版),瑞兴图书股份有限公司2003年版,第84页。

注。无论基于投保人与被保险人的身份关系还是对被保险人人格权的尊重，无疑都反映了大陆法系国家对被保险人人身权的关注。

正是基于对被保险人人身权保护的关注，大陆法系国家纷纷将保险金处分权归于被保险人。保险金处分权的表现是受益人指定，我国《保险法》第39条规定，被保险人享有受益人指定权，投保人指定受益人亦须经被保险人同意，这正是被保险人处分保险金的法条体现。在学理上，有学者指出："寿险契约所保障之直接标的，应为被保险人对自己生命、身体之利益，此种利益的反面即为损害，亦即为寿险契约所欲填补之对象。盖若承认寿险为在填补要保人因为被保险人死亡所产生之经济上损害，则不啻以'他人之生命、身体'作为自己经济上之利益而为之法律行为标的，如此一来，将有违反私法上尊重人格生命之基本原则。反之，若吾人承认被保险人得以自己之生命、身体之利益为标的，则无此顾虑。因此，真正享有保险金和有权处分保险金之人应为被保险人。"①

（三）被保险人处分保险金意思表示之解释

被保险人通过指定受益人处分保险金，如保单存在受益人，则无保险金归属之疑问。但是，如出现《保险法》第42条第1款规定的三种情况，保单并无受益人，而此时被保险人已经死亡，对被保险人欲将保险金归于何人，只能通过对被保险人之意思表示进行解释的方式加以推断。

被保险人处分保险金性质上属于单方法律行为，即单方的意思表示。单方法律行为是指："根据当事人一方的意思表示就可以成立的民事法律行为。只要一方当事人做出意思表示，无须再有他方当事人同意就可以成立。"② 被保险人处分保险金即指定受益人领取保险金，在我国，该行为既不需要经过投保人的同意，亦不需要经过受益人的同意，更不需要保险人同意，因此属于单方意思表示。

对单方意思表示进行解释，须遵循"探求当事人真意"的解释原则。意思表示的解释，可以分为客观主义和主观主义两种方法。③ 客观主义注重意

---

① 江朝国：《保险法论文集》（三），瑞兴图书股份有限公司2002年版，第339页。
② 江平主编：《民法学》，中国政法大学出版社2000年版，第185页。
③ 参见李永军《民法总论》，中国政法大学出版社2008年版，第224—226页。

思表示之"表示",即以意思表示的外观为基准解释法律行为。① 主观主义则注重意思表示之"意思",其"不应满足于对词语含义的解释,不应拘泥于所使用的文字,而应探求当事人的真实意思"。② 在保单没有受益人的情况下,被保险人处分保险金的意思表示缺乏外在表现,因此不能适用客观主义解释。而在被保险人死亡,保险金必须由他人受领的情况下,我们必须对被保险人愿将保险金给付于何人的"意思"进行推断,对此意思的推断,只能采取主观主义解释方法,以探求被保险人处分保险金之真意。

倘若探求被保险人处分保险金的真意,应推断被保险人欲将保险金给付于其继承人。于意思表示解释理论上,推断当事人意思应以当事人对法律行为所作价值判断作为出发点,基于诚实信用并斟酌交易上习惯而为认定。③ 尽管这一理论旨在解释契约行为,但作为单方法律行为的意思表示解释,至少可以借用其中两个方面,即从法律行为的价值判断出发,辅之以交易习惯对行为人的意思表示进行推断。④ 从被保险人对保险产品价值之判断来说,被保险人通常欲将保险金给付于其继承人。于以被保险人死亡为给付保险金条件的合同,被保险人深知自身死亡后无法领取保险金,其对保险之价值需求乃在于保障亲属之生活,正如袁宗蔚教授论及人寿保险之目的时所指出的"保障因家长死亡所致家庭损失之补偿,使其家属可获得一定收入,以维持生活及偿付债务之需"。⑤ 而亲属中最重要的通常当属继承人无疑,因此可以推断被保险人欲将保险金给付于其继承人。从被保险人处分保险金的交易习惯来说,绝大多数保单中,被保险人指定的受益人乃是自己的继承人,这一做法乃是基于普通人性的做法,无须赘论亦无可反驳。

---

① 参见朱广新《合同法总则》(第二版),中国人民大学出版社2012年版,第650页。
② 沈达明:《德意志法上的法律行为》,对外贸易教育出版社1992年版,第91页。
③ 参见王泽鉴《民法总则》(增订版),中国政法大学出版社2001年版,第415页。
④ 依照王泽鉴教授的意思表示解释理论,可以从三个方面探求当事人的真意:行为人对法律行为的价值判断、交易双方的诚实信用、交易习惯。作为契约行为中探求当事人意思表示的方法,这一观点无疑是正确的。但是,由于被保险人处分保险金的行为属于单方法律行为,而非契约行为,这三个因素中的两个:法律行为的价值判断、交易习惯(在非交易行为中亦可称"习惯")仍有用武之地,但诚实信用这一因素因适用于双方或多方法律行为中,在此似不宜采用。
⑤ 袁宗蔚:《保险学——危险与保险》,首都经济贸易大学出版社2000年版,第639页。

继承人应当参照《继承法》规定的继承顺序与继承份额领取保险金。在继承顺序方面,我国《继承法》上的继承人包括第一顺序继承人和第二顺序,其划分标准有二:第一是以婚姻关系和血缘关系为基础的亲属关系的远近;第二是相互间扶养关系的亲疏。① 总而言之,判断继承顺位乃以关系之远近亲疏作为标准。这一标准亦可作为推定被保险人分配保险金意图之标准。循人之常情,被保险人必愿将保险金给付于关系更亲更近的第一顺位继承人,其次才是较远较疏之第二顺位继承人。倘若所有继承人不分顺序作为保险金受领人,不仅有悖被保险人之通常意愿,亦与我国习惯及继承法之公正理念相违背。在继承份额上,继承法遵循的一般均等、适当照顾、权利义务相一致和相互协商的原则,② 亦符合被保险人之意图及日常习惯。③ 因之,继承法之继承顺序与继承份额之规定,可以推定适用于欠缺受益人情况下保险金受领人之顺序与份额。

倘若被保险人没有继承人,保险金应首先归于投保人,倘若投保人亦不存在,则保险金可以收归人身保险保障基金。此种情形下,对保险金的处理有两种观点:一种观点认为,既然人身保险合同中没有受益人,被保险人也没有继承人,保险人可以不予支付保险金;另一种观点认为,在被保险人无受益人、无继承人的情况下,保险金作为被保险人的遗产,根据继承法的规定收归国有。④ 笔者认为,第一种观点主张保险人不予赔付,对交易对方极不公平,在被保险人和受益人均不存在的情况下,交易对方或许尚有投保人健在,而且,投保人为保险合同支付了保险费,其领取保险金,一方面可以弥补其保费支出,另一方面又可以避免保险人不当得利,况且,依照我国《保险法》,投保人又是对被保险人具有保险利益之

---

① 参见郭明瑞《继承法》,法律出版社1996年版,第113页。
② 参见巫昌祯《婚姻与继承法学》(修订版),中国政法大学出版社2001年版,第318页。
③ 《保险法》第40条第2款规定了受益顺序与受益份额问题,在受益份额问题上,规定"未确定受益份额的,受益人按照相等份额享有受益权",确立了同一顺位受益人完全平等分配原则。但这是针对被保险人已经指定了受益人的情况。倘若被保险人未指定受益人,同一顺位之受益人通常应当享有相同份额,但如存在特殊情形,例如继承人中存在生活有特殊困难的缺乏劳动能力的继承人、对被保险人尽了主要扶养义务或者与被保险人共同生活的继承人、有抚养能力和条件不尽扶养义务的继承人的,或者继承人之间协商同意,则可打破均分原则,且通常并不违反被保险人之意图。
④ 参见温世扬《保险法》,法律出版社2003年版,第359页。

人，故保险金归投保人所有应无障碍。第二种观点主张将保险金收归国有，但国有是个宽泛的概念，保险人将保险金支付于哪个部门仍是困难问题，不如将保险金归于保险保障基金以便执行，其原因主要是，保险是在同一危险群体中分散危险的机制，保险之理念为"我为人人，人人为我"，在保险金处置困难时，应本着这一理念将保险金归于对该群体进行保障之公权力机构，以便对群体中之他人提供救助，而这一公权力机构在我国则为保险保障基金，具体说来，应为人身保险保障基金。[①] 不过，将保险金支付于人身保险保障基金，必须是在保单没有受益人、被保险人没有继承人，且投保人亦不存在的情况下，方为适宜。

不过，探求被保险人对保险金处理之真意，实质上是一种依照常理的推定，推定之内容，未必完全符合事实。因此，如有证据表明，被保险人对保险金另作处理，而非意欲将之给付于继承人，则应依证据所表明的事实作为被保险人处分保险金之真意。譬如，被保险人虽未在保单中指定受益人，或其指定的受益人先于被保险人死亡，但被保险人随后于有效遗嘱中指定继承人之外的人作为受益人，则该指定有效，应推定被保险人欲将保险金给付于继承人之外的他人。

（四）小结

由于保险旨在保障被保险人的损失，分散被保险人遭遇的风险，为被保险人服务，并且，在人身保险中，被保险人几乎可以被看作投保人和保险人权利义务指向的对象，因此，被保险人处于保险关系的核心地位。为保护这一核心主体的人身权，保险法将保险金处分权归于被保险人。在被保险人生存的情况下，其当然可以以明确的意思表示指定受益人，从而处分保险金。但是，在被保险人死亡的情况下，若因原本没有指定受益人，或指定受益人先于被保险人死亡或者指定受益人丧失、放弃受益权，从而没有受益人时，对被保险人处分保险金的意思须加推断。以意思表示解释理论为依据，我们认为：其一，自被保险人对保险产品价值之判断来说，

---

① 我国《保险保障基金条例》将该基金分为财产保险保障基金和人身保险保障基金。财产保险保障基金由财产保险公司交费构成，人身保险保障基金由人身保险公司交费构成。欠缺受益人情形之保险属于人身保险，自应归入人身保险保障基金。

其通常以补偿自己死亡之后继承人的生活为目标；其二，自被保险人处分保险金的惯例来看，绝大多数被保险人将其继承人作为受益人。故而，在没有受益人的情况下，法律应推定保险金给付于被保险人的继承人。继承人应当参照《继承法》规定的继承顺序与继承份额领取保险金。倘若被保险人没有继承人，保险金应首先归于投保人，倘若投保人亦不存在，则保险金可以收归人身保险保障基金。不过，如果有证据表明，被保险人意欲将保险金给付于继承人之外的他人，只要证据充分，保险金应归该他人所有。

四 受益人缺失情况下保险金受领人之身份

在受益人缺失的情况下，保险金归于被保险人之继承人当无疑问，但是，被保险人之继承人究以何种身份受领保险金却不无疑义。我国现行《保险法》第42条第1款就受益人缺失时保险金的处理规定："被保险人死亡后，有下列情形之一的（即受益人缺失的三种情形），保险金作为被保险人的遗产，由保险人依照《中华人民共和国继承法》的规定履行给付保险金的义务。"在此，法条未对保险金受领人的身份明确规定，在解释上，理论界对保险金受领人的身份做出两种不同解释：第一，保险金受领人的身份是被保险人的继承人；[1] 第二，保险金受领人的身份为保险合同之受益人。[2] 受领身份的不同，可能导致其所获保险金数额多寡的不同。

（一）被保险人意图视角下的受领人身份

确定受领人之身份时，考察被保险人之意图至关重要。其原因在于，保险合同法属于私法，意思自治为私法之核心理念，法律之规定，原则上应本诸当事人之意思，而不应违反当事人之意思肆意规定。对现行法律规

---

[1] 参见徐卫东《保险法学》（第二版），科学出版社2009年版，第69页；史卫进《保险法原理与实务研究》，科学出版社2009年版，第61页；邢海宝《中国保险合同法立法建议及说明》，中国法制出版社2009年版，第420页；吴定富《〈中华人民共和国保险法〉释义》，中国财政经济出版社2009年版，第110页。

[2] 参见江朝国《保险法论文集》（三），瑞兴图书股份有限公司2002年版，第26页；樊启荣《保险法》，北京大学出版社2011年版，第202页；郑玉波《保险法论》第五版，三民书局2003年版，第177页。覃有土《保险法概论》（第二版），北京大学出版社2001年版，第343页。温世扬《保险法》，法律出版社2003年版，第358页。

定之解释，亦应符合当事人之真意。特别是，当法律行为为单方行为时，由于其"只要一方当事人做出意思表示，无须再有他方当事人同意就可以成立"。则该当事人之意思便显得尤其重要，针对该意思的法律规定或解释，必须以当事人的意思为准。被保险人处分保险金的行为正是单方法律行为，而《保险法》第42条第1款之规定，正是法律对该行为的规定，针对该规定的解释，当然必须考察被保险人之意图。

一个理性的被保险人，必不欲将保险金受领人之身份定位为继承人，因为若将之定位为继承人，根据继承法，该保险金必须只有在偿还被继承人债务之后才能归继承人所有；如将保险金受领人定位为受益人，至少现行法律未明确规定保险金必须偿还被保险人之债务。并且，如将受领人定位为继承人，将丧失合法避征遗产税的可能性，相反，受领人若被认定为受益人，依据世界各国规定，保险金可能在一定范围内免缴遗产税。由此，作为受益人之保险金受领人较之作为继承人之保险金受领人，可以领取较多的保险金。故而可以推测，被保险人更愿意将受领人定位为保险受益人。

（二）生存权视角下的受领人身份

生存权是基本人权之一种，当生存权与债权发生冲突时，应当优先保护生存权。正如学者所言："生存权是其他权利存在的基础，生存权得不到保障，其他权利也就无以依附，因此，保障主体的生存权具有优先考虑的必要。"① 一方当事人的生存权倘若与他方的债权发生冲突，应当首先保护该方当事人的生存权，这在法学理论中已成为不争的规则。最典型的例证是，我国《民事诉讼法》规定，对被执行人进行强制执行，保障债权人权利实现时，应当保留被执行人及其所扶养家属的生活必需品。有学者甚至认为，保障生存权，不仅要保障基本的生活用品，而且应当包括当事人尊严生活的其他精神性物品。②

继承权并非生存权，在权利顺位上，其劣后于债权，无法确保受领人

---

① 董彪、刘卫国：《民事强制执行中生存权与债权的冲突与平衡》，《法学论坛》2007年第4期。

② 参见龚向和《生存权概念的批判与重建》，《学习与探索》2011年第1期。

之生存权利。如将保险金受领人定位为继承人,则保险金受领人享有的是继承权,① 依照我国《继承法》第 33 条,继承遗产应当清偿被继承人依法应当缴纳的税款和债务,倘若被保险人之债权大于保险金数额,此时,即便受领人生存艰难,依照法律其仍无法获得保险金,保险金便无法起到保障受领人生存的作用。②

但是,倘若将受领人定位为保险受益人,根据国际惯例,可以确保被保险人之生存。保险金免受被保险人之债权人的追索已经成为国际惯例,在美国,"很多州的法律不同程度地规定:债务人的保单可以免受债权人主张的影响"。③ "如果个人为自己投保,并指定近亲属为受益人,这样的保险单,其给付金可以免受债权人的索偿。"④ 在英国,《已婚妇女财产法》第 11 条规定,当丈夫明示为妻子、子女的利益给自己投保人身保险时,他们就为自己目的的实现确立了一种信托关系,在这些目的未达到之前,保险金不得并入被保险人的财产或用来偿还其所欠的债务。⑤ 各国之所以作这样的规定,"目的是为了保护债务人的家人,因为一旦债务人身故,其家人便需要依赖债务人生前购买的保险来获得经济资助"。⑥ 可见,如果将

---

① 将保险金受领人定位为继承人,保险金就会变成遗产。
② 在美国,如果将被保险人自身视为受益人,保险金成为被保险人之遗产,其同样不能对抗被保险人之债权人,诚如美国学者所言:"如果被保险人指定自己或者自己的遗产管理人作为受益人,此时的现金价值和保险给付金便不大可能免受债权人的追偿,因为这样的保单本质上就是被保险人的个人资产,跟银行存款没什么分别,公共政策此时自然也就改变态度,不再禁止债权人对此申请冻结。"(参见[美]小罗伯特·H. 杰瑞、[美]道格拉斯·R. 里士满《美国保险法精解》,李之彦译,北京大学出版社 2009 年版,第 169 页。)
③ [美]小罗伯特·H. 杰瑞、[美]道格拉斯·R. 里士满:《美国保险法精解》,李之彦译,北京大学出版社 2009 年版,第 169 页。需要说明的是,大体上说,美国各州均规定了债务人保单可以免受债权人追索的制度,但各州规定差异较大。通常来说,法院会考虑:(1)当事人要求豁免的是不是现金价值或给付金;(2)所涉及的是什么样的保单;(3)债务人与保单之间的关系,换句话说,债务人是否是保单持有人或者受益人;(4)如果债务人是保单持有人,他是否有变更受益人的权利;(5)受益人与被保险人之间的关系;(6)年缴保费的金额等,从而决定保险金应否免受债权人追偿。
④ [美]小罗伯特·H. 杰瑞、[美]道格拉斯·R. 里士满:《美国保险法精解》,李之彦译,北京大学出版社 2009 年版,第 169 页。
⑤ 参见李政宁《保险受益权与投保人或被保险人的债权人利益的冲突与解决》,《内蒙古财经学院学报》2010 年第 5 期。
⑥ [美]小罗伯特·H. 杰瑞、[美]道格拉斯·R. 里士满:《美国保险法精解》,李之彦译,北京大学出版社 2009 年版,第 169 页。

保险金受领人定位为受益人，则受益人之权利优于被保险人债权人之债权实现，从而保证了受益人的生存权。因此，自保障受领人生存权的角度看，应将其定位为保险受益人。

（三）补充社会保障视角下的受领人身份

保险制度与社会保障关系密切，不仅社会保险是社会保障最主要的组成部分，而且商业性人身保险制度是社会保障的重要补充。鼓励个人或其雇主主动购买人身保险产品除可以降低社会整体风险，还可以减少国家在社会保障中的投入。[①] 故而，世界各国莫不以税收上之优惠鼓励民众投保，以弥补社会保障之不足，[②] 人身保险因而成为广义社会保障之一个方面。遗产税优惠正是国家促进投保，进而补充社会保障的一种措施。

如将保险金受益人定位为继承人，因遗产应交遗产税，无法达到鼓励投保的目的，也就无法补充社会保障。保险金转化为遗产的过程是：在受益人欠缺时，保险金仍应归被保险人所有，亦即，此时被保险人是实质上的受益人。但被保险人因死亡而丧失其权利主体资格，故不能受领保险金，保险金即成为被保险人之遗产。[③] 一般遗产当然应当缴纳遗产税，以保险为基础的遗产是否可以免除遗产税？著名学者陈云中指出，死亡保险契约未指定受益人者，死亡保险金额并入遗产总额，不得免纳遗产税。[④] 而美国联邦遗产税法第2042节规定，如果以下两个条件中任意一个得到满足，人寿保险的死亡保险金就需要计入死者的总遗产中：（1）保险金应付给被保险人的遗产或为被保险人的遗产的利益支付；（2）被保险人在死亡时拥有保单的哪怕只是一部分的所有权附带权利。[⑤] 如将保险金受领人定位为继承人，其实质便是保险金成为被保险人的遗产，正好属于上述（1）

---

① 参见朱铭来《保险税收制度经济学分析》，经济科学出版社2008年版，第68页。
② 参见江朝国《保险法逐条释义》（第一卷：总则），元照出版有限公司2012年版，第228页。
③ 参见尹中安、赵鑫泽《保险金遗产化或非遗产化之立法选择》，《保险研究》2010年第8期。
④ 参见陈云中《人寿保险的理论与实务》（第九版），三民书局1992年版，第355页。
⑤ [美]肯尼斯·布莱克、[美]哈罗德·斯基博：《人寿与健康保险》（第十三版），孙祁祥、郑伟等译，经济科学出版社2003年版，第326页。

之情形，保险金因而不能免除遗产税，也就不能达到鼓励投保、补充社会保障的目的。

相反，如将保险金受领人定位为受益人，则可以免缴遗产税，① 从而鼓励投保，达到补充社会保障的目的。保险金作为遗产通常不能免缴遗产税，是因为领取的金钱因实质上归于被保险人而成为彻彻底底的遗产，但是，倘若保险金受领人被视为受益人，则其领取的金钱则属于保险法上名副其实的保险金。对保险法上的死亡保险金，许多国家和地区均规定免征遗产税。由此可见，在保单欠缺受益人时，如法律将未来领取保险金之人视为受益人，因遗产税之优惠，可吸引投保人投保，进而达到补充社会保障的目的。也许正是出于这一原因，俄罗斯和亚美尼亚均直接规定，在保单欠缺受益人时，被保险人的继承人作为受益人领取保险金。例如亚美尼亚共和国《民法典》第990条第2款第1项："人身保险合同应当被看作是为被保险人利益订立的，除非保险合同中明确载明了受益人。在被保险人死亡并且没有其他受益人的情况下，被保险人的继承人应当被视为保险合同的受益人。"②

尽管我国尚未征收遗产税，但早在2004年，财政部就出台了《中华人民共和国遗产税暂行条例（草案）》，该条例在2010年进行了修订，2013年，开征遗产税的问题再次被推到舆论的风口浪尖。世界上已有114个国家开征遗产税，我国现在开征遗产税正当其时。③ 可以预见，遗产税的正式开征已为时不远。将保险金受领人视为受益人，对人身保险，特别是保障型人身保险及投资性人身保险的保障部分来说，可享受一定的税收优惠。这一优惠不仅能使个人领取的保险金数额有所增加，而且间接缓减

---

① 值得注意的是，并非任何由受益人领取的保险金，均可以免除遗产税。现代保险产品种类繁多，并且许多产品更强调投资功能，而非保障功能，只有传统保障型产品才有较好的规避遗产税功能，投资连结保险，万能保险、分红保险等产品，因其具有很强的投资特性，和生存保障关联不大，因而可能无法规避遗产税。不过，本文研究的正是被保险人死亡时的保障型赔付，所以大致可以适用遗产税免征制度。

② 在我国，1993年2月9日中国人民银行下发的《简易人身保险条款》第13条页规定："如果没有指定受益人或受益人先于被保险人死亡，被保险人的法定继承人即为受益人。"只是后来出台的《保险法》改变了这一做法，规定被保险人死亡后，受益人缺失的，保险金作为被保险人的遗产。

③ 参见北京师范大学中国收入分配研究院课题组《开征遗产税正当其时》，《理论参考》2013年第10期。

了我国本已捉襟见肘的社会保障基金。但是，如果将保险金受领人视为继承人，则无法避免遗产税的征收，对个人和社会均无好处。

(四) 小结

投保人购买人身保险，特别是以死亡为给付保险金条件的人身保险，其目的并不在于保障被保险人本人，而在于保障被保险人死亡之后其家属的生存。于法理上，生存权优于债权，因此，即使被保险人之债权人对保险金提出主张，如将保险金受领人视为保险受益人，则在受领人的生存权面前，债权人的主张亦不能获得满足。但是，倘若将受领人视为继承人，由于继承权劣后于债权，债权人的主张可以获得满足。在遗产税问题上，依据世界惯例，如将保险金受领人视为受益人，则可以免缴遗产税；如将保险金受领人视为继承人，则无法避免遗产税的征收。而免征遗产税可以鼓励购买人身保险，特别是保障型人身保险，从而补充我国社会保障的不足。基于上述两点，在保单欠缺受益人，且被保险人死亡的情况下，可以推断，被保险人更愿意将保险金受领人视为受益人，而非继承人。由此，无论是从生存权保障的视角、还是补充社会保障的视角，抑或是被保险人意图的视角来看，法律均应将保险金受领人的身份定位为受益人。

五 代结论：受益人缺失情况下保险金处理的司法解释

我国《保险法》第42条第1款规定："被保险人死亡后，有下列情形之一的，保险金作为被保险人的遗产，由保险人依照《中华人民共和国继承法》的规定履行给付保险金的义务：（一）没有指定受益人，或者受益人指定不明无法确定的；（二）受益人先于被保险人死亡，没有其他受益人的；（三）受益人依法丧失受益权或者放弃受益权，没有其他受益人的。"这一条款一方面将保险金作为"遗产"处理，另一方面又要求保险人给付"保险金"，似乎存在矛盾之处。研究表明，该条中的"保险金作为被保险人的遗产"，并不是指"保险金就是遗产"，而是旨在确定受益人缺失时保险金的支付对象，其处理结果是被保险人之法定继承人被视为保险受益人，而非将被保险人本人视为保险受益人。保险人对被保险人之继承人的支付行为，性质上应为保险金支付，而非代被保险人给付遗产。如此处理，方符合被保险人指定受益人之本意，能够保障被保险人之法定继承人的生存，弥补我国社会保障之不足。由此，我们建议，《保险法》第42条第1款应作如下解释：

1. 于《保险法》第42条第1款规定的受益人缺失情况下，被保险人之法定继承人应当被视为保险合同的受益人。保险人应当参照《中华人民共和国继承法》规定的继承顺序与继承份额支付保险金。

2. 被保险人没有法定继承人时，投保人应当被视为保险合同之受益人。投保人已死亡时，人身保险保障基金应当被视为保险合同的受益人。

3. 保险合同指定的受益人为不可变更受益人，并且先于被保险人死亡，没有其他受益人的，该受益人的法定继承人应当被视为保险合同的受益人。

附录　其他国家或地区关于受益人缺失与保险金处理的规定

●德国《保险合同法》第160条：（受益人分配的解释）

1. 如果多个人被确定为受益人，并且未确定受益份额，则他们应当享有相等的受益份额。某个受益人未获取的保险金应累积给其他受益人共同享有。

2. 保险事故发生时，在保险人将要向投保人的继承人赔付保险金时，如有疑义的，投保人死亡时的继承人依照其应继承的份额成为受益人。抛弃继承权的，并不影响其成为受益人的权利人。

3. 如无第三人作为受益人取得对保险人请求给付的权利者，保险金请求权归投保人享有。

4. 如果税务主管机关成为被指定为继承人，则其不能按照本条第2款第1句之规定享有相关权利。

●亚美尼亚共和国《民法典》第990条：（人身保险合同）

1. 依照人身保险合同的规定，在投保人按照保险合同的约定向保险人支付保险费后，遇到被保险人或保险合同中载明的其他主体因人身、健康原因遭受损害，达到约定的年龄，或者在其生存期间发生合同约定的其他事故时，保险人应当按照合同约定向受益人赔付保险金。

在保险事故发生时，只有保险合同的受益人有权获得保险合同约定的保险金。

2. 人身保险合同应当被看作是为被保险人利益订立的，除非保险合同中明确载明了受益人。在被保险人死亡并且没有其他受益人的情况下，被保险人的继承人应当被视为保险合同的受益人。

在人身保险合同中，投保人只有经被保险人书面同意后，才能指定被保险人之外的其他主体为受益人。如果没有上述同意，则被保险人以及被保险人死亡后的继承人可以请求法院判决保险合同无效。

●中国澳门地区《商法典》第1034条：（为第三人之利益订立之保险合同）

1. 如属为第三人之利益订立之保险合同，得在合同中指定受益人，或于日后透过向保险人做出之书面意思表示，又或在遗嘱内指定受益人。

2. 受益人之指定只要可以充分理解及客观，即使以概括或间接方式指定亦有效。

3. 在遗嘱中将保险金额做出分配，在一切效力上，视为受益人之指定。

4. 投保人得指定受益人或改变已做出之指定而无须保险人许可。

5. 如投保人未指定受益人，则推定其保留随时指定受益人之权能；如投保人死亡日仍未指定受益人且无确定受益人之客观准则，则保险金额转为投保人之财产。①

●日本《保险法》第46条：（保险金受益人的死亡）

保险金受领人于保险事故发生前死亡的，其全体继承人成为新的保险金受领人。②

---

① 在澳门地区，指定受益人之权利属于投保人，中国澳门地区《商法典》第1034条第4款规定："投保人得指定受益人或改变已做出指定而无须保险人许可。"

② 日本的这一规定延续了原日本《商法典》第676条的规定意旨，该条第1款规定："保险金额受领人系被保险人以外的第三人时，如其死亡，则投保人可以重新指定保险金额受领人。"第2款规定："投保人未行使前款权利而死亡时，则由应当领取保险金的人的继承人为应当取得保险金的人。"对第2款中提到的"应当取得保险金的人"，日本最高裁判所在判例中将其解释为"指定受益人"。由此，在受益人先于被保险人死亡，没有其他受益人的情况下，应当领取保险金的人为原受益人的继承人。日本《保险法》第46条明确承认了这一做法。

● 俄罗斯《民法典》第 934 条：（人身保险合同）

1. 依照人身保险合同。

一方（保险人）收取他方（投保人）所付的合同规定的费用（保险费），在投保人本人或者合同指定的公民（被保险人）的生命、健康受到损害，或者被保险人达到一定年龄，在其生活中发生合同规定的其他事件（保险事故）时，保险人有义务一次或者分期向另一方给付合同约定的金额（保险金）。

取得保险金的权利应属于合同为其利益而订立的人。

2. 如果合同中未指定其他人为受益人时，则人身保险合同视为为被保险人的利益而订立。合同的被保险人死亡，而合同中未指定其他受益人的，被保险人的继承人为受益人。

如果人身保险合同是为了被保险人以外的人的利益，包括不是被保险人的投保人的利益时，只有经过被保险人的书面同意，人身保险合同才可以订立。未经此种同意而订立的合同可以根据被保险人提起的诉讼而被认定为无效，而在被保险人死亡时，可以根据其继承人提起的诉讼而被认定为无效。

● 韩国《商法》第 733 条：（指定或变更受益人的权利）

1. 投保人有权指定或变更保险受益人。

2. 投保人尚未行使第 1 款的指定权即已死亡的，以被保险人作为保险受益人；投保人尚未行使第 1 款的变更权即已死亡的，保险受益人的权利视为已确定。但已经约定投保人死亡时，由其承继人行使第 1 款权利的除外。

3. 保险受益人在保险存续中死亡时，投保人可重新指定保险受益人。此时，如果投保人未行使指定权即已死亡时的，以保险受益人的继承人作为保险受益人。

4. 投保人行使第 2 款和第 3 款的指定权之前发生保险事故的，以被保险人或保险受益人的继承人为保险受益人。

专题十四　同时罹难条款之推定矛盾及其解决

——以《保险法》第42条第2款为中心

【摘要】 现行保险法上的同时罹难条款既可能导致保险法推定与继承法推定之间的矛盾，也可能导致保险法推定之间的相互矛盾。美国法对我国法的不当影响和立法技术上的疏漏是产生推定矛盾的两个原因。为了消除这些形式上的矛盾，保险法宜删除关于同时罹难条款的事实推定规范，建立如下裁判性规范：受益人与被保险人均已死亡，且不能确定死亡先后顺序的，如保单尚有其他生存受益人，由其他生存受益人领取保险金；如保单没有其他生存受益人，由被保险人的法定继承人以受益人之身份领取保险金。

【关键词】 同时罹难；矛盾；事实推定；裁判性规范

人身保险中的同时罹难，是指因遭遇自然灾害或者人为灾难而导致人身保险的被保险人和受益人均已死亡，但无法确定死亡先后顺序的情形。[①] 保险法上的同时罹难条款则是指在同时罹难状态下，针对保险合同所涉保险金进行处理的条款。我国2009年修订《保险法》时，于第42条第2款增加规定："受益人与被保险人在同一事件中死亡，且不能确定死亡先后顺序的，推定受益人死亡在先。"该规定即为同时罹难的事实推定规范。

---

① "同时罹难"一词系英文"common disaster"一词之翻译，在我国，有学者将其亦为"共同灾难"、"同一灾难"、"共同受灾"、"共同遇难"等。参见张秀全："共同遇难的保险金给付研究"，载王保树主编《中国商法年刊：和谐社会构建中的商法建设》（2007），北京大学出版社2008年版，第767—768页。

通常情形下，其推定受益人在先死亡固无问题，但在特别情形，经此规范之推断，会出现推定事实之间的矛盾。由此，我们有理由怀疑我国关于同时罹难之规定的合理性。对此，需深入分析产生矛盾之缘由，并构建新制度解决之。

一　同时罹难条款之困惑

同时罹难条款为解决保险金给付问题，于一个事实推出另一事实，即，由受益人与被保险人在同一事件中死亡，且不能确定死亡先后顺序这一事实，推出受益人死亡在先的事实。然由于立法者于立法技术上之疏漏，可能出现作为推定结果之间的矛盾，此种矛盾，既有保险法推定与继承法推定之间的矛盾，亦有保险法推定之间的相互矛盾。

（一）保险法推定与继承法推定的矛盾

保险法推定与继承法推定的矛盾表现是，依照保险法，同时罹难事故应推定受益人先死亡，但依照《最高人民法院关于贯彻执行〈中华人民共和国继承法〉若干问题的意见》（下称《继承法司法解释》），可能出现正好相反的推定。最典型的例证是，假设保险合同中，被保险人指定其子为受益人，若二者在同一事件中死亡且不能确定死亡先后顺序，依照《保险法》第42条第2款，应推定作为受益人的儿子先死亡。但是，依照《继承法司法解释》第2条，因死亡人各自都有继承人，且几个死亡人辈分不同，应推定长辈先死亡，即作为被保险人的父亲先死亡。如此，则出现了依照保险法儿子在先死亡，依照继承法父亲在先死亡的矛盾。我国有学者已经发现了这一矛盾，"对此原则，或有人认为与继承法上有关规则不尽一致，如被保险人为长辈，受益人为晚辈，依照《最高人民法院关于贯彻执行〈中华人民共和国继承法〉若干问题的意见》第2条，不能判定先后顺序时，推定长辈先死亡，这与保险法的推定原则截然相反。同一个人按不同顺序死亡了两次，似有荒谬"。[①]

这一矛盾，在保险纠纷与继承纠纷合并审理时尤为明显。法官一方面

---

① 刘学生：《保险合同法修订理念及立法基础问题评述》，《法学》2010年第1期。

需要依据保险法推定作为受益人的继承人先死亡,另一方面,在同一次审判中,针对同一次死亡事件,又不得不推翻保险审判中的事实认定,重新确定作为受益人的继承人后死亡的事实。不仅需要直面当事人的质疑,而且法官本人也难以自圆其说。

(二) 保险法推定之间的相互矛盾

如果说保险法推定与继承法推定之间的矛盾尚可以"此冲突属于表面现象。客观事实是两人皆已死亡,保险法与继承法各自解决不同范畴的问题,不同的推定规则适用于不同领域的法律关系……彼此理念有别。"[①] 来解释的话,下面的矛盾便不容易以此解释了。

于两张保单的被保险人分别指定对方保单的被保险人为受益人时,倘若两个被保险人在同一事故中罹难,难以确定死亡先后顺序,依保险法,在第一张保单中,应推定第二张保单的被保险人在先死亡,因其为第一张保单的受益人;同样的原理,在第二张保单中,应推定第一张保单的被保险人先死亡。两张保单均以《保险法》第42条第2款作为依据,但推定结果正好相反。典型情形是,第一张保单的被保险人为丈夫,受益人为妻子,第二张保单的被保险人为妻子,受益人为丈夫;或者第一张保单的被保险人为母亲,受益人为其子,第二张保单的被保险人为儿子,受益人为其母,倘若同时罹难,在死亡推定上必然发生矛盾。试以实务中的真实案例说明:

2008年7月,顾某以自己为被保险人向国寿江苏分公司投保康宁终身寿险,指定受益人为其子余某。次年,顾某又以余某为被保险人向国寿江苏分公司投保国寿瑞鑫两全保险,指定受益人为顾某本人。2012年1月,顾某与余某在一次车祸中双双死亡,无法确定二者的死亡先后顺序,国寿江苏分公司首先对国寿瑞鑫两全保险进行赔付,依保险法推定顾某在先死亡,保险金给付于余某的唯一继承人余父。随后,国寿江苏分公司拟对康宁终身保险赔付,亦依保险法推定余某在先死亡,保险金应给付于顾某的法定继承人。余父对此不满,认为国寿江苏分公司就此次事故已经推定顾某在先死亡,不应在同一事故中做出两种结果不同的推定。法官认为,在

---

① 刘学生:《保险合同法修订理念及立法基础问题评述》,《法学》2010年第1期。

两份保险合同所建立起的两个相互独立的法律关系范围内,可以对同一事件的有关事实做出不同的推定。即便国寿江苏分公司已经在被保险人为余某、受益人为顾某的保险合同中做出顾某先死亡的推定,在本案中做出余某先死亡之推定,仍然符合法律规定和保险法原理。① 本案的判决结果应无问题,但余父提出的问题"不应在同一事故中做出两种结果不同的推定"却不得不令人深思。

若多张保单的被保险人分别被指定为其他保单的受益人,且被保险人同时罹难,上述矛盾将更为复杂。有学者举例指出:"甲乙、乙丙、丙甲分别是第一、第二、第三个合同的被保险人与受益人,三个人在同一事件中死亡无法确定顺序时,根据前两个合同,是乙早于甲,丙早于乙,从而丙早于甲,可是根据第三个合同,却是甲早于丙死亡。"② 显然,随着主体人数的增加,依据保险法得出的推定结果将更加复杂,也会出现更多的矛盾。

尽管学界和实务界可以通过上位法优于下位法、③ 特别法优于一般法、后法优于前法④等理论解释上述矛盾,尽量使裁判结果符合保险法之精神,但是,诸多矛盾的存在使我们有理由怀疑,现行保险法关于同时罹难的规定欠缺合理性,尚有改进空间。

(三) 小结

现行保险法关于同时罹难的规定,与继承法关于同时罹难的规定存在矛盾,假设被保险人与被继承人为同一人、受益人与继承人为同一人,若二者在同一事故中死亡,无法确定先后顺序,依保险法,作为被保险人的被继承人死亡在先,依继承法,作为继承人的受益人死亡在先,其推定矛盾显而易见。同时,即便同样依据保险法进行推定,在两张保单的被保险人分别指定对方保单的被保险人为受益人时,或者多张保单的被保险人分别被指定为其他保单的受益人时,对于同一案件,同一事故的推定,也可能出现一方面推定被保险人先死亡,另一方面推定受益人先死亡的矛盾。

---

① 参见江苏省南京市鼓楼区人民法院(2012)鼓商初字第497号民事判决书。案件情节略有删减。
② 张昌明:《"悬疑推定"论》,《政法论丛》2013年第3期。
③ 同上。
④ 参见江苏省南京市鼓楼区人民法院(2012)鼓商初字第497号民事判决书。

这些矛盾表明，我国《保险法》关于同时罹难的规定，尚有改进余地。

二 同时罹难推定矛盾之产生原因

2009年修订之前，《保险法》中并无同时罹难条款，之所以在2009版《保险法》中增订该条款，其目的乃在于终结理论界与实务界存在的争议。在2009年修订保险法之前，关于同时罹难的死亡推定问题，有三种观点：第一，根据我国保险法中疑义利益原则的规定，应推定被保险人死亡在先，这不仅对受益人有利，而且符合被保险人的愿望；[①] 第二，应参照《继承法司法解释》第2条的规定处理，根据被保险人和受益人有无继承人、彼此之间是否存在辈分的高低等决定被保险人与继承人死亡的先后顺序；[②] 第三，应推定受益人先于被保险人死亡。[③] 于争论中，各观点之主要目标在于确定何人在先死亡的问题。2009版《保险法》确认了第三种观点作为解决方案，其理由除了"保险合同重在维护被保险人的利益，并且受益人是经被保险人同意或者直接由被保险人指定的……从维护被保险人利益的角度出发，应当推定被保险人后于受益人死亡。"[④] 还有受美国《统一同时死亡法案》的影响，[⑤] 正是由于美国《统一同时死亡法案》的错误影响，以及立法技术上的疏漏，才导致同时罹难条款的推定矛盾。

（一）美国《统一同时死亡法案》的不当影响

察各国《保险法》，未发现对同时罹难问题做出规定者，我国《保险法》对同时罹难条款的规定，源于美国1940年《统一同时死亡法案》。该法案规定："人寿保险和意外伤害保险保单中的被保险人与受益人同时死

[①] 参见李宝明、鞠维红《保险索赔理赔规则》，人民法院出版社2001年版，第410页。
[②] 参见刘志南《"共同灾难"保险金给付问题的思考》，《保险研究》2003年第2期。
[③] 参见李玉泉《保险法学——理论与实务》，高等教育出版社2007年版，第346页。
[④] 吴定富：《〈中华人民共和国保险法〉释义》，中国财政经济出版社2009年版，第111页。
[⑤] 几乎所有的教材和专著在论述我国《保险法》同时罹难条款的产生时，均提到美国《统一同时死亡法案》，例如樊启荣：《保险法》，北京大学出版社2011年版，第207页；吴定富：《〈中华人民共和国保险法〉释义》，中国财政经济出版社2009年版，第111页；许崇苗、李利：《最新保险法适用与案例精解》，法律出版社2009年版，第191页；王静：《保险类案裁判规则与法律适用》，人民法院出版社2013年版，第263—264页。可见美国《统一同时死亡法案》对我国同时罹难条款产生的重大影响。

亡，如果没有充分证据证明他们不是同时死亡，那么，保险金的分配按照被保险人后于受益人死亡的情况处理。"① 这个法案被美国大部分州所采用，② 其中最典型的规定是伊利诺伊州的《同时死亡法案》，其规定："在没有充分生存证据的情况下，如果财产划归或转移取决于死亡的先后顺序，并且没有充分证据表明谁先死亡，同时，在遗嘱、委托协议、文据、保险合同或其他非本部分条款所提及的财产分配监管工具中无其他条款，则……（d）如果一份寿险或事故险保单中的被保险人和受益人同时死亡，则保单给付将按照受益人先于被保险人死亡的情况进行给付。"③

但是，美国《统一同时死亡法案》旨在解决死亡先后的事实问题，法案中关于保险给付的规定，属于附带解决的问题，故而法案未能注意到同时罹难推定上可能产生的矛盾。正如美国学者所指出的，那些已经采纳《统一同时死亡法案》的州，解决了谁生存谁死亡的问题，但是没有解决保单所有人和保险公司面临的主要问题。④ 依据《统一同时死亡法案》，保险法与继承法推定的矛盾问题可能不会出现，因为法案对同时罹难情况下遗产的分配原则是：当事人各自的财产分配给各自的亲属，避免一个人的遗产成为另一个人的财产。⑤ 其实质是，在继承问题上，不须推定同时罹难者谁先死亡。如此，则不会在保险法与继承法之间出现矛盾。至于两个或多个保险合同中出现的事实推定矛盾，自法案的推定方法来看，在美国也会产生推定死亡先后顺序的矛盾，不过，大约是因为美国《统一同时死亡法案》以解决死亡先后顺序为宗旨，对这些本属保险法的细枝末节内容，未加仔细考虑，从而极有可能被忽略了。

我国《保险法》关于同时罹难的规定，几乎照搬了美国《统一同时死亡法案》，该法案可能出现的问题，在我国也会出现，在美国不会出现的

---

① ［美］约翰·F. 道宾：《美国保险法》，梁鹏译，法律出版社2008年版，第151页。
② U. L. A Simultaneous Death Act（References and Annotations）（2007）.
③ ［美］缪里尔·L. 克劳福德：《人寿与健康保险》（第八版），周伏平、金海军等译，经济科学出版社1999年版，第402页。
④ 参见［美］肯尼斯·布莱克、［美］哈罗德·斯基博《人寿与健康保险》（第十三版），孙祁祥、郑伟等译，经济科学出版社2003年版，第227页。
⑤ 参见［美］小罗伯特·H. 杰瑞、［美］道格拉斯·R. 里士满《美国保险法精解》，李之彦译，北京大学出版社2009年版，第180页。

问题，亦可能因为我国法律规定的不同而出现问题。在我国，由于继承法规定同时罹难状态下，若遇难者存在辈分差别，推定被继承人先死亡，这与美国的继承法规定完全不同，故而在美国不会出现的继承法与保险法之间的矛盾，在我国却出现了。至于被美国《统一同时死亡法案》忽略的两个或多个保险合同中出现的事实推定矛盾，在我国立法过程中，也未详加考虑，从而像美国一样被忽略了。

（二）推定性规范在立法技术上的缺憾

我国《保险法》中的同时罹难条款属于事实推定规范。所谓事实推定规范，是指法律中存在的根据某一事实推定出另一事实存在的规范。[①] 用以作为根据的事实称为基础事实，被推定的结果事实称为推定事实。《保险法》第42条第1款规定："受益人与被保险人在同一事件中死亡，且不能确定死亡先后顺序的，推定受益人死亡在先。"对该规范进行解构可知，"受益人与被保险人在同一事件中死亡，且不能确定死亡先后顺序"乃是基础事实，"受益人死亡在先"乃是推定事实。从"受益人与被保险人在同一事件中死亡，且不能确定死亡先后顺序"这一基础事实推出"受益人死亡在先"这一推定事实，完全符合事实推定规范的概念。故而，从规范性质上看，同时罹难条款隶属事实推定规范无疑。

事实推定规范属于可反驳的推定规范之一种。推定以其是否可以被反驳分为可反驳的推定与不可反驳的推定，由于推定性规范所推定的结论事实，并非真实的事实，假如有特殊情况出现，其推定事实易遭质疑，从而导致事实推定规范遭遇反驳。对一个推定性规范进行反驳，通常有如下三种途径：其一，通过证明基础事实为假反驳推定性规范；其二，通过证明推定事实为假反驳推定性规范；其三，通过证明真实事实属于异态事实反驳推定性规范。[②]

我国《保险法》中的同时罹难条款既属事实推定规范，便是一种可反驳的推定性规范。对同时罹难条款的反驳，不能通过证明基础事实进行，因为，"受益人与被保险人在同一事件中死亡，且不能确定死亡先后顺序"

[①] 参见王立争《民法推定性规范研究》，法律出版社2013年版，第142页。
[②] 同上书，第32—33页。

这一基础事实是同时罹难条款的前提，没有这一前提就不能称为同时罹难条款。同样，对同时罹难条款的反驳，也不能通过直接证明推定事实为假完成，因为，既然承认"不能确定死亡先后顺序"的前提，那么，无论推定"被保险人先死亡"，还是"受益人先死亡"，均不会被直接证明为假。不过，异态事实的存在，可以证明推定性规范的推定事实值得怀疑。在这种证明方法下，"当事人并无直接证据证明推定事实是假，但有证据证明还存在另一种不同于推定事实的异态事实存在，从而推翻推定事实为真的推定性结构"。[①] 以两张保单的被保险人分别为对方保单的受益人为例，若第一张保单的被保险人为甲，受益人为乙，依照同时罹难条款，应推定乙先死亡；而第二张保险以乙为被保险人，甲为受益人，应推定甲先死亡。由于这两个推定结论在同一案件中出现，便互相成为另一个结论的异态事实，至少可以证明同时罹难条款的规定值得怀疑。

同时罹难条款的可反驳性其实是一种立法技术的缺憾，如果对立法技术稍加改进，同时罹难条款所体现的各种矛盾便会消除。自价值论的角度看，同时罹难条款的规定并无错误，其以被保险人的利益为价值目标，已经获得了我国学者的广泛认同。[②] 但是，自认识论的角度看，同时罹难条款推定结果的矛盾，不符合人们的经验法则，人们也因此怀疑其正确性。只要能通过改进立法技术避免人们的认识论怀疑，从而消除同时罹难条款所表现出来的矛盾，同时罹难时保险金的处理规则将更加完美。

（三）小结

我国《保险法》中的同时罹难条款系照搬美国《统一同时死亡法案》制定的，由于美国《统一同时死亡法案》旨在确定同一事故中当事人的死亡先后顺序，并非以保险金给付问题作为目标，故其没有注意到这一规定可能会在保险法上产生推定矛盾，这导致我国《保险法》中的同时罹难条款也未能考虑到推定矛盾的产生。再者，我国《保险法》中的同时罹难条款属于事实推定规范，该规范在性质上属于可反驳的规定，作为异态事实，同一案件中的不同推定结果对同时罹难条款的反驳表明同时罹难条款

[①] 王立争：《民法推定性规范研究》，法律出版社2013年版，第33页。
[②] 参见高宇《被保险人与受益人同时死亡时保险金之给付》，《当代法学》2005年第6期。

本身存在改进的余地。在价值论上，同时罹难条款并无问题，同时罹难条款的矛盾只是认识论上的矛盾，只要能够通过立法技术规避认识论的表层矛盾，对同时罹难条款的质疑便将消除。

三　同时罹难推定矛盾之解决

同时罹难在事实推定上的矛盾，既然是由于立法技术导致的，就必须通过立法技术得到纠正。在立法技术上，可以通过删除事实推定规范，重新构建裁判规范的方式解决问题。

（一）事实推定规范的删除

消除《保险法》第42条第2款的推定矛盾，在立法技术上可以采取删除该事实推定规范的措施。从某种意义上讲，《保险法》第42条第2款出现的推定矛盾，是一个不可调和的矛盾，只要存在两张以上的保单互相指定本保单的被保险人作为对方保单的受益人的情况，在该条款的指引下，必然会得出相互矛盾的推定。欲从形式上消除这种矛盾，可将该条款删除，法官不再于判决中引用该条款，当事人也便无从质疑。

《保险法》第42条第2款之所以可以删除，是因为其属于对事实认定的条款，而事实认定并非必须在法律规定中出现。通常来说，立法的目标在于提供裁判规则，而非认定事实，故而，在法律规范中，这种认定事实的条款极其罕见。在同时罹难情况下，被保险人与受益人哪个死亡在先确实难以判断，由法律根据立法精神给予推定原本无可厚非，但是，倘若这种推定可能引发矛盾，进而引发人们对该规范的质疑时，不若放弃该事实推定规范，以法律规范中常见的裁判规范取而代之。这样做，一方面，至少可以避免人们对法条形式上的质疑，另一方面，并不违反立法精神与规范的价值诉求。

（二）裁判规范的构建

同时罹难裁判性规范的建立，其实质在于解决同时罹难情况下保险金的归属问题。而判断保险金的应然归属，核心因素不外乎两个：其一，在被保险人与受益人同时遇难的情况下，法律应当保护何人的利益；其二，在被保险人与受益人同时遇难的情况下，被保险人对保险金处分的真意是什么。

根据上述两个因素，保险金应归于被保险人之法定继承人。对于第一个因素，保险法学界已经达成了共识，即应当保护被保险人的利益，因为"被保险人是保险合同利益的最终归属者",[①] "保险法的精神在于以被保险人利益为重心分配权利义务",[②] 这样的共识亦被立法者所认同，因此，立法者将2009年修改《保险法》的宗旨明定为"保护被保险人利益"。在这样的共识下，发生同时罹难的情形，理论上应将保险金作为被保险人的合同利益进行处理。但是被保险人此时已经死亡，无法受领保险金，因此，必须借助第二个因素，即探求被保险人处分保险金的真实意图来解决保险金的归属问题。探求被保险人处分保险金的真意包括两个方面：一方面，在被保险人与受益人同时死亡的情况下，被保险人更愿意将保险金给付于受益人的法定继承人还是其本人的法定继承人，毫无疑问，多数被保险人更愿意将保险金给付于自己的法定继承人，因为，受益人的法定继承人与被保险人关系疏远，甚至没有什么利益关系。[③] 另一方面，被保险人更愿意其法定继承人以继承人还是以受益人的身份受领保险金，对这个问题，笔者在拙文《受益人缺失与保险金赔付之处理》已作讨论，因保险金受领人以法定继承人身份领取保险金无法规避被保险人的债务和遗产税的征收，故被保险人更愿意其法定继承人以受益人的身份受领保险金。

基于上述分析，对同时罹难条款的裁判性规范设计应当是：发生同时罹难事故时，保险金由被保险人的法定继承人以受益人的身份受领。这样的规范，建立在对同时罹难条款价值判断的基础上，以解决纠纷为目标，实现了法律规范的惯常功能。同时，该规范省略了法律代替法官对事实进行推理的过程。由于不涉及事实认定，至少不会在形式上因事实推定的矛盾而为当事人所诟病。

不过，在确定保险金由被保险人的法定继承人领取之前，尚须确定保单是否存在其他生存受益人，如保单仍有生存受益人存在，应由该生存受

[①] 潘红艳：《被保险人法律地位研究》，《当代法学》2011年第1期。
[②] 王伟：《保险法》，格致出版社、上海人民出版社2010年版，第184页。
[③] 参见许崇苗、李利《最新保险法适用与案例精解》，法律出版社2009年版，第191页。

益人领取保险金。依据保险法的一般原理，如果保单指定了多个受益人，其中一名或数名受益人与被保险人同时罹难，其他受益人的地位不受影响，[①] 仍有权利受领保险金，此时，被保险人之法定继承人无权领取保险金。故而，有学者建议，应在《保险法》的司法解释中规定，被保险人应指定不同顺位的受益人，如果优先顺位受益人先死亡，则保险金给付给后顺位的受益人，以避免出现被保险人与唯一指定受益人同时死亡的保险金归属争议。[②]

此外，我国《保险法》第42条第2款的规定，将同时罹难的情形限于"同一事件"死亡，似有狭隘。同时罹难条款旨在解决无法确定被保险人与受益人死亡先后顺序情况下保险金的归属，被保险人与受益人在同一事件中死亡，无法确定死亡先后顺序当然是最常见的情形，但实务中也可能存在二者虽不在同一事故中死亡，仍无法确定死亡先后顺序的情形，例如，甲为被保险人，乙为受益人，甲驾车于A地山谷发生车祸，乙同日于B地遭遇地震，无法判断何者死亡在先的情形即是。该情形虽不符合"同一事故"之规定，但依保险法原理应可适用同时罹难条款解决保险金给付纠纷。故而，对同时罹难条款应扩大适用，被保险人不须与受益人在"同一事故"中死亡，只需无法判断二者死亡先后顺序即可。

（三）小结

一般来说，法律的目标在于为法官裁判提供规范选择，通过法律规定的方式推定事实的情形极为罕见，既然推定事实容易产生矛盾，不妨删除《保险法》中关于同时罹难的事实推定，这样，至少可以保证法条层面不易招人诟病。同时罹难条款的本旨在于解决被保险人与受益人同时罹难时保险金的归属问题，着眼于这一问题构建裁判性规范，法律应当考虑两个因素：第一，被保险人与受益人何者应受到优先保护；第二，被保险人处分保险金的真意是什么。通过对这两个因素的仔细分析，我们认为，根据保险法原理，在被保险人与受益人同时罹难时，应当优先保护被保险人的

[①] 参见吴定富《〈中华人民共和国保险法〉释义》，中国财政经济出版社2009年版，第110页。
[②] 参见张淑艳、何镕泽《论受益人与被保险人同时死亡时受益权的确定》，《保险研究》2007年第3期。

利益，被保险人处分保险金的真意应当是，由其法定继承人作为受益人受领保险金，同时罹难条款应当以此为规范内容。

四 代结论：同时罹难条款的司法解释

我国《保险法》于第 42 条规定了同时罹难条款，该条款的逻辑结构是，于第 42 条第 2 款中首先推定同时罹难发生时，受益人先死亡的事实，然后根据这一事实适用第 42 条第 1 款关于"受益人先于被保险人死亡，没有其他受益人的"，保险金作为被保险人的遗产，由保险人依照《中华人民共和国继承法》的规定履行给付保险金的义务的规定。但是，《保险法》第 42 条第 2 款的事实推定，既可能产生保险法与继承法之间的事实矛盾，又可能出现保险法推定之间的相互矛盾，同时，还存在将同时罹难限制于"同一事件"的偏狭问题。而《保险法》第 42 条第 1 款也存在保险金受领人以何种身份领取保险金等模糊问题。[①] 为此，倘若对同时罹难条款作一个完整的司法解释，笔者愿意将其规定为：

受益人与被保险人均已死亡，且不能确定死亡先后顺序的，如保单尚有其他生存受益人，由其他生存受益人领取保险金；如保单没有其他生存受益人，由被保险人的法定继承人以受益人之身份领取保险金。

附录 其他国家或地区关于同时罹难条款的规定

● 美国 1940 年《统一同时死亡法案》

人寿保险和意外伤害保险保单中的被保险人与受益人同时死亡，如果没有充分证据证明他们不是同时死亡，那么，保险金的分配按照被保险人后于受益人死亡的情况处理。

● 美国伊利诺伊州《同时死亡法案》

在没有充分生存证据的情况下，如果财产划归或转移取决于死亡的先

[①] 关于《保险法》第 42 条第 1 款的问题，可参见拙作《受益人缺失与保险金处理》一文。

后顺序,并且没有充分证据表明谁先死亡,同时,在遗嘱、委托协议、文据、保险合同或其他非本部分条款所提及的财产分配监管工具中无其他条款,则……(d)如果一份寿险或事故险保单中的被保险人和受益人同时死亡,则保单给付将按照受益人先于被保险人死亡的情况进行给付。

专题十五 受益人故意制造保险事故之研究

——以《保险法》第43条为中心

【摘要】 我国保险法规定，受益人故意制造保险事故的，该受益人丧失受益权。其中，受益人之"故意"不须以谋取保险金为目的。倘若被保险人仍生存时，被保险人关于受益人指定的意思表示应当受到尊重。于受益人兼为投保人时，除非受益人于订立保险合同时便有制造保险事故之故意，否则保险人仍应赔付，不过该受益人不得领取保险金。于保单中存在多个受益人，其中一人故意制造保险事故时，应由法官根据被保险人最初指定受益人之意图、受益人指定之状况、事故发生时法定继承人之状况、受益人指定后发生的其他情况等基础事实推定被保险人处分丧权受益人之保险金份额的意图，进而决定该保险金份额之归属。

【关键词】 受益人；故意；生存；矛盾；事实推定

我国《保险法》第43条第2款规定："受益人故意造成被保险人死亡、伤残、疾病的，或者故意杀害被保险人未遂的，该受益人丧失受益权。"尽管这一规定较之2009年修订《保险法》之前的规定已有改进，但仍然存在以下几个问题值得研究：其一，受益人故意导致保险事故发生应否以谋取保险金为目的？其二，在被保险人仍生存的情况下，由法律强制剥夺受益人之受益权是否妥当？其三，当投保人被指定为受益人时，第43条第2款乃与第43条第1款产生矛盾，该矛盾如何解决？其四，在受益人为数人时，受益人之一故意制造保险事故的，该受益人本应获取之保险金份额如何处理？本文拟就上述四个问题展开研究。

一 受益人之"故意":应否以谋取保险金为目的

(一) 肯定说与否定说

对受益人故意制造保险事故之"故意"应否以谋取保险金为目的这一问题,学界有肯定说与否定说两种观点。

肯定说认为:"这里所称的受益人的'故意',是指受益人有造成被保险人死亡、伤残或者疾病的故意,而非其行为本身的故意;在这个意义上,受益人的故意实际上就与受益人图谋保险金的意图联系在一起。"[①] 日本学者西岛梅治和青谷合夫也认为,受益人之故意行为须以保险金取得意图之存在为前提。[②]

否定说则认为:当受益人故意造成被保险人死亡、伤残或者疾病的,无论受益人是否有图谋保险金的意图,保险人均不承担给付保险金的责任。[③] 此外,亦有部分学者虽未明确否认受益人故意不以谋取保险金为目的,但从其对"故意"一词范围的分析,隐约可见其对否定说的支持,他们认为,受益人的故意行为,既包括直接故意,也包括间接故意。[④] 按照通行的理解,间接故意是指明知自己的行为可能发生危害社会的后果,并且放纵这种结果发生的心理状态。而"放纵"又是指行为人对结果的发生采取听之任之的态度,并不是希望结果的发生。受益人"故意"既然包括间接故意,则受益人并不是希望结果的发生,进而更不存在通过制造保险

[①] 常敏:《保险法学》,法律出版社2012年版,第123页。另有学者认为,应当区分受益人是否以谋取保险金为目的故意加害被保险人。若受益人以谋取保险金为目的故意加害被保险人,则保险人得以免责;若受益人故意加害被保险人并非以谋取保险金为目的,则保险人须全额给付保险金。(参见陈耀东、静远《保险受益权若干法律问题探讨——兼论〈保险法〉相关条款的检讨与修正》,载李劲夫《保险法评论》2008年,第88页。类似观点可见于康文义:《受益人故意致害被保险人案件之处理——以对〈保险法〉第六十四条和第六十五条之解读为基础》,《金融法苑》第77辑,第177页。)

[②] 参见汪信君、廖世昌《保险法理论与实务》,元照出版有限公司2006年版,第150页。

[③] 参见李玉泉《保险法学——理论与实务》,高等教育出版社2007年版,第366页。参见汪信君、廖世昌《保险法理论与实务》,元照出版有限公司2006年版,第150页。

[④] 参见奚晓明《〈中华人民共和国保险法〉保险合同章条文理解与适用》,中国法制出版社2010年版,第290页。

事故谋取保险金的故意。

遗憾的是，无论是肯定说还是否定说均未详细深入地说明理由。笔者认为，自法理而言，否定说具有相当的合理性。

（二）支持否定说的理由

自维护公序良俗的角度看，受益人之"故意"不应以谋取保险金为目的。所谓公序良俗，其实是"公共秩序"与"善良风俗"的合称，公共秩序乃指国家社会的一般利益，善良风俗乃指社会的一般道德观念。[①] 公序良俗是社会对主体的最低要求，[②] "所有法律关系都应当受公序良俗支配，公序良俗可以考虑为支配整个法律体系的理念"。[③] 当事人的行为若违反公序良俗原则，便不能获得社会认同，轻则导致法律行为无效，重则应当承担刑事责任。受益人故意制造保险事故，导致被保险人死亡、伤残或者疾病，其行为既违背社会的一般道德观念，又违背一般社会秩序，显然属于违背公序良俗的行为，因此，法律乃剥夺其受益权。[④] 由于此类行为本身具有反社会性和反正义性，无论当事人主观上是否以谋取保险金为目的，也无论其目的为何，皆为法律和道德所不容，理应由法律剥夺受益权。

自"任何人均不得从其违法行为中获益"的法理来看，受益人之"故意"亦不须谋取保险金之目的。被保险人故意制造保险事故之行为，无论其结果为被保险人死亡、伤残、疾病或未遂，均为违法行为无疑。若允许不具谋取保险金目的之故意行为谋取保险金，则无异于允许该受益人从其违法行为中获益，显然违反"任何人均不得从其违法行为中获益"的法理。此点其实为公序良俗原则之延续或具体化。

（三）小结

在学说上，关于受益人制造保险事故之"故意"是否需要以谋取保险金为目的有两种学说：肯定说和否定说。但两种学说均未明确说明理由。鉴于受益人故意制造保险事故的行为本身违背公序良俗，为法律和道德所

[①] 参见［日］田山明辉《民法总则》（第二版），成文堂1990年版，第95页。
[②] 参见于飞《公序良俗原则研究——以基本原则的具体化为中心》，北京大学出版社2006年版，第87页。
[③] ［日］我妻荣：《新订民法总则》，于敏译，中国法制出版社2008年版，第253页。
[④] 参见郑玉波《保险法论》（第五版），三民书局2003年版，第186页。

不容,倘若允许不以谋取保险金为目的的故意行为获取保险金,则明显与"任何人均不得从其违法行为中获益"的法理相违背。是故受益人制造保险事故之"故意"不须以谋取保险金之目的。

二 剥夺受益权:是否适用于被保险人仍生存之情形

(一) 现行规定及其问题

现行《保险法》在受益人故意制造保险事故的问题上,并不区分被保险人之死亡抑或生存,其后果统统为"该受益人丧失受益权"。事实上,在《保险法》第43条第2款中,除了"受益人故意造成被保险人死亡"的情形之外,另外三种情形:受益人故意造成被保险人伤残、受益人故意造成被保险人疾病以及受益人故意杀害被保险人未遂的情形亦属被保险人仍生存的情形。依现行法之规定,此四种情形,均由法律强制性剥夺受益人之受益权。[①]

然而,受益人资格源于被保险人之实质赋予,在受益人仍生存的情况下,法律罔顾被保险人之意愿,强制剥夺受益人之受益权,是否妥当颇值怀疑。举例来说,受益人为被保险人之独子,该受益人杀害被保险人未遂,依照现行保险法,受益人之受益权被当然剥夺,但倘若被保险人认为其子杀害自己只是一时冲动,事后已悔过或者将来必定改过自新,坚持赋予其受益权,法律应否放弃对其受益权之剥夺?

(二) 剥夺受益权之理由及其在被保险人生存情况下的适用难题

保险法之所以剥夺受益人之受益权,其主要理由大致有三:受益人失去被保险人之信赖;故意制造保险事故之行为违背公序良俗;任何人均不得从其违法行为中获益。此三个理由,适用于被保险人已死亡之情形,当无疑义。倘适用于被保险人仍生存之情形,却可能遭遇困难。

受益人故意制造保险事故,并不必然丧失被保险人之信赖。依人之常情,"如果受益人故意实施导致被保险人死亡、伤残或疾病的行为,则失

---

① 讨论本部分,设定的前提是受益人并非投保人的情形,至于投保人与受益人是同一人的情形,将在下文中予以讨论。

去了被保险人对受益人的信赖"。① 不过，丧失信赖只是一种对普通大众心理的推测，在被保险人已死亡的情况下，这样的推测自然能够获得适用，因为此时被保险人已无法现身证明自己对受益人的信赖是否存在，必须依赖"理性的普通人"标准判定信赖的存在与否，判定的结果自然是受益人丧失被保险人的信赖，由保险法剥夺受益人之受益权也便理所当然。然而，在被保险人尚存的情况下，被保险人对受益人之信赖无须推测，完全可以通过被保险人的明确意思表示加以判断，多数情形下，被保险人对受益人无法信赖，但人类乃至为复杂之动物，现实中亦不免存在通达、宽容之人，加之受益人多为被保险人至亲至爱之人，不能排除被保险人对受益人仍存信赖之可能，倘有此种可能，以丧失信赖为由剥夺受益人之受益权也便失其基础。

受益人故意制造保险事故，虽属违背公序良俗，但完全由法律剥夺受益人之受益权似有过度干涉私权之嫌。受益人故意制造保险事故，无论被保险人死亡亦或生存，该行为均属违反公序良俗的犯罪行为。对犯罪行为的处罚，应当以刑事责任为主，如果处罚涉及民事责任，必须考虑该处罚是否干涉了其他人的权利。经由法律剥夺受益人之受益权，自受益人角度看是一种民事处罚，但自被保险人角度来看，却是对其处分保单财产权利的一种干涉。这种干涉在被保险人已死亡时并不明显，因为被保险人已不再主张其处分财产的权利。但是，在被保险人仍生存，且主张自己处分权之时，这种干涉便会凸显。对受益人之受益权的剥夺，实质上演变为对被保险人处分受益权的剥夺。而被保险人处分其受益权的行为，原理上属于不受干涉的处分行为，即使接受主体属于已被判处死刑的罪犯，其处分行为亦不违反公序良俗原则。② 保险法剥夺受益人之受益权的做法，不仅以公序良俗原则对受益人故意制造保险事故的行为做出评价，而且涉嫌对被保险人的合法处分行为进行评价，难免有过度干涉私权之嫌。

在被保险人仍生存的情况下，"任何人均不得从其违法行为中获益"的原则似乎也出现了例外。原则上讲，无论受益人故意制造保险事故的行

---

① 吴定富：《〈中华人民共和国保险法〉释义》，中国财政经济出版社2009年版，第114页。
② 参见于飞《公序良俗原则研究——以基本原则的具体化为中心》，北京大学出版社2006年版，第211页。

为是否造成被保险人死亡，受益人获取保险金均难以获得支持。但是，当生存的被保险人坚持将受益权赋予该受益人时，法理上对被保险人处分自己权益的行为又很难找出反对理由。唯一可能反对的理由是，被保险人坚持赋予受益权的行为可能导致受益人再次故意制造保险事故，① 出现犯罪行为。然而，被保险人不顾可能出现的犯罪行为，坚持赋予受益人以受益权，此种行为应属自甘冒险，风险须由自己承担，该受益人之刑事责任则可依据刑法处罚。如果刑事责任的威慑都不足以防止受益人再次制造保险事故，则剥夺受益权的做法更加无能为力。②

故而，于被保险人仍生存之情形，即使受益人故意制造保险事故，完全由法律强制剥夺其受益权颇值怀疑。

(三) 被保险人生存情况下受益权的处理

如上所述，当受益人故意制造保险事故，但被保险人仍生存时，受益人是否仍然享有受益权应由被保险人决定，不宜完全由法律强制剥夺。然则，立法上对受益人之受益权究应如何处理？

有观点认为，受益人故意制造保险事故，被保险人仍生存的，其享有撤销或者变更受益人的权利。例如，我国有学者认为："由于被保险人仍生存，完全可以通过变更、撤销受益人而使其丧失受益权。"③ 受益人故意伤害被保险人未遂，意味着被保险人仍然生存，在此情况下，尽管受益人的行为违反公序良俗，但法律并未强制剥夺受益人之受益权，而是将受益处分权交由被保险人决定，若被保险人不撤销受益人的受益权，则受益人的受益权仍然存在，依然可以享有受领保险给付的权利。④ 如此处理，可以强化被保险人对受益权之处分权利，故有其合理之处。

但是，上述处理方法也存在瑕疵。其一，我国《保险法》第 41 条对变更受益人已有规定，再次针对受益人制造保险事故时被保险人的撤销或变更权做出规定，不免有些叠床架屋。我国《保险法》第 41 条规定

---

① 参见黄健雄、陈玉玲《保险法》，厦门大学出版社 2007 年版，第 127 页。
② 参见张秀全《受益人道德风险的法律规制》，《郑州大学学报》2005 年第 2 期。
③ 黄健雄、陈玉玲：《保险法》，厦门大学出版社 2007 年版，第 127 页。
④ 参见刘宗荣《新保险法：保险契约法的理论与实务》，中国人民大学出版社 2009 年版，第 403 页。

的是被保险人对受益人的变更权,不过,从广义上理解,该条规定的变更权,也应当包括撤销权在内,因为撤销受益人无非是将保险合同中的多数受益人变为数量较少的受益人,或者将保单中唯一受益人变更为被保险人或者其法定继承人。① 故意制造保险事故情形下被保险人的撤销权与变更权与此义理相同,不必重复规定。其二,在受益人成功故意制造保险事故的情况下,尽管被保险人仍生存,由被保险人撤销或者变更受益人还可能存在理论上的障碍。即,被保险人撤销或者变更受益人的时点应在保险事故发生之后,但受益人获取保险金的时点却在保险事故发生之时,受益人已经获得保险金,被保险人却欲撤销其受益人资格,不免自相矛盾。例如,受益人故意造成被保险人伤残,依照保险原理,被保险人伤残发生时,受益人便获得保险金,此时,被保险人尚无依照法定程序变更或撤销该受益人之受益权的可能。② 故而,仅仅规定被保险人享有撤销或变更的权利并不完善。其三,撤销权受行使时间之限制,我国《合同法》规定撤销期间为一年,倘若受益人故意制造保险事故导致被保险人伤残,被保险人因住院等琐事忘却撤销受益人事宜一年内未行使撤销权,致使受益人仍享有受益权,进而有权向保险公司索赔,则显然极其不合理。

依笔者浅见,对受益人之受益权的处理,可在现行规定上添加"但书"规定,即:在受益人故意制造保险事故,但被保险人仍生存时,受益人丧失受益权,但被保险人另有相反意思表示的除外。如此规定的合理之处在于:首先,其表现了对公序良俗原则的尊重,但并未强制剥夺被保险人的处分权。由法律剥夺受益人的受益权作为原则性的规定,表明了法律对故意制造保险事故不能容忍的立场,而但书的规定又说明其只是例

---

① 撤销保单中的唯一受益人,其后果应当是,在被保险人仍生存时,以被保险人自身为受益人,在被保险人死亡时,以被保险人之法定继承人为受益人。我国《保险法》第42条规定的"将保险金作为被保险人的遗产"存在一定问题,具体研究参见拙作《受益人缺失与保险赔付之处理》。

② 根据我国《保险法》,受益人是指人身保险中由被保险人或者投保人指定的享有保险金请求权的人。故而所有人身保险合同均可以指定受益人,在被保险人疾病、伤残情况下,即便被保险人仍生存,保险金仍由受益人领取。但有些国家,例如美国,受益人这一概念只适用于死亡保险合同,在伤残和疾病情况下,并无受益人领取保险金。

外,是法律尊重当事人权利的表现。其次,从立法技术上避免了与《保险法》第 41 条的重复。这一规定的内容是受益权的丧失,而《保险法》第 41 条的内容是受益人的变更,至少在文字上不会出现在同一法典中两处规定受益人变更或撤销的问题。再次,避免了受益人获取保险金时点与被保险人撤销受益人时点的矛盾。依照这一规定,在保险事故发生时,受益人便丧失受益权,其已不再具有领取保险金的资质,无法领取保险金。至于事后被保险人不同意剥夺其受益权,可视为受益人可以领取保险金的特例。最后,不受撤销期限的限制。被保险人同意故意制造保险事故之受益人仍然享有受益权乃是其处分权的一种表现,不受任何期限之限制。

(四) 小结

依现行保险法,在受益人故意制造保险事故时,无论受益人主观目的是故意杀人、故意伤害或故意导致疾病,只要发生被保险人死亡的结果,受益人之受益权均由法律强制剥夺,完全不存在例外情形。其原因是,受益人之行为违反公序良俗,后果严重,依据"理性人"标准,应推测被保险人对之失去信赖,由法律强制剥夺其受益权。但是,这一规定存在过于干涉被保险人处理保险金的权利的问题。在上述情形下,只要被保险人仍生存,则受益人之受益权原则上应被法律强制剥夺,但被保险人不愿剥夺其受益权者,法律应尊重被保险人处分自己权益之权利,例外地同意原受益人享有受益权。

三 受益人兼为投保人:故意制造保险事故规定的矛盾及其解决

(一)《保险法》第 43 条第 1 款与第 2 款之矛盾

我国《保险法》第 43 条第 1 款规定:"投保人故意造成被保险人死亡、伤残或者疾病的,保险人不承担给付保险金的责任。"第 43 条第 2 款则规定:"受益人故意造成被保险人死亡、伤残或者疾病的……该受益人丧失受益权。"第 1 款是对投保人故意制造保险事故的规定,第 2 款是对受益人故意制造保险事故的规定,二者形式上并无矛盾。但是,于保险实务中，不乏投保人被指定为受益人之情形，于此种情形，受益人兼为投保人，其故意制造保险事故时，依第 1 款之规定，保险人不承担保险责任，依第 2 款之规定，受益人丧失受益权，不过，受益人虽丧失受益权，但保险人仍须承担保险责任。① 由此，二者之间形成实质矛盾。

矛盾产生之原因，应为立法者之疏漏。2009 年保险法修订之前，立法者对原《保险法》第 65 条第 1 款（现第 43 条第 1 款）中的学者关注问题，即受益人故意制造保险，保险人不承担保险责任之规定的不合理之处重点关注。② 最终在现《保险法》第 43 条第 1 款删除了"受益人"三字，关于受益人故意制造保险事故之规定，完全交由第 43 条第 2 款解决。但立法者对由此引发的新问题，即实务中较常出现的被保险人将投保人指定为受益人的情形却未尝注意，以致出现上述矛盾。

（二）投保人故意制造保险事故规定之质疑与受益人故意制造保险事故规定之证立

依《保险法》第 43 条第 1 款，投保人故意制造保险事故时，保险人不承担保险责任。这一规定不仅在投保人非为受益人的情形下可以推翻，即便在投保人兼为受益人的情形下也可能存在错误。

投保人非为受益人时，倘若投保人故意制造保险事故，保险人应当承担保险责任。其理由是：投保人以他人为被保险人，并指定第三人为受益人的保险被称为"为第三人利益的保险"，其保险金应归受益人而非投保人，故而，即使投保人故意制造保险事故，亦不能领取保险金，与法律上"一个人不得从其违法行为中获利"的公共政策并不违背。加之社会并不希望因被保险人死亡时遗留下缺乏保障或缺乏助养的家庭，故而，"在投保人为第三人利益保险而故意杀害被保险人时，保险人应当向第三人给付保险金"。③ 在立法例上，尽管大陆法系国家一直坚持投保人故意制造保险

---

① 参见温世扬《论保险受益人与受益权》，《河南财经政法大学学报》2012 年第 2 期。
② 参见杨万柳《对我国〈保险法〉第 64、第 65 条的分析及立法完善》，《当代法学》2003 年第 6 期；樊启荣《投保人、受益人故意杀害被保险人之法律效果》，《中南财经政法大学学报》2005 年第 2 期；张秀全《受益人道德风险的法律规制》，《郑州大学学报》2005 年第 2 期。
③ 樊启荣：《投保人、受益人故意杀害被保险人之法律效果》，《中南财经政法大学学报》2005 年第 2 期。

事故，保险人不承担保险责任的立场，但在英美法系，这一观念自 20 世纪 90 年代起已经悄然转变，在 Davtt v. Titumb 一案中，投保人杀害了被保险人，但被保险人在保险合同中指定了第三人为受益人。法官认为，以投保人的犯罪行为为由剥夺受益人获取保险金的权利是不合理的，取消保单对被保险人的财产权并不公平，最终判决保险公司赔付。①

投保人兼为受益人时，保险人是否也应当承担保险责任？我国《保险法》第 43 条第 1 款否认保险人应当承担保险责任，学界为此呈列了三条理由，笔者认为，只要优先适用受益人故意制造保险事故丧失受益权的规则，则这三条理由均不能成立，一般情况下，保险人应当承担保险责任。

第一条理由是：投保人故意造成保险事故而产生的危险属于道德危险，道德危险不属于可保危险，保险人对其不应承担保险责任。② 对此，我们认为，可以适用受益人丧失受益权的规则化解道德危险，不必免除保险人的保险责任。所谓"道德危险"，是指"投保人、被保险人或受益人为诈取保险金而故意的作为或不作为所造成或扩大的危险"。③ 发生道德危险之原因，乃在投保人可以获取保险金，倘若规定作为受益人的投保人丧失受益权，则因其不能获得保险金，于是断绝了其以道德危险谋取保险金的念想，进而保证了被保险人的安全。

第二条理由是：投保人是购买保单的人，如果他故意导致保险事故，则保险事故的发生概率就高于平均概率，这对于保险人来说显然不公平。④ 对此，我们认为：其一，如果取消兼为受益人之投保人的受益权，便不大会产生故意制造保险事故的故意，发生保险事故的概率不会有太大变化；其二，资料表明，保险人适用的费率表，包括了故意制造保险事故的统计。正如学者所言："从死亡率上说，保险人适用的生命表从来就没有把谋杀导致的死亡排除在死亡率的统计之外，仅仅为了防范道德危险而采取绝对免赔主义，实有失公平。"⑤ 故而，这一理由不能成为保险人不承担保险责任的理由。

---

① Davtt v. Titumb [1990] Ch 110 – 112.
② 参见吴定富《〈中华人民共和国保险法〉释义》，中国财政经济出版社 2009 年版，第 112 页。
③ 覃有土：《保险法概论》，北京大学出版社 2001 年版，第 11 页。
④ 参见吴定富《〈中华人民共和国保险法〉释义》，中国财政经济出版社 2009 年版，第 112 页。
⑤ 张秀全：《受益人道德风险的法律规制》，《郑州大学学报》2005 年第 2 期。

第三条理由是：故意导致他人死亡、伤残或疾病的行为构成违法，保险人仍做出保险金给付，可能会起到鼓励这种行为的效果。① 对此，我们认为，只要剥夺作为受益人之投保人的受益权，便不会产生鼓励投保人故意制造保险事故的效果。原因至简，即，对投保人来说，即使做出违法行为也无法获得保险金，何必违法？

从正面讲，当投保人兼为受益人，而投保人故意制造保险事故时，保险人应当承担保险责任至少还有如下四方面的理由：

首先，对被保险人来说，其寿命或身体无故受侵具有偶发性，该事故理应获得保险赔付。保险所保障者，系偶发性事故，尽管对兼为受益人的投保人来说，事故的发生乃其故意所致，但对被保险人来说，事故的发生却属偶发，加之保险保障之对象为被保险人而非投保人，"要保人虽参与保险契约之订立，但终究非保险利益归属之主体，非为保险契约本欲保障之对象，殊不能因为其故意行为而致保险契约之目的不能达成"。② 据此，理论上认为，投保人所为之侵权行为不论其故意或过失所致，对被保险人而言皆属不可预料之偶发性事件，仍应为保险契约所保障的范围。③ "所应惩罚者乃不法之受益人而非被保险人，故仅剥夺其受益权，而非使保险人得据以免责。"④

其次，保险人承担保险责任，并不违背"任何人不得从其违法行为中获利"的法理。当投保人兼为受益人时，公众最不能接受的是，投保人故意制造保险事故，保险金仍由其获得，这与公众的正义感去之甚远。但是，当我们通过制度设计剥夺了作为受益人之投保人的受益权时，这一担心便不足为虑，因为，此时受益人已无法获得保险金，保险人对事故的赔付，只能给予其他主体。

再次，保险人不承担保险责任，对其他受益人有失公允。当保险合同中指定有多名受益人时，倘若只有其中一名受益人是投保人，而这一投保人最终故意制造了保险事故，保险人可否不承担保险责任？

---

① 参见吴定富《〈中华人民共和国保险法〉释义》，中国财政经济出版社2009年版，第112页。
② 江朝国：《保险法逐条释义》（第一卷），元照出版有限公司2012年版，第793页。
③ 参见江朝国《保险法规汇编》，元照出版有限公司2001年版，第1—42页。
④ 汪信君、廖世昌：《保险法理论与实务》，元照出版有限公司2006年版，第151页。

自休伯纳首创人类生命价值学说以来，保险金被视为被保险人的生命价值，被保险人指定多名受益人，乃意欲将自己的生命价值分别给予多名受益人，当其中一名受益人（投保人）故意制造保险事故时，只应使其丧失受领其保险金份额的权利，不应因其故意行为影响其他受益人之权利。倘若规定保险人不承担保险责任，其余受益人亦不能获得保险金，显然对其有失公允。对此，有学者已经明确指出，受益人之一故意制造保险事故，不应影响其他受益人的受益权，只消剥夺该受益人的受益权即可。①

最后，保险人不承担保险责任，有违人身保险制度之目的。人身保险最初，也是最主要的目的，乃是"保障因家长死亡所致家庭损失之补偿，使其家属可获得一定收入，以维持生活及偿付债务之需"。② 在保险合同仅指定投保人为唯一受益人的情况下，于投保人故意制造保险事故时，倘若规定保险人不承担保险责任，投保人自然不能获得保险金，但被保险人之家属亦无法获得保险金，人身保险之目的便无法实现。正是基于这一认识，叶启洲教授认为，在投保人故意制造保险事故时，"如考量人寿保险的社会性，为保障被保险人之遗属，立法论上亦非不可考虑维持保险人之给付义务"。③ 亦即，投保人之受益权可以剥夺，但保险人却不可以不承担保险责任。

以上论述，不仅证明了在投保人兼为受益人的情况下，投保人故意制造保险事故时，保险人不应承担保险责任的不合理性，而且构建了解决之道：剥夺作为受益人之投保人的受益权。这一解决办法，在《保险法》第43条第2款中已有规定。该规定不仅为世界立法所承认，④ 而且在理论上

---

① 参见偶见《受益人之一杀死被保险人，不应牵连其他受益人的受益权》，《上海保险》2000年第9期。

② 袁宗蔚：《保险学——危险与保险》（增订第34版），首都经济贸易大学出版社2000年版，第639页。

③ 叶启洲：《保险法实例研习》，元照出版有限公司2011年版，第384页。

④ 参见中国澳门地区《商法典》第1046条第1款；日本《保险法》第51条、第80条；德国《保险合同法》第162条、第183条；意大利《民法典》第1922条；美国和加拿大的规定亦大致相同，可参见［美］哈瑞特·E.琼斯、［美］丹尼·L.朗《保险原理：人寿、健康和年金》（第二版），赵凯译，中国财政经济出版社2004年版，第175—176页。

有充足依据。① 故《保险法》第 43 条第 1 款与第 2 款若于适用上发生矛盾，解释论上通常以采取第 43 条第 2 款为宜。唯须注意者，投保人兼为受益人故意制造保险事故，倘被保险人仍生存，应尊重被保险人处分自己权益之权利，此点已在前一部分加以论述。

（三）受益人故意制造保险事故规定之例外

正如哲学原理所言："任何原则都有例外。"如果将剥夺受益人之受益权作为处理《保险法》第 43 条第 1 款与第 2 款之间矛盾的原则，则这一原则也有例外，即，在特殊情况下，若作为受益人之投保人故意制造保险事故，保险人可以不承担保险责任。

这种特殊情况是，倘若投保人于订立合同时便蓄意制造保险事故，则保险人可以不承担保险责任。举例来说，在投保人兼为受益人的情况下，假如投保人订立保险合同即具有杀害被保险人以谋取保险金的意图，并且投保人最终杀害了被保险人，则保险人不应当承担保险责任。其理由如下：

自保险学的角度看，该保险合同所保障之风险具有确定性，不属可保风险。可保风险是指可以被保险公司接受的风险，或是可以向保险公司转嫁的风险。② 可保风险的条件之一是该风险具有不确定性，"如果是确定的危险，那么就是必然要发生的危险，对某个人必然要发生的危险，保险人是不承保的"。③ 投保人订立合同时便蓄意制造保险事故并且付诸实施，无可辩驳地说明了该保险合同承保的风险自始便是确定的。这样的风险，保险人原本不应当承保，但由于投保人的隐瞒，保险人因受欺瞒而承保，如果要求保险人赔付，不仅显失公平，而且可能使保险人调高保费，进而使投保人数减少，并丧失可保风险的另一条件：大量相似的

---

① 剥夺受益人之受益权的理由主要是：（1）受益人丧失了被保险人之信赖；（2）受益人故意制造保险事故有害公序良俗；（3）任何人不得从其违法行为中获益。由于这些理由均无从质疑，在此不再展开，具体论述可参见汪信君、廖世昌《保险法理论与实务》，元照出版有限公司 2006 年版，第 150 页；吴定富《〈中华人民共和国保险法〉释义》，中国财政经济出版社 2009 年版，第 113—114 页；奚晓明《〈中华人民共和国保险法〉保险合同章条文理解与适用》，中国法制出版社 2010 年版，第 290 页。

② 参见梁鹏《人身保险合同》（第二版），中国财政经济出版社 2011 年版，第 6 页。

③ 樊启荣：《保险法》，北京大学出版社 2011 年版，第 10 页。

保险标的，最终导致此类保险业务的消失。① 故而保险人对此种情形不应承担保险责任。

自法学理论角度来看，作为受益人的投保人在订立合同时违背最大诚信原则，保险人不应承担保险责任。投保人于订立保险合同时便蓄意制造保险事故，显然违背最大诚信原则，而"保险契约实为一'最大善意契约'，要保人之故意行为仍应与其他第三人有所区别……此种立意良善之制度尤应建立在立约人之善意上……更为主动开启此善意契约之要保人，以恣意行为破坏双方互信之基础，保险制度终究无法永续经营。故保险法不允许主动开启保险契约之要保人，以不法手段促生保险给付之用意即在此"。② 投保人违背最大诚信原则，于保险法上多允许保险人不承担保险责任，最典型的规定为投保人违反告知义务，我国保险法规定保险人可以拒绝承担保险责任，投保人于投保时便蓄意制造保险事故，较之违反告知义务，主观恶性有过之而无不及，规定保险人拒绝承担保险责任并不过分。③

自英美保险立法的角度看，作为受益人的投保人于订立保险合同时蓄意制造保险事故的，保险人亦不承担保险责任。在美国，"如果已经证明，购买保单的目的在于从被保险人的死亡中谋取利益，那么该寿险合同将由于在签订合同时不满足合法要求而成为无效合同"。④ 美国法院认为："以他人生命投保且预谋要杀害他人的保险合同自始无效。"⑤ "这样规定的原因在于，保单持有人此时从事了最邪恶的欺诈和隐瞒行为，这足以使合同

---

① 参见［美］詹姆斯·S. 特里斯曼、［美］桑德拉·G. 古斯特夫森、［美］罗伯特·E. 霍伊特《风险管理与保险》（第11版），裴平主译，东北财经大学出版社2002年版，第99页。

② 江朝国：《保险法逐条释义》（第一卷），元照出版有限公司2012年版，第794页。

③ 需注意者，保险人不承担保险责任仅限于投保人订约时便存在制造保险事故之主观故意的情形，倘若投保人投保时无此故意，但事后因种种原因故意制造保险事故，此种情形，投保人订约时并无违背最大诚信原则之嫌，保险人仍应承担保险责任，只是保险金由其他受益人或被保险人之遗属领取。如此处理，原因在于，法律对保险人之保护，应让位于保障被保险人之遗属的社会性目的。除非保险人于保险合同中将投保人故意制造保险事故作为除外责任，并能证明其费率中不包含故意制造保险事故之精算，方能免除其保险责任，此为约定免责，而非法定免责。

④ ［美］哈瑞特·E. 琼斯、［美］丹尼·L. 朗：《保险原理：人寿、健康和年金》（第二版），赵凯译，中国财政经济出版社2004年版，第176页。

⑤ Fed. Kemper Life Assur. Co. v. Eichwedel, 639 N. E. 2d 246（Il1. App. Ct. 1994）; Lofton v. Lofton, 215 S. E. 2d 861（N. C. C T. App. 1975）.

失去效力，如同从未存在过一样。"① 加拿大魁北克省的法律也规定，"如果保单所有人企图杀害被保险人（即使谋杀未遂），该寿险合同也是无效合同"。② 合同既然无效，保险人自然不须承担保险责任。如果用大陆法系的理论解释，由于投保人违背最大诚信原则，订立合同时存在严重欺诈之行为，保险人当可撤销合同，不承担保险责任。③

不过，投保人于订立保险合同时是否存在蓄意制造保险事故之故意，乃为内心活动，不易证明。对此，我们认为鉴于保险业分担风险之社会功能，以及保证被保险人遗属或其指定之其他受益人生存之目的，保险人如欲拒绝承担保险责任，应由其承担证明投保人于订立合同时便存在故意制造保险事故之故意。

（四）小结

《保险法》第 43 条第 1 款规定，投保人故意制造保险事故的，保险人不承担保险责任，于投保人兼为受益人时，这一规定与《保险法》第 43 条第 2 款规定的"受益人丧失受益权"相矛盾。实际上，学术界关于保险人不承担保险责任的理由均存在问题，基于事故的发生对被保险人具有偶发性、保险人承担责任并不违背"任何人不得从其违法行为中获益"的法理、保险人不承担责任对其他受益人有失公允以及保险保障被保险人遗属之社会性目的四大理由，保险人应当承担保险责任。可例外者，应为兼作受益人之投保人于投保时便存在蓄意制造保险事故之故意，保险人可以拒绝承担保险责任。此点亦有保险学、法学理论及英美立法可资证明。不过，对投保人蓄意制造保险事故之主观故意，应由保险人

---

① ［美］小罗伯特·H. 杰瑞、［美］道格拉斯·R. 里士满：《美国保险法精解》，李之彦译，北京大学出版社 2009 年版，第 175 页。
② ［美］哈瑞特·E. 琼斯、［美］丹尼·L. 朗：《保险原理：人寿、健康和年金》（第二版），赵凯译，中国财政经济出版社 2004 年版，第 176 页。
③ 读者也可能提出这样的疑问，投保人兼为受益人，若投保时便有蓄意故意制造保险事故之故意，保险人可以拒绝承担保险责任；假设投保人非为受益人，而投保时投保人亦有蓄意制造保险事故之故意，保险人应否承担保险责任？笔者以为，此种情形出现之概率极小，原因是，投保人不可能为了他人获得保险金而于合同订立时便蓄意制造保险事故，除非投保人于订立合同前便与受益人通谋，而因受益人之指定须经被保险人同意，被保险人将与投保人通谋之人指定为受益人的可能性又非常之低。倘若不幸出现上述情形，鉴于上述保险学原理、法学原理以及英美之立法例，仍应判定保险人不承担保险责任。

承担举证责任。

四 受益人故意制造保险事故之法律后果：多个受益人的情形

受益人故意制造保险事故的法律后果，我国《保险法》仅于第43条第2款规定了"该受益人丧失受益权"的法律后果，据此，该受益人不得领取保险金。但除受益人于订立合同时便蓄意制造保险事故之外，保险人仍须支付保险金，该保险金由何人领取仍为《保险法》未决之问题。于此情形，若被保险人仍生存，其固可保留原受益人之受益权，亦可变更受益人，保险合同依约定之内容正常履行，无须讨论。唯须讨论者，为被保险人已死亡情况下，受益人丧失受益权后保险金的归属问题。对这一问题的讨论，应区分保单仅有唯一受益人与保单仍有其他受益人两种情形。

于保单仅有唯一受益人之情形，保险金应归于被保险人之法定继承人。其中原因，是因为法定继承人乃是被保险人至亲至爱之人，在受益人丧失受益权的情况下，应当推定被保险人意欲将保险金给予其至亲至爱之人。对此，我国《保险法》第42条第1款第3项的规定不无道理。

于保单仍有其他受益人之情形，其他受益人本应享有之保险金份额，自不会有所变动，唯已经丧失受益权之受益人（下文称为"丧权受益人"）本应享有之份额归何人领取的问题，我国《保险法》未有明确规定，学界对此有两种观点。

（一）保险金归于其他受益人之观点及其批评

该观点将丧权受益人本应享有之保险金归于其他受益人，其所持主要理由是：我国《保险法》第42条第1款规定，受益人依法丧失受益权，没有其他受益人的，保险金作为被保险人的遗产。据此反推，若保单尚有其他受益人，则保险金不能作为被保险人的遗产，只能由其他受益人领取。[①] 美国学者认为："失去资格的受益人会被视同先于被保险人死亡处理，保险给付金便由同一顺序的其他受益人或者第二顺序的受益人领

---

① 参见韩长印、韩永强《保险法新论》，中国政法大学出版社2010年版，第157页。

取……只有当凶手是唯一的受益人时,保险人向被保险人的遗产管理人付款才是正确的。"①

此种观点似乎并非绝对正确。其中原因是:一方面,该观点采用的论证方法是反推解释,而反推解释往往并不周延,从"受益人丧失受益权,没有其他受益人的,保险金作为被保险人的遗产"这一规定中,当然可以推出在保单仍有其他受益人时,保险金由其他受益人领取的可能性,但这一规定无法驳倒保单仍有其他受益人时,保险金可以由被保险人之法定继承人领取的可能性。另一方面,保险金之归属取决于被保险人之意愿,在受益人之一杀害被保险人时,我们无法否认被保险人意欲将丧权受益人的保险金份额给予其法定继承人的可能性。最典型的例子是,若被保险人就保险金 100 万指定了两个受益人:给予朋友 60 万,给予其债权人 40 万偿还期债务。不幸的是,其朋友杀害了被保险人,显然,在此情况下,应推定被保险人更愿意将给予朋友的 60 万保险金给予其法定继承人,而不是给予通过保险金给付能够偿还债务的债权人。

(二) 区分受益份额是否确定决定保险金归属之观点及其批评

该观点认为:若保单明确指定了各受益人之受益份额,则丧权受益人本应领取之保险金,应作为被保险人的遗产,由其法定继承人享有,其他受益人可受领之保险金份额不变。若保单未明确指定各受益人之受益份额,则应推定被保险人将所有保险金指定为受益范围,某一受益人故意制造保险事故丧失受益权,并不表明受益范围有所缩减,其他受益人应平分全部保险金。② 其理由主要是:"如已约定每一受益人所得请求之权利时,则此时因各受益人之请求额度已先确定,故得请求之受益人亦仅能请求其原先约定之受益权,但余者则由被保险人之继承人取得此受益权。"③

同样,这一观点也并非绝对正确。理由是:一方面,受益份额明确与不明确的划分并无太大意义。即使在划分不明确的情况下,依《保险法》

---

① [美] 小罗伯特·H. 杰瑞、[美] 道格拉斯·R. 里士满:《美国保险法精解》,李之彦译,北京大学出版社 2009 年版,第 175 页。
② 参见樊启荣《投保人、受益人故意杀害被保险人之法律效果》,《中南财经政法大学学报》2005 年第 2 期。
③ 汪信君、廖世昌:《保险法理论与实务》,元照出版有限公司 2006 年版,第 151 页。

第 40 条，未确定份额的，受益人按照相等份额享有受益权，并无充足理由以此推断被保险人不欲将保险金给予其法定继承人；另一方面，在明确受益份额的情况下，被保险人对受益份额的指令只是根据指定受益人当时的情况确定的，不能表明在受益人杀害被保险人之时，被保险人仍然坚持这样的份额划分。况且，被保险人对受益份额的确定，本身并不能否认其将丧权受益人的份额给予其他受益人的可能性。最典型的例子是，被保险人于保险合同中就其 100 万保险金指定了两个受益人：其长子 40 万，某慈善机构 60 万，未将其次子指定为受益人。在此明确的份额划分情况下，依上述观点，若其遭长子杀害，次子可以领取 40 万保险金，然被保险人于指定受益人当时未将次子指定为受益人，而是将慈善机构指定为受益人的事实说明，被保险人宁愿将保险金用于慈善事业，亦不欲将保险金给付次子。倘若依上述观点处理，可能违反被保险人之真实意愿。

（三）本文之观点及其理由

笔者认为，从公正的角度看，受益权丧失后保险金的归属不可能有统一的规则，而应允许法官根据实际情况进行事实推定，进而决定保险金的归属。对此进行论证，应始于探索被保险人处分保险金行为的性质。

以死亡为给付条件的人身保险合同，[①] 被保险人处分保险金的行为是一种死因处分行为，对被保险人在发生保险事故时处分保险金意图的推测属于死因处分行为的补充解释。依行为人的死亡发生法律效力的行为乃是死因行为，[②] 处分行为则是指直接将权利转移、设定负担、变更或者取消的行为。[③] 显然，以死亡为给付条件的人身保险中，被保险人指定受益人的行为既属死因行为，又属处分行为，不妨称其为死因处分行为。死因处分的特征在于处分人为自己死后的各种关系做出安排。[④] 被保险人指定何人享有丧权受益人之保险金即是对保险金给付关系的安排。可惜的是，由

[①] 受益人故意杀害被保险人的保险合同，因保险合同约定被保险人死亡后，保险人将保险金支付于受益人，故此类保险合同显然属于以死亡为给付保险金条件的人身保险合同。

[②] 参见 ［日］我妻荣《新订民法总则》，于敏译，中国法制出版社 2008 年版，第 230 页。

[③] 参见 ［德］汉斯·布洛克斯、［德］沃尔夫·迪特里希·瓦尔克《德国民法总论》，张艳译，中国人民大学出版社 2012 年版，第 78 页。

[④] 参见 ［德］维布纳·弗卢梅《法律行为论》，迟颖译，法律出版社 2013 年版，第 174 页。

于被保险人已遭受益人杀害,这种安排无法真实做出,只能通过推测得来,而这种推测被德国著名学者弗卢梅称作死因行为的补充解释,弗卢梅指出:"恰恰在死因处分行为中,处分行为人以自己所认定的某一事实为基础实施处分行为,而该事实情形既可能在处分行为做出之时已与处分行为人的设想不一致,也可能在处分行为做出之后发生变化……人们应当考虑的是,是否可以通过补充解释对死因处分予以调整,以使其符合实际情况。此外,当为实施所制定的规则必须填补处分行为的'漏洞'时,有必要进行补充解释。"[①] 在人身保险合同中,被保险人预先指定的受益人符合指定当时的设想,但被保险人未能料到的是受益人会杀害自己,因此之前指定的事实基础发生变化,在被保险人已死亡的情况下,必须对被保险人处分丧权受益人之保险金份额的意思进行补充解释,方能确定保险金的归属。

死因处分行为的补充解释本质上属于意思表示解释,这种解释是对事实问题的解释。如上所述,对被保险人处分某受益人保险金的意思进行解释是一种死因处分行为的补充解释,其实质是探究被保险人知晓该受益人杀害自己以后对丧权受益人保险金的处分意思,既属对当事人意思的探究,自然属于意思表示之解释问题,故而弗卢梅将死因处分行为的补充解释问题放在"法律行为之解释"一章下进行探讨。[②] 而意思表示的解释所涉及的,"若为解释客体即解释资料的探究,属于事实认定问题"。[③] 据此,对发生事故时被保险人处分丧权受益人保险金的意思解释是一个事实认定问题。

被保险人对丧权受益人保险金的处分意思作为一个事实问题解释,在不同情况下会解释出不同的结果。对被保险人处分意思的解释,实际上是一个推定行为,因为被保险人死亡时并未对保险金的处分做出表示,只能从相关证据中推测。因此,这样的事实问题解释就演变为一种事实推定。事实推定是指"司法者在具体的诉讼过程中在自由心证范围内根据有关证

---

① 参见 [德] 维布纳·弗卢梅《法律行为论》,迟颖译,法律出版社2013年版,第394—395页。
② 同上书,第394—397页。
③ 王泽鉴:《民法总则》,北京大学出版社2009年版,第329页。

据和经验法则对有关证明对象所做出的一种推论"。① 事实推定的结果，不仅要受基础事实，也就是法官所掌握的直接或间接证据事实的影响，而且会受到法官自由心证的影响，面对不同的基础事实，法官势必会得出不同的结论。在被保险人对丧权受益人保险金处分的意思问题上，由于各被保险人在指定受益人时所处的情况不同，指定受益人后情况亦可能发生变化，加之受益人的情况和法定继承人的情况各有不同，这些复杂的基础事实决定了对不同的处分意思不可能适用统一的规则，亦无法归纳出一条统一规则。譬如，上述受益人中存在债权人的案例与存在慈善组织的案例便不能适用统一规则。

尽管对丧权受益人之保险金的处分意思解释不可能有统一的规则，但是，这并不妨碍我们对影响法官进行事实推定的因素加以总结。我们认为，法官在对被保险人的处分意思进行推定时，至少可以考虑以下几个因素。

其一，被保险人最初指定受益人之意图。在对死因处分行为进行补充解释时，"通说认为，应当探求行为人进行死因处分行为时的假定意思"。② 最初意图对推测事故后之意图具有特别重要的意义，其可能决定被保险人对丧权受益人之外的其他受益人是否追加给予保险金之意图，譬如，当其他受益人为被保险人之债权人且保险金数额确定时，由于被保险人将债权人列为受益人的意图是运用保险金偿还债务，故可以推定被保险人不会追加给予保险金。当其他受益人为慈善组织时，由于被保险人将其列为受益人的意图是运用保险金从事慈善事业，故可以推定被保险人倾向于追加给予保险金。③

其二，受益人指定之状况。指定之受益人亦可反映被保险人之意图。指定之受益人皆为被保险人之第一顺位继承人，可以反映出被保险人意欲将丧权受益人之保险金份额给予法定继承人的意图。指定之受益人若为第

---

① 王雄飞：《论事实推定和法律推定》，《河北法学》2008年第6期。
② ［德］维布纳·弗卢梅：《法律行为论》，迟颖译，法律出版社2013年版，第395页。
③ 尽管弗卢梅认为对死因处分行为的补充解释时，最初的假定意思不具有任何意义，但是，弗卢梅针对的死因处分行为是遗嘱行为，在保险受益人问题上，我们认为，研究被保险人当初指定受益人的假定意思具有绝对重要的意义。

二顺位继承人而第一顺位继承人尚存时,可以判定被保险人不欲将保险金给予第一顺位继承人。

其三,事故发生时法定继承人之状况。若事故发生时被保险人已无法定继承人,则可以推定保险金归于其他受益人。若事故发生时被保险人之第一顺位继承人皆已被列为保单中的受益人,即使第二顺位继承人仍生存,通常亦可判定保险金归其他受益人。由于第一顺位继承人为被保险人至亲至爱之人,没有特殊情况出现,我们倾向于将保险金给予第一顺位继承人。

其四,受益人指定后发生的其他情况。"就死因处分而言,针对亡故之人本人的'理解'进行补充解释时,也应以进行补充解释之时的意思为基础,也即,应以亡故之人在处分之后所表达的具有现实意义的意思表示为基础进行补充解释。"① 受益人指定后,可能发生一系列的情况,导致被保险人对受益人即法定继承人态度的转变,例如,发生受益人对被保险人虐待的情况,受益人与被保险人离婚,或者被保险人明确表达了对受益人或法定继承人不满的意图等,均可作为法官进行事实推定的基础事实,从而影响丧权受益人之保险金份额的最后归属。

值得注意的是,为了保障事实推定的可靠性,于推定之时,在掌握基础事实的前提下,法官还需选择基础事实与推定结论之间的常态关系,运用经验法则进行推理。并且,由于事实推定本身具有或然性,应当赋予受到不利影响的当事人予以反证的权利。② 例如,当法官推定被保险人意欲将丧权受益人之保险金份额给予其他受益人时,应当赋予法定继承人反证的权利;当法官推定被保险人意欲将丧权受益人之保险金份额给予法定继承人时,应当赋予其他受益人予以反证的权利。

(四) 小结

于保险合同指定有多名受益人时,若其中一名受益人故意制造保险事故,导致被保险人死亡时,尽管该受益人丧失受益权,不得领取保险金,但保险人仍需承担保险责任。问题是,丧权受益人之保险金该归何人所

---

① [德] 维布纳·弗卢梅:《法律行为论》,迟颖译,法律出版社2013年版,第396页。
② 参见王学棉《事实推定:事实认定困境克服之手段》,《清华法学》2009年第4期。

有？学界有两种观点：一种观点认为应由其他受益人领取，另一种观点认为应当视保单是否已经确定了各受益人之受益份额而有不同：若受益份额已经确定，则丧权受益人之保险金应归被保险人之法定继承人领取；若受益份额未确定，则丧权受益人之保险金应由其他受益人领取。两种观点均有不足。丧权受益人之保险金份额之归属，应推断被保险人死亡时之意图，法律理论上，对该意图的推断属于死因处分行为的补充解释，该解释在诉讼法上被认定为一种事实推定。既属事实推定，则因保险合同不同，各被保险人面对之情况亦有不同，基础事实的差别决定了各被保险人可以有不同的处分意思。故而，不可能存在统一的推定规则。而应当考察被保险人最初指定受益人之意图、受益人指定之状况、事故发生时法定继承人之状况、受益人指定后发生的其他情况等基础事实，由法官运用经验法则，就具体案件进行事实推定，进而决定丧权受益人之保险金份额归属，并允许受不利影响之当事人予以反证。

五 代结论：受益人故意制造保险事故规定之解释与修改

受益人故意制造保险事故之规定，虽明确规定在《保险法》第43条第2款中，但关于受益人兼为投保人的问题也涉及《保险法》第43条第1款。从上述研究可知，《保险法》第43条存在语焉不详、相互矛盾之处，有必要对其作如下解释：

1. 受益人故意制造保险事故，无论其是否以谋取保险金为目的，该受益人均丧失受益权。但是，如被保险人仍生存，且坚持赋予该受益人受益权的除外。

2. 受益人兼为投保人时，受益人故意制造保险事故的，适用上款之规定。但该受益人于订立保险合同时存在制造保险事故之故意的，保险人不承担保险责任。

3. 受益人因故意制造保险事故丧失受益权的，若保险合同仍有其他受益人的，人民法院应当综合考察被保险人最初指定受益人之意图、受益人指定之状况、事故发生时法定继承人之状况、受益人指定后发生的其他情况，综合决定由被保险人之法定继承人或者其他受益人领取保险金。

此外,《保险法》第 43 条第 1 款关于投保人故意制造保险事故,保险人不承担保险责任的规定过于武断,无法通过解释纠正。对此,于《保险法》修改时应将其修改为:"投保人故意制造保险事故的,保险人应当承担保险责任。但是,投保人于订立保险合同时存在制造保险事故之故意的,保险人不承担保险责任。"

附录　其他国家或地区关于投保人、受益人故意制造保险事故的规定

●中国澳门地区《商法典》

第 982 条:(故意造成保险事故)

1. 对于被保险人或受益人故意造成之损害,保险人不承担赔偿责任。

2. 上款之规定不适用于彼等为履行道德或社会义务,或为保护彼等与保险人之间之共同利益而造成之保险事故。

第 1046 条:(对保险人之给付请求权之丧失)

1. 受益人如为导致被保险人死亡之正犯或犯罪参与人,则丧失对保险人之给付请求权。

2. 在上款所指情况下,如无其他补充指定或一并指定之受益人,应作之给付转为被保险人之财产。

3. 如属第三人之人寿保险,投保人故意导致被保险人死亡时,保险人对投保人或受益人均无须负赔偿责任,且无须支付赎回金。

●日本《保险法》

第 51 条:(生命保险)

死亡保险契约的保险人于下列情形不承担支付保险给付责任。但第三项所列之情形下,对于故意使得被保险人死亡的保险金受益人以外的保险金受领人所负之责任,不在此限。

(1) 被保险人自杀的。

(2) 投保人故意使得被保险人死亡的(前项规定除外)。

(3) 保险金受益人故意使得被保险人死亡的(前两项规定除外)。

（4）被保险人因战争等其他暴乱等原因而死亡的。

第80条：（伤害疾病定额保险）：

保险人于下列情形下不承担支付保险给付责任。但是，第三项所列之情形下，对于使得给付事由发生的保险金受领人以外的保险金受领人所负之责任，不在此限。

（1）被保险人因故意或重大过失而使得给付事由发生的。

（2）投保人因故意或重大过失而使得给付事由发生的（前款规定除外）。

（3）保险金受领人因故意或重大过失而使得给付事由发生的（前二款规定除外）。

（4）给付事由因战争等其他变乱而发生的。

● 德国《保险合同法》

第162条：（人寿保险：被受益人杀害）

1. 如果保险合同是以第三人而非投保人的死亡作为给付保险金的条件，则当投保人通过故意实施违法行为导致他人死亡时，保险人可以拒绝承担保险责任。

2. 如果第三人被指定为受益人，则当该人通过实施非法行为故意造成被保险人死亡时，该第三人即丧失受益权。

第183条：（意外伤害保险：导致保险事故发生）

1. 在本法第179条第2款规定的情况下，如果投保人通过非法手段故意导致保险事故发生的，保险人不承担保险责任。[①]

2. 在第三人已经被指定为受益人的情况下，如果其通过非法手段故意导致保险事故发生的，则将第三人作为受益人的指定应归于无效。

第201条：（健康保险：导致保险事故发生）

如果投保人或被保险人故意导致自身疾病或保险事故发生的，则保险人不承担保险责任。

---

① 第179条（被保险人）第2款规定，以他人可能遭受的伤害为标的购买保险的，必须得到该人的书面同意，保险合同才能生效。如果该人为无行为能力人或限制行为能力人或有监护人的，即使投保人有权代理该人的，也不得代其做出同意的决定。

●立陶宛共和国《民法典》第 1014 条：(免予承担保险赔偿责任)

1. 除本条第 3 款和第 4 款的规定外，如果投保人、被保险人或受益人故意造成保险事故发生，则保险人可以拒绝承担保险责任。如果投保人、被保险人或受益人故意实施的行为是对社会有益的行为，例如自助行为或履行民事义务的行为，则保险人不能拒绝承担保险责任。

2. 按照法律的相关规定，在某些案件中，如果保险事故是由于被保险人和受益人的重大过失引起的，则保险人可以免予承担保险责任。

3. 如果第三人的人身伤害或死亡是由于被保险人的过错导致的，则保险人应当按照保险合同的约定承担保险责任。

4. 在以死亡为给付保险金条件的保险合同中，如果保险合同已经生效 3 年以上，则即使导致被保险人死亡的原因是自杀，保险人仍然应当承担保险责任。

5. 除非保险合同另有规定，否则在以下情形中，保险人也可以拒绝承担保险责任：

(1) 如果保险事故是由于战争或核辐射造成的；

(2) 如果损害是由于政府主管机关下达的查封、扣押或拆除命令导致的；

(3) 法律规定的其他情形。

●亚美尼亚共和国《民法典》第 1019 条：(由于被保险人和受益人的过错导致保险事故发生的法律效果)

1. 如果保险事故是由于被保险人和受益人的故意造成的，保险人可以拒绝承担保险责任，除非出现本条第 2 款和第 3 款规定的情形。

2. 在责任保险合同中，如果由于被保险人的故意导致他人遭受人身或健康的损害，则保险人仍然应当承担保险责任。

3. 在以死亡为给付保险金条件的人身保险合同中，如果被保险人自杀的事实发生在保险合同成立 3 年之后，则保险人仍然应当承担保险责任。

●俄罗斯《民法典》第 963 条：(因投保人、受益人或者被保险人的过错而发生保险事故的后果)

1. 如果保险事故的发生是由于投保人、受益人或者被保险人的故意所致，则保险人免除给付保险赔偿的责任，但本条第 2 款、第 3 款规定的情况除外。

2. 法律可以规定因投保人或者受益人的重大过失而发生保险事故时免除保险人按财产保险合同给付保险赔偿金的情况。

3. 在致人生命或者健康损害民事责任的保险合同中，如果损失是由责任人的过错所致，不免除保险人按照合同给付保险赔偿金的义务。

4. 在按照保险合同应在被保险人死亡时给付保险金的情况下，如果其死亡的发生是因为自杀，而此前保险合同的有效期已不少于 2 年，不免除保险人给付保险金的责任。

● 意大利《民法典》

第 1900 条：（因被保险人或其属员的故意或者重大过失导致的灾害）

1. 对因投保人、被保险人或受益人的故意或者重大过失导致的灾害，保险人不承担保险责任，但是对重大过失有相反约定的（1229、1917、1927）除外。

2. 对被保险人应当承担责任者的故意或重大过失导致的损害，保险人应当承担责任。

3. 即使有相反约定，对因投保人、被保险人或者受益人已完成的人道主义互助或为保护共同利益而实施的行为所受损害（1914）的，保险人同样应当承担责任。

第 1922 条：（利益的丧失）

1. 受益人谋害被保险人生命时（801），受益人的指定虽然是不可撤销的也同样失效。

2. 在第 800 条规定的情形下，不可撤销的且作为照顾而进行的指定可以撤回。

● 韩国《商法典》第 659 条：（保险人的免责事由）

因投保人或被保险人、保险受益人的故意或重大过失导致保险事故发生的，保险人不承担支付保险金的责任。

专题十六　保险法自杀条款研究

——《保险法》第 44 条之司法解释

【摘要】 我国《保险法》第 44 条规定的自杀，系指故意自杀。自杀条款仅适用于人寿保险，而不适用于健康保险及意外伤害保险。被保险人在合同成立两年之内的自杀，保险人仅退还保单现金价值的规定有失公平，应要求保险人退还保险费及同期银行利息。《保险法》规定的自杀条款适用例外范围较窄，除无民事行为能力人自杀不适用自杀条款外，完全民事行为能力人或限制民事行为能力人在不能认识或控制自己行为情况下导致自己死亡的，或者第三人为被保险人投保，被保险人自杀的情况，亦不适用自杀条款的规定。

【关键词】 自杀条款；故意人寿保险；两年期间；例外

我国《保险法》第 44 条规定："以被保险人死亡为给付保险金条件的合同，自合同成立或者合同效力恢复之日起两年内，被保险人自杀的，保险人不承担给付保险金的责任，但被保险人自杀时为无民事行为能力人的除外。保险人依照前款规定不承担给付保险金责任的，应当按照合同约定退还保险单的现金价值。"这就是我国保险法上的自杀条款、自杀条款自 1995 年保险法颁布时便已存在，但理论界对自杀之主观状态、自杀条款的适用范围、两年期间甚至的原理及缺陷以及自杀条款的例外等问题着墨不多。最高人民法院正在起草保险法司法解释，有必要对自杀条款的相关理论予以界清，以便制定合理的司法解释，公正合理地处理被保险人自杀的保险纠纷。

一　自杀之主观状态：过失的排除

我国《保险法》未对自杀作明确定义，对自杀的主观状态也未作规定。著名的法国社会学家埃米尔·迪尔凯姆在其《自杀论》一书中曾对自杀下过一个经典的定义，即"人们把任何由死者自己完成并知道会产生这种结果的某种积极或消极的行动直接或间接地引起的死亡叫做自杀"。① 作为一个社会学定义，这一概念不可能对自杀的主观状态予以界定，而在保险法学界，学者对是否在"自杀"一词之前是否缀以"故意"一词，以示自杀的主观状态存在争议。

（一）增加抑或删除"故意"：两派观点的论争

考察大陆与英美法系的保险立法，可以发现，对是否以"故意"限定"自杀"存在两种立法模式：德国模式和美国田纳西模式。德国模式为"故意自杀"模式。德国《保险合同法》第161条第1款规定："于终身寿险场合，若被保险人在保险合同订立后三年内故意自杀，保险人不负赔付保险金之义务。但若被保险人受精神上病理状态的干扰无法自由决定其意志时，保险人应负赔付之责。"采取此种模式的还有法国②。田纳西模式为"自杀"模式，并不强调自杀应为"故意自杀"。例如，美国田纳西州的法律规定："在保单中有关条款规定，如下原因造成的死亡，保险人可以免责：（A）从保单签发之日起算，两年时间内被保险人在神志清醒或神志不清的状况下自杀身亡。"③ 采取此种模式的还有意大利④、日本⑤、中国澳门地区⑥。

我国理论界也存在增加"故意"与删除"故意"之争。增加派主张："从法律上讲，人身保险合同中作为除外责任的自杀，一般仅指被保险人有自杀的意图而实施的自杀致其死亡，而不包括因意外事故（如失足落

---

① ［法］埃米尔·迪尔凯姆：《自杀论》，冯韵文译，商务印书馆1996年版，第9—10页。
② 法国《保险法》第L132-7第1款规定："若被保险人在合同订立一年内故意且明知地自杀，保险人不负赔付责任。"
③ TENN. CODE. ANN. 56-7-2308（5）（A）（1994）.
④ 意大利《民法典》第1927条第1款规定："在被保险人自杀的情况下，除非有相反的约款，对缔约不足2年时发生的，保险人不承担支付保险金的责任。"
⑤ 日本《保险法》第51条规定："死亡保险契约的保险人于下列情形不承担支付保险给付的责任，但第三项所列之情形，对于故意使得被保险人死亡的保险金受领人以外的保险金受领人所负之责任，不在此限：一、被保险人自杀的；二、投保人故意使得被保险人死亡的（前项规定除外）；三、保险金受领人故意使得被保险人死亡的（前两项规定除外）；四、被保险人因战争等其他暴乱等原因而死亡的。"
⑥ 中国澳门地区《商法典》第1047条规定："一、如被保险人于合同生效首年内自杀，保险人无须做出给付。二、规定保险人有义务在上款所指情况下做出给付之合同条款无效。"

水、误服毒药）或心态失常导致的过失自杀，故人身保险合同的自杀条款往往使用'故意自杀'一词。而根据我国《保险法》第66条（现行《保险法》第44条）的规定，其用法则是'被保险人自杀的'，有待立法机关对此'自杀'一词的含义予以说明。"① 删除派则指出："自杀系指基于意愿断绝自己生命之行为，本属故意之行为，本法之规定，却将'故意'与'自杀'并列，甚易误导'过失自杀'之观念，来日修法之时，似应将'故意'二字删除。"②

增加派与删除派对保险法自杀概念的理解并无差别，均将其主观状态理解为故意，③ 唯对法律条文的文字表述观点不一。增加派主张可能存在"过失自杀"，因此必须在法律条文中排除"过失自杀"，而删除派则认为自杀本身包含"故意"之意，拒绝承认"过失自杀"的存在。然而，现实社会生活纷纭复杂，光怪陆离，不能完全排除法官将某种特殊情况的死亡认定为"过失自杀"的可能性。

（二）案例一则：可能被认定为过失的自杀

"医学和司法上常根据死亡的方法将死亡分成四类：自然死亡、意外、自杀和他杀。"④ 然而，如果将自杀界定为故意自杀，在意外死亡和自杀之间，可能存在某种灰色地带。下例对我们提出了这一问题。

吕甲作为父亲以其子吕乙为被保险人，在某保险公司投保人寿保险。投保后第12个月，被保险人吕乙于自己房间内死亡。经查，吕乙以27条塑胶材质围巾及女用浴帽紧密缠绕头、颈、躯干、阴部、大腿，其中七条缠绕头颈部，内层围巾有1条剪出两眼及鼻子3处孔洞，另以细棉线紧密缠绕颈部，该棉线与右手连接，可通过右手控制颈部棉线的松紧程度。又查，吕乙平素喜穿女装，亦有以围巾缠颈获取性快感的行为。法医判定吕乙之死因为性窒息死亡。吕甲要求保险公司赔付，保险公司认为，吕某为

---

① 贾林清：《保险法》，中国人民大学出版社2006年版，第313页。
② 林群弼：《保险法论》（增订二版），三民书局2003年版，第584页。
③ 不过，增加派与删除派在对导致自己死亡的分类上有所不同。增加派将导致自己死亡的情形分为故意自杀、过失自杀和意外导致自己死亡三种情形，删除派则将其分为"自杀"（故意自杀）和导致自己死亡的其余情形（非故意自杀）两类。应当说，分类本身无正确与错误之分。
④ 季建林、赵静波：《自杀预防与危机干预》，华东师范大学出版社2007年版，第2页。

获取性快感，自行以围巾缠颈，已属"类似故意自杀"，故拒绝赔付。

该案中，吕乙对其行为导致之死亡，主观上既非故意，亦非意外。一方面，故意是指"行为人预见自己行为的结果，仍然希望或放纵结果的发生"。① 吕乙作为普通民众，当然知晓以围巾缠颈容易导致窒息死亡，从其在围巾上剪出孔洞，以及采取了通过右手控制棉线松紧程度等措施来看，其并不希望死亡结果之发生，亦不放纵死亡结果的发生，因此主观上不属故意。另一方面，作为意外事件，须符合不可预见和可归因于行为人自身以外的原因两个条件。② 吕乙对自己的行为可能导致死亡并非不可预见，死亡亦是其自身造成的，因此其死亡难谓意外。我国法官在考察行为人的主观状态时深受侵权法故意、过失、意外事件三分法的影响，如果将死亡分为自然死亡、意外、（故意）自杀和他杀，则上述死亡不属于任何一种，而是介于意外死亡与（故意）自杀之间的一种情形。吕乙之死亡系其过失所致，又因死亡因本人行为而起，难免让人产生"过失死亡"的观点。也许正是因此之故，在增加派的观念中出现了"过失自杀"的概念。

过失自杀概念的存在可能导致法官的错误判决。如果法官认同过失自杀的概念，将其作为自杀之一种，依照我国《保险法》，其将会判决保险公司可以对发生于合同订立后两年之内的过失自杀予以拒赔。这一判决结果显然属于错误判决。因为在保险原理上，"由于被保险人的疏忽或错误而发生的被保险人的意外自我毁灭不是自杀，受益人有权获得保单项下的收益"。③ 即使被保险人的过失行为属于重大过失，其结果亦并无不同。对此，韩国《商法》第732条之2明确规定："在将死亡作为保险事故的保险合同中，即使该事故是因保险合同人或者被保险人或者保险受益人的重大过失而发生，也不得免除保险人支付保险金额的责任。"

为了杜绝法院的上述错判，我国《保险法》应当在"自杀"之前增加"故意"一词。这一定语的增加，立法成本并不昂贵，只不过法条中多出

---

① 王利明：《侵权行为法归责原则研究》，中国政法大学出版社1992年版，第240页。
② 参见王利明《侵权行为法归责原则研究》，中国政法大学出版社1992年版，第449页。
③ 陈欣：《保险法》，北京大学出版社2000年版，第140页。

两字而已。其实益则在于指导法官正确处理自杀案件。至于删除派担心的误导"过失自杀"的观念,或者法条中"自杀"与"故意"的语义重复,相对于正确处理案件而言,并不重要。①

(三) 小结

自杀条款的德国模式将自杀限定为"故意自杀",美国田纳西模式不存在此种限制,直接规定为"自杀"。我国理论界亦有增加"故意"与删除"故意"两派观点。增加派与删除派对将自杀条款中的自杀限定为故意自杀并无分歧,分歧仅在于条文应保持"自杀"抑或修改为"故意自杀"。由于理论界存在"过失自杀"的概念,若不将自杀条款限定为"故意自杀",可能出现错误判决。况且,将现行立法中的"自杀"修改为"故意自杀",立法成本并不昂贵。故而,我国应采取德国模式,将自杀条款中的自杀限定为"故意自杀"。

二 自杀条款之适用范围:人寿保险合同抑或人身保险合同

依照我国《保险法》第 44 条,自杀条款适用于以死亡为给付保险金条件的保险合同,然而,自杀条款这一适用范围恐有过泛之嫌。

(一) 死亡保险合同:人身保险合同中的宽泛概念

以死亡为给付保险金条件的保险广泛存在于人身保险中。以死亡为给付保险金条件的保险,亦称"死亡保险",② 其"不能理解为是指单纯的死亡保险(即仅以死亡为保险事故的人寿保险),而是指含有以死亡为给付保险金条件的条款的保险,而不论其险种如何"。③ 我国《保险法》规定的"死亡保险合同",出现在"人身保险合同"一节,故而可以肯定,该种合同属于人身保险的范畴。隶属于人身保险的人寿保险、健康保险、意外伤害保险中,只要存在死亡保障,该合同就可以称为

---

① 当然,我们并不否认"自杀"与"故意"之间存在语义重复的可能性,如果将自己导致自己死亡分为"自杀"(故意自杀)与"自己导致自己死亡的其他情形"(非故意自杀)两类的话,"自杀"与"故意"确实存在语义重复之嫌。

② 为表述方便,下文均称为"死亡保险"。

③ 吴定富:《〈中华人民共和国保险法〉释义》,中国财政经济出版社 2009 年版,第 90 页。

"死亡保险合同"。因此,"死亡保险合同"是人身保险合同中的一个宽泛概念。

自杀条款的适用范围为死亡保险合同,这意味着,所有涉及死亡保障的人身保险合同,无论是人寿保险、健康保险,还是意外伤害保险合同,自杀条款均有适用余地。然而,这一观点值得商榷。

(二)自杀条款的应然位置:人寿保险合同

在世界保险法立法例中,自杀条款置身于人寿保险合同中。德国《保险合同法》第 161 条是关于自杀条款的规定,该条隶属于第五章"人寿保险",第七章"意外保险"和第八章"健康保险"对自杀问题只字未提。同样的情形出现在法国《保险法》、意大利《民法典》和中国澳门地区《商法典》中,这些法律均在人寿保险一章中规定自杀条款,意外伤害保险与健康保险中则难觅自杀的踪迹。在英美法系,自杀条款也是人寿保险的独有条款,著名的保险法专家 Edwin W. Patterson 指出:"自杀:本节所谈论之除外条款(被保险人之故意行为)系默示于财产保险契约及意外与健康保险契约中,关于此点应无疑义。意外与健康保险系仅包括被保险人所受之伤害。但若被保险人之死亡亦成为使保险单'满期'之事件时,被保险人之自杀,不论其自杀时神智是否清明健全,据美国权威方面之意见,应不属保险人之默示除外危险。"[①]

然而,各国缘何均将自杀条款的适用范围限定在人寿保险合同中仍需作理论探讨。

自杀条款不适用于意外伤害保险,理由在于自杀本身并非意外事件。如前所述,自杀条款中的"自杀",仅限于故意自杀,被保险人主观上必须存在自杀的故意。而意外伤害保险所保障之"意外"必须具备外来性、突发性、不可预见性和非本意性的特征。[②] 故意自杀明显不具备这些特征,我国学者指出:"伤害保险仅以意外伤害为保险范围,所以被保险人的自杀,保险人一律不负责任。"[③] 尽管被保险人在精神病状态下的自杀属于意

---

① [美]安德温·W. 潘特森:《美国保险法要义》,王学猛译,财团法人保险事业发展中心 1993 年重印,第 160 页。
② 参见王卫国《保险法》,中国财政经济出版社 2009 年版,第 212 页。
③ 李玉泉:《保险法》(第二版),法律出版社 2003 年版,第 250 页。

外事件,① 但这恰好是自杀条款的例外情形,因此之故,自杀条款在意外伤害保险中没有适用余地。

自杀条款不适用于健康保险的原因是自杀本身并非疾病,不受健康保险保障。自杀条款的主要内容是两年之内的自杀保险人可以拒赔,两年之后的自杀保险人却须赔付。然而,健康保险并不保障自杀,被保险人故意自杀或堕胎所致疾病、残废、流产或死亡,保险人不负赔偿责任。这意味着,无论两年之内还是两年之外的自杀,保险人均可拒赔,亦即,健康保险不适用自杀条款。那么,因疾病导致之自杀,是否适用自杀条款?回答同样是否定的。在自杀条款的适用上,仅考虑被保险人对自杀的认识能力和控制能力,并不考虑形成自杀的因果关系,如果考虑因果关系,则许多情况下保险人都应当赔付,而不存在两年之内可以拒赔的理由,例如被保险人在投保两年之内因恋爱失败自杀,由于死亡的近因是恋爱失败,因此保险人应当赔付,不得根据自杀条款主张拒赔,而这完全违背了自杀条款的立法理由。

需要说明的是,实务中的保险合同,呈现出复杂状态,人寿保险合同中可能出现对意外或健康的保障,健康保险合同中也可能出现对人寿或意外的保障,判别是否适用自杀条款,还需仔细辨别该死亡保障究属人寿保障,还是意外或健康保障。

(三) 小结

根据我国《保险法》,自杀条款适用于死亡保险合同,但死亡保险是人身保险中的一个宽泛概念,不仅包括人寿保险,而且包括健康保险与意外保险。然而,自杀行为既不算是意外行为,也不能称为疾病。因此,在健康保险和意外保险中没有适用余地,仅适用于人寿保险。

三 自杀条款期间之设计:原理及其缺陷

保险法自杀制度的突出特点,在于通过两年期间的设置,解决保险是否应当赔付的问题。这种借用时间解决问题的制度设计,在法律领域极为

---

① William R. Vance, *Handbook on the Law of Insurance*, West Publishing Co., 1951, p.566.

罕见，其并非源于立法者的智慧，而是保险业实践的产物，因保险公司设计而生。① 然而，保险公司因何设计此种制度，该制度的设计是否合理均须探究。法律史的研究表明，自杀条款的产生，首先经历了自杀应否赔付的争论，而后才有保险公司对自杀条款的设计，但这样的制度设计本身存在一定的缺憾。

（一）自杀应否赔付：两种观点的论战

关于保险公司应否就被保险人的自杀予以赔付，自人身保险业务诞生以来即存在不应赔付与应予赔付两种观点：

不应赔付的主要理由为：第一，从保险原理看，保险不应对故意行为导致的损失加以赔付。可保风险"必须是偶然的，损失的发生应该由不可预料的事件引起，或者由被保险人的非故意行为导致"。② 由于自杀属于被保险人的故意行为，为保险学上的不可保风险，保险人可以拒绝承保，因此法律可以规定保险人对该风险免责，至少可以认可保险条款中约定的自杀免责条款；第二，自杀行为在某种意义上是一种错误行为，其实施有违公共政策，保险不应予以赔付。③ 尊重生命、保障生命是现代社会的一项原则，被保险人的自杀行为有违这一原则，在某种意义上是一种错误行为，根据任何人均不得从自己的错误行为中获益的法律原则，保险人可以拒赔。

应当赔付的主要理由为：其一，以死亡为给付保险金条件的保险合同，其目的并不在于给予被保险人保险金，而在于为受益人及其遗属提供经济保障，如果对自杀行为拒绝赔付，必将使受益人及其遗属失去保障，保险也就失去了意义。④ 美国保险学者曾以此理由反驳保险人对自

---

① 早期美国法院在面对自杀情形的保险纠纷时，多判决保险公司败诉，这迫使保险公司寻找法院公正判决的制度，在经过数年的探索之后，保险公司推出了以一年或两年为界点的赔付或拒赔制度。因此我们说，自杀条款是保险公司在实践中发展出的制度，而不是立法者的发明。参见 William R. Vance, *Handbook on the Law of Insurance*, West Publishing Co., 1951, pp. 564–565.

② ［美］哈瑞特·E. 琼斯、［美］丹尼·L. 朗：《保险原理：人寿、健康和年金》（第二版），赵凯译，中国财政经济出版社2004年版，第27页。

③ David Norwood, *Norwood on Life Insurance Law in Canada*, Third Edition, Carswell, 2002, p. 129.

④ 参见李玉泉《保险法学——理论与实务》，高等教育出版社2007年版，第367页。

杀行为完全不予赔付的观点，其指出："曾有一段时间，人寿保险契约完全排除自杀的风险。非常不幸的是这与购买保险的目的——保护受扶养家属——相违背。此外，完全排除自杀来保护公司也没有必要。"① 可见，从订立保险合同的目的看，即便被保险人死于自杀，保险人也应当赔付；其二，从保险精算学的角度看，保险人应对自杀行为予以赔付。作为人寿保险精算基础的生命表统计的死亡率，本身已经包含了因自杀而死亡的人数，保险费已经考虑了自杀死亡的因素。② 既然购买保单所支付的保险费包括了自杀死亡的保险费，在被保险人自杀身亡之后，保险人当然应当赔付。

　　在两种观点的争论中，应当赔付的理由显然更加充分。应当赔付的两个理由似乎不可辩驳，而不应赔付的理由颇值怀疑。对不应赔付的第一个理由，有学者认为，尽管自杀属于被保险人的故意行为，但从受益人的角度来看，自杀所造成的死亡结果仍是偶然的，③ 对此偶然结果，保险人仍应赔付。就不应赔付的第二个理由来说，随着社会观念的转变，自杀在现代社会情况下很难说是一种违背公共政策的行为。④ "自杀行为在过去可能招致广泛的谴责，但现代社会对此却有不同态度。随着医学的发展，人们更多地了解了自杀者自杀的原因。如果可以证明自杀者精神存在问题，很难说其自杀行为有什么不道德的地方。"⑤ 更有学者认为自杀拒赔并非基于自杀行为有违公共政策，而是基于保险人拒绝赔付的合同约定。此外，保险公司应当赔付还有一个最重要的理由，即，保险人不可以既收取自杀死亡的保险费，又拒绝对自杀行为予以赔付，这两种行为自相矛盾，而这种矛盾是保险人造成的，在保险人不改变死亡率

---

① [美]肯尼斯·布莱克、[美]哈罗德·斯基珀：《人寿保险》（第12版），洪志忠等译，北京大学出版社1999年版，第154页。
② 参见李玉泉《保险法学——理论与实务》，高等教育出版社2007年版，第367页。
③ Robert H. Jerry, *Understanding Insurance Law*, Matthew Bender & Co., Inc., 1989, p. 313.
④ 欧洲十八世纪以来一直存在"自杀即为犯罪"的观念，既为犯罪，自杀必然违背公共政策。但这一观念在20世纪60年代以来已经转变，英国《1961年自杀法案》颁布成为这一观念转变的标志。
⑤ Malcolm A. Clarke, *The law of Insurance Contracts*, 3rd Edition, London HongKong, Lloyd's London Press, 1997, p. 677.

统计和保险费率之前,应当对其所制造的矛盾负责,承担对自杀行为的赔付责任。

(二) 逆向选择之预防:两年期间设置的缘由

既然保险人应当就自杀行为予以赔付,为何保险法上又出现了两年之后予以赔付的制度?

如果对任何自杀行为都予以赔付,则保险人必须就下列情况予以赔付:即,被保险人在购买保险之前便打算自杀,购买保险不过是为了以自己的死亡为受益人博取保险金。就自杀行为本身来说,此种自杀与投保时没有自杀意图的自杀无异,从这个角度看,保险人本当赔付。

然而,就保险而言,此种自杀与投保时没有自杀意图的自杀明显不同,表现在赔付上亦应有所不同。后者的自杀意念系因投保后各种原因而起,投保时不存在骗保动机,自杀行为不属于保险诈骗行为。① 而前者正好相反,因其投保时即有以自杀博取保险金之故意,投保后的自杀系属保险诈骗无疑。而对保险诈骗,任何国家的法律都赋予保险人拒赔的权利。Ritter v. Mutual Life Insurance 一案的法官对此做出了清楚的评述:"自杀应否除外,应以被保险人缔约时是否即有自杀之意思为断;被保险人于缔约之时,即已蓄意自杀或以谋取保险金给付者应属欺诈,保险人得据以免责;缔约后始萌生自杀之念者仍应由保险人承担。"②

问题是,保险人很难鉴别被保险人在投保时是否存在以自杀博取保险金的动机,因而也无法对是否应当赔付做出判断。自杀属于被保险人的内心动机,投保时,保险人对被保险人的内心动机很难识别,索赔时,由于被保险人已经死亡,其在投保时是否具有自杀动机更难识别。进而也无法对是否应当赔付做出准确判断。

在无法区分两种自杀的情况下,倘若对两种自杀均拒绝赔付,则对部

---

① 由于自杀是被保险人无法找到其他解决办法时的无奈选择,尽管社会公众对自杀行为表示遗憾,但几乎没有人将投保后出现的自杀视为保险诈骗行为。我国《保险法》第 27 条第 2 款在对保险诈骗做出规定之后,特意规定自杀除外,正是这种观念的体现。

② Payk J., Harriton, The presumption against Suicide——Is It P resumptions? AM. Council of Lifeins, Legal Sec. Proceeding, Nov. 1983, pp. 279 – 280. 转引自樊启荣《人寿保险合同之自杀条款研究——以 2009 年修订的〈中华人民共和国保险法〉第 44 条为分析对象》,《法商研究》2009 年第 5 期。

分被保险人有失公平；倘若对两种自杀均予以赔付，则可能造成部分被保险人的逆向选择，即高风险自杀者选择在自杀前投保，保险市场逐渐成为"柠檬市场"，最终导致整个保险市场的垮塌。在这种情况下，保险人提出了设置两年期间防止被保险人逆向选择的制度设计，[①] 被保险人在两年之内自杀的，保险人可以拒绝赔付，在两年之外自杀的，保险人应予赔付。其原理在于，"如果投保人的自杀计划是购买寿险保单的动机的话，自杀计划在一年或两年后一般也会被取消"。[②] "被保险人签订了有自杀企图的保单，不会等到一年或两年后再自杀以完成其计划。"[③] 由于被保险人很难将自杀意念坚持两年之久，并且可以预期其两年之内的自杀无法获得保险金，故而，理论上讲，两年期间的设置可以防止高风险投保人的逆向选择。

(三) 两年期间的设置：缺陷及其改进

自杀条款中两年期间的设置虽然可以防止被保险人的逆向选择，但以时间的办法判断被保险人在投保时是否具有自杀意图的做法却过于武断，容易造成不公平现象。从自杀条款中不难读出，两年期间的设置建立在如此假定的基础上，即，举凡两年之内自杀者，均为投保时具有自杀意图者，两年之外自杀者，均为投保时不具有自杀意图者。然而，假定总归是假定，在面对个案时，这一假定很可能难以成立。事实上，许多两年之内自杀的被保险人在投保时并无自杀骗保意图。最明显的例子是，被保险人在投保时恋

[①] 在我国，法学界多认为设置两年期间的理由在于防范道德危险。(参见覃有土《保险法概论》(第二版)，北京大学出版社2001年版，第384页；奚晓明《〈中华人民共和国保险法〉保险合同章条文理解与适用》，中国法制出版社2010年版，第298页。)即为了防止被保险人在订立保险合同后为谋取保险金而故意自杀。与英美法系的主流观点相比，防止道德危险的观点并不强调防范被保险人订立保险合同时便已存在的诈取保险金意图，这一观点可能是对自杀条款目的的误读，在自杀条款的产生地美国，保险学原理通常认为自杀条款旨在防止逆选择（参见哈瑞特·E. 琼斯、[美] 丹尼·L. 朗《保险原理：人寿、健康和年金》(第二版)，赵凯译，中国财政经济出版社2004年版，第133页；[美] 肯尼斯·布莱克、[美] 哈罗德·斯基珀《人寿保险》(第十二版)，洪志忠等译，北京大学出版社1999年版，第154页。)并且，防范道德危险的观点无法解释下列现象：依照我国《保险法》，自杀条款可以防范两年之内的道德危险，却无法防范两年之外的道德危险，为什么两年之内的道德危险需要防范，两年之外的道德危险却不需要防范？

[②] [美] 詹姆斯·S. 特里斯曼、[美] 桑德拉·G. 古斯特夫森、[美] 罗伯特·E. 霍伊特：《风险管理与保险》(第十一版)，裴平主译，东北财经大学出版社2002年版，第332页。

[③] [美] 约翰·F. 道宾：《美国保险法》，梁鹏译，法律出版社2008年版，第129—130页。

爱甜蜜，投保两年内因恋爱失败自杀者，拒绝赔付对其明显不公。①

针对上述不公平现象，可以对现行制度稍加改进，以保护被保险人的利益。笔者的制度设计是：如果被保险人在投保后两年内自杀，保险人应退还保险费及同期银行存款利息，两年之外自杀，保险人须承担赔付保险金的责任。本制度设计将《保险法》第44条第2款中的退还"现金价值"改为退还"保险费及银行同期利息"。由于两年之内的现金价值通常少于保险费，②要求保险人退还保险费及利息的举措明显对被保险人有利。对保险人来说，这一措施退还的金额较小，不至于像赔付巨额保险金一样容易引发被保险人的自杀骗保行为，其所担心的逆向选择可以得到遏制。对于被保险人来说，其投保行为类似于银行存款，亦属可接受范围。尽管这一措施对那些投保时本无自杀骗保意图的被保险人仍属不公（因其本应获得保险金赔付），同时，对投保时已有自杀骗保意图的被保险人过于放纵（因其本不应获得所退保险费），但这是一种折中的观点，在难以区分投保时是否具有自杀骗保意图的情况下，与现行制度相比，对被保险人更有利，也更容易为被保险人所接受。③

---

① 当然，亦有被保险人投保时已有自杀骗保意图，坚持至两年之后方自杀者，此种情形要求保险人赔付，对保险人亦属不公。但较之被保险人投保时没有自杀骗保意图而两年内自杀者，此种情形明显较少，总体看来，自杀条款的规定有利于保险人，而不利于被保险人。

② 当然，如果保金价值大于所缴保险费及其利息，保险人应退还现金价值，但是，我国的现实状况是，两年之内的现金价值小于保险费。美国有些保单已经采取了这种做法，保险人退还保单现金价值与已缴保费中的较大者。（参见［美］哈瑞特·E.琼斯、［美］丹尼·L.朗：《保险原理：人寿、健康和年金》（第二版），赵凯译，中国财政经济出版社2004年版，第133页。）

③ 对两年期间设置还有另外三种改进设想：第一，将两年期间改为一年期间，保险人可以对投保后一年之内发生的自杀行为拒绝赔付，这种措施为英国、法国、日本、中国澳门地区所采用；第二，对两年期间内的发生的自杀行为仅赔付1/2的保险金；第三，依据自杀距离投保时间的远近逐月增加保险金，例如，将两年划分为24个月，首月自杀者，保险人仅赔付保险金的1/24，次月自杀者，仅赔付保险金的1/12，第三个月自杀者，仅赔付保险金的1/8。如此类推。这三种设想的基础是，将投保时具有自杀骗保意图者与不具有自杀意图者的数量设想为各自一半。这三种设想虽然对被保险人更为有利，但对第一种措施而言，其仍然无法完全保护投保时没有自杀骗保意图，在一年内自杀的被保险人的利益，且较之现行措施更容易引发逆向选择行为。对第二种措施来说，虽然降低了逆向选择的可能性，但没有证据表明投保时具有自杀骗保意图者与不具有自杀意图者的数量各为一半，这一设想的基础并不牢固。第三种设想与第二种设想存在同样的问题，但其逐月增加保险金给付的做法，对控制被保险人两年之内，特别是控制投保后急于自杀的逆向选择更有好处。较之退还保险金即利息的做法，这三种设想对被保险人均更为有利。但考虑这三种设想的基础没有实证支持，且本文的写作意图在为保险法司法解释提供建议，而保险法设定的两年期间短期内不会改变，本文采取了正文所述容易为保险合同双方接受的观点。

这一制度已经在美国司法界得到推行，"在死亡被判定为自杀且于除外期间之内者，公司将返还已收取之保险费，并视契约决定是否加计利息"。① 值得一提的是，笔者之所以主张在我国立法中要求保险人退还保费利息，不仅因为这样的立法不会引发逆向选择，同时，还因为，在这一立法引导下，绝大多数自杀者在投保时并无自杀骗保倾向，其两年之内的自杀，保险人本应赔付保险金，现在仅要求退还数额较小的保险费与利息，整体看来，对保险人并无不公。

不过，倘若可以通过证明责任的分配，明确被保险人投保时是否存在自杀骗保的意图，则应当区别对待保险人的赔付与拒赔。即，如果被保险人投保时具有自杀骗保意图，保险公司可以拒绝赔付保险金，并且可以拒绝退还保险费及其利息；相反，如果被保险人投保时不存在该意图，则保险公司必须赔付保险金。至于如何证明被保险人在投保时的自杀骗保意图，可以采取民事诉讼"谁主张谁举证"的办法，于受益人主张保险金赔付之时，其应承担证明被保险人投保时不具有自杀骗保意图的举证责任，于保险人主张拒绝赔付保险金时，其应当承担证明被保险人投保时不具有自杀骗保意图的举证责任。于双方均无充分证据证明被保险人投保时是否存在自杀骗保的意图，方可采取笔者的制度设计。需要说明的是，对被保险人投保时自杀意图的证明，不独适用于投保后两年之内，而是适用于整个保险期间，亦即，如果被保险人投保时存在自杀骗保意图，即使保险合同成立已经经过自杀条款规定的法定期限，保险人仍可以拒赔。② 如此证明制度的设计原理，乃在于尊重事实真相，公正对待保险合同双方当事人。

（四）小结

关于自杀应否赔付的问题，从被保险人自杀属于故意，且违反公正政策的角度看，保险人不应赔付；从保险之目的及保险精算技术的角度看，保险人应当赔付，在两种观点的论战中，应当赔付的观点最终取得了胜利。但是，如果被保险人在投保时便怀有自杀骗保之意图，则保险人可以

---

① ［美］肯尼斯·布莱克、［美］哈罗德·斯基珀：《人寿保险》（第十二版），洪志忠等译，北京大学出版社1999年版，第154页。

② 参见［日］竹滨修《自杀免责期经过后的自杀与保险人免责的可否》，载李劲夫主编《保险法评论》第一卷，中国法制出版社2008年版，第296页。

拒赔。由于被保险人在投保时所怀意图属于心理范围，在被保险人死亡之后很难证明，故而出现了对两年之内自杀者拒赔，对两年之后自杀者赔付的现行做法。现行做法的基础是，将两年之内的自杀全部假定为投保时具有自杀骗保意图的自杀。然而这一假定在面对个案时很可能出现对被保险人不公的现象，使得那些投保时没有自杀意图，却在两年之内自杀的被保险人遭遇拒赔。为了缓减这一不公平现象，在无法判断被保险人投保时是否存在自杀骗保意图时，宜要求保险人退还保险费及同期银行存款利息。但是，如果受益人能够证明被保险人投保时不具有自杀骗保意图，则保险人应当赔付保险金，同时，如果保险人能做出相反证明，则无论在两年之内或之外，保险人均可以拒赔保险金。

四　自杀条款之例外：现行规定的理论批评、实益性及其完善

《保险法》第44条第1款末尾规定："但被保险人自杀时为无民事行为能力人的除外。"以但书的形式将无民事行为能力人的自杀排除于自杀条款的适用范围之外。这一制度遭到了理论界的批评，然而，尽管该制度的设计尚需改进，但从现实主义的角度看，该制度亦有值得肯定之处。

（一）现行规定之理论批评：意思能力与行为能力的区分

如果对法条作文义解释，划分某种自杀应否作为自杀条款之例外的标准是"无民事行为能力标准"，然而，学者从另一方面对该标准提出质疑：

第一，自杀行为属于事实行为，无法适用"无民事行为能力标准"。[①]事实行为是指行为人主观上并无产生民事法律关系的意思，而是依照法律的规定引起民事法律关系后果的行为。[②] 自杀者通常以摆脱痛苦生活为目的，并无产生民事法律行为之意思，因此属于事实行为。事实行为与民事法律行为系属两个不同的范畴，其概念、要件、目标、后果均有不同，套用民事法律行为理论考虑自杀行为的问题值得怀疑。

第二，自杀条款之例外设置，目的在于排除那些"缺乏自由意思决定

[①] 参见芦红《人寿保险合同中的自杀问题研究》，《法制与社会》2010年第8期。
[②] 江平：《民法学》，中国政法大学2000年版，第178页。

能力之人导致自己死亡"的情况，"无民事行为能力标准"可能将某些本应排除的自杀包含在内，却将某些本不应排除的自杀排除在外。决定自杀条款例外情形的标准应当是意思能力，① 而非行为能力。"行为能力是权利主体依自己的意志独立实施法律行为而取得权利或者承担义务的资格。"② 而决定权利主体独立意志的因素是意思能力，"所谓意思能力，是指判断自己行为的结果的精神性能力，包含正常的认识力与预期力"。③ "意见能力为法律赋予自然人民事行为能力之前提。有意思能力，始有民事行为能人；无意思能力，即无民事行为能力。"④ 但是，如果将上述言论反过来说，称"有行为能力必有意思能力，无行为能力必无意思能力"，则可能存在谬误。例如，未满10周岁之儿童为无行为能力人，却可能具有认识自己行为的动机与结果；吸毒之人，具有完全行为能力，却可能无法认识自己行为的动机与结果。因此，以行为能力作为标准判断被保险人自杀时是否"缺乏自由意识决定能力"并不妥当，"在司法裁判上，应逐一审视被保险人于自杀之时是否具有意思能力而为判断。也就是说，即使被保险人为无行为能力人或者限制行为能力人，若自杀时已具有意思能力，也应符合保险法上自杀之概念；相应的，即使被保险人为完全行为能力人，若自杀时不具有意思能力，仍然不属于自杀行为。总之，保险法上自杀的构成要件之一，须是被保险人具有意思能力。民法上有关行为能力之一般抽象标准，在保险法领域中无法适用"。⑤ 依此标准，只要被保险人于自杀时不能认识自己行为的结果，便属自杀条款之例外情形。

从民法理论上讲，这些质疑确有其合理之处。现行民事法律行为制度为了"保护交易安全，保障交易对方的信赖利益，同时保护意思能力缺乏之人"，⑥

---

① 吴定富：《〈中华人民共和国保险法〉释义》，中国财政经济出版社2009年版，第116页。
② 李永军：《民法总论》，中国政法大学出版社2008年版，第71页。
③ [日] 我妻荣：《我妻荣民法讲义：新订民法总则》，于敏译，中国法制出版社2008年版，第55页。
④ 梁慧星：《民法总论》（第二版），法律出版社2004年版，第66页。
⑤ 樊启荣：《人寿保险合同之自杀条款研究——以2009年修订的〈中华人民共和国保险法〉第44条为分析对象》，《法商研究》2009年第5期。
⑥ 李娜、孟庆娇：《成年人民事行为能力——从行为能力到意思能力》，《广西政法管理学院学报》2009年第3期。

通过行为能力制度将意思能力"定型化",① 以年龄与智力作为判断行为能力的标准,虽仍以意思能力作为基础,但在判断具体人的行为能力和意思能力时,定型化本身可能导致行为能力与意思能力的偏离。以之判断行为人是否"缺乏自由意思决定能力"时,很可能出现错误。然而,作为商法的一个分支,保险法有其特别之处,面对自杀条款的例外情形,以意思能力作为标准进行判断是否合理,尚值进一步研究,为此,我们需要考察国外自杀条款除外制度的规定。

（二）他山之石：自杀例外的国外立法述评

以现有资料为据,适用自杀条款的例外情形大致有三：德国标准、英国标准和美国标准。

德国标准：被保险人因病理干扰无法自由决定意志。德国《保险合同法》第 161 条第 1 款对此规定："但若被保险人受精神上病理状态的干扰无法自由决定其意志时,保险人应负赔付之责。"此种模式,将不能自由决定意志之情形限定于"精神受病理状态干扰"的状况,至于儿童因心智能力欠缺,不能自由决定其意志而自杀者,不属自杀条款之例外,保险人得拒赔之。因此,与我国现行的无民事行为能力标准相比,该标准范围较窄;与意思能力标准相比,该标准的范围同样较窄。

英国标准：被保险人不能理解行为的身体后果(physical consequences)。② 在英国,以 Kirkham v. Chief Constable of the Greater Manchester Policy 案为代表的判决指出,③ 如果被保险人在精神不正常（insane）的情况下自杀,保险人不应拒赔。而精神不正常的标准是被保险人不能理解其行为的身体后果。④ 于是,不能理解自己行为的身体后果成为判断被保险人自杀是否应当赔付的标准。这一标准与我国学者主张的意思能力标准基本一致,因为意思能力就是指行为人判断自己行为后果的能力。与我国现行的无民事行为能力标准相比,二者在范围上大部分相同,但各有相互不能包含的部分。

---

① 参见［日］四宫和夫《日本民法总则》,唐晖、钱孟珊译,五南图书出版公司 1995 年版,第 53 页。
② 美国的马萨诸塞州、纽约州也采取这一标准。
③ Kirkham v. Chief Constable of the Greater Manchester,［1990］2 QB 283, 296.
④ William R. Vance, *Handbook on the Law of Insurance*, West Publishing Co., 1951, p.564.

美国标准：被保险人不能理解行为的道德性质（moral quality）。在美国，保单通常包括对"自杀、心智健全或心智不健全"的广泛排除，在这一背景下，许多法院认同保单中的免责条款，即使在被保险人精神不正常的情况下，也会支持保险人的拒赔行为。① 但少数法院认为，被保险人在精神不正常情况下的自杀，保险人应当赔付。② 这类判决的典型案例是 Mutual Life Ins. V. Terry 一案，该案的法官指出："假如被保险人的官能处于通常而合理的状态下，不存在生气、骄傲、嫉妒或者渴望脱离生活的痛苦而故意剥夺他自己的生命。再附加上其他条件，则不能获得赔付。如果死亡由被保险人的自愿行为引起，被保险人知道并且能意识到他的行为将导致死亡，但他的正常官能受损严重，以至不能理解他将进行行为的道德特征、一般性质、后果以及影响，或者他受迫于不能抗拒的精神病刺激，那么，这样的死亡不在合同各方当事人的计划之内，保险人应当负责。"③ 著名保险法学者 Vance 教授从这一判决中总结出自杀条款的除外标准，即被保险人自杀时不能理解自己行为的道德性质。④ 尽管多数法院基于尊重合同自由的理由承认保单中的"自杀、心智健全或心智不健全"免责条款，但在笔者看来，少数法院的观点尊重的是合同正义的理念，更应获得支持，毕竟，死亡表中计入了自杀的情形，保险人收取了自杀情形的保险费，却对任何情形的自杀均予拒赔难言公正。同时，考察 Terry 案的判词不难发现，较之英国标准或大陆法系的意思能力标准，美国标准包含的自杀例外范围更大，不仅包括被保险人"不能理解其行为后果"的情形，而且包括了"被保险人知道并且能意识到他的行为将导致死亡，但不能理解其行为的道德特征、一般性质、后果以及影响"和"受迫于不能抗拒的精神病刺激"的情形。

---

① 在保单规定有"心智健全或不健全"免责条款的情况下，多数法院支持保险人拒赔的理由主要是合同自由。例如，在 Bigelow v. Berkshire Life Insurance Co. 3 Otto 284，93 U. S. 284，23 L. Ed. 918（1876）一案中，法官指出："没有比条款语句'无论心智健全还是不健全'的引入更清楚地表明，保单意图排除任何故意自毁的行为，无论被保险人精神正常抑或不正常……本法庭足以判决撤销保单。"
② 参见 [美] 约翰·F. 道宾:《美国保险法》，梁鹏译，法律出版社2008年版，第129页。
③ Mutual Life Ins. v. Terry, 15 Wall. 580, 590（1873），21 L. ED. 236.
④ William R. Vance, *Handbook on the Law of Insurance*, West Publishing Co., 1951, p. 564.

上述三个标准，以德国标准的除外范围最窄，英国标准与意思能力标准相仿，为中间标准，美国标准的除外范围最宽。

（三）无民事行为能力标准：实益性及其改进

尽管我国保险法规定的"无行为能力标准"遭遇了理论上的挑战，但保险法具有特殊性，从现实主义的角度看，"无民事行为能力标准"似乎也并非一无是处。

"无民事行为能力标准"较之"意思能力标准"具有的实益性。依"意思能力标准"，部分无民事行为能力的被保险人自杀时能够意识到自己行为的后果，其自杀不应除外，保险人可以拒赔，但是，这部分被保险人在投保时通常不具有自杀骗保的意图，依自杀条款之原理，保险人应当赔付。这部分被保险人主要是指未满10周岁，[①] 但是能理解自己行为后果的被保险人。[②] 依"意思力标准"，保险人可以对其两年之内的自杀拒赔，但是，此类未成年人之保险，多由其父母购买，除非父母与子女在投保时通谋，否则不会出现投保时被保险人即有自杀骗保意图的问题，而父母与子女通谋自杀之情形，在实践中几乎不可能出现，一来因为该儿童作为未成年人，恐无通谋之能力；二来我国对此类儿童之死亡保险，以保监会规定的保险金限额控制道德危险，父母实无必要与子女通谋自杀；三来父母对子女之爱使其基本不可能与子女通谋自杀。既无通谋自杀之可能，则投保时不可能具有自杀骗保之意图，依照自杀条款之赔付原理，保险人应当赔付。此种情形的赔付，与依照"无民事行为能力标准"处理的后果无异，从这个意义上说，在未满10周岁未成年人自杀的问题上，现行"无民事行为能力标准"具有实益性。

[①] 社会学研究者指出："从学龄前儿童到年迈的老人，都是自杀可能发生的范围。近年来突出的是青少年自杀。"（参见钟继荣《解开自杀之谜》，中国检查出版社2000年版，第11页。）一项针对上海2500名儿童的调查结果显示：有24.0%的孩子有过自杀念头；15.2%的孩子认真考虑过要采取行动；5.85%的孩子自杀未遂。每年自杀身亡的儿童人数大约为2583人。（参见赵连俊等《自杀死亡1839例流行学前瞻性研究报告》，《临床精神医学杂志》1993年第3期。）

[②] 儿童自杀可能与学习压力、欺辱现象、心理疾患、家庭因素等有关。但研究者认为，即使在儿童存在心理疾患的情况下，例如，患有儿童人格障碍时，其思维和职能方面也许并无异常，意识清晰。（参见李建军《我国青少年自杀问题研究》，中国社会科学出版社2007年版，第55—74页。）

如果仔细分析，可以发现，"无民事行为能力标准"似乎更接近"美国标准"。美国标准强调，即使被保险人能够认识到其行为将导致自身死亡，如果其不能理解行为的道德特征、一般性质及其影响，此种自杀保险人应当赔付。而10周岁以下的未成年人虽然能够认识到死亡后果，但其对自杀的道德后果，自杀于家庭和社会的影响方面的认识可能很不全面，无论依照美国标准还是我国的无民事行为能力标准，保险人都应当赔付。

从"无民事行为能力标准"的实益性出发，我们需要设问，于投保人非为被保险人的情形，被保险人自杀的，保险人是否均应赔付？保险人是否应当赔付取决于投保人与被保险人是否存在通谋。我们无法否认可能存在通谋的情形，但这种情形极其罕见，几乎可以忽略不计。其原因在于：其一，自杀意念具有隐蔽性、偶然性的特征，① 自杀者深恐自杀意愿暴露无法成功自杀，自然很少与人通谋；其二，被保险人若希望通过自杀谋取保险金，不必假手他人投保，自行投保足以。退一步说，即使规定保险人通谋自杀予以赔付，从保险精算的角度看来，保险人也不会出现财务亏损，因为其死亡表和保险费计算已包括各种自杀情形在内。故而，笔者认为，我国保险法可以规定，他人为被保险人投保时，被保险人自杀的，保险人应当赔付。不过，这样规定可能存在两个问题：第一，放纵投保人与被保险人通谋自杀的情形。对此，我们认为，成文法规则难以避免其局限性，在通谋自杀数量极少，并且难以证明的情况下，制定一条保护大多数被保险人、适合大多数情形的规则总比没有规则要好。② 第二，这样规定会不会因其投保人与被保险人的逆向选择？对此，我们认为，上述通谋自杀极其罕见的两个理由，同时也是不会导致大量逆向选择发生的理由。

---

① 季建林、赵静波：《自杀预防与危机干预》，华东师范大学出版社2007年版，第20页。
② 正如西方法理学家所言：为某些机构的领导人物设立一个固定的退休年龄标准，这种办法很吸引人。因为，大部分达到这个年龄的人，已不再有能力以充沛的精力和良好的技能履行其职责。在个别情况下，某个达到退休年龄的人仍然特别适合其工作，而且也没有显出什么吃力的迹象，这时，要求他退休，就显得有失公平。然而，在这类情况下，有一条一律适用于所有人的规定，比根本没有什么规定要好得多。（参见［英］彼得·斯坦、［英］约翰·香德《西方社会的法律价值》，王献平译，中国法制出版社2004年版，第128页。）

尽管"无民事行为能力标准"具有实益性，但其缺点亦毋庸讳言，即，规定保险人可以对完全民事行为能力人或限制行为能力人不能认识或控制的自杀予以拒赔存在问题。如前所述，意思能力标准已经提出了这一问题，"无民事行为能力标准"将完全行为能力人和限制行为能力人的自杀拒之门外，但这部分人也可能出现不能认识或控制自杀行为的情形，此种情形下的死亡，并不符合保险法上自杀的定义，应当作为自杀条款的除外情形。例如，某完全民事行为能力人夜间为噩梦所扰，半睡眠状态惊惧逃避，自六楼跳下致死，美国法院判决保险人赔付。[①]"无民事行为能力标准"虽然规定精神病人的自杀保险人应当赔付，但现实中，不能认识或控制自己行为的情形可能并非都属于精神病的范围，因此不能被"无民事行为能力标准"所涵盖。值得注意的是，"不能认识或控制自己行为标准"与"意思能力标准"也有所不同，意思能力标准强调认识能力，并不强调控制能力，而在自杀过程中，有可能出现虽有认识能力，但难以自我控制的情形。[②] 最高人民法院已经注意到认识能力与控制能力的区分，在对"自杀"含义的批复中指出："本案被保险人在投保后两年内因患精神病，在不能控制自己行为的情况下溺水身亡，不属于主动剥夺自己生命的行为，亦不具有骗取保险金的目的，故保险人应按合同约定承担保险责任。"[③]

（四）小结

在自杀条款的例外问题上，我国现行的"无民事行为能力标准"遭到理论界的质疑，有学者提出用"意思能力标准"取代"无民事行为能力标准"。这一观点有其合理性。在国外，自杀条款之例外的立法模式分为三种：德国标准：被保险人因病理干扰无法自由决定意志；英国标准：被保险人不能理解行为的身体后果；美国标准：被保险人不能理解行为的道德

---

① Christensen v. New England Mutual Life Ins. Co., 30 S. E. 2d 471, 153 A. L. R. 794 (1944). （参见桂裕《保险法》，三民书局 1984 年增订初版，第 394 页。）

② 这里，笔者参考了刑法学关于刑事责任能力的理论，刑事责任能力包括辨认能力与控制能力，辨认能力是控制能力的前提，没有辨认能力便没有控制能力，但没有控制能力并不能认定行为人没有辨认能力。刑法中辨认能力大致等同于保险法中的意思能力。（参见张明楷《刑法学》（第三版），法律出版社 2007 年版，第 251 页。）

③ 参见《最高人民法院关于如何理解〈中华人民共和国保险法〉第 65 条"自杀"含义的请示的答复》。（［2001］民二他字第 18 号）

性质。三种标准中，以德国标准所涉范围最狭，英国标准与意思能力标准基本相同，为中间标准，美国标准范围最广。尽管从民法理论的角度看，"无民事行为能力标准"有一定的缺陷，但从保险法的角度看，该标准具有一定的实益性。如果采取实用主义法学的立场，自杀条款的例外应该包括三种情形：无民事行为能力人导致自己死亡的情形；完全或限制行为能力人不能认识或控制自己行为导致自己死亡的情形；第三人为被保险人投保，被保险人自杀的情形。

五 代结论：我国《保险法》自杀条款的司法解释及修法建议

关于自杀条款存在的种种问题，可以通过司法解释的形式加以解决，根据以上研究结果，笔者尝试以下列法条为司法解释提供建议：

1. 保险法第44条中的"自杀"，系指被保险人的故意自杀。该条所指"以被保险人死亡为给付保险金条件的合同"，仅限于人寿保险合同，不包括健康保险和意外伤害保险合同。

2. 受益人能够证明被保险人于投保时不存在自杀骗保意图的，保险人应当给付保险金。保险人能够证明被保险人于投保时存在自杀骗保的意图，可以拒绝给付保险金。

3. 完全民事行为能力人或限制民事行为能力人在不能认识或控制自己行为情况下导致自己死亡，或者第三人为被保险人投保，被保险人自杀的，不适用《保险法》第44条的规定。

除此之外，《保险法》关于自杀条款的规定还有两处硬伤无法通过司法解释解决：一是在保险合同复效的情况下，两年期间的起算点应为保险合同成立之时，而非复效之时。[①] 二是被保险人在两年之内自杀的，规定保险人不承担给付保险金的责任，但应退还保险费和银行同期利息较为合理，但现行《保险法》明文规定仅退还保单的现金价值。由于司法解释不

---

① 参见梁鹏《保险合同复效比较研究》，《环球法律评论》2011年第5期；樊启荣《人寿保险合同之自杀条款研究——以2009年修订的〈中华人民共和国保险法〉第44条为分析对象》，《法商研究》2009年第5期。

能违背《保险法》的明文规定，故这两个问题的解决只能留待日后修法。

如果未来修改保险法，笔者对法条的设计是：

1. 以被保险人死亡为给付保险金条件的人寿保险合同，自合同成立之日起两年内，被保险人故意自杀的，保险人不承担给付保险金的责任。但被保险人自杀时为无民事行为能力人的除外。受益人能够证明被保险人于投保时不存在自杀骗保意图的，保险人应当给付保险金。保险人能够证明被保险人于投保时存在自杀骗保的意图，可以拒绝给付保险金。

2. 保险人依照前款规定不承担给付保险金责任的，应当退还保险费及同期银行存款利息。

3. 完全民事行为能力人或限制民事行为能力人在不能认识或控制自己行为情况下导致自己死亡的，或者第三人为被保险人投保，被保险人自杀的，保险人应当赔付。

4. 在健康保险和意外保险中，被保险人自杀的，保险人不承担赔付责任。

本研究完成之后，最高人民法院出台了关于自杀条款的司法解释，该司法解释未对《保险法》中关于自杀赔付的规则作实质改动，只是对自杀赔付保险纠纷中的举证责任进行了分配，其规定："保险人以被保险人自杀为由拒绝给付保险金的，由保险人承担举证责任。受益人或者被保险人的继承人以被保险人自杀时无民事行为能力为由抗辩的，由其承担举证责任。"据此，保险人须承担证明被保险人死亡属于自杀的责任，受益人或被保险人的继承人须承担证明被保险人为无民事行为能力人的责任。这一规定整体上是正确的，可惜的是，由于司法解释不能超越法律规定，仍未将保险人的拒赔限制于投保时即有骗保意图的自杀，实为憾事。不过，最高院将证明被保险人自杀的证明责任分配给保险人，而在实践中，欲证明自杀非常艰难，保险人提供的自杀证据很难被法院所采纳。于是，这一解释的适用后果可能是，极少有保险人能够证明被保险人属于自杀，保险人因此需要承担赔付责任。故而，这一解释的适用客观上限缩了保险人的拒赔行为，亦是对《保险法》自杀条款公正性的另一种推进。

附录 其他国家或地区关于自杀条款的规定

●德国《保险合同法》第 161 条：（自杀）

1. 在人寿保险合同中，如果被保险人在订立合同签订之日起 3 年内故意实施自杀行为，保险人无需承担保险责任。但如果行为人处于精神混乱状态并导致其无法正常控制其行为时，则前述条款不予适用。

2. 双方当事人可以协议方式延长本条第 1 款规定的期限。

3. 如果保险人无需承担保险责任，则其应根据本法第 169 条之规定支付保单的现金价值。

●日本《保险法》第 51 条：（保险人的免责）

死亡保险合同的保险人，在下列情形下，不承担保险金给付的责任。但是，第三项所列情况下，对于故意致被保险人死亡的保险金受益人以外的保险金受益人的责任，不在此限：

（1）被保险人自杀的；

（2）投保人故意致被保险人死亡的（前项所列情形除外）；

（3）保险金受益人故意致被保险人死亡的（前两项所列的情形除外）；

（4）由于战争及其他动乱。

●意大利《民法典》第 1927 条：（被保险人的自杀）

1. 在被保险人自杀的情况下，除非有相反的约款（1900），对缔约不足 2 年时发生的，保险人不承担支付保险金的责任。

2. 因保险费支付的欠缺使保险契约中止效力状态的，自该状态被消失之日起不足 2 年的（1901、1924），保险人也不承担责任。

●法国《保险合同法》第 L132-18 条：

在出现第 L113-8 条中遗漏与虚假陈述的情形下，如果被保险人在第 L132-7 条规定的期限内故意自杀，或保险合同将被保险人故意自杀作为除外条款时，保险人应当向投保人，或在被保险人死亡情形下，向受益人支付保险单的现金价值。

●俄罗斯《民法典》第 963 条：（因投保人、受益人或者被保险人的过错而发生保险事故的后果）

1. 如果保险事故的发生是由于投保人、受益人或者被保险人的故意所致，则保险人免除给付保险赔偿的责任，但本条第 2 款、第 3 款规定的情况除外。

法律可以规定因投保人或者受益人的重大过失而发生保险事故时免除保险人按财产保险合同给付保险赔偿金的情况。

2. 在致人生命或者健康损害民事责任的保险合同中，如果其死亡的发生是责任人的过错所致，不免除保险人按照合同给付保险赔偿金的义务。

3. 在按照保险合同应在被保险人死亡时给付保险金的情况下，如果其死亡的发生是因为自杀，而此前保险合同的有效期已不少于 2 年，不免除保险人给付保险金的责任。

专题十七　投保人合同解除权辩误

——以《保险法》第 47 条及司法解释(三)第 17 条为中心

【摘要】 我国《保险法》规定，在保险合同主体中，投保人享有任意解除合同的权利，如此规定的理由在于，投保人是保险合同的当事人，只有当事人才能解除合同。并且，与被保险人或受益人在合同中所享有的权益相比，投保人享有的法定解除权更应受到优先保护。然而，投保人行使任意解除权，可能损及被保险人或受益人的权益，并且，投保人享有合同解除权的理由颇值怀疑。投保人作为合同当事人可能是翻译错误所致，被保险人才是保险合同的核心主体，英美法系和中国《海商法》都将被保险人作为保险合同的当事人。倘若投保人并非合同当事人，其便不应享有合同解除权，在解除权纠纷中，应当优先保护被保险人或受益人的权益，赋予被保险人解除权。《保险法司法解释三》虽然限制了投保人的合同解除权，但这一做法并不彻底，仍然无法保护被保险人或受益人的权益。

【关键词】 人身保险；解除权；投保人；被保险人

一　问题的提出

关于人身保险合同的解除权，我国《保险法》的基本态度是：投保人享有任意解除权。《保险法》第十五条规定："依本法另有规定或者保险合同另有约定外，保险合同成立后，投保人可以解除合同，保险人不得解除合同。"《保险法》第四十七条规定："投保人解除合同的，保险人应当自收到解除合同通知之日起三十日内,按照合同约定退还保险单的现金价值。"这两条法律规定赋予了投保人合同解除权。《司法解释(三)》第17条规定:"投保人解除保险合同,当事人以其解除合同未经被保险人或者受益人同意为由主张解除行为无效的,人民法院不予支持,但被保险人或者受益人已向投保人支付相当于保险单现金价值的款项并通知保险人的除外。"此规定看似对解除权的限制,但其核心仍在维系投保人的任意解除权。

然而,投保人行使任意解除权,可能侵害被保险人或受益人的利益。例如"李甲与卢某、中国人寿保险股份有限公司上海市分公司人身保险合同纠纷"[①] 中,投保人卢某与被保险人李甲原系夫妻关系。1997年7月15日,卢某与人寿保险上海分公司签订递增型养老保险合同一份,合同显示,投保人为卢某,被保险人为李甲,受益人为卢某、李乙。合同约定交费方式为年缴,保险期限为终身,交费期限为10年,开始领取养老金的年龄为被保险人60周岁,即2022年7月16日。保险合同签订后,卢某支付了当年保费。后人寿保险上海分公司从卢某名下的工商银行账户划扣了1999年至2003年的保费。2003年7月28日,李甲与卢某经法院调解离婚,双方财产已自行分割完毕。离婚后,李甲向人寿保险上海分公司办理了变更转账账户手续,将转账账户变更至其名下账户,人寿保险上海分公司从该账户划扣了2004年、2005年的保费。2005年12月21日,人寿保险上海分公司根据投保人卢某的申请,对系争保单挂失后予以补发。2006年3月6日,卢某持保单原件、身份证原件递交退保申请书,人寿保险上海分公司与卢某解除保险合同,人寿保险上海分公司以现金方式向卢某支付退保金人民币31,348.90元。李甲得知保险合同被解除后,遂向法院起诉保险公司,要求法院判令保险公司恢复保险合同。法院判决认定卢某有权解除保险合同。其理由是,在保险合同中,投保人是与保险人订立保险合同并负有支付保险费义务的人,投保人是保险合同的当事人,可以根据保险合同的约定行使合同解除权。本案中,卢某虽与李甲已办理离婚手续,但系争保险合同的投保人仍为卢某。根据系争保险合同的约定,享有退保权利的是投保人,故判决人寿保险上海分公司可以按照卢某的申请解除系争保险合

[①] (2009)沪二中民三(商)终字第411号。

同。然而，卢某解除合同时，李甲已经四十余岁，卢某之解除行为，不仅使其丧失了保险保障，而且，即使李甲可以重新订立养老保险，因年龄之增加，保险费必然昂贵许多。卢某之解除行为，显然造成李甲之损害。

当投保人行使保险合同任意解除权有损他人利益时，我们有理由怀疑这一权利赋予的合理性。在理论界看来，赋予投保人任意解除权的理由有二：第一、投保人是保险合同的主体，即投保人是保险合同的当事人。因为只有当事人才能解除合同，故投保人有权解除合同。第二、被保险人对保险金享有的是期待利益，相对于投保人基于合同享有的解除权，被保险人的期待利益不应优先保护。为此，我们从这两个理由的反驳入手，研究投保人任意解除权的存废。

二 投保人作为合同当事人的质疑

投保人有权任意解除合同的理由主要是：投保人是保险合同的当事人，合同当事人当然有权解除合同。根据我国保险法理论，保险合同的主体有四：投保人、保险人、被保险人以及受益人。其中，保险人是合同一方当事人毋庸置疑，作为保险人相对方的三个主体——投保人、被保险人、受益人之中，投保人被教科书认定为合同的另一方当事人。有学者在其著作中，把保险合同法上的"人"在体系上划分为：保险合同的当事人、关系人和辅助人，并在"合同当事人"标题下涵盖了保险人和投保人两方，显然是在体系上把投保人理解为保险合同的当事人[1]。也有学者对保险合同当事人进行了更为明确的描述："所谓保险合同当事人，是指订立保险合同，并依据合同享有权利和承担义务的人，包括保险人和投保人。"[2] 另有学者认为根据大陆法系保险法通说采用的"保险契约三分法"："保险合同存在保险人、投保人与被保险人三个主体，保险合同必须由保险人、投保人和被保险人三人为之"[3]。"在三分法体系下，被保险人是享

---

[1] 参见樊启荣《保险法》，北京大学出版社2011年版，第39页。
[2] 任自力主编：《保险法学》，清华大学出版社2010年版，第88页。
[3] 杜万华主编：《最高人民法院关于保险法司法解释（三）理解适用与实务指导》，中国法制出版社2016年版，第487页。

有保险给付请求权之人，投保人的地位仅是订立保险合同之人，是保险合同的当事人，所以负有交付保险费的义务。"① 上文所举的"李甲与卢某、中国人寿保险股份有限公司上海市分公司人身保险合同纠纷"案的法院在判决书中称："投保人是与保险人订立保险合同并负有支付保险费义务的人，投保人是保险合同的当事人。"② 而根据合同法理论认为，只有合同当事人才能解除合同③，这一理论延伸到保险合同中，自然得出了投保人可以任意解除合同的结论。对此有学者明确表示："保险合同有效成立后便具有法律约束力，当事人不得任意解除。因此，一方当事人要行使解除权解除合同效力的，必须具备相应的条件……只要保险立法或者保险合同没有具体的禁止解除合同的规定，投保人就可以依据其意思而要求解除保险合同。"④

然而，投保人作为合同当事人的理论在理论界和实务界均遭遇挑战，其投保人享有之任意解除权也便遭遇强烈质疑。

（一）来自理论界的质疑

理论界提出的挑战是：保险合同当事人是被保险人而非投保人。这一新思潮的理由主要有四：

其一，被保险人在合同中居于核心地位的观点已被权威学者肯定。著名保险法学者江朝国教授认为："被保险人乃保险事故发生时真正受有损害之人，故基于'损害为保险利益之反面'原则，其为保险利益之存在对象，而得以请求保险金之给付。而至于要保人仅为订立契约之人，负有给付保险费之义务。而要保人是否得以请求保险金之给付，仍须视其是否为被保险人而定。"⑤

其二，投保人作为保险合同当事人可能是翻译的错误。有学者在论文中提出了翻译错误说。在论文中，其详细论述了我国学术界普遍将投保人视为保险合同当事人可能是受了《经济合同法》和《财产保险合同条例》

---

① 杜万华主编：《最高人民法院关于保险法司法解释（三）理解适用与实务指导》，中国法制出版社2016年版，第488页。
② （2009）沪二中民三（商）终字第411号。
③ 《合同法》第九十三条第一款规定："当事人协商一致，可以解除合同。"
④ 贾林青：《保险法》，中国人民大学出版社2014年版，第135页。
⑤ 江朝国：《论我国保险法中被保险人之地位——建立以被保险人为中心之保险契约法制》，《月旦法学教室》第100期。

的立法失误的影响。而我国的立法失误很可能是由于最初在翻译借鉴 1906 年的《英国海上保险法》时，将其中"要保人"的内涵，"即替被保险人办理保险的人称要保人"理解错了。1906 年的《英国海上保险法》中，是将投保人分为两类：一类是被保险人；另一类是要保人，也称为替保人（英文原文为 Some person who effects the insurance on his behalf），这里的替保人实际上是相当于被保险人的代理人或经纪人，并非我国保险法中的投保人[1]。因此，我国保险法理论中，将投保人与被保险人分立的情况可能就是受到了翻译错误的影响。

其三，英美法理论认为被保险人才是保险合同当事人。西方学者的著作中广泛存在被保险人才是合同当事人的论述：如约翰·伯茨的《现代保险法》一书中，将被保险人归在第二章"保险合同的当事人"中，可见作者是将被保险人视为保险合同当事人[2]。更有西方学者在保险合同的定义里明确指出："人身保险合同就是一方当事人（one party）——保险人（the insurer），接受另一方当事人（other party）——被保险人（the assured）——交付的对价（保险费），于特定保险事故发生时支付保险金的合同。"[3]

其四，我国《海商法》中将被保险人视为保险合同当事人，并且赋予被保险人合同解除权。根据我国《海商法》第二百二十六条[4]、第二百二十七条[5]、第二百二十八条[6]等多条条文中，都明确对被保险人的合同解除

---

[1] 参见游源芬《关于保险合同当事人与关系人之异议——与〈保险学原理〉一书商榷》，《中国保险管理干部学院学报》1996 年第 1 期。

[2] 参见［英］约翰·伯茨：《现代保险法》，陈丽洁译，河南人民出版社 1987 年版，第 10—18 页。

[3] Robert J. Surridge, Noleen Dignan, *Law of Life Assurance*, 11th Edition, London butterworths Press, 1994, p. 1.

[4] 《海商法》第二百二十六条：【责任开发前的合同解除权】保险责任开始前，被保险人可以要求解除合同，但是应当向保险人支付手续费，保险人应当退还保险费。

[5] 《海商法》第二百二十七条：【责任开始后的合同解除】除合同另有约定外，保险责任开始后，被保险人和保险人均不得解除合同。
根据合同约定在保险责任开始后可以解除合同的，被保险人要求解除合同，保险人有权收取自保险责任开始之日起至合同解除之日止的保险费，剩余部分予以退还；保险人要求解除合同，应当将自合同解除之日起至保险期间届满之日止的保险费退还被保险人。

[6] 《海商法》第二百二十八条：【合同解除禁止的情形】虽有本法第二百二十七条规定，货物运输和船舶的航次保险，保险责任开始后，被保险人不得要求解除合同。

权进行了确定。可见我国《海商法》承认被保险人是保险合同的当事人。虽然《海商法》中的保险合同是《保险法》中合同的特殊形式，然同为保险合同，当事人的确定却截然不同。《保险法》不将被保险人视为保险合同当事人，而《海商法》则视被保险人为保险合同当事人。由此可知，《保险法》和《海商法》之间的冲突应被视为立法体系上的不严密。不过，保险起源于海上，《海商法》中的当事人规定似乎比《保险法》中当事人的规定更加原汁原味。

（二）来自实务界的质疑

实务界提出的挑战是：若将投保人作为保险合同当事人，在特殊情况下，保险合同将不成其为合同，或者，保险人可能无法送达合同解除通知书。这两种情形如下：

第一，若将投保人作为当事人，保险合同可能不成其为合同。在"王连顺诉中国人寿保险公司永顺县支公司保险合同纠纷案"中，1995年10月30日，原中国人民保险公司永顺县支公司为本单位6名女职工（包括原告王连顺之妻陈晓兰）投保妇科癌病普查保险，投保人和保险人均为永顺县保险公司，被保险人和受益人是这6名女职工，保期三年，保险金额1万元，保费每人40元。该保费已由永顺县保险公司工会经费中出资一次交清。1996年6月，原中国人民保险公司永顺县支公司分立为人寿保险公司和财产保险公司两个单位，陈晓兰被分到被告永顺人保工作。1997年7月，陈晓兰从永顺人保调往中国平安保险公司吉首分公司工作。同年8月5日，永顺人保做出业务批单，以陈晓兰不具有可保利益为由解除了保险合同，没有书面通知陈晓兰。1998年1月，湖南省湘西土家族苗族自治州人民医院诊断陈晓兰患癌症，后又经湖南肿瘤医院确诊为子宫膜腺癌。陈晓兰患癌后，曾于1998年1月和5月两次向永顺人保递交了给付保险金的申请。永顺人保以陈晓兰调离后已不具有可保利益，保险合同失效为由，于同年7月21日给陈晓兰下发了保险金拒付通知书。陈晓兰为此于1999年2月8日提起诉讼，同年7月8日因癌症恶化死亡。在本案中如果认定投保人是保险合同当事人，那么就会出现致使合同不成立的情况。在这一案件中，是保险公司为其员工向自己投保了妇科癌症普查保险，即在这份保险合同上，出现了投保人和保险人是同一人的情况。而据《合同法》第二条规定可知，合同应当是平等主体之间做出的协议，也即合同必须是两个以上的平等主体之间才可以做出协议。因此，如果将投保人认定为保险合同的当事人，那么就意味着有可能会出现此种投保人和保险人是同一人的情况，合同将不成其为合同。

第二，若将投保人作为合同当事人，赋予投保人保险合同的任意解除权，有可能产生无法解除的保险合同。假设投保人为被保险人购买一份保险，约定分期交费，在两次交费后，投保人死亡。此时，保险公司发现投保人在投保时有不实告知的情形，因此保险公司要求解除合同。因为保险人在解除合同时，应当书面通知投保人，故需要向投保人送达保险合同解除通知。但是此时投保人已死，显然无法投递解除通知。而若将解除通知送交被保险人，被保险人又以自己非为保险合同当事人而拒绝接收；若将解除通知送交投保人的继承人，则其继承人认为自己并非合同当事人，亦可拒绝接收通知书。由此可见，如果坚持将投保人认定为合同当事人，保险人即便想要解除合同，操作上亦有困难。

综上，笔者认为若将投保人作为保险合同当事人，在实践中会产生诸多矛盾问题，在理论上还会造成立法冲突。因此，不宜将投保人视为保险合同当事人，而应将被保险人视为保险合同当事人。

三 被保险人的期待利益不应优先保护的批评

（一）优先保护投保人的理论

投保人享有任意解除权的第二个理由是：被保险人之期待利益不应优先保护。这一观点的本质是将投保人享有的权益与被保险人享有的权益比较，认为投保人享有的解除权优先于被保险人、受益人享有的期待利益，因此，当二者发生冲突时，应允许投保人行使任意解除权。详言之，此观点认为，投保人基于《保险法》第十五条和第四十七条享有的任意解除权，其性质为法定权利。而被保险人、受益人享有的仅仅是一种期待，尚未形成一种权利。"人身保险中，因投保人、受益人享有随意撤回或变更受益人的权利，所以被保险人、受益人的保险给付请求权在事故发生之前缺乏稳定性。故在性质上，我们倾向于认为人身保险中被保险人、受益人类似继承权,属于期待。"① 又因为"法律对权利和期待的保护力度是不同的,在两者出现冲突时,应当优先保护法定权利"②,因此当两者出现冲突时,应当优先保护投保人的法定解除权。即被保险人不能主张因合同解除会对其期待利益造成损失,而阻却投保人行使法定的任意解除权。

(二) 优先保护投保人权利之理论缺陷

上述对投保人、被保险人和受益人的权益分析可能存在问题。

受益人所享有的确实是一种期待。传统教科书认为:受益人享有的是一种受益权。"受益权在保险事故发生前是一种期待权,在保险事故发生后,这种权利才能实现。"③ 但是,新近有学者认为保险事故发生前,受益人享有的仅仅是一种期待式的地位,而非期待权。④ 由于保险事故发生前,受益人的资格随时可能遭到被保险人的剥夺,将其享有之利益认定为一种权利,确有不妥之处,因此,我们认为受益人之地位,确是一种期待地位,尚未形成一种权利,遑论法定权利。

然而,被保险人享有的并非是一种不稳定的期待,而是一种现实的保险金请求权。其理由首先是:《保险法》第十二条第五款明确规定了被保险人享有保险金请求权。其规定:"被保险人是指其财产或者人身受保险合同保障,享有保险金请求权的人。"由此可见,被保险人享有的是法定的保险金请求权。另外,若所购保险为死亡保险,则被保险人因其死亡而当然不能享有保险金请求权,其保险金请求权由受益人享有,但是所购保险若为生存保险,被保险人必然享有保险金请求权。例如:"中国太平洋财产保险股份有限公司绵阳中心支公司与杨通珍、姚某、四川省岳池电力建设总公司人身保险合同纠纷案"⑤ 中,一审法院和二审法院均认为"被保险人享有保险金请求权"。故而,无论是在实务中还是在理论上,认为被保险人仅仅享有期待利益的观点恐怕也是片面的。

---

① 杜万华主编:《最高人民法院关于保险法司法解释(三)理解适用与实务指导》,中国法制出版社 2016 年版,第 490 页。
② 同上。
③ 任自力主编:《保险法学》,清华大学出版社 2010 年版,第 174 页。
④ 王林清:《新保险法裁判百例精析》,人民法院出版社 2009 年版,第 261 页。
⑤ (2015) 绵民终字第 1109 号。

投保人虽然享有法定的任意解除权，但是如果法律规定是错误的，则投保人也不能享有该权利。认为投保人享有法定任意解除权的理由是《保险法》第十五条和第四十七条。这种观点的立足点是：凡是法律规定都是正确的，凡是法律赋予的权利都是法定的权利，然而，法律研究表明，很多法律规定都是错误的，例如：2009年修改前的保险法认为财产保险的保险利益存在于投保人，存在的时间为投保时，但修改后的保险法认为财产保险的保险利益存在于被保险人，存在的时间为保险合同订立时。如果法律是错误的，那么法律所赋予的权利亦是错误的。如前所述，《保险法》赋予投保人任意解除权的基础是投保人是保险合同的当事人，而这一基础在本文上一部分已经遭到反驳，由此看来，法律不应赋予投保人任意解除权，投保人亦不享有此项权利。

于上可知，投保人不应为合同当事人，亦不应享有合同解除权。而受益人处于期待地位，享有期待利益，被保险人更是享有保险金请求权，若将投保人与被保险人，受益人所享权益相比，我们倾向于认为，法律应优先保障被保险人和受益人，而不是投保人，既然如此，则应对被保险人和受益人的权益优先保护，即保护被保险人和受益人对已订立保险合同的权益，投保人不得随意解除保险合同。

四 赎买权对投保人解除权限制的缺憾

（一）赎买权限制之解释

大约是意识到投保人行使任意解除权对被保险人或受益人所造成的损害，最高人民法院通过赎买制度限制了投保人的任意解除权。《司法解释（三）》第十七条规定："投保人解除保险合同，当事人以其解除合同未经被保险人或者受益人同意为由主张解除行为无效的，人民法院不予支持，但被保险人或者受益人已向投保人支付相当于保险单现金价值的款项并通知保险人的除外。"换言之，投保人欲解除保险合同时，若被保险人或者受益人已经向投保人支付了相当于保险单现金价值的款项，并且通知了保险人的情况下，投保人不能解除保险合同。此即被保险人或受益人的赎买权，亦即被保险人或受益人以保单现金价值为对价，向保险人赎买解除合同的权利。倘若保险人同意此项交易,收取赎买金,则保险合同之解除权转移至被保险人或受益人。

设置赎买权制度的初衷是好的。设置赎买权制度的初衷是:"虽然投保人解除保险合同无需经过被保险人的同意,但是保险合同的存续确实对被保险人与受益人的利益有较大影响,所以被保险人、受益人可以通过向投保人支付相当于保单现金价值的权利,另一方面,也照顾被保险人、受益人的合理期待。"① 通过赎买权制度的设计,在利益失衡的当事人之间寻求平衡,降低了被保险人或受益人的损害,是其值得赞扬之处。

(二) 赎买权限制的不足

然而,我国的被保险人赎买制度仍不完善,尚无法独立成为平衡投保人和被保险人在解除保险合同问题上的支点。

该法条对"赎买"的描述为:"但被保险人或者受益人已向投保人支付相当于保险单现金价值的款项并通知保险人的除外。"其中仅提到了在投保人主张解除保险合同时,如果被保险人或受益人在合同被解除之前,已经向投保人支付相当于保险单现金价值的款项并且还通知了保险人,那么投保人也就不享有法定解除权了。但在理论上,解除权是形成权,依现行法律,投保人依自己的单方意思表示就可以解除保险合同;在实践中,投保人在解除保险合同的时候,不会就其解除合同的行为通知被保险人。可见,无论是在理论上还是在实践中,投保人解除保险合同时被保险人都可能对解除合同的行为全然不知。若被保险人都不知道合同何时被解除,被保险人又怎么可能提前向投保人支付相当于保险金现金价值的款项并通知保险人呢?虽然司法解释(三)第十七条中规定了赎买制度,但是赎买没有真正保护被保险人的利益。投保人的保险合同解除权依然会侵害被保险人的利益。

司法解释(三)中特意规定了被保险人的赎买权,可见立法者也意识到了如果赋予投保人任意解除权,可能会侵害到被保险人的信赖利益。被保险人之所以会对保险合同有信赖利益,主要也是因为被保险人的身体或

---

① 杜万华主编:《最高人民法院关于保险法司法解释(三)理解适用与实务指导》,中国法制出版社2016年版,第491页。

生命才是人身保险的保险标的。投保人和保险人签订的保险合同建立在被保险人的人身安全和生命利益之上的。被保险人的身体和生命是整个合同的核心，因此被保险人理应是合同的当事人，其对保险合同的信赖利益也应当受到保护。赎买权在本质上似有对被保险人保险合同当事人地位加强之意。但是，如果不明确赋予被保险人解除保险合同的权利，仅凭司法解释（三）第十七条规定的赎买权是不足以保护被保险人的信赖利益的。

五　结语

综上，《保险法》赋予投保人任意解除保险合同的权利存在理论与实践上的障碍，应当对《保险法》第四十七条和《司法解释（三）》第十七条进行修改。建议将《保险法》第四十七条修改为："被保险人有权解除保险合同，被保险人解除保险合同的，保险人应当自收到解除合同通知之日起三十日内，按照合同约定退还保险单的现金价值。"《司法解释（三）》第十七条可修改为："投保人解除合同，当事人以其解除合同未经被保险人或者受益人同意为由主张解除行为无效的，人民法院应予支持。投保人解除保险合同时，保险人须告知被保险人，被保险人同意解除合同的，合同解除行为有效。"这样修改或可保证被保险人的合法权益。

附录　其他国家或地区关于保险合同解除之规定

●日本《保险法》

第54条：（投保人的解除）

投保人可以随时解除生命保险契约。

第55条：（基于违反告知义务的解除）

1. 解除前发生的保险事故。但保险事故的发生并非起因于该款所定之事实的，不在此限。

2. 即使有前款的规定，保险人在下列情况下，仍然不得解除生命保险合同：

（1）在订立生命保险合同时，保险人知道前款规定的事实或者由于过失不知道时；

（2）保险中介者妨碍了投保人或者被保险人进行前款规定的如实告知时；

（3）保险中介者劝诱投保人或者被保险人不进行前款规定的如实告知或者进行不实告知。

3. 前款第二项及第三项的规定不适用于即使没有该项规定的保险中介者的行为，也可以被认定为投保人或者被保险人未履行第一款规定的如实告知或者进行了不实告知的情形。

4. 根据第一款规定的解除权，从保险人知道基于该款规定的解除事由时开始一个月之间不行使的，消灭。生命保险合同从订立时开始经过五年的，相同。

第56条：（基于危险增加的解除）

1. 在生命保险合同订立后发生危险增加（是指与告知事项有关的危险增加，导致生命保险合同中规定的保险费低于以该危险未计算基础计算得出的保险费的状态。以下在本条及在第五十九条第二款第二项中相同）的情况下，即使如果将保险费变更为与改为现增加相符的金额而使该生命保险合同可以继续时，保险人在符合下列任何一种情形的情况下，仍然可以解除该生命保险合同：

（1）该生命保险合同规定了关于与该危险增加有关的告知事项，当时内容发生变更时投保人或者被保险人应立即把该主旨通告保险人的情形；

（2）投保人或者被保险人由于故意或者重大过失没有立即进行前项规定的通知的情形。

2. 前一条第四款的规定准用于前款所规定的解除权。在此情况下，该条第四款中"生命保险合同订立时"，可以替换为"下一条第一款规定的危险增加发生时"。

第57条：（基于重大事由的解除）

保险人在有下列事由的情况下，可以解除生命保险合同（第一项的情况下限定于死亡保险合同）：

（1）投保人或者保险金受益人，为了达到令保险人给付保险金的目的而故意造成被保险人死亡或者欲造成其死亡的；

（2）保险金受益人在基于该生命保险合同请求保险给付时进行欺诈或

者欲进行欺诈死亡；

（3）前两项规定之外，有损害保险人对投保人、被保险人或者保险金受益人的信任，致使该生命保险合同难以存续的重大事由的。

第59条：（解除的效力）

1. 生命保险契约的解除仅面向将来发生效力。

2. 保险人基于下列各项规定解除生命保险契约时，不承担与所定保险事故相关的保险给付支付责任：

（1）第五十五条第一款：解除前发生的保险事故。但是，关于非基于该款事实所发生的保险事故，不在此限。

（2）第五十六条第一款：从与解除有关的危险增加开始到解除为止所发生的保险事故。但是，关于非基于危险增加带来的事由发生的保险事故，不在此限。

（3）第五十七条：各项所列事由发生时开始到解除为止所发生的保险事故。

第60条：（契约当事人以外之人解除的效力）

1. 扣押债权人、破产管理人以及其他的死亡保险契约（仅限具有第六十三条规定的保险费准备金之契约。次款以及次条第一款中相同。）当事人以外之人等可以解除该死亡保险契约者（次款以及第六十二条中称之为"解除权人"）所进行的解除，自保险人受通知时开始一个月后发生效力。

2. 保险金受领人（仅限前款所规定的于通知发生时，投保人以外的、投保人或被保险人的亲属或被保险人。次款以及次条中称之为"介入权人"。）经投保人同意，于前款规定的期限到来之前，向解除权人支付若该死亡保险契约的解除于该通知之日发生效力则保险人须向解除权人支付的金额，并就该支付行为已通知保险人的，前款规定的解除不发生效力。

3. 若第一款规定的解除的意思表示发生于扣押的手续或投保人的破产手续、再生手续或更生手续中，则当介入权人完成了前款规定的支付与通知时，在与该扣押的手续、破产手续、再生手续或更生手续的关系上，视为保险人已经支付了因该解除的发生而应为之给付。

第61条：

1. 将投保人因死亡保险契约的解除而对保险人所具有的金钱债权予以

扣押的债权人基于前条第一款的规定发出通知的情形下，介入权人依照该条第二款进行支付时，若保险人支付有关该扣押的金钱债权即可以依照民事执行法（昭和五十四年法律第四号）等其他法令的规定实行提存的，介入权人可以依照提存的方法及同款的规定实行提存。

2. 在前款的通知发出的情形下，依照前条第二款的规定进行支付时，保险人支付有关该扣押的金钱债权即可依照民事执行法等其他法令的规定承担提存义务时，介入权人必须依照该提存的方法及同款的规定进行支付。

3. 介入权人依照前两款的规定及提存的方法进行支付时，在与涉及该提存的扣押的手续之间的关系上，视为保险人已经就涉及该扣押的金钱债权依照该提存的方法予以了支付。

4. 介入权人依照第一款或第二款的规定实行提存后，必须依照民事执行法等其他法令的规定，提交作为第三债务人应向执行裁判所等其他官厅或公署提出的报告。

第 62 条：

1. 自第六十条第一款所规定的通知时开始至该款所规定的解除发生效力或者依照该条第二款的规定该解除不发生效力为止，保险人因该期间内发生的保险事故应支付保险给付的，必须以应支付的保险给付额度为限，向解除权人支付同款所规定的金额。此情形下，保险人只要向保险金受领人支付从应支付保险给付额中扣除已向解除权人所支付金额之剩余额的保险给付即可。

2. 前条的规定，准用于前款规定的保险人对解除权人的支付。

第 63 条：（保险费准备金的返还）

在生命保险契约因下列事由而终了的情形下，保险人必须向投保人返还该契约终了时所具有的保险费准备金（在所收取的保险费总额中，用以充当有关该生命保险契约保险给付的、与使用用以决定保险费或保险给付额的预定死亡率、预定利率及其他计算基础而算出的金额相当之部分）。但保险人承担支付保险给付责任的，不在此限。

1. 第五十一条各项（第二项除外）所规定的事由。

2. 保险人开始承担责任前所发生的依照第五十四条或第五十八条第二款规定的解除。

第 83 条：（投保人的解除）

投保人可以随时解除伤害疾病定额保险契约。

第 84 条：（基于违反告知义务的解除）

1. 保险人在投保人或者被保险人就告知事项，因故意或者重大过失不如实告知或者进行了不实告知的时候可以解除伤害疾病定额保险合同。

2. 即使有前款的规定，保险人在下列情形下也不得解除伤害疾病定额保险合同：

（1）在订立伤害疾病定额保险合同时，保险人知道或者因过失不知道前款事实时；

（2）保险中介者妨碍了投保人或者被保险人进行前款规定的如实告知时；

（3）保险中介者劝诱投保人或者被保险人不进行前款规定的如实告知或者进行不实告知。

3. 前款第二项及第三项的规定，在即使没有该项的规定的保险中介者的行为，投保人或者被保险人也被认定为未履行第一款规定如实告知或者做了不实告知的情形下，不适用。

4. 基于第一款规定的解除权，从保险人知道根据该条款规定的解除原因时开始一个月不行使的，消灭。从伤害疾病定额保险合同订立时开始经过五年的，同样。

第 85 条：（基于危险增加的解除）

自造成解除的危险增加发生至解除为止所发生的伤害疾病。但该伤害疾病并非起因于引发危险增加之事由的，不在此限。

第 86 条

1. 伤害疾病定额保险合同订立后发生危险增加（是指与告知事项有关的危险增加，导致生命保险合同中规定的保险费低于以该危险未计算基础计算得出的保险费的状态。以下在本条及在第八十八条第二款第二项中相同）的情况下，即使如果将保险费变更为与改为现增加相符的金额而使该生命保险合同可以继续时，保险人在符合下列任何一种情形的情况下，仍然可以解除该生命保险合同：

（1）该伤害疾病定额保险合同规定了关于与该危险增加有关的告知事项，当内容发生变更时投保人或者被保险人应立即把该主旨通告保险人的情形；

（2）投保人或者被保险人由于故意或者重大过失没有立即进行前项规定的通知的情形。

2. 前一条第四款的规定准用于前款所规定的解除权。在此情况下，该条第四款中"生命保险合同订立时"，可以替换为"下一条第一款规定的危险增加发生时"。

第 88 条：（解除的效力）

1. 伤害疾病定额保险契约的解除，仅面向将来发生效力。

2. 保险人基于下列各项规定解除伤害疾病定额保险契约时，不承担基于所定事由的保险给付支付责任。

第 89 条：（契约当事人以外之人解除的效力）

1. 扣押债权人、破产管理人以及其他的伤害疾病定额保险契约（仅限具有第九十二条规定的保险费准备金之契约。以下自本条至第九十一条中相同。）当事人以外之人等可以解除该伤害疾病定额保险契约者（次款以及该条中称之为"解除权人"）所进行的解除，自保险人受通知时开始一个月后发生效力。

2. 保险金受领人（仅限前款所规定的于通知发生时，投保人以外的、投保人或被保险人的亲属或被保险人。次款以及次条中称之为"介入权人"。），经投保人的同意；于前款规定的期限到来之前，向解除权人支付若该伤害疾病定额保险契约的解除于该通知之日发生效力则保险人须向解除权人支付的金额，并就该支付行为通知了保险人的，前款规定的解除不发生效力。

3. 若第一款规定的解除的意思表示发生于扣押的手续或投保人的破产手续、再生手续或更生手续中，则当介入权人完成了前款规定的支付与通知时，在与该扣押的手续、破产手续、再生手续或更生手续的关系上，视为保险人已经支付了因该解除的发生而应为之给付。

第 90 条

1. 将投保人因伤害疾病定额保险契约的解除而对保险人所具有的金钱债权予以扣押的债权人基于前条第一款的规定发出通知的情形下，介入权人依照该条第二款进行支付时，若保险人支付有关该扣押的金钱债权即可以依照民事执行法（昭和五十四年法律第四号）等其他法令的规定实行提存的，介入权人可以依照提存的方法及同款的规定实行提存。

2. 在前款的通知发出的情形下，依照前条第二款的规定进行支付时，保险人支付有关该扣押的金钱债权即可依照民事执行法等其他法令的规定承担提存义务时，介入权人必须依照该提存的方法及同款的规定进行支付。

3. 介入权人依照前两款的规定及提存的方法进行支付时，在与涉及该提存的扣押的手续之间的关系上，视为保险人已经就涉及该扣押的金钱债权依照该提存的方法予以了支付。

4. 介入权人依照第一款或第二款的规定实行提存后，必须依照民事执行法等其他法令的规定，提交作为第三债务人应向执行裁判所等其他官厅或公署提出的报告。

第 91 条

1. 自第八十九条第一款所规定的通知时开始至该款所规定的解除发生效力或者依照该条第二款的规定该解除不发生效力为止，保险人因该期间内发生的给付事由应支付保险给付的，当伤害疾病保险契约因保险给付的支付而终了时，保险人必须以应支付的保险给付额度为限，向解除权人支付同款所规定的金额。此情形下，保险人只要向保险金受领人支付从应支付保险给付额中扣除已向解除权人所支付金额之剩余额的保险给付即可。

2. 前条的规定，准用于前款规定的保险人对解除权人的支付。

第 92 条：（保险费准备金的返还）

在伤害疾病定额保险契约因下列事由而终了的情形下，保险人必须向投保人返还该契约终了时所具有的保险费准备金（在所收取的保险费总额中，用以充当有关该伤害疾病定额保险契约保险给付的、与使用用以决定保险费或保险给付额的给付事由发生率、预定利率及其他计算基础而算出的金额相当之部分）。但保险人承担支付保险给付责任时，不在此限。

（1）第八十条各项（第二项除外）所规定的事由；

（2）保险人开始承担责任前所发生的依照第八十三条或第八十七条第二款规定的解除；

（3）第八十五条第一款规定的解除；

（4）第九十六条第一款规定的解除或该条第二款规定的该伤害疾病定

额保险契约的失效。

● 意大利《民法典》第 1891 条：（为他人利益的保险）

1. 为他人或受益人而缔结保险的，投保人应当履新契约义务，除非根据契约性质仅能由被保险人履行。

2. 契约产生的权利属于被保险人；虽持有保单但未经被保险人的明确同意的投保人，不得主张契约所生的权利。

3. 基于契约对投保人的抗辩，同样也可以对抗被保险人。

4. 在于保险费用同等的债权顺序内，就保险人偿还保险费和契约费用，投保人对保险人应付的金额有先取特权。

● 德国《保险合同法》

第 1 条：（基本义务）

在订立保险合同后保险人承担在约定的保险事故发生时向被保险人或受益人赔付保险金的义务，而投保人则要按照保险合同的约定向保险人支付保险费。

第 8 条：（投保人的解除权）

1. 投保人可以在保险合同签订之日起的 14 日内解除合同。投保人无需说明理由即可以书面形式行使上述解除权，但是应当严格遵守上述时限。

2. 当投保人收到下列书面文件后，其可以行使保险合同解除权：

（1）保险单与保险合同条款，包括保险合同的一般条款以及根据第 7 条第 1 款和第 2 款规定的其他信息；

（2）已废除。

3. 在下列情况下投保人不能行使解除权：

（1）保险期间不足 1 个月的合同；

（2）暂保合同，除非上述保险合同属于德国《民法典》第 312b 条第 1 款和第 2 款规定的远程保险合同；

（3）雇佣合同中规定的养老金保险，除非上述保险合同属于德国《民法典》第 312b 条第 1 款和第 2 款规定的远程保险合同；

（4）大额风险合同；

如果在投保人解除保险合同之前，应投保人的要求双方当事人已经完全履行了合同义务，则投保人不得行使解除权。

4. 尽管有本条第 2 款的规定，在利用电子商务平台订立保险合同的场合下，只有当德国《民法典》第 312e 条第 1 款规定的条件满足后，投保人才能行使解除权。

5. 如果保险合同中的附录模板符合本法关于文本使用形式的规定，则根据本条第 2 款的规定应认定上述模板本符合法定要求。根据本条第 2 款的规定，保险人可以修改范本中格式条款和相关字体大小，并可以插入附录例如公司名称或者保险人的商号。

第 9 条：（行使解除权的法律后果）

如果投保人根据本法第 8 条第 1 款规定行使解除权，保险人必须扣除从保险合同生效到合同被解除这段时间的保险费，并将剩余保险费退还投保人；如果投保人按照本法第 8 条第 2 项规定行使解除权，并同意保险合同生效日期早于解除权的最后期限，则在保险人收到投保人解除通知的最后 30 日内，其必须按时履行保险责任。如果没有说明，保险人应当退还投保人为购买保险于第 1 年所支付的保费，如果投保人根据保险合同主张了相关权利，则上述规定不予适用。

第 44 条：（被保险人的权利）

1. 投保人为第三人购买保险的情形下，被保险人可以依照保险合同享有保险权益，但只有投保人可以要求保险人交付保险单；

2. 只有在被保险人持有保险单的情况下，其才可以不经投保人同意处分其权利或在法庭上行使保险合同赋予其之权利。

第 152 条：（投保人解除合同）

1. 尽管有本法第 8 条第 1 款第 1 句之规定，解除权的行使期限应为 30 日。

2. 尽管有本法第 9 条第 1 句之规定，保险人仍应按照第 169 条之规定支付保单现金价值与红利。第 9 条第 2 句规定的情形下，保险人应向投保人支付保单现金价值与红利，或者在对投保人更为有利的情形下，退还投保人第一年缴纳的保险费。

3. 尽管有本法第 33 条第 1 款之规定，投保人在收到保险单后 30 日内应尽快缴纳全部或第一期之保险费。

第 168 条：（投保人解除合同）

1. 在分期缴纳保险费的情况下，投保人可以在保险期限到来前随时终止保险合同。

2. 如果保险合同的承保范围包含了保险人必然会承担责任的风险，则当投保人未交保险费时，其应当享有解除保险合同的权利。

3. 本条第 1 款和第 2 款之规定不适用于包含退休条款的保险合同，在上述合同中，投保人可以与保险人约定在其到达退休年龄前保险但是不能兑现的；索赔金额不能超过《社会法典》第 2 编第 12 条第 2 款第 3 项规定的数额。同样内容比照《民事诉讼法》第 851 条 c 款或者 d 款的规定确定，并不能附加条件。

● 立陶宛共和国《民法典》第 987 条：（保险合同的概念）

保险合同是指投保人向保险人支付保险费，保险人按照保险合同预先确定的赔偿数额，在法律规定或者保险合同约定的保险事故发生时，向被保险人或第三方承担保险责任的协议。

● 韩国《商法》第 649 条：（事故发生前的任意终止）

1. 保险事故发生之前，投保人可以任意终止全部或部分保险合同。但在 639 条规定的情形下，投保人未经他人同意或未持有保单的，不得终止合同。

2. 尽管因发生保险事故保险人已经支付保险金，但若该保险合同的保险金额并未减少的，保险事故发生后，投保人亦可终止合同。

3. 第 1 款的情形下，如当事人之间无其他约定的，投保人可请求返还未到期的保险费。

● 俄罗斯《民法典》第 958 条：（保险合同的提前终止）

1. 如果保险合同生效后，由于保险事故以外的情况而发生保险事故的可能性不复存在，因而保险危险的存在终止，则保险合同可于其期限届满前终止。这种情况包括：

（1）被保险的财产因保险事故以外的原因而灭失；

（2）为经营活动风险或者与该经营活动有关的民事责任风险投保的人依照规定程序终止经营活动。

2. 投保人（受益人）有权随时解除保险合同，尽管在解除保险合同时由于本条第1款规定的情况发生保险事故的可能性并未消失。

3. 由于本条第1款规定的情况而提前终止保险合同时，保险人有权按照保险合同有效时间的比例收取部分保险费。

投保人（受益人）提前终止合同时已经缴纳给保险人的保险费不予退还，但合同有不同规定的除外。

专题十八　司法解释中的死亡保险问题

【摘要】《保险法司法解释三》第1、2、6条就死亡保险的特殊规制进行了解释。第1条是关于被保险人同意问题的解释，但未能解决的问题是，在保险双方均无法提供证据证明被保险人是否已经同意的情形下，保险合同是否有效的问题，于此种情形，保险合同应视为有效合同，但受益人应为被保险人之法定继承人；第2条是关于被保险人同意之撤销的解释，其引发了投保人抑或被保险人有权解除合同的问题，由被保险人享有合同解除权更为合理；第6条乃是未成年人死亡保险的解释，该条的适用范围应扩大至普通人，在未成年人没有父母，或者父母没有同意能力的情形下，应将死亡保险之保险金限定于丧葬费用，以防道德危险的发生。

【关键词】死亡保险；同意；撤销；未成年人

死亡保险合同，即《保险法》所谓之"以死亡为给付保险金条件的合同"，我国《保险法》于第33条、34条中对此做出规定，因规定之粗疏，无法应对保险纠纷之实践，故最高人民法院于《最高人民法院关于适用〈中华人民共和国保险法〉若干问题的解释（三）》（下称"《保险法司法解释三》"）中对死亡保险合同所涉实践问题予以解释，主要内容包括死亡保险被保险人同意、同意之撤销以及父母之外的其他履行监护职责的人为未成年人订立死亡保险合同的问题，其法条则体现在《保险法司法解释三》第1、2、6条之中。客观地说，这些解释于理论上有其依据，在实务中则能解决相当一部分问题，但是，司法解释中的一些问题亦有待研究，本文试图对这些问题进行探讨，以为将来之司法实务提供进一步之理论支持。

一 被保险人同意解释之未决问题

实践中关于被保险人同意的纠纷，主要分为两类：一类是被保险人仍生存，但投保人认为该保险合同对己方不利，以被保险人未同意为由主张该合同无效，进而要求保险人全额退还所交保费；另一类是，在被保险人死亡的情况下，保险人认为死亡保险合同未经被保险人同意，应为无效合同，从而拒绝赔付。

《保险法司法解释三》第1条对上述问题提出解决办法。对于第一类问题，《司法解释三》规定，被保险人的同意可于订立合同时做出，亦可于订立合同后追认。据此，被保险人须对其是否同意进行表态，若其追认，则保险合同有效，保险人不需退还保险费。但是，在此类问题中，也可能出现被保险人与投保人串通，否认先前已经做出的同意，以达到退还保险费的目的。对此，《司法解释三》规定，被保险人的同意可以是书面、口头或其他形式的明示形式，保险人若能证明被保险人已有上述形式之同意，保险合同自不应成为无效合同。然而，实践中被保险人可能没有明确表示同意，而是以某种行为做出默示同意，对此，《司法解释三》的应对办法是，规定"被保险人明知他人代其签名同意而未表示异议的、被保险人同意投保人指定的受益人的以及其他足以认定被保险人已同意的"三类行为作为默示同意的情形。如保险人不能提交此三类默示同意的证据，则保险合同应被认定为无效。对于第二类问题，由于被保险人已经死亡，无法现身确认其是否同意，在保险人否认被保险人已经同意的情况下，投保人或受益人须证明被保险人已经同意，此种证明亦可采上述明示或默示形式，若投保人或受益人能够举证，则保险人应当赔付。

然而，《保险法司法解释三》未能解决的问题是，在被保险人已经死亡的情况下，若双方均无法提出明示或默示的证据证明被保险人是否已经同意，则保险合同应否无效？

笔者以为，在这种情形下，不宜认定保险合同无效，而应认定此合同已经被保险人同意。其理由是，第一，即便被保险人已经死亡，法律可以从被保险人的角度对其意思进行推定，由于绝大多数投保人或受益人与被保险人系亲属关系，被保险人应希望自己之死亡为亲属留下保险金，推定被保险人同意更符合被保险人的意愿和利益。① 第二，合同解释中的有效原则，亦即，在解释合同时，尽量将一个效力模糊的合同解释为有效合同，因为"合同无效制度过于宽泛的适用，滋生了当事人利用合同无效制度违约背信而逃避法律责任，在某种程度上，无效制度成了某些当事人损人利己的避风港"。② 第三，保护被保险人利益原则。相对于投保方，保险人通常处于优势地位，故世界各国在保险法上均奉行被保险人利益保护原则，在合同效力模糊的状态下，应当做出对被保险人一方有利的解释。第四，容易规避风险者承担风险学说。此学说为法律经济学上的学说，认为风险应当由容易规避的一方承担，在该保险是否已经取得被保险人同意的问题上，作为专业机构的保险公司显然比作为普通大众的投保人更了解不经被保险人同意的后果，也更容易规避这一后果。因而，在产生风险的情况下，保险人应当承担责任。

尽管保险合同有效，但保险公司应当以被保险人的法定继承人作为受益人进行赔付。其中缘由是，投保人不能证明其投保已经被保险人同意，意味着其不能证明保单上的受益人已经被保险人同意。③ 而理论上认为，投保人指定受益人未经被保险人本人同意时，若被保险人已经死亡，应认定其指定受益人的行为无效，该保单欠缺受益人。在保单欠缺受益人的情况下，应推定被保险人更愿意将其法定继承人作为受益人，而非保单指定之人作为受益人，此为人之常情，不须详论。此外，以被保险人之法定继承人作为受益人，自税法视角看来，可以避免遗产税的征收，补充我国社会保障之不足。自保障被保险人法定继承权生存权的视角看来，亦可避免被保险人债权人对保险金之追偿，保障被保险人法定继承人之生存权。同时符合保险金处置之国际惯例。④ 故而，保险人虽须赔付，但保险金应给

---

① 参见于海纯《未经被保险人同意之死亡保险合同效力研究》，《法学家》2015年第6期。
② 李永军：《合同法》，法律出版社2004年版，第390页。
③ 若保单上的受益人已经被保险人同意，依《保险法司法解释三》第1条第2款第2项之规定，应认定该保险已经被保险人同意。
④ 参见梁鹏《受益人缺失与保险人赔付之处理》，载贾林清主编《海商法保险法评论》第七卷，知识产权出版社2015年版。

予被保险人之法定继承人。

二 被保险人撤销同意与保险法规定之矛盾

《保险法司法解释三》第 2 条规定："被保险人以书面形式通知保险人和投保人撤销其依据保险法第三十四条第一款所做出的同意意思表示的，可认定为保险合同解除。"由于寿险合同多为长期合同，保险期间内可能发生投保人与被保险人关系之变化，且为了尊重被保险人之人格权、生命权，[①]《保险法司法解释三》确认被保险人可以撤销先前所作之同意，理论上有其依据。

在此，《保险法司法解释三》，似乎赋予了被保险人解除合同的权利。《保险法司法解释三》第 2 条规定，只要被保险人书面通知保险人和投保人，保险合同便被认定为已经解除。在这一规定下，可能派生出两个问题：第一，合同之解除究竟基于被保险人之行为？抑或是投保人的行为？第二，合同之解除程序究为被保险人通知投保人，再由投保人通知保险人解除？抑或是被保险人直接通知保险人而解除？这两个问题的本质其实是相同的，即，被保险人是否享有解除合同的权利。如享有解除合同的权利，则保险合同基于被保险人的行为可以解除，不须经投保人通知保险人而解除；如被保险人不享有解除权，则保险合同之解除只能基于投保人之行为，被保险人撤销同意之意思表示，须先通知投保人，再由投保人通知保险人解除合同。最高人民法院未对这一问题做出解释，但从法条文义来看，应理解为被保险人享有合同解除权。因为，法条未明确规定被保险人须先行通知投保人，再由投保人通知保险人解除合同，而是明确规定由被保险人通知保险人，并规定只要被保险人通知后，法院即可认定保险合同解除，故可以理解为被保险人可以借助通知保险人的方式解除合同。而被保险人对投保人的通知，只是为了方便投保人了解，并非要求其通知保险人解除合同。

[①] 参见杜万华《最高人民法院关于保险法司法解释（三）理解与适用》，人民法院出版社 2015 年版，第 48 页。

然而，赋予被保险人解除合同的权利，与保险法的规定相左。我国《保险法》第15条规定："除本法另有规定或者保险合同另有约定外，保险合同成立后，投保人可以解除合同，保险人不得解除合同。"在此，保险法将解除合同的权利授予了投保人，而非被保险人。这样一来，《保险法司法解释三》的规定，便与《保险法》的规定相互矛盾。

那么，《保险法司法解释三》与《保险法》关于解除权主体的规定那个正确？这个问题的回答与保险合同主体密切相关，具体地说，是与保险合同当事人的认定有直接关系。

保险法将解除权赋予投保人，其理论基础是将投保人认定为保险合同的当事人，但这一点恐有疑问。我国保险法理论上有一种观点，认为投保人是保险合同的当事人，其主要理由是：第一，保险合同是由投保人与保险人签订的，故投保人是签订合同的当事人。第二，投保方最主要的义务，即交付保险费的义务是由投保人履行的。既然投保方既签订合同，又履行主要义务，投保人自然是保险合同的当事人。就解除合同来说，由于合同的相对性原则，只能由保险合同当事人来解除，不可能由当事人之外的人来解除合同，否则可能侵害合同当事人的权益。笔者以为，将投保人作为保险合同当事人的两点理由并不充分，其一，将签订合同之人作为当事人并不适当，譬如，公司的法定代表人是代表公司签订合同之人，但合同当事人是公司而非法定代表人。其二，将直接履行主要义务之人作为合同当事人亦有例外，譬如，合同法上有第三人代为履行之现象，而该代为履行之人却非合同之当事人。投保人作为合同当事人的理论基础既已动摇，则其作为解除权主体之资格自有疑问。

部分保险法学者已经开始反思投保人作为保险合同当事人的理论，认为保险合同当事人应当是被保险人和保险人。有学者认为，被保险人在保险合同中享有广泛的权利，是保险合同利益的最终归属者，"在投保人和被保险人不同一的情况下，被保险人而不是投保人成为保险合同权利义务设置的核心主体"。[①] 有学者更是认为，将投保人作为保险合同当事人，不仅导致当事人之间的法律关系混乱、保险利益原则规定的不合理，而且与

---

① 潘红艳：《被保险人法律地位研究》，《当代法学》2011年第1期。

我国海商法的规定不一致，真正的当事人应当是被保险人。①

笔者以为，被保险人应当取代投保人成为保险合同当事人，从而享有合同解除权。其理由是：第一，被保险人在保险合同中享有广泛的权利义务，已不能将其视为关系人。"除了缴纳保险费的义务之外，被保险人须承担保险合同中广泛的义务。被保险人的权利义务体系涵盖了保险合同中的所有权利义务，将被保险人简单视为第三人利益合同的第三人显然不能适应被保险人的利益需求，也无法满足保险法对被保险人偏重保护的立法目标。"② 第二，在死亡保险中，投保人为被保险人投保须经其同意，其不是真正的当事人。若投保人是真正的当事人，何须经过被保险人同意。对此，有学者已经提出："被保险人参与合同的订立，具有同意权，是保险合同的当事人。"③ 投保人为被保险人投保，可以通过代理、无因管理等制度解释，④ 但享有如此丰富之权利义务的被保险人，不宜仅被认定为保险合同关系人。第三，作为保险法发源地的英美国家，从来都认为被保险人是保险合同当事人。在英美保险法教科书中，很少提到投保人的概念，而是将被保险人作为保险合同的两方当事人之一。英国著名保险法教授约翰·伯茨即持此观点。⑤ 我国海商法也规定，被保险人是保险合同当事人，在实施过程中，亦未遭遇理论挑战，倒是《保险法》将投保人作为合同当事人引起了理论界和实务界的困惑。被保险人既为保险合同当事人，其享有解除权自无疑问。

综上，被保险人应当是保险合同的当事人，享有解除合同的权利。他日《保险法》修改之时，应对这一根本问题加以修正。

---

① 参见曹顺明《我国保险合同当事人的反思与重构》，《中国保险报》2015年7月28日第5版。

② 潘红艳：《被保险人法律地位研究》，《当代法学》2011年第1期。

③ 刘清元：《人身险中被保险人、受益人的法律地位及权利保障》，《2014两岸保险法研讨会论文集》，第253页。

④ 参见曹顺明《我国保险合同当事人的反思与重构》，《中国保险报》2015年7月28日第5版。

⑤ 参见[英]约翰·伯茨《现代保险法》，陈丽洁译，河南人民出版社1987年版，第10—18页。

三 未成年人死亡保险解释之完善

《保险法司法解释三》第 6 条规定:"未成年人父母之外的其他履行监护职责的人为未成年人订立以死亡为给付保险金条件的合同,当事人主张参照保险法第三十三条第二款、第三十四条第三款的规定认定该合同有效的,人民法院不予支持,但经未成年人父母同意的除外。"根据司法解释起草者的解释,本条意在解决如下问题:第一,未成年人所在幼儿园、学校为其购买死亡保险,或者未成年人外出旅行期间,负责看护未成年人的人员为未成年人购买死亡保险的效力问题;第二,未成年人与祖父母、外祖父母等亲属生活在一起,祖父母、外祖父母为其购买死亡保险的效力问题;第三,未成年人的父母死亡或者丧失监护能力,无法作为投保人为未成年人投保死亡保险,此时履行监护职责的人为未成年人投保死亡保险的问题。① 依本条,上述三种保险合同,若经未成年人父母同意,皆为有效合同。

司法解释解决了第一个问题。由于理论上认为,未成年人在幼儿园、学校生活、学习期间,幼儿园和学校负有监护职责,故依据司法解释,经父母同意后订立的死亡保险合同应为有效合同。

司法解释对第二个问题的解决,可能存在理论上的障碍,但解决结果尚能令人满意。司法解释遭遇的理论障碍是,当未成年人与祖父母、外祖父母一起生活时,其监护权仍归于父母,理论上讲,履行监护职责的人应当是父母,而不是祖父母。如此,即使祖父母、外祖父母为未成年人购买死亡保险,因祖父母、外祖父母不是"履行监护职责的人",故不应适用本条规定。不过,从法律现实主义出发,当未成年人与祖父母、外祖父母一起生活时,形式监护人虽为父母,实质监护人却为祖父母、外祖父母。又由于通常情况下,祖孙之间隔代情深,道德危险之可能性较小,故祖父母、外祖父母为未成年所购之死亡保险,经父母同意的,应视为有效合同应无问题。在此,不妨将本条中的"履行监护职责的人"加上一个定语

---

① 参见杜万华《最高人民法院关于保险法司法解释(三)理解与适用》,人民法院出版社 2015 年版,第 147 页。

"实质",改为"实质履行监护职责的人",便可消除理论障碍。

司法解释对第三个问题的解决则大部失败。当父母因死亡或丧失监护能力时,依《民法通则》,监护权转由祖父母、外祖父母、兄、姐、关系密切的其他亲属、朋友、居民委员会、村民委员会或者民政部门行使,这些履行监护职责的主体当然可以为未成年人购买死亡保险。但是,依《保险法司法解释三》之规定,这些主体购买的死亡保险须经未成年人的父母同意,合同方为有效。不幸的是,实务中,监护权的转移大部分是因为父母死亡所致,此时显然无法征得未成年人父母同意。当然,监护权的转移也可以因父母丧失监护能力导致,但丧失监护能力多因父母患有精神疾病,被宣告为无行为能力人或限制行为能力人所致,死亡保险须经此类父母同意亦无可能。只有在父母"因疾病、伤残、经济极度贫困等不能实际履行监护职责,或因犯罪被处剥夺自由的刑罚",[①] 但尚有意思能力时才可能同意,而此种情形极少,这就大大限制了本条的适用。

不仅如此,要求父母同意的规定还可能导致所有丧失父母的未成年人无法获得死亡保险。这是因为,父母既已死亡,自然无法投保;其他负有监护职责的人员为未成年人投保又须征得父母同意,而这显然不具有可行性;除此之外的他人为未成年人投保死亡保险的,若未成年人为无行为能力人,则其死亡保险为《保险法》第33条第1款所禁止;若未成年人为限制民事行为能力人时,须经被保险人,即该限制行为能力人的同意,而作为限制行为能力人又因行为能力受到限制,无法行使同意的权利。故而,在父母死亡的情况下,未成年人几无获得死亡保险的可能。

为解决丧失父母之未成年人购买死亡保险的问题,应降低这部分未成年人死亡保险的保险金额,其死亡保险金额应以丧葬费用为限。理由是:其一,保险学的理论研究表明,对未成年人来说,其死亡之最大损失为丧葬费用,当然也存在家属精神痛苦及处理财产之偶然费用,但一方面,保险业通常将精神损失排除在外;另一方面,未成年人一般没有自己的财产,即使有财产,处理财产之费用,通常不会超过其所留财产价值,并可由接受财产之人承担。因此,真正能够称得上未成年人死亡损失的,应为

---

① 曹诗权:《未成年人监护制度研究》,中国政法大学出版社2003年版,第274页。

丧葬费用。① 故而，许多国家规定未成年人的死亡保险金以丧葬费用为限。其二，如将未成年人死亡保险限制为丧葬费用，由于丧葬费用数额较少，不致引发投保人的道德危险行为。在未成年人丧失父母的情况下，丧葬费用的补偿既可补偿其损失，又不致引发道德危险，且不需经过他人同意，诚为弥补司法解释不足之合理选择。

此外，《保险法司法解释三》是否可以将未成年人死亡保险的投保人扩展至普通人值得研究，笔者以为，只要能够防范道德危险，将投保人扩大至所有主体亦无不可。《保险法司法解释三》第6条将未成年人死亡保险的投保人限制于"履行监护职责的人"，是因为实务中"履行监护职责的人"为未成年投保的情形较多。但是，实务中亦出现了一些没有监护职责的人为未成年人投保人的情形，如舅舅、姑姑等长辈为未成年的晚辈投保。在这些情形下，又可细分两种情形处理：第一种情形，未成年人之父母健在，并具有意思能力，则可征得其父母同意，以使保险合同有效；第二种情形，未成年人之父母已经死亡，或者因某种原因丧失意思能力，无法行使同意权，则应将其死亡保险金额限制于丧葬费用。如此方能防止道德危险，保障未成年被保险人之权益。

四 结论

《保险法司法解释三》对死亡保险的规定解决了实务中的一些难题，但仔细分析之下，亦有值得研究之处。笔者以为，在被保险人同意的问题上，若被保险人死亡，且保险双方均无法举证证明被保险人是否同意，则应推定被保险人同意，但该死亡保险之受益人应为被保险人之法定继承人；在被保险人撤销先前之同意的问题上，《保险法司法解释三》实际上承认了被保险人享有合同解除权，这一承认具有进步性；在未成年人死亡保险的问题上，投保主体可以进一步扩大，但若未成年人之父母已经死亡，或者没有同意的能力，则应将死亡保险的保险金额限于丧葬费用，以防可能出现的道德危险。

---

① 参见梁鹏《未成年人死亡保险研究》，《中国青年政治学院学报》2010年第5期。

专题十九　保险法司法解释中的合同复效问题

【摘要】《保险法司法解释三》针对我国保险合同复效制度的解释具有相当的合理性，但亦有值得改进之处。其以被保险人危险程度是否"显著增加"作为保险合同复效之关键因素，仅应适用于保险人已通知投保人交付保险费之情形，对保险人未通知交费之情形则不适用。"危险显著增加"的判断时点应以投保人"申请复效时"为准，而不应为"中止期间"为准。此外，对"危险显著增加"应作扩张解释，不仅包括对被保险人之健康状况的考察，亦应包括对被保险人之职业、财务状况、保险数额等方面的考察。

【关键词】 复效；中止期内；危险显著增加；适用前提

保险实务中，合同复效之纠纷时有发生，为统一解决纠纷的尺度，最高人民法院在《最高人民法院关于适用〈中华人民共和国保险法〉若干问题的解释（三）》（下称"《保险法司法解释三》"）第8条中对《保险法》第37条规定的复效制度加以解释。解释之主要内容为："保险合同效力依照保险法第三十六条规定中止，投保人提出恢复效力申请并同意补交保险费的，除被保险人的危险程度在中止期间显著增加外，保险人拒绝恢复效力的，人民法院不予支持。"（第1款）"保险人在收到恢复效力申请后，三十日内未明确拒绝的，应认定为同意恢复效力。"（第2款）"保险合同自投保人补交保险费之日恢复效力。保险人要求投保人补交相应利息的，人民法院应予支持。"（第3款）整体看来，司法解释的做法有其合理性。但细嚼之下，可发现三个问题尚值探讨。

一 复效解释之适用前提

保险合同复效之适用前提为保险合同效力中止，保险合同效力中止之适用前提则为投保人未交保费。依我国《保险法》和《保险法司法解释三》之规定，只要投保人未交保费，并符合特定之条件，便可适用中止与复效之规定。

然而，投保人未交保费之原因是多样的，这些原因的出现是否都会导致保险合同效力中止，进而适用复效制度则应仔细区分。保险合同中止与复效之前提，总体说来只有一种，即投保人未交应交之保险费，但仔细考察之下，可以发现，投保人之未交保险费，在法律上可以分为因故意或重大过失未交保险费与因普通过失未交保险费两种情形。因故意或重大过失未交保险费在实践中主要表现为，在保险人已经通知投保人交付保险费的情况下，保险人未交保险费；而因普通过失未交保险费则是指因保险人未为通知导致投保人未交保险费的情形。在这两种情形下，保险合同中止与复效的后果是否应当有所不同？为论述方便，以下将这两种情形简称为"经通知而未交保险费"和"未经通知而未交保险费"分别进行论述。

于经通知而未交保险费之情形，适用《保险法司法解释三》的规定应无问题。经保险人通知，投保人已经知道保费届期应付，但其仍不交付保险费，在主观上具有故意或重大过失，鉴于其主观恶性较大，并且保险费乃保险人承担风险之对价，故保险人中止保险合同当无问题。在审查保险合同复效之时，亦应允许保险人就下述可能性合理怀疑，即，投保人经通知而在宽限期内未交保费，在中止期内要求交付保费，可能原因是被保险人危险程度显著增加，故而更需要合同复效。基于这一合理怀疑，应允许保险人审查被保险人之危险是否显著增加，进而决定保险合同应否复效。

于未经通知而未交保险费之情形，则不宜适用《保险法司法解释三》关于复效的规定。其理由是：一方面，对投保人来说，在保险人未通知交费的情况下，其未交保险费具有一定程度的可宥性。交付保险费虽为投保人之义务，但对现代人来说，很容易因为事务繁忙而忘记交付保险费，此时，投保人之过失仅构成普通过失，其过失在某种意义上可以获得原谅。

另一方面，对保险人来说，如其未通知投保人交付保险费，则因其对投保人不交保费的风险更具有可控性，故对此应承担一定的责任。法律经济学理论认为，风险应当由容易控制的一方当事人承担，在投保人未交付保费的问题上，如果保险人予以通知，则投保人忘交保费之可能性较小，保险人显然比投保人更容易控制忘交风险，因此保险人应对未交之后果承担责任。在上述两个因素的合力下，于未经通知而未交保险费之情形，合同应否效力中止都成为问题，《保险法司法解释三》关于复效的规定自不应贸然适用。

事实上，域外的法律或司法实践多有规定保险人必须通知交费，否则保险合同不应效力中止之例证。例如，美国纽约州《保险法》则规定，保险人必须向投保人寄发催费通知，否则，保险人宣告保单失效的权利将受到一定的限制。① 日本《保险法》未规定复效制度，但法院认为，如果保险人未经催告，亦不得认定为保险合同效力中止。②

在我国，与保险合同中止和复效制度配套的宽限期制度规定，保险人可以不经通知交费而中止保险合同，嗣后保险人可以通过筛选危险的方法决定合同是否复效，这一规定应予改革。我国《保险法》第36条规定，在投保人欠交保险费的情况下，保险人可以催告投保人交付保险费，经催告三十日内仍不交付者，保险合同效力中止。但保险人亦可不催告交付保险费，在未催告的情况下，保险合同于超过应交期限六十日后效力中止。这意味着，如果保险人不通知投保人，保险合同亦可自动中止，投保人欲使合同复效，必须接受保险人之危险筛选。这显然与本文前述投保人过错之可囿性、保险人的危险控制责任等理论相背离，亦与诸多国家之立法例相矛盾。故，宽限期之通知制度应予修改，采取彻底的通知制，③ 以保证保险消费者了解保费未交之事实，防止保险合同效力中止。

---

① 纽约州《保险法》的规定是："如果保险人没有在保费到期日之前适时（至少提前15天，但不能超过45天）寄发交费通知单，投保人未能如期缴纳保费，则在应缴保费逾期后的一年内，保险人不能因不缴纳保费而宣布在本州交付或签发的寿险保单失效。"此处对保单效力中止的权利进行了限制，其限制在应缴保费逾期后的一年内，一年之后则可以效力中止。参见［美］缪里尔·L. 克劳福特：《人寿与健康保险》，周伏平、金海军等译，经济科学出版社1999年版，第278页。
② 参见汪信君《再论人寿保险契约效力之停效与复效》，《月旦法学杂志》2010年第12期。
③ 参见梁鹏《保险法宽限期制度研究》，《保险研究》2012年第12期。

据上,《保险法司法解释三》中关于复效的规定,仅适用于保险人通知投保人交费的情形,于保险人未通知交费之情形则不适用。我国的宽限期制度应予修改,删除保险合同效力中止可不经保险人通知之规定,强制保险人在投保人未交保费时进行通知,否则合同不应效力中止。倘若保险合同效力不应中止,则无复效制度之适用问题,我国《保险法》和《保险法司法解释三》关于复效制度之规定自无适用之余地。

二 "中止期间"危险增加的认定困难

《保险法司法解释三》将保险合同能否复效的时间考量因素界定为"中止期间"。《保险法司法解释三》第8条第1款明确规定,"中止期间"被保险人危险程度显著增加的,保险人可以拒绝复效,除此之外的情形,保险人不能拒绝复效。这意味着,危险显著增加必须在"中止期间"内发生,否则合同必须复效。司法解释的制定者对此提出了理由:"如果被保险人的危险程度在合同效力中止之前即已显著增加,则其申请复效不会增加逆选择的风险,保险人拒绝恢复效力缺乏正当性。"[1] 这一理由当然有其合理性,因为,法律之所以赋予保险人对危险重新评估的权利,乃在于防止投保人在未交保费之情况下,发现被保险人身体情况恶化,因此决定恢复合同效力的逆选择。[2] 若危险显著增加发生在"中止期间"内,投保人又要求复效的,多半属于逆选择,保险人自可拒绝复效。

然而,人身保险中,危险是否在"中止期间"显著增加很难认定。人身保险所保障者,为自然人之寿命或身体,保险人对风险之核定,主要是针对被保险人的身体健康状况,而人的身体状况变化,乃是一个长期的潜移默化的过程,很难查明最初发生的时点和发展的经过,亦很难查明何时发生了本质性的变化。例如,世界卫生组织宣布,肿瘤只是慢性病的一种,其发展需要十五年的时间,那么,从肿瘤的最初细胞变化到肿瘤最终

---

[1] 杜万华:《最高人民法院关于保险法司法解释(三)理解与适用》,人民法院出版社2015年版,第215页。

[2] 参见汪信君《再论人寿保险契约效力之停效与复效》,《月旦法学杂志》2010年第12期。

出现，何时可以算作危险显著增加恐怕不得而知。更何况，在被保险人发现某种疾病的时候，该疾病可能已经存在于被保险人体内很长时间，医学上亦很难证明该疾病何时出现在被保险人的身体里，何时算作危险显著增加。故而，《保险法司法解释三》规定"被保险人的危险程度在中止期内显著增加"作为保险人可以拒绝复效的唯一事由，实务中恐很难认定。

适用"中止期间"危险显著增加的规定，其结果可能是，若投保人提交复效申请，并同意补交保险费，则保险合同必须复效，这一结果无异于剥夺了保险人的危险筛选权。依据《保险法司法解释三》，如投保人希望合同复效，其只需提出复效申请并同意补交保险费即可，而保险人若拒绝复效，其不仅须证明危险已经显著增加，而且须证明危险显著增加发生在"中止期间"内。如前所述，由于身体变化的长期性以及医学检查的滞后性等原因，证明危险显著增加发生在"中止期间"内对保险人来说异常困难。正常情况下，保险人对此无法证明，也就无法拒绝复效。这一规定的结果，在某种意义上剥夺了保险人的危险筛选权。

剥夺保险人的危险筛选权对保险人显然有失公允。保险合同之效力中止，系因投保人未交保费所致，投保人对此过错责任，保险人对此并无过错。但是，《保险法司法解释三》中"危险程度在中止期间显著增加"的规定，导致保险合同必然复效，剥夺了保险人的危险筛选权，于是，原本应由投保人承担的责任，现由无过错之保险人承担，对保险人显有不公。另外，因保险人丧失危险筛选权，投保人的逆选择行为必然增加，保险"风险池"中的风险程度因此恶化，对此，保险人多以提高保险费应对，最终受害者，乃为投保之大众。

若承认保险人之危险筛选权，则危险显著增加之时点应设定为投保人申请复效之时，而非"中止期间"。之所以将危险显著增加之时点设定为申请复效之时，其理由大致是，保险人筛选风险的时点乃是投保人申请复效之时。保险人筛选风险，在某种意义上是一个重新核保的程序，只有投保人将关于保险标的的风险告知保险人，保险人才能开始筛选，而投保人告知的时点，正是其申请复效之时。

不过，由于申请复效是一个过程，这一过程中的哪个时点作为危险显著增加的判断时点，尚需探索。如投保时投保人须履行告知义务一样，投保人在复效时的告知应有两种模式：主动告知与询问告知。但是，由于普通投保人并不知道何种事实应当告知，故要求其主动告知并不现实。相反，在询问告知的情形下，由保险人询问保险标的的重要情况，不仅能够使保险人充分了解自己所需评估之内容，而且能够大大降低投保人提供可保证明的相关成本，① 因此，采取询问告知方式更为合理。在询问告知模式下，申请复效大致包括投保人提出申请、保险人提出询问、投保人对询问进行回答，保险人同意或拒绝复效四个步骤。在这四个步骤中，以投保人对询问进行回答时作为判断危险是否显著增加之时点更为合理，因为，保险人对危险之判断，有赖于投保人之告知，而投保人对询问之回答，正是对危险因素的告知，这也是投保人在申请复效之前对被保险人情况的最终了解，以这一时点作为判断危险是否显著增加的时点较为妥当。

三 "危险程度显著增加"的扩张解释

依《保险法司法解释三》之规定，保险合同能否复效取决于被保险人之危险是否显著增加，那么，"危险程度显著增加"该如何理解呢？依照司法解释制定者的解释，"危险程度显著增加"包括两种情形，一是指被保险人之危险达到"影响保险人决定是否同意承保"的程度，二是指被保险人之危险达到"保险人可以提高保险费率"的程度。② 这一解释乃是依据《保险法》第16条第2款关于告知义务之规定做出，该规定旨在处理投保人在订立合同时不履行如实告知义务，保险人可以解除保险合同的情形，其中"影响保险人决定是否同意承保"是指保险标的不应属于拒保体，否则即使保险合同已经订立，保险人亦可解除。而"影响保险人提高保险费率"是指保险标的不应属于次标准体，如属次标准体则保险人须加费方可承保，投保人未对属于次标准体之事实告知的情形，保险人亦可解除合同。之所以依据《保险法》第16条第2款关于告知义务的规定进行

---

① 参见梁鹏《保险合同复效制度比较研究》，《环球法律评论》2011年第5期。
② 参见杜万华《最高人民法院关于保险法司法解释（三）理解与适用》，人民法院出版社2015年版，第212页。

解释，大约是因为司法解释的制定者认为，复效时保险人对风险的筛选与投保时的风险筛选并无二致。

应当说，司法解释制定者对"危险程度显著增加"的理解大致是适当的。之所以称其适当，是因为保险合同效力中止乃因投保人未交保险费所致，投保人应对此承担责任。保险合同属于双务合同，保险费乃保险人承担危险之对价，保险人之承担危险必以保险费之交付为前提。① 在投保人不交付保险费的情形下，为避免保险人强迫投保人储蓄，我国《保险法》规定，保险人不得以诉讼方式请求保险费，故而，保险人保障自己权益之路唯有一条，即不再承担危险。保险人之不再承担危险本可以采取解除保险合同的方式，但考虑到合同复效对双方当事人均有好处，故法律上特设复效制度，允许投保人补交保费，进而恢复合同效力。这一制度对投保人一方来说，已属有益。如再强行允许投保人在危险程度显著增加时恢复合同效力，则是强令保险人承担其不应当承担的风险，双方当事人利益保护显失平衡。以司法解释制定者对"危险显著增加"之解释，如不影响保险人是否决定承保或提高保费，保险合同应当复效，则保险人承担之风险乃在其能承受之范围内，此种复效对当事人双方均可接受，因此较为合理。

不过，对"危险程度显著增加"宜作扩大解释，将那些不属于身体健康状况的危险包含在内。"危险程度显著增加"很容易被理解为"被保险人的健康状况显著恶化"，这种理解可能过于狭隘。在某些情况下，被保险人的健康状况并未显著恶化，保险人也可以拒绝复效，比如出现了被保险人财务状况恶化、重复投保等情况。② 在这些情况下，保险人之所以可以拒绝复效，是因为这种情况可能导致道德危险增加。例如，经保险人查明，被保险人因赌博引起财务状况恶化，并购买了多份人寿保险，此时，不能排除被保险人意欲通过道德危险的方式诈取保险金。如此，则被保险人赔付的可能性增加，赔付的时间提前，所收取的保费却可能减少。在此情形下，应当允许保险人拒绝合同复效。

---

① 参见江朝国《保险法论文集》，瑞兴图书股份有限公司2002年版，第205页。
② Joseph G. Egan, "Insurance: Reinstatement: Insurability", 48 Michigan Law Review (1950), p. 1204.

事实上，《保险法司法解释三》规定的"危险显著增加"类似于美国保险法复效制度中的"令人满意的可保证明"，但美国司法实践中已将"令人满意的可保证明"扩大解释。美国诸州保险法在保险合同复效问题上要求投保人提供"令人满意的可保证明"，而《保险法司法解释三》要求被保险人的危险"不能显著增加"。从某种意义上讲，危险"不能显著增加"的含义就是"被保险人的危险状况须令保险人基本满意"，即"令保险人满意的危险状况"，这与"令人满意的可保证明"极其相似。在美国司法实践中，最初，法院认为"令人满意的可保证明"就是"健康状况良好"，[①] 但是，在后来的卡尔曼诉衡平人寿保险组织一案中，法院认为："复效法规和保单条款所要求的'令保险人满意的可保证明'并不仅仅指良好的健康状况，本案中，被保险人拥有巨额的超额保险，且与其财务状况不符，这对被保险人生存产生绝对影响，并可能导致道德危险行为的出现。"[②] 此后，美国法院普遍认为，除了健康状况之外，被保险人的职业、习性、病历、近亲之健康情况、投保数额、财务状况、服役军中、从事国外旅行、航空以及其他具有危险之活动等加以考虑也是保险合同复效需要考虑的因素。[③] 可见，美国法院已将"令人满意的可保证明"作了扩大解释，这一点，值得我国法院在审判实践中加以借鉴。

四 结论

《保险法司法解释三》关于保险合同复效的规定确有一定的合理性，不过，白璧微瑕，该规定亦有可完善之处，笔者认为，应明确该规定的适用条件为保险人已通知投保人交费之情形，"危险程度显著增加"的时点应为投保人申请复效之时，且应对"危险程度显著增加"做扩张解释。爰此，笔者建议将《保险法司法解释三》第 8 条修改为：

"在保险人已经通知投保人交费后，保险合同效力依照保险法第三十

---

① Missouri State Life Ins. Co. v. Hearne, 226 S. W. 7899 (Tex. Civ. App. 1920).
② Kallman v. Equitable Life Assurance Society, 5 N. E. 2d 375 (N. Y. 1936).
③ 施文森：《保险法论文》第二集，三民书局 1988 年增订 4 版，第 291 页。

六条规定中止，投保人提出恢复效力申请并同意补交保险费的，除被保险人的危险程度在申请复效时显著增加外，保险人拒绝恢复效力的，人民法院不予支持。

保险人在收到恢复效力申请后，三十日内未明确拒绝的，应认定为同意恢复效力。

保险合同自投保人补交保险费之日恢复效力。保险人要求投保人补交相应利息的，人民法院应予支持。"

专题二十　司法解释中的受益人问题

【摘要】《保险法司法解释三》能够解决实务中的一些争议问题,但是,由于所持理论的瑕疵,解释者的部分观点有待商榷。在遗嘱变更受益人的问题上,变更生效之时点应为遗嘱作成之时,而非被保险人死亡之时;在保险事故发生后是否可以变更受益人的问题上,若被保险人于保险事故发生后仍然生存,至少在受益人拒绝接受保险金的情况下,被保险人仍然享有变更受益人的权利;在部分受益人丧权后,其受益份额处理的问题上,司法解释三的规定仅适用于被保险人已经死亡的情形,而且应当有例外规定;作为保单持有人的法定继承人,其地位应为保险金保管人,而非遗产保管人。

【关键词】司法解释;受益人;遗嘱变更;生效时点;受益份额

在《最高人民法院关于适用〈中华人民共和国保险法〉若干问题的解释(三)》(下称"《保险法司法解释三》")中,关于受益人的规定集中在第9条至第15条,总计七条,占到该解释条文总数的四分之一强,足见最高人民法院对受益人制度的重视程度。应当说,这些解释具有一定的合理性,对实务中受益人纠纷的解决大有裨益。不过,由于受益人制度是一个复杂的制度,其中的某些问题在理论基础上仍存在分歧,加之立法技术和语言表达的难度,故而,《保险法司法解释三》中的受益人制度仍有一些不足之处,以下就这些问题展开探讨。

一 遗嘱变更受益人的生效时间

司法实践中,以遗嘱方式变更受益人的现象屡见不鲜,《保险法司法解释三》出台之前,各地法院对遗嘱是否可以变更受益人的问题认识不一:有认为此种变更方式不符合保险法的规定,应为无效者;亦有认为遗嘱体现了被保险人的意愿,应当认定为有效者。尽管《保险法司法解释三》对这一问题未做明确规定,但最高法院民二庭相关负责人在回答记者的提问时,明确指出"可以通过遗嘱的方式进行指定或者变更"。[1] 这一回答终结了此前的争论,对法院裁判的统一无疑是有益的。

然而,遗嘱可以变更受益人引发了一个新问题,即,以遗嘱方式变更受益人的,变更行为何时生效?遗嘱变更受益人不同于普通的受益人变更,在普通的受益人变更,被保险人以书面、口头等方式通知保险人,这类变更方式,通常于被保险人发出通知之时,受益人变更生效。但是,受益人变更若采取遗嘱方式,多不会通知保险人,便不存在被保险人发出通知之行为,在此情形下,如何认定受益人变更的生效时点便成为一个问题。

面对这一问题,有司法界人士认为,遗嘱生效之时点应为变更生效之时点,即,遗嘱人死亡时点便是变更生效之时点。该人士明确指出:"以遗嘱方式变更受益人,需要遵循遗嘱生效规则,只有在遗嘱产生效力时受益人的变更才有效。遗嘱是遗嘱人生前处分其死亡后财产的行为,遗嘱以遗嘱人的死亡为生效条件。投保人或被保险人以遗嘱的形式变更受益人的,也须等待投保人或被保险人死亡后才发生变更的效力。"[2]

然而,这一认识可能会引起保险金给付上的理论争议。一方面,遗嘱人通常就是被保险人,遗嘱人死亡就是被保险人死亡,而依据保险法理论,原受益人享有之受益权或受益之地位,于被保险人死亡时成为现实之

---

[1] 参见最高人民法院民二庭负责人就《最高人民法院关于适用〈中华人民共和国保险法〉若干问题的解释(三)》答记者问中的第九个问题。

[2] 杜万华:《最高人民法院关于保险法司法解释(三)理解与适用》,人民法院出版社2015年版,第300页。

权利,① 此时,原受益人已对保险金享有所有权。另一方面,根据上述遗嘱变更受益人时点之理论,于遗嘱人死亡时,遗嘱生效,受益人即被变更,原受益人不再作为受益人,也便不得领取保险金。显然,两种理论所得结论相互矛盾。

我国司法界已经意识到这一问题,并对这一问题做出了回答,然而,其回答无法令人信服。最高法院相关人士解释云:"被保险人死亡时,遗嘱生效,受益人立即发生变更,原受益人丧失了受益权,而只能由变更后的受益人领取保险金。因此,两者虽然同时生效但并不产生矛盾。法律或法官都不是刻板的,如果能够清晰地了解当事人的真实意愿,法律和法官都应当充分尊重当事人的自治权利,承认被保险人在后做出的意思表示。"② 这一解释认定被保险人死亡时受益人立即发生变更,法官也愿意作受益人已经变更的推定。但是,这一解释始终无法驳倒被保险人死亡时原受益人已经获得保险金所有权的理论,若原受益人已经获得保险金,承认受益人已经变更亦无法收回其保险金,此种承认便毫无意义,因此,这样的回答无法令人信服。

笔者以为,遗嘱变更受益人的生效时点应为遗嘱作成之时,而非遗嘱生效之时。

《保险法司法解释三》将受益人变更的生效时点设定为意思表示发出之时无疑是正确的。自民事法律行为理论看,变更受益人属于单方法律行为,变更之意思表示属于无须受领的意思表示,这种意思表示仅仅关乎自己权利的处分,并不侵害他人利益,因此,一经发出,无须他人同意,立即发生效力,除非法律另行规定有该意思表示的生效要件。③ 或许正是由于上述理由,《保险法司法解释三》第 10 条第 1 款规定:"投保人或者被保险人变更受益人,当事人主张变更行为自变更意思表示发出时生效的,人民法院应予支持。"

但是,遗嘱之意思表示发出之时与遗嘱生效之时系两个概念。我国有

---

① 参见樊启荣《保险法》,北京大学出版社 2011 年版,第 205 页。
② 杜万华:《最高人民法院关于保险法司法解释(三)理解与适用》,人民法院出版社 2015 年版,第 300 页。
③ 参见梁鹏《保险受益人变更之研究》,《保险研究》2013 年第 7 期。

学者对遗嘱有效与遗嘱人意思表示的发出加以区别,认为:"遗嘱的有效虽是指遗嘱人的意思表示有效,但确定遗嘱是否有效的时间标准并不是仅以遗嘱人表述自己意思即设立遗嘱的时间为限,而原则上是以遗嘱人死亡即继承开始时为准。因为遗嘱只能从此时起才有终极的效力。"[1] 这意味着,遗嘱之意思表示发出之时应为遗嘱设立之时,遗嘱生效之时则为被保险人死亡之时。[2]

显然,将遗嘱做出之时作为受益人变更之时更为合理。一方面,遗嘱做出或设立之时,事实上就是遗嘱人或被保险人清楚地发出其意思表示之时。以自书遗嘱为例,遗嘱人或被保险人书面写下其意思表示,并签名于上,其意思表示已至为明显,我们无由强行否认其意思表示已经做出,法律也未规定这一意思表示须待遗嘱人或被保险人死亡时生效。另一方面,以遗嘱做出之时作为受益人变更的时点,可以避免原受益人获得保险金所有权与受益人变更同时发生的矛盾。如果以遗嘱做出之时作为受益人变更的时点,那么,在遗嘱人或被保险人死亡之前,受益人已经变更,原受益人之资格此时即被撤销,于遗嘱人或被保险人死亡之时,也便无权获得保险金所有权,上述矛盾于是不复存在。至于有人担心遗嘱人或被保险人再次做出遗嘱变更受益人的现象,笔者以为,只需采取以最后一个有效遗嘱作成之时作为受益人最终确定之时的理论解决即可。

二 保险事故发生后的受益人变更

保险事故发生后,被保险人是否仍可变更受益人,《保险法司法解释

---

[1] 郭明瑞、房绍坤:《继承法》,法律出版社1996年版,第158页。
[2] 笔者怀疑,这一说法可能存在问题,作为一个法律行为,遗嘱通常应自意思表示发出之时便应当成立,除非附有条件或期限,或者法律另行规定了其他生效要件,否则遗嘱在成立之时立刻生效,我国法律并未规定遗嘱的其他生效要件。学者认为,遗嘱自遗嘱人死亡时生效,可能系将遗嘱生效时间与继承开始时间相混淆,误将继承开始时间认定为遗嘱生效时间。有学者可能认为,遗嘱可能被遗嘱人变更,只有在遗嘱人死亡时才能确定最终生效的遗嘱,故而遗嘱应当于被保险人死亡时才能生效。但是,在前一遗嘱被变更之前,似乎不必否认其效力,其效力只是可能因后一生效遗嘱的出现而消灭而已。不过,笔者并非继承法领域的学者,对此仅是怀疑而已,这一问题需要继承法领域的学者继续研究。本文采取目前继承法之通说研究受益人问题。

三》作了否定回答,然而,这一回答可能遭遇挑战。《保险法司法解释三》第 11 条规定:"投保人或者被保险人在保险事故发生后变更受益人,变更后的受益人请求保险人给付保险金的,人民法院不予支持。"这意味着,投保人或被保险人不得在保险事故发生后变更受益人。① 但是,保险实务中可能遇到这样的现实:被保险人所购保险为意外伤害保险,指定了一名受益人,在被保险人意外受伤已经发生的情况下,该受益人明确拒绝接受保险金,此时,被保险人是否可以变更受益人?

《保险法司法解释三》对上述挑战未予明确回应,只是表明,这种情况极少出现,为了维护债权的稳定性,被保险人在事故发生后统统不得变更受益人。最高人民法院相关人士编写的《最高人民法院关于保险法司法解释(三)理解与适用》一书指出:此种情形,"在实务中较为罕见。多数保险公司设计的人身保险合同受益人栏明确为'身故受益人',即只有被保险人死亡时该受益人才会享有保险给付请求权,如被保险人生存的,则由被保险人作为保险给付请求权之人。所以,少数说所担心的情形实际上很少真实发生。为了避免此种小概率事件,赋予被保险人于保险事故发生后的变更受益人权,动摇债权(保险给付请求权)的稳定性,妨碍债权(保险给付请求权)的交易安全,得不偿失"。② 从该书的这段论述可知:司法界相关人士认为上述现象极少发生,为了维护债权的稳定性,唯有牺牲被保险人的事后变更权。这一理由是否妥当,值得探讨。

上述现象在实务中确实较为少见,但并非不可能发生,而一旦发生,以《保险法司法解释三》之规定,很难做出合理的解决。保险事故已经发生,若被保险人仍然生存,而指定之受益人又拒绝领取保险金的,依《保险法司法解释三》,可能出现两种结局:第一,被保险人不得变更受益人,此时,保险金便无人领取。这种结局显然无法令人满意。第二,保险金由被保险人本人领取。这种情形下,受益人实际上变更为被保险人,只是变

---

① 因被保险人是受益人的实质指定或变更主体,投保人变更受益人须经被保险人同意,仅是变更受益人的形式主体,本文为行文方便,仅以"被保险人"作为变更主体。

② 杜万华:《最高人民法院关于保险法司法解释(三)理解与适用》,人民法院出版社 2015 年版,第 321—322 页。

更实际上是通过法律推定的强行变更,其结果也不一定令人满意,因为,如果严格依照《保险法司法解释三》的规定,变更后的受益人即使是被保险人,也不得领取保险金。更重要的是,这种推定强行剥夺了被保险人重新选择受益人的自由,即使被保险人希望将保险金给予某人,其也必须领取保险金后进行赠与方可,徒增烦扰。

那么,被保险人在保险事故发生后变更受益人是否一定会影响债权,也就是保险金请求权的稳定性呢?恐怕未必。通常情形下,保险事故发生后,因受益人已经取得现实的受益权,可以向保险人要求赔付保险金,此时,若被保险人重新变更受益人,必然引起债权之不稳定。但是,当被保险人所指定之受益人拒绝接受保险金时,其行为已构成对保险金请求权的放弃,受益人自然可以不再享有债权,被保险人重新指定受益人的行为,当然不会影响所谓债权之稳定性。

笔者以为,若被保险人于保险事故发生后仍然生存,至少在受益人拒绝接受保险金的情况下,被保险人仍然享有变更受益人之权利。其理由在于,人身保险之保险金,系因被保险人之身体或寿命遭遇危险所获之金钱,被保险人对之应有绝对之处分权。尽管通说认为受益人于保险事故发生时便取得向保险人请求赔付的债权,但这并不妨碍受益人放弃这一权利,在受益人放弃权利的情况下,保险金之归属应由被保险人决定,而被保险人处分保险金之方式,若不违反法律规定或公序良俗,应不受限制。被保险人再行指定受益人,为其处分保险金之一种方式,无由认定其无效。《保险法司法解释三》规定变更后的受益人不得请求保险金,乃是强行限制被保险人处分保险金之方式,此种做法并不妥当。

笔者甚至认为,若被保险人于保险事故发生后仍然生存,在受益人做出接受赔付的意思表示之前,乃至受益人已向保险人发出赔付的请求之前,被保险人是否仍有变更受益人之权利也是一个值得探讨的问题。《保险法》上的受益人制度,根源于被保险人死亡后,必须有人领取保险金之需求。但随着保险实务之发展,某些保险合同在被保险人仍生存的情况下,也指定了受益人,但这种受益人在性质上可能与被保险人死亡情况下的受益人存在本质差别,① 其是否能够适用保险事故发生时,受益人便取得保险金之理论尚值研究。倘若研究表明,在被保险人生存的情况下,所指定之受益人在保险事故发生时不一定立刻获得保险金,则即便保险事故发生,被保险人仍可能合法变更受益人。②

对此于上述值得探讨之问题,其他国家做出的特别规定可供参考。意大利《民法典》第 1921 条规定:"前条规定可以采取的方式,受益人的指定可以被撤回。但是在投保人死亡后不得由继承人撤回指定,在保险事故发生后,受益人做出了接受赔付的意思表示的,也不得撤回。"立陶宛共和国《民法典》的规定则更为超前,其第 1006 条规定:"如果受益人已经按照保险合同的约定履行了相关义务,或向保险人提出索赔请求权,则不能更改受益人。"前者实际上规定,除非受益人表示接受保险金,否则被保险人即使在保险事故发生后仍可以变更受益人;后者则意味着,在受益人向保险人索赔之前,保险人都可以变更受益人。如此规定的出现,拷问着《保险法司法解释三》变更受益人时点规定之妥适性,值得进一步深思。

无论如何,可以肯定的是,至少在受益人拒绝接受保险金的情况下,被保险人仍然有权重新指定受益人。

三 部分受益人受益份额处理之适用条件与例外补充

《保险法司法解释三》第 12 条就部分受益人在保险事故发生之前死亡、放弃受益权或者丧失受益权(为行文方便,以下将上述三种情形简称为"丧失受益权")时,该部分受益人原应享有之保险金的处理进行了规定,其大致内容为:保险合同约定有特别处理方式的,按照约定处理;保险合同没有约定特别处理方式的,依照《保险法司法解释三》的规定进行处理,而《保险法司法解释三》的处理方式大致是:如保险合同确定了各受益人的受益份额的,丧权受益人原应享有之保险金由其他受益人按照相

---

① 参见叶启洲《受益人概念的适用范围》,载谢宪、李友根主编《保险判例百选》,法律出版社 2012 年版,第 215—219 页。

② 本文限于篇幅,不再对这一问题进行研究,但这一问题在被保险人生存即可领取保险金的人身保险合同,以及设定了受益人的财产保险合同中,不乏研究价值。

应比例享有；如保险合同未确定各受益人之受益份额的，丧权受益人原应享有之保险金由其他受益人平均享有。如保险合同同时约定了受益顺序，则上述保险金处理方式应依照受益顺序进行处理。

应当说，《保险法司法解释三》的规定在绝大多数情形下是正确的，但是，对上述规则，似有两个疑问需要回答：其一，假如保险事故发生后，被保险人仍然生存，上述规则是否仍应适用？其二，受益人的指定和变更应当遵循被保险人之意思，上述规则适用的结果是否一定符合被保险人的意思？是否存在例外的情形？第一个问题实际上是受益份额处理的条件问题，第二个问题是受益份额处理的例外问题，以下分别论述之。

（一）受益份额处理的条件

在保险合同约定有数个受益人，其中部分受益人丧失受益权，而保险事故发生后被保险人仍然生存的情况下，依照《保险法司法解释三》的规定，如保险合同未约定特别处理方式，则该丧权受益人原应享有之保险金应归其他同一顺位的受益人平均或按比例享有。由于这一规定未设定被保险人之死亡或生存作为条件，故而，自规则之文义出发，可以理解为被保险人死亡或生存均应适用。但是，依我国保险实践，保险事故发生时，被保险人既可能在事故中死亡，亦可能仍然存活，若被保险人仍然存活，我们能否不顾被保险人之主观意思，依照《保险法司法解释三》之规定强行处分丧权受益人原应享有之保险金？

笔者以为，《保险法司法解释三》关于受益份额处理的规定仅适用于被保险人已死亡之情形，在被保险人仍生存时，该规则并不适用。理由主要是：

第一，保险金的处理应遵循被保险人之意图，在被保险人仍然生存的情况下，对丧权受益人保险金之处理，必须征求被保险人的意见。依我国保险法理论，保险金系被保险人身体或寿命遭遇损害的补偿，被保险人对之享有绝对的处分权，故而，在我国，投保人虽享有受益人指定或变更之权利，但均需征得被保险人之同意。于被保险人原先指定之受益人在先死亡、放弃受益权、丧失受益权的情形下，只要被保险人仍然生存，应当尊重其重新指定受益人的权利。倘若强行规定丧权受益人之受益份额由其他受益人享有，难免有公权过度干涉私权，侵犯被保险人应有权利之嫌疑。

第二,《保险法司法解释三》中受益份额处理的规则源于《保险法》之规定,但作为依据的《保险法》将此种情形的适用限定于被保险人死亡的情况下。《保险法》第 42 条规定,受益人先于被保险人死亡、受益人依法丧失受益权或者放弃受益权,没有其他受益人的,保险金作为被保险人的遗产,由保险人依据《中华人民共和国继承法》的规定履行给付保险金的义务。司法界相关人士认为,根据该规定,"受益人先于被保险人死亡,没有其他受益人的,保险金才作为被保险人的遗产处理"。[①] 然而,该人士或许没有注意到,《保险法》第 42 条已经将该条的适用条件限制于被保险人死亡的情形,并不适用于被保险人生存之情形,该条第一句所设定的条件就是:"被保险人死亡后……"《保险法司法解释三》规则中未写明这一适用条件,实为憾事。

(二) 受益份额处理之例外

在被保险人已经死亡的情况下,司法解释规则的适用在大多数情况下符合被保险人的意图。通常情形下,被保险人指定的受益人为自己的亲属,而指定之时,亦会通盘考虑亲属之状况,将需要保留保险金之亲属指定为受益人,未被指定之人,被视为不需要为其留存保险金之人。故即使其中一人或数人丧失受益权,因其他亲属被认为不需要留存保险金,故保险人在其余受益人之间分配符合被保险人之意图。

但是,在特殊情况下,上述规则可能与被保险人之意图并不相符。例如,被保险人购买人寿保险,身故保险金为 100 万元,应其债权人之要求,将债权人指定为受益人之一,保险合同约定债权人之受益份额限于其债权 50 万元。被保险人同时指定其妻作为另一受益人,受益份额为剩余之保险金 50 万元。后被保险人与其妻同车出行,遭遇车祸同时罹难,不能确定二人死亡之先后顺序,依保险法之规定,应推定其妻先于被保险人死亡,然而此时被保险人业已死亡,无法变更受益人,依《保险法司法解释三》第 12 条之规定,原应由其妻享有之保险金 50 万,应归其债权人所有,然被保险人尚有第一顺序继承人,譬如父母、子女健在,保险金若归于债权

[①] 杜万华:《最高人民法院关于保险法司法解释(三)理解与适用》,人民法院出版社 2015 年版,第 340 页。

人，显然与被保险人之意图背道而驰。

上述事例虽属少数，但在市场经济发达的今天，不能排除其发生的可能性，为解决受益份额处理的特殊情况，须有例外规则供法官采用。因受益人指定之状况千差万别，例外规则不可能是一个固定的规则，而需要法官根据具体情况做出具体处理。之所以如此处理，理由是：保险金归属的判断，主要依据被保险人的主观意愿，然而，在被保险人已经死亡的情况下，对被保险人主观意愿的判断只能是一种推定，而推定不能凭空而来，其必须依据被保险人死亡之前的相关事实做出。在现实生活中，被保险人指定受益人的情况各有不同，于是推定的结果就会有所不同。但是，大多数情形下，由于被保险人指定的受益人符合《保险法司法解释三》设想的情形，即，被保险人将需要保险金的亲属指定为受益人，故而，推定的结果与《保险法司法解释三》规定的规则相符合。但是，在受益人指定较为特殊的情况下，例如，债权人被指定为受益人，或者慈善机构被指定为受益人，这些受益人的指定，与《保险法司法解释三》设想的指定情形有所偏差，推定结果也会出现司法解释始料未及的状况。由此看来，推定结果是否符合被保险人意图，依赖于某些特殊事实，法官对事实的认定，乃是合理解决受益份额争议的关键。

在笔者看来，法官处理受益份额纠纷需要考虑的因素包括：被保险人最初指定受益人之意图、受益人指定之状况、事故发生时法定继承人之状况、受益人指定后发生的其他情况等基础事实，在这些基础事实之上，由法官应当运用经验法则，就具体案件进行事实推定，进而决定丧权受益人之保险金份额的归属，并允许受不利影响之当事人予以反证，始能保证处理结果更加切近被保险人之意图。对此，笔者已在拙著《受益人故意制造保险事故致研究》一文中加以分析，[①] 在此不再赘述。

为此，宜在《保险法司法解释三》第 12 条增加一款，规定："依据上款规定处理之结果，明显与被保险人处分保险金之意图不符时，人民法院可以根据具体案件事实决定该受益人应得之受益份额的归属。"

---

① 参见梁鹏《受益人故意制造保险事故致研究——以〈保险法〉第 43 条为中心》，《中国保险法学研究会 2014 年论文集：中国保险法律制度完善与保险市场规范发展》，第 422—435 页。

四 欠缺受益人情况下保单持有人的地位

《保险法司法解释三》第 14 条规定:"保险金根据保险法第 42 条规定作为被保险人的遗产,被保险人的继承人要求保险人给付保险金,保险人以其已向持有保险单的被保险人的其他继承人给付保险金为由抗辩的,人民法院应予支持。"本条承认,保险人将保险金给付于持有保单之继承人后,即为履行完毕。以此解除保险人的责任,有利于提高保险人的理赔效率。同时,被保险人之其余继承人可以向持有保单之继承人主张享有部分保险金之权利,对其权益并无损害。因此,此规定并无不当。

不过,理论上需要提出的一个问题是,在这种情况下,持有保单之继承人的法律地位究为遗产保管人抑或保险金保管人?这一问题的解决,取决于对保险金性质的认识。

司法界相关人士认为,在欠缺受益人的情况下,保险金转为遗产,持有保单之继承人的法律地位是遗产保管人。[①] 如此处理的理由有二:其一是法条依据,即《保险法》第 42 条。相关人士指出:"我国《保险法》是把以死亡为保险事故之保险合同未指定受益人时的保险金作为被保险人之遗产处理的,而且以'保险人依照《继承法》的规定履行给付保险金的义务'之表述而使保险金遗产化处理方式更加明确。"[②] 其二是理论依据,即被保险人保护理论。相关人士指出:"《保险法》第 42 条在受益人缺位的情况下,将保险金转化为被保险人的遗产,与保险法强调保护被保险人利益的理念一致,符合法律在体系上的整体要求。"[③]

上述司法界相关人士所持的理由值得怀疑。对该相关人士所持法条依据的理由,已有学者认为,该条之立法本意,并不是指"保险金就是遗产",而是指解决此问题的方式是按遗产处理,即被保险人的法定继承人

---

① 杜万华:《最高人民法院关于保险法司法解释(三)理解与适用》,人民法院出版社 2015 年版,第 367 页。
② 同上书,第 364 页。
③ 同上书,第 365—366 页。

成为受益人。① 对于该相关人士所持之理论依据，笔者认为，在被保险人已经死亡的情况下，保护被保险人的说法已经很难立足，此时，被保险人无法领取保险金，其利益也便无从保护。实际领取保险金之人为被保险人之继承人，然而，倘若继承人领取的金钱在性质上为遗产，因遗产须应对被保险人之债权人的追偿，在多数情形下违背被保险人的本意，恰恰违反了保护被保险人之立法本意。

在欠缺受益人的情况下，保险金的性质不应为遗产，保单持有人之地位应为受益人，其保管保险金时，应为保险金保管人，不能将其作为遗产保管人对待。首先，保险金因保险合同而产生，无论保单是否指定有受益人，该笔金钱之性质均应为保险金。那种"有受益人则是保险金，无受益人则为遗产"的观点，似无立足之地。其次，将保险金作为遗产处理，使其面临债权人之追索，不仅与大部分被保险人之意图相违背、有害继承人之生存权保障而且不利于以商业保险补充社会保障政策的实施。故而，国际社会普遍将保险金与遗产区别处理。② 最后，保险金不应作为遗产处理已为众多著名保险法学者所认可，甚至成为保险法理论界的通说。著名保险法学者江朝国教授、郑玉波教授、陈云中教授、樊启荣教授、温世扬教授均持这一观点。③ 既然保险金不是遗产，则被保险人之法定继承人领取保险金之地位应为受益人而非继承人，持有保单之继承人的地位，则应为保险金保管人，而非遗产保管人。

五 结语

《保险法司法解释三》以七个条文规范受益人制度，解决了受益人纠纷中的许多问题。但是，实务中的许多问题仍存争议，譬如，受益人是否

---

① 参见樊启荣《保险法》，北京大学出版社 2011 年版，第 205 页。
② 参见梁鹏《受益人欠缺与保险赔付之处理》，载贾林清主编：《海商法保险法评论》（第七卷），知识产权出版社 2015 年版，第 207—210 页。
③ 参见江朝国《保险法论文集》（三），瑞兴图书股份有限公司 2002 年版，第 26 页；樊启荣《保险法》，北京大学出版社 2011 年版，第 202 页；郑玉波《保险法论》（第五版），三民书局 2003 年版，第 177 页。覃有土《保险法概论》（第二版），北京大学出版社 2001 年版，第 343 页。温世扬《保险法》，法律出版社 2003 年版，第 358 页。

仅限于死亡保险之中？其他保险中的受益人在性质上是否与死亡保险中之受益人相同？受益人在事故发生前是否享有权利？受益人是否在任何情况下都可以优于被保险人之债权人领取保险金？受益人之债权人是否可以主张执行保险金等等。在保险事业和市场经济日益发达的今天，传统受益人制度必将面临更多的挑战，需要实务界和理论界共同谨慎应对。

附录 《保险法》(人身保险合同部分)条文修改或司法解释建议

1. 《保险法》第31条第3款之司法解释：

"投保人在订立保险合同时对被保险人不具有保险利益的，保险合同无效。若未发生保险事故，保险人已收取的合同无效时点之后的保险费，应退还对方当事人；若已经发生保险事故，且保险人对投保人无保险利益存在审查上的过错，应当对保险金应得之人予以赔偿，赔偿数额以合同约定的保险金额为限。"

2. 《保险法》第32条第1款之修改

"投保人申报的被保险人年龄不真实，并且其真实年龄高于合同约定的年龄限制的，保险人可以撤销合同。

保险人撤销合同的，依据投保人与保险人对年龄不实的过错情况，分别作如下处理：在投保人有过错，保险人无过错的情形下，保险人应扣除手续费，无息退还保险费。在保险人有过错，投保人无过错的情形下，保险人应当加计利息退还保险费。在投保人与保险人均有过错的情形下，保险人应无息退还保险费。

保险人在订立合同时已经知道被保险人年龄高于合同约定的年龄限制的，保险人不得撤销合同。订立合同后，保险人知道被保险人年龄高于合同约定的年龄限制的，保险人可以撤销合同，自知道之日起，超过30日未撤销合同的，撤销权消灭。"

3. 《保险法》第32条第2款之修改：

"因被保险人年龄不真实，致使所付之保险费少于应付保险费的，投保人可以选择补交保险费，或者按照实付保险费与应付保险费的比例减少保险金额。投保人选择补交保费者，应当补交短交部分之利息。但是，被保险人之年龄不真实被发现于保险事故发生后，且保险人对年龄不真实没有过错的，非经保险人同意，投保人不得选择补交保险费之处理方式。

投保人故意申报年龄不真实，致使所付保险费少于应付保险费者，于年龄不真实被发现于保险事故发生之前的情形，保险人可以撤销保险合同；于年龄不真实被发现于保险事故发生之后的情形，保险人可以拒绝赔付。无论年龄不真实被发现于保险事故发生之前或之后，保险人均无须退还保险费。"

4.《保险法》第 32 条第 3 款之修改：

"因被保险人年龄不真实，致使所付之保险费多于应付之保险费者，保险人可以选择退还多交之保险费，亦可以与投保人协商按照实付保险费与应付保险费的比例增加保险金额。保险人选择退还保险费时，应一并退还多交保险费之利息。

因保险人故意导致被保险人年龄不真实，致使所付之保险费多于应付保险费者，保险人应当按照实付保险费与应付保险费之比例增加保险金额。"

5.《保险法》第 33 条第 1 款之司法解释

保险人违反《保险法》第 33 条第 1 款规定承保的，保险合同无效。保险人应将所收保险费退还投保人，同时承担核保不严之责任。

投保人可以为限制民事行为能力人投保以死亡为给付保险金条件的保险，并不须经被保险人同意，但保险金额不得超过丧葬费用。保险金额总数超过丧葬费用的，适用超额保险及重复保险的规定。

6.《保险法》第 33 条第 2 款之司法解释

父母为非亲生未成年子女或亲生未成年精神病子女投保以死亡为给付保险金条件的保险的，保险金额不得超过丧葬费用。保险金额总数超过丧葬费用的，适用超额保险及重复保险的规定。

7.《保险法》第 34 条第 1 款被保险人同意之司法解释

本条规定之同意，可为订立合同前之允许或订立合同后之承认。同意之形式，可采取明示或默示方式。

被保险人同意后，可撤销其同意，撤销之方式应以书面通知保险人及要保人。被保险人撤销同意后,保险合同解除,保险人应退还未履行部分之保险费或现金价值。

死亡保险合同订立后,保险人对投保人进行回访时,应当就是否经被保险人同意询问投保人,并说明未经同意之法律后果,保险人亦应就被保险人享有撤销同意之事项及撤销之结果通知投保人。

以限制行为能力人为被保险人订立之死亡保险合同,不须经被保险人同意,但死亡保障部分之保险金额,不得超过丧葬费用。丧葬费用之数额,由国务院保险监督管理机构规定。

8.《保险法》第 34 条第 1 款合同效力之司法解释

"以死亡为给付保险金条件的合同,须经被保险人同意并认可保险金额。

以死亡为给付保险金条件的合同订立时未经被保险人同意,事后经被保险人追认的,保险合同有效。

以死亡为给付保险金条件的合同订立时未经被保险人同意,被保险人又拒绝追认的,自被保险人拒绝追认之时起,合同无效。

被保险人非因投保人故意制造保险事故而死亡,推定被保险人追认该未经被保险人同意之死亡保险合同,保险合同有效。被保险人因投保人故意制造保险事故而死亡的,适用《保险法》第 27 条第 2 款之规定。

推定被保险人追认之有效保险合同,如指定投保人为受益人,该指定无效,以被保险人之法定继承人为保险合同受益人。"

9.《保险法》第 35 条之增补

"分期付款之人身保险,当事人可以在保险合同中约定现金价值处理之条款,投保人或被保险人有权选择现金价值处理之方式。

积存有现金价值之分期付款人身保险,如投保人或被保险人欠交次期以后之保险费,且保险合同未约定现金价值处理的方式,或者投保人或被保险人于该合同宽限期结束后未对现金价值处理做出选择时,保险人应以现金价值作为保险费一次性支付,用以购买减额缴清保险。

上款规定之减额缴清保险,应以减额缴清保险生效时被保险人之年龄计算保险金额。"

10.《保险法》第 36 条之司法解释

《保险法》第 36 条关于宽限期制度的规定,适用于分期付款的财产保险合同。

《保险法》第 36 条中的"未支付当期保险费"是指因投保人之原因未支付当期保险费。因保险人之原因未支付当期保险费者，保险合同继续有效，不适用《保险法》第 36 条之规定。

保险人催告投保人交付保险费的，应于当期保险费到期日之后，以书面方式将催告书送达保单或批单载明的投保人最后住所，催告书应载明交费时间、交费金额以及不交保险费之法律后果。催告于催告书到达投保人最后住所时生效。

11. 《保险法》第 37 条之司法解释

"合同效力依照本法第 36 条中止的，自合同效力中止之日起 2 年内，经投保人提出申请，保险合同可以复效。

保险人依照本法第 36 条第 1 款催告投保人支付当期保险费的，自保险合同效力中止之日起六个月内，投保人补交应交保险费及利息后，保险合同自保险人收受保险费之日起自动复效。保险人未依本法第 36 条第 1 款催告投保人支付当期保险费的，自保险合同效力中止之日起一年内，投保人补交应交保险费及利息后，保险合同自保险人收受保险费之日起自动复效。

自上款规定之六个月或一年后，保险人可于投保人申请复效之日起 5 日内要求投保人提供被保险人之可保证明，除被保险人之危险程度以理性保险人标准衡量已达拒绝承保程度外，保险人不得拒绝合同复效。保险合同复效之时点自保险人收取符合要求之可保证明之时起计算。保险人未于 5 日内要求提供可保证明，或于收到可保证明后 15 日内不为拒绝的，视为同意保险合同复效。

投保人应就保险合同效力中止期间的重要事项履行如实告知义务，投保人违反如实告知义务的，保险人可以解除合同，保险人解除合同适用本法第 16 条第 3 款（不可抗辩条款）之规定。

以被保险人死亡为给付保险金条件的合同，保险合同复效后，被保险人自杀的，如自杀发生于保险合同成立后 2 年内，保险人不承担给付保险金的责任。

本条第 2 款涉及之应交保险费及利息，包括保险合同复效前投保人应补交之保险费及银行同期利息，但中止期内之应交保险费及利息，由保险人与投保人平均分担。"

12. 《保险法》第 38 条之司法解释

"《保险法》第 38 条关于人寿保险不得诉追保险费之规定，适用于一次交付之保险费、分期交付之首期保险费及续期保险费。

保险人可以在合同中约定，投保人未支付到期保险费的，保险人不承担保险责任。但是，保险人若作此约定，须书面通知投保人，未书面通知投保人的，该约定不生效力。"

13. 《保险法》第 39 条之司法解释

"投保人指定受益人未经被保险人同意，如果被保险人仍生存，可由被保险人重新确定受益人；如果被保险人已死亡，推定该保险合同的受益人为被保险人，保险金作为被保险人的遗产由其继承人继承。

投保人为与其具有劳动关系的劳动者投保人身保险，在指定受益人时，须经被保险人同意。

投保人为与其具有劳动关系的劳动者投保人身保险，该保险不得指定投保人作为受益人。"

14. 《保险法》第 40 条之补充

"投保人或被保险人可以指定不可撤销受益人，投保人或被保险人未声明受益人为不可撤销受益人的，视为可撤销受益人。

不可撤销受益人指定后，非经该受益人同意，投保人或被保险人不得进行保单贷款，不得解除保险合同，亦不得转让保单利益。

不可撤销受益人先于被保险人死亡，或者不能确定其与被保险人死亡的先后顺序的，保险金作为该不可撤销受益人的遗产，由保险人依照《中华人民共和国继承法》的规定履行给付保险金的义务。"

15. 《保险法》第 41 条之司法解释

"被保险人或者投保人可以通过口头、书面通知、合同、遗嘱等方式变更受益人，变更后的受益人请求保险金时，须向保险人提供受益人已变更的证据。

被保险人或者投保人变更受益人的，变更行为自变更的意思表示发出之时生效。以格式条款的形式在保险合同中约定变更受益人须经保险人同意或者须经保险人批注方才生效的，该格式条款无效。

被保险人或投保人以通知方式变更受益人的，于通知到达保险人之前，不得以此对抗保险人。

投保人变更受益人未经被保险人同意的，若被保险人尚未死亡，该变更行为应经被保险人追认，被保险人拒绝追认或者被保险人已死亡的，该变更行为无效。"

16. 《保险法》第42条第1款之司法解释

"于《保险法》第42条第1款规定的受益人缺失情况下，被保险人之法定继承人应当被视为保险合同的受益人。保险人应当参照《中华人民共和国继承法》规定的继承顺序与继承份额支付保险金。

被保险人没有法定继承人时，投保人应当被视为保险合同之受益人。投保人已死亡时，人身保险保障基金应当被视为保险合同的受益人。

保险合同指定的受益人为不可变更受益人，并且先于被保险人死亡，没有其他受益人的，该受益人的法定继承人应当被视为保险合同的受益人。"

17. 《保险法》第42条第2款之司法解释

"受益人与被保险人均已死亡，且不能确定死亡先后顺序的，如保单尚有其他生存受益人，由其他生存受益人领取保险金；如保单没有其他生存受益人，由被保险人的法定继承人以受益人之身份领取保险金。"

18. 《保险法》第43条之司法解释

"受益人故意制造保险事故，无论其是否以谋取保险金为目的，该受益人均丧失受益权。但是，在被保险人仍生存，且坚持赋予该受益人受益权的除外。

受益人兼为投保人时，受益人故意制造保险事故的，适用上款之规定。但该受益人于订立保险合同时存在制造保险事故之故意的，保险人不承担保险责任。

受益人因故意制造保险事故丧失受益权的，若保险合同仍有其他受益人的，人民法院应当综合考察被保险人最初指定受益人之意图、受益人指定之状况、事故发生时法定继承人之状况、受益人指定后发生的其他情况，综合决定由被保险人之法定继承人或者其他受益人领取保险金。"

19. 《保险法》第44条之司法解释

"《保险法》第44条中的'自杀'，系指被保险人的故意自杀。该条所指以被保险人死亡为给付保险金条件的合同,仅限于人寿保险合同,不包括健康保险和意外伤害保险合同。

受益人能够证明被保险人于投保时不存在自杀骗保意图的,保险人应当给付保险金。保险人能够证明被保险人于投保时存在自杀骗保意图的,可以拒绝给付保险金。

完全民事行为能力人或限制民事行为能力人在不能认识或控制自己行为情况下导致自己死亡,或者第三人为被保险人投保,被保险人自杀的,不适用《保险法》第 44 条的规定。"

20. 《保险法》第 46 条之补充解释

"定额给付型医疗保险,适用《保险法》第 46 条之规定,但投保人对先前已存在之同类保险,对保险人负有告知义务。费用补偿型医疗保险,不适用《保险法》第 46 条之规定。"

21. 《保险法》第 47 条之修改

"被保险人有权解除保险合同,被保险人解除保险合同的,保险人应当自收到解除合同通知之日起三十日内,按照合同约定退还保险单的现金价值。"

参考文献

一 中文著作

[美] S. S. 侯百纳:《人寿保险经济学》,孟朝霞等译,中国金融出版社 1997 年版,第 4 页。

[美] 埃米尔·迪尔凯姆:《自杀论》,冯韵文译,商务印书馆 1996 年版。

[美] 安德温·W. 潘特森:《美国保险法要义》,王学猛译,财团法人保险事业发展中心 1993 年重印。

安建:《中华人民共和国保险法(修订)释义》,法律出版社 2009 年版。

[英] 彼得·斯坦、[英] 约翰·香德:《西方社会的法律价值》,王献平译,中国法制出版社 2004 年版。

曹诗权:《未成年人监护制度研究》,中国政法大学出版社 2003 年版。

常敏:《保险法学》,法律出版社 2012 年版。

陈彩稚:《保险学》,三民书局 2012 年版。

陈荣传:《民法系列——法律行为》,三民书局 2010 年版。

陈文军:《医疗费用保险适用损害填补原则》,《保险法评论》第五卷,法律出版社 2013 年版。

陈欣:《保险法》,北京大学出版社 2000 年版。

陈兴良:《刑法哲学》,中国政法大学出版社 1992 年版。

陈云中:《保险学》(第三版),五南图书出版公司 1984 年版。

陈云中:《人寿保险的理论与实务》,三民书局 1992 年版。

陈自强:《契约之成立与生效》,法律出版社 2002 年版。

池小萍，郑祎华：《人身保险》，中国金融出版社 2006 年版。

崔吉子、黄平：《韩国保险法》，北京大学出版社 2013 年版。

董玉凤、戴丽：《财产保险》，中国金融出版社 2014 年版。

杜万华：《最高人民法院关于保险法司法解释（三）理解与适用》，人民法院出版社 2015 年版。

樊启荣：《保险法》，高等教育出版社 2010 年版。

樊启荣：《保险契约告知义务制度论》，中国政法大学出版社 2004 年版。

房绍坤、王洪平：《债法要论》，华中科技大学出版社 2013 年。

费安玲等译，《意大利民法典》，中国政法大学出版社，2004 年版。

冯军：《论违法性认知》，载赵秉志主编《刑法新探索》，群众出版社 1993 年版。

傅廷中：《保险法学》，清华大学出版社 2015 年版。

桂裕：《保险法》，三民书局 1984 年增订初版。

郭明瑞：《继承法》，法律出版社 1996 年版。

［美］哈瑞特·E. 琼斯、［美］丹尼·L. 朗：《保险原理：人寿、健康和年金》（第二版），赵凯译，中国财政经济出版社 2004 年版。

韩长印、韩永强：《保险法新论》，中国政法大学出版社 2010 年版。

韩世远：《合同法总论》，法律出版社 2004 年版。

［德］汉斯·布洛克斯、［德］沃尔夫·迪特里希·瓦尔克：《德国民法总论》，张艳译，中国人民大学出版社 2012 年版。

黄道秀译，《俄罗斯联邦民法典》，北京大学出版社 2007 年版。

黄健雄、陈玉玲：《保险法》，厦门大学出版社 2007 年版。

黄进才：《保险法学》，郑州大学出版社 2011 年版。

黄忠：《违法合同效力论》，法律出版社 2010 年版。

季建林、赵静波：《自杀预防与危机干预》，华东师范大学出版社 2007 年版。

贾林青：《保险法》（第五版），中国人民大学出版社 2014 年版。

贾林清：《保险法》，中国人民大学出版社 2006 年版。

江朝国：《保险法基础理论》（修订第四版），瑞兴图书股份有限公司 2003 年版。

江朝国：《保险法论文集（二）》，瑞兴图书股份有限公司 1997 年版。

江朝国:《保险法论文集（三）》，瑞兴图书股份有限公司2002年版。

江朝国:《保险法论文集（一）》，瑞兴图书股份有限公司1997年版。

江朝国:《保险法逐条释义》（第二卷），元照出版有限公司2014年版。

江朝国:《保险法逐条释义》（第三卷），元照出版有限公司2015年版。

江朝国:《保险法逐条释义》（第四卷），元照出版有限公司2015年版。

江朝国:《保险法逐条释义》（第一卷），元照出版有限公司2012年版。

江平:《民法学》中国政法大学2000年版。

［德］卡尔·拉伦茨:《德国民法通论》（下册），王晓晔等译，法律出版社2013年版。

［美］凯瑟琳·麦克劳克林:《上海儿童自杀率高》，《参考消息》2004年12月12日第8版。

［美］康斯坦斯·M.卢瑟亚特:《财产与保险原理》，北京大学出版社2003年版。

［英］克拉克:《保险合同法》，何美欢等译，北京大学出版社2002年版。

［美］肯尼斯·布莱克、［美］哈罗德·斯基博:《人寿与健康保险》（第十三版），孙祁祥、郑伟等译，经济科学出版社2003年版。

［美］肯尼斯·布莱克、［美］哈罗德·斯基珀:《人寿保险》（第12版），洪志忠等译，北京大学出版社1999年版。

蓝全普:《民商法全书》，天津人民出版社1996年版。

李宝明、鞠维红:《保险索赔理赔规则》，人民法院出版社2001年版。

李建军:《我国青少年自杀问题研究》，中国社会科学出版社2007年版。

李永军:《合同法》，法律出版社2004年版。

李永军:《民法总论》，法律出版社2009年版。

李玉泉:《保险法》，法律出版社2003年版。

李玉泉:《保险法学——理论与实务》，高等教育出版社2007年版。

［韩］梁承圭:《保险法》，三知院2005年版。

梁慧星:《民法总论》（第二版），法律出版社2004年版。

梁鹏:《保险人抗辩限制研究》，中国人民公安大学出版社2008年版。

梁鹏:《评论与反思——发现保险法的精神》，西南财经大学出版社2011年版。

梁鹏：《人身保险合同》（第二版），中国财政经济出版社2011年版。

梁宇贤：《保险法新论》，中国人民大学出版社2004年版。

梁宇贤、刘兴善、柯泽东、林勋发：《商事法精论》，今日书局有限公司2009年修订六版。

梁正德主编：《保险英汉辞典》，财团法人保险事业发展中心2003年版。

林刚：《保险疑题法律解析》，上海人民出版社2009年版。

林群弼：《保险法论》，三民书局2003年版。

林勋发：《保险契约效力论》，作者1996年自版。

刘建勋：《新保险法经典、疑难案例判解》，法律出版社2010年版。

刘振宇：《人身保险法律实务解析》，法律出版社2012年版。

刘宗荣：《新保险法——保险契约法的理论与实务》，中国人民大学出版社2009年版。

吕锦峰：《保险法新论》，神州图书公司2002年版。

［美］罗伯特·考特、［美］托马斯·尤伦：《法和经济学》，张军译，上海三联书店、上海人民出版社1994年版。

［德］梅迪库斯：《德国民法总论》，邵建东译，法律出版社2013年版。

［美］缪里尔·L. 克劳福特：《人寿与健康保险》，周伏平、金海军等译，经济科学出版社1999年版。

沙银华：《日本保险经典判例评释》（修订版），法律出版社2011年版。

沙银华：《日本经典保险判例评释》，法律出版社2002年版。

［日］山下友信：《保险法》，有斐阁2005年版。

［日］山下友信：《保险金受益人的指定·变更》，《现代的生命·伤害保险法》，弘文堂2000年6月版。

［日］山下友信、米山高生：《保险法解说》，日本有斐阁2010年版。

申卫星：《期待权基本理论研究》，中国人民大学出版社2006年版。

沈达明：《德意志法上的法律行为》，对外贸易教育出版社1992年版。

沈同仙、黄涧秋：《新编保险法学》，学苑出版社2003年版。

施文森：《保险法论文》（第二集），三民书局1988年第4版。

施文森：《保险法论文》（第三集），元照出版有限公司2013年版。

施文森：《保险法论文》（第一集），三民书局1985年版。

施文森:《保险法判决之研究》(上册),三民书局2001年版。

施文森译:《美国加州保险法》(中册),财团法人保险事业发展中心1999年版。

史卫进:《保险法原理与实务研究》,科学出版社2009年版。

[日]四宫和夫:《日本民法总则》,唐晖、钱孟珊译,五南图书出版公司1995年版。

苏号朋:《格式合同条款研究》,中国人民大学出版社2004年版。

孙宏涛译:《法国保险合同法》,《保险法评论》第五卷,法律出版社2013年版。

孙建江、郭站红、朱亚芬译:《魁北克民法典》,中国人民大学出版社2005年版。

覃有土:《保险法概论》(第二版),北京大学出版社2001年版。

覃有土:《商法学》,高等教育出版社2012年版。

汤俊湘:《保险学》,三民书局1998年版。

[日]田山明辉:《民法总则》(第二版),成文堂1990年版。

庹国柱:《保险专业知识与实务》,辽宁人民出版社2007年版。

汪新君、廖世昌:《保险法理论与实务》,元照出版有限公司2010年版。

汪信君、廖世昌:《保险法理论与实务》,元照出版有限公司2010年版。

王静:《保险类案件裁判规则与法律适用》,人民法院出版社2013年版。

王莉:《医疗保险学》,中山大学出版社2011年版。

王立争:《民法推定性规范研究》,法律出版社2013年版。

王利明:《民法总则研究》,中国人民大学出版社2003年版。

王利明:《侵权行为法归责原则研究》,中国政法大学出版社1992年版。

王利明:《违约责任论》,中国政法大学出版社1996年版。

王卫国:《保险法》,中国财政经济出版社2009年版。

王伟:《保险法》,格致出版社、上海人民出版社联合2010年版。

王孝通:《保险法论》,上海法学编译社1933年版。

王泽鉴:《不当得利》,北京大学出版社2009年版。

王泽鉴:《民法学说与判例研究》(第一册),北京大学出版社2009年版。

王泽鉴:《民法总则》(增订版),中国政法大学出版社2001年版。

王泽鉴：《债法原理》，北京大学出版社 2013 年版。

[德] 维布纳·弗卢梅：《法律行为论》，迟颖译，法律出版社 2013 年版。

魏华林：《保险法学》（第二版），中国金融出版社 2007 年版。

魏振瀛、徐学鹿、郭明瑞主编：《北京大学法学百科全书：民法学、商法学》，北京大学出版社 2004 年版。

温世扬：《保险法》，法律出版社 2003 年版。

温世扬：《保险法》，法律出版社 2007 年版。

[日] 我妻荣：《我妻荣民法讲义：新订民法总则》，于敏译，中国法制出版社 2008 年版。

巫昌祯：《婚姻与继承法学》（修订版），中国政法大学出版社 2001 年版。

吴定富主编：《〈中华人民共和国保险法〉释义》，中国财政经济出版社 2009 年版。

吴岚、张遥：《人身保险产品》（第二版），广州信平市场策划顾问有限公司 2009 年版。

奚晓明主编：《〈中华人民共和国保险法〉保险合同章条文理解与适用》，中国法制出版社 2010 年版。

奚晓明主编：《〈中华人民共和国保险法〉条文理解与适用》，中国法制出版社 2010 年版。

奚晓明主编：《最高人民法院关于保险法司法解释（二）理解与适用》，人民法院出版社 2013 年版。

[美] 小罗伯特·H. 杰瑞、[美] 道格拉斯·R. 里士满：《美国保险法精解》第四版，李之彦译，北京大学出版社 2009 年版。

肖梅花：《保险法新论》，中国金融出版社 2000 年版。

邢海宝：《中国保险合同法立法建议及说明》，中国法制出版社 2008 年版。

徐卫东主编：《保险法学》（第二版），科学出版社 2009 年版。

徐学鹿主编：《商法学》（修订版），中国人民大学出版社 2008 年版。

许崇苗、李利：《最新保险法适用与案例精解》，法律出版社 2009 年版。

杨春洗、杨敦先主编：《中国刑法论》（第二版），北京大学出版社 1998 年版。

叶启洲：《保险法实例研习》，元照出版有限公司 2013 年版。

［日］伊泽孝平：《保险法》，青林书院昭和 32 年版。
于飞：《公序良俗原则研究——以基本原则的具体化为中心》，北京大学出版社 2006 年版。
余勋盛主编：《保险诉讼典型案例年度报告》第一辑，法律出版社 2009 年版。
袁杰、王清、李建国、王翔、施春风、陈扬跃、刘泽巍等：《中华人民共和国保险法解读》，中国法制出版社 2009 年版。
袁宗蔚：《保险学——危险与保险》，首都经济贸易大学出版社 2000 年版。
［英］约翰·T. 斯蒂尔：《保险的原则和实务》，孟兴国译，中国金融出版社 1992 年版。
［美］约翰·F. 道宾：《美国保险法》，梁鹏译，法律出版社 2008 年版。
［英］约翰·伯茨：《现代保险法》，陈丽洁等译，河南人民出版社 1987 年版。
岳卫：《日本保险契约复数请求权调整理论研究》，法律出版社 2009 年版。
詹昊：《新保险法实务热点详释与案例精解》，法律出版社 2010 年版。
［美］詹姆斯·S. 特里斯曼、［美］桑德拉·G. 古斯特夫森、［美］罗伯特·E. 霍伊特：《风险管理与保险》第十一版，裴平主译，东北财经大学出版社 2002 年版。
张俊浩主编：《民法学原理》，中国政法大学出版社 2000 年版。
张明楷：《刑法学》（第三版），法律出版社 2007 年版。
张晓永：《人身保险法》，中国人民公安大学出版社 2004 年版。
赵海宽：《现代金融科学知识全书》，中国金融出版社 1993 年版。
郑伟主编：《保险法典型案例精解》，海潮书局出版社 2008 年版。
郑玉波：《保险法论》，三民书局 2003 年版。
中国保险报社、加拿大永明人寿保险公司合编：《英汉保险词典》，商务印书馆 1998 年版。
中国保险行业协会：《保险诉讼典型案例年度报告》，法律出版社 2010 年版。
中国保险行业协会：《保险诉讼典型案例年度报告》，法律出版社 2012 年版。
中国保险行业学会：《保险诉讼典型案例年度报告》，法律出版社 2011 年版。
钟继荣：《解开自杀之谜》，中国检察出版社 2000 年版。
钟瑞栋：《民法中的强制性规范》，法律出版社 2009 年版。
周馨：《医药费与损失补偿原则》，载谢宪、李友根主编：《保险判例百选》，北法律出版社 2012 年版。
周玉华：《最新保险法法理精义与实例分析》，法律出版社 2003 年版。
周玉华：《最新保险法经典疑难案例判解》，法律出版社 2008 年版。
朱广新：《合同法总则》第二版，中国人民大学出版社 2012 年版。
朱铭来：《保险税收制度经济学分析》，经济科学出版社 2008 年版。

二　中文论文

北京师范大学中国收入分配研究院课题组：《开征遗产税正当其时》，《理论参考》2013 年第 10 期。

卞江生：《保险费法律问题》，载贾林青主编《海商法保险法评论》第二卷，知识产权出版社 2007 年版。

蔡大顺：《过失相抵规则在保险金给付中的适用》，《保险研究》2015 年第 7 期。

蔡军、赵雁丽：《试论寿险受益人制度中的投保人》，《经济研究参考》2003 年第 30 期。

曹顺明：《我国保险合同当事人的反思与重构》，《中国保险报》2015 年 7 月 28 日第 5 版。

陈丰年：《特约条款之认定》，《法学研究》2010 年第 6 期。

陈会平：《论遗嘱变更受益人的法律效力》，《上海保险》2003 年第 8 期。

陈耀东、静远：《保险受益权若干法律问题探讨——兼论〈保险法〉相关条款的检讨与修正》，载李劲夫《保险法评论》2008 年版。

董彪、刘卫国：《民事强制执行中生存权与债权的冲突与平衡》，《法学论坛》2007 年第 4 期。

樊启荣、郑光勇：《论保险费的交付与人寿保险合同的成立》，载贾林青主编《海商法保险法评论》第三卷，知识产权出版社 2010 年版。

樊启荣：《保险损害补偿原则研究——兼论我国保险合同立法分类至重构》，《中国法学》2005 年第 1 期。

樊启荣：《人寿保险合同之自杀条款研究——以 2009 年修订的〈中华人民共和国保险法〉第 44 条为分析对象》，《法商研究》2009 年第 5 期。

樊启荣:《死亡给付保险之被保险人的同意权研究——兼评我国〈保险法〉第56条第1、3款之疏漏及其补充》,《法学》2007年第2期。

樊启荣:《投保人、受益人故意杀害被保险人之法律效果》,《中南财经政法大学学报》2005年第2期。

樊启荣:《在公益与私益之间寻求平衡——〈中华人民共和国保险法〉第45条规定之反思与重构》,《法商研究》2010年第5期。

方芳:《保险合同解除权的时效与溯及力》,《西南政法大学学报》2006年第6期。

高凤香:《人身保险受益人的法律思考》,《前沿》2004年第4期。

高宇:《被保险人与受益人同时死亡时保险金之给付》,《当代法学》2005年第6期。

高宇:《论被保险人及其同意权》,《吉林师范大学学报》2004年第6期。

高宇:《论我国保险法上受益人之变更》,《当代法学》2004年第6期。

高宇、崔爱东:《被保险人同意与他人死亡保险合同效力之规范》,载贾林青主编《海商法保险法评论》第三卷,知识产权出版社2010年版。

龚向和:《生存权概念的批判与重建》,《学习与探索》2011年第1期。

谷凌:《试论保险合同复效的条件》,载贾林清主编《海商法保险法评论》第三卷,知识产权出版社2010年版。

管贻升:《论被保险人变更受益人的法律规则与实践冲突——兼谈新〈保险法〉第41条的法律规范》,载贾林清主编《海商法保险法评论》第三卷,知识产权出版社2010年版。

韩长印:《中间型定额保险的契约问题》,《中外法学》2015年第1期。

何必:《试论航意险中被保险人的"同意"》,《中国保险报》2010年4月29日第2版。

胡选红:《论作为保险人法定免责事由的故意犯罪认定立场》,《经济研究导刊》2011年第8期。

黄学贤:《行政法中的比例原则研究》,《法律科学》2001年第1期。

江朝国:《保险利益之研究——反思投保人与被保险人于保险合同之地位》,载李劲夫主编《保险法评论》第一卷,中国法制出版社2008年版。

江朝国:《代缴保险费之受益人法律上地位》,《月旦裁判时报》第17期。

姜昕：《比例原则释义学结构构建及反思》，《法律科学》2008 年第 5 期。

康文义：《受益人故意致害被保险人案件之处理——以对〈保险法〉第六十四条和第六十五条之解读为基础》，《金融法苑》第 77 辑。

李红卫：《保险受益人的指定与变更——中日保险法的比较研究》，载王保树主编《商事法论集》第九卷，法律出版社 2005 年版。

李开国、李凡：《合同解除有溯及力可以休矣——基于我国民法的实证分析》，《河北法学》2016 年第 5 期。

李利、许崇苗：《论我国〈保险法〉第 54 条的修改与完善》，《保险研究》2006 年第 2 期。

李利、许崇苗：《以"为第三人利益合同"理论完善我国保险合同理论和法律体系》，载贾林青、许涛主编《海商法保险法评论》，知识产权出版社 2007 年版。

李娜、孟庆娇：《成年人民事行为能力——从行为能力到意思能力》，《广西政法管理学院学报》，2009 年第 3 期。

李青武、于海纯：《我国保险法不可抗辩制度：问题与对策》，《保险研究》2013 年第 6 期。

李廷鹏：《保险合同告知义务研究》，法律出版社 2006 年版。

李新天、汤薇：《试论我国保险合同的解除制度》，《法学评论》2005 年第 4 期。

李艳：《是保险责任还是缔约过失责任——对一起保险案例的分析》，《上海保险》2003 年第 11 期。

李政宁：《保险受益权与投保人或被保险人的债权人利益的冲突与解决》，《内蒙古财经学院学报》2010 年第 5 期。

梁鹏：《保险法宽限期制度研究》，《保险研究》2012 年第 12 期。

梁鹏：《保险合同复效制度比较研究》，《环球法律评论》2011 年第 5 期。

梁鹏：《保险受益人变更之研究》，《保险研究》2013 年第 7 期。

梁鹏：《人身保险利益制度质疑》，《中国青年政治学院学报》2011 年第 6 期。

梁鹏：《人寿保险违反告知义务之救济》，《中国保险报》2009 年 3 月 3 日版。

梁鹏：《受益人故意制造保险事故之研究》，《中国保险学会 2014 年年会论文集：中国保险法律制度完善与保险市场规范发展》。

梁鹏：《受益人缺失与保险人赔付之处理》，载贾林清主编《海商法保险法评论》第七卷，知识产权出版社 2015 年版。

梁鹏：《死亡保险被保险人同意权之研究》，《保险研究》2010 年第 7 期。

梁鹏：《未成年人死亡保险之研究》，《中国青年政治学院学报》2010 年第 5 期。

林更盛：《论广义比例原则在解雇法上之适用》，《中原财经法学》第 5 期。

刘峰、王倩：《论人身保险合同中保险受益人的遗嘱变更》，载李劲夫主编《保险法评论》第一卷，中国法制出版社 2008 年版。

刘清元：《人身险中被保险人、受益人的法律地位及权利保障》，《2014 两岸保险法研讨会论文集》。

刘学生：《保险合同法修订理念及立法基础问题评述》，《法学》2010 年第 1 期。

刘银春：《人身保险中医疗附加险的几个问题》，《中国民事审判前沿》，2005 年第 2 辑。

刘志南：《"共同灾难"保险金给付问题的思考》，《保险研究》2003 年第 2 期。

刘宗荣：《新保险法：保险契约法的理论与实务》，中国人民大学出版社 2009 年版樊启荣：《死亡给付保险之被保险人的同意权研究——兼评我国〈保险法〉第 56 条第 1、3 款之疏漏及其补充》，《法学》2007 年第 2 期。

刘宗荣：《以未成年子女或精神障碍人为被保险人投保死亡保险的修法评议——评保险法第 107 条的修正得失》，《月旦法学》2010 年第 4 期。

芦红：《人寿保险合同中的自杀问题研究》，《法制与社会》2010 年第 8 期（下）。

陆青：《合同解除有无溯及力之争有待休矣——以意大利法为视角的再思考》，《河南省政法管理干部学院学报》2010 年第 3 期。

罗俊章、蔡勉：《论损害填补原则是否适用于医疗费用保险》，《法令月刊》2014 年第 11 期。

马作彪：《团体意外伤害险指定受益人的效力认定》，《人民司法》2010 年第 24 期。

聂勇：《论医疗保险中损失补偿原则》，《中国保险法学研究会 2014 年年会论文集》，2014 年。

潘红艳：《被保险人之法律地位》，《当代法学》2011 年第 1 期。

潘红艳：《人身保险合同受益人法律问题研究》，《当代法学》2002 年第 2 期。

饶瑞正：《论保险契约之特约条款及其内容之控制》，《法学新论》2003 年第 3 期。

申卫星：《受益权研究导论》，《清华法学》2002 年第 1 期。

申遇友、胡晖：《以死亡为给付条件的保险合同，被保险人未签字并不必然无效》，《人民司法》2009 年第 6 期。

宋素霞：《保险金的给付不适用遗嘱变更》，《保险研究》2003 年增刊。

孙鹏：《论违反强制性规定行为之效力——兼析〈合同法〉第 52 条第 5 项的理解与适用》，载王卫国主编《21 世纪中国民法之展望》，中国政法大学出版社 2008 年版。

孙鹏：《违反强制性规定行为之效力——兼析〈中华人民共和国合同法〉第 52 条第 5 项的理解与适用》，《法商研究》2006 年第 5 期。

唐玮：《受益人不能在遗嘱中指定》，《保险研究》2001 年第 1 期。

汪涛、张颖杰：《保险人的缔约过失责任》，《广西社会科学》2010 年第 9 期。

汪信君：《再论人寿保险契约效力之停效与复效》，《月旦法学杂志》2010 年第 12 期。

王慧：《遗嘱变更受益人是否有效》，《保险研究》2003 年第 8 期。

王卫国：《论合同无效制度》，《法学研究》1995 年第 3 期。

王卫国、佟丽荣：《保险合同"代签名"的效力》，《中国保险报》2008 年 12 月 1 日。

王雄飞：《论事实推定和法律推定》，《河北法学》2008 年第 6 期。

王学棉：《事实推定：事实认定困境客服之手段》，《清华法学》2009 年第 4 期。

王影：《无受益人之人身保险的保险金给付问题研究》，《中国保险法学研究会 2013 年年会论文集》。

温世扬：《复保险法律问题研析》，《法商研究》2001 年第 4 期。

温世扬：《论保险受益人与受益权》，《河南财经政法大学学报》2012 年第 2 期。

吴光陆：《人身保险有无复保险适用——从两岸保险法规定比较》，《两岸商法评论》2011 年第 1 期。

熊海帆：《人身保险的受益人可以遗嘱指定》，《保险研究》2001 年第 8 期。

许玉镇：《试论比例原则在我国法律体系中的地位》，《法制与社会发展》2003 年第 1 期。

杨芳：《可保利益效力研究——兼论对我国相关立法的反思与重构》，法律出版社 2007 年版。

杨猛：《被保险人同意权研究》，硕士学位论文，吉林大学，2006 年。

杨万柳：《对我国〈保险法〉第 64、第 65 条的分析及立法完善》，《当代法学》2003 年第 6 期。

姚军、刘金玉：《医疗费用保险是否适用损失补偿原则问题的探讨》，《科技与法律》2013 年第 2 期。

姚军、于莉：《被保险人意思表示对人身保险合同的意义》，《中国青年政治学院学报》2012 年第 5 期。

叶启洲：《2015 年保险契约法修正条文之评释》，《月旦法学杂志》2015 年第 8 期。

叶启洲：《从"全有全无"到"或多或少"——以德国保险契约法上约定行为义务法制之改革为中心》，《政大法律评论》2015 年第 3 期。

叶启洲：《德国保险契约法之百年改革：要保人告知义务新制及其检讨》，《台大法学论丛》2012 年第 1 期。

叶启洲：《二○一五年保险契约法修正条文之评释》，《月旦法学杂志》2015 年第 8 期。

叶启洲：《受益人概念的适用范围》，载谢宪、李友根主编《保险判例百选》，法律出版社 2012 年版。

尹田：《论法律行为的无效及其效果》，载王崇敏、陈立风主编《法学经纬》第一卷，法律出版社 2010 年版。

尹田:《论法律行为无效后的财产返还》,《时代法学》2010年第5期。

尹中安:《保险受益人论》,博士学位论文,中国政法大学,2007年。

尹中安、赵鑫泽:《保险金遗产化或非遗产化之立法选择》,《保险研究》2010年第8期。

于海纯:《论人身保险不应使用损失补偿原则及其意义》,《政治与法律》2014年第12期。

于海纯:《未经被保险人同意之死亡保险合同效力研究》,《法学家》2015年第6期。

余凌云:《论行政法上的比例原则》,《法学家》2002年第2期。

张昌明:《"悬疑推定"论》,《政法论丛》2013年第3期。

张冠群:《重论付保险相关规定于医疗费用保险之适用》,《月旦法学杂志》2011年5月。

张淑艳、何镕泽:《论受益人与被保险人同时死亡时受益权的确定》,《保险研究》2007年第3期。

张秀全:《保险受益人研究》,《现代法学》2005年第4期。

张秀全:《共同遇难的保险金给付研究》,载王保树主编《中国商法年刊:和谐社会构建中的商法建设》(2007),北京大学出版社2008年版。

张秀全:《受益人道德风险的法律规制》,《郑州大学学报》2005年第2期。

赵连俊等:《自杀死亡1839例流行学前瞻性研究报告》,《临床精神医学杂志》1993年第3期。

三 外文著作

Alan I. Widiss, *Insurance: Materials on Fundamental Principles, Legal Doctrines, and Regulatory Acts*, West Publishing Co., 1989.

Bryan A. Garner, *Black's Law Dictionary*, Eight Edition, West Group, 2004.

B. P. Bhargava, *Insurance Law & Practice*, Vidhi Publishing Ltd, 2001.

Dan B. Dobbs, *The Law of Torts*, West Group, 2000.

David Norwood, *Norwood on Life Insurance Law in Canada*, Third Edition, Carswell (a Thomson Company), 2002.

Edwin W. Patterson, *Case and Materials on The Law of Insurance*, Second Edition, Chicago, The Foundation Press Inc., 1947.

E. R. Hardy Ivamy, *General Principles of Insurance Law*, 4th edition Butterworths 1979.

F. D. Rose, *New Foundations For Insurance Law: Current Legal Problems*, London, Stevens & Sons, 1987.

Harry P. Kamen & William J. Toppeta, *The Life Insurance Law of New York*, Wiley Law Publications, 1991.

Jeffrey W. Stempel, *Interpretation of Insurance Contracts: Law and Strategy for Insurers and Policyholders*, Little, Brown and Company, 1994.

John Birds & Norma J. Hird, *Birds' Modern Insurance law*, Fifth Edition, London, Sweet & Maxwell, 2001.

John F. Dobbyn, *Insurance law*, Third Edition, West Group, 1996.

John F. Dobbyn, *Insurance law*, Forth Edition, West Group, 2003.

John G. Fleming, *The Law of Torts*, Eighth Edition, The Law Book Company Limited, 1992.

John Llowry & Philp Rawlings, *Insurance Law: Doctrines and Principles*, Oxford and PortlandOregon, 1999.

John L. Diamond & Lawrence C. Levine & M. Stuart Madden, *Understanding Torts*, Lexis Publishing, 2000.

Kenneth H. York, *Insurance Law*, Second Edition, West Publishing Co., 1988.

Malcolm A. Clarke, *Policies and Perceptions of Insurance*, Clarendon Press, 1997.

Malcolm A. Clarke, *The law of Insurance Contracts*, 3rd Edition, London Hong Kong, Lloyd's London Press, 1997.

Muriel L. Crawford, *Life and Health Insurance Law*, seventh edition, FMIInsurance Education Program Life Management Institute LOMA, Atlanta, Georgia, 1994.

Nicholas Legh-Jones: *MacGillivray on Insurance Law*, Ninth Edition, London,

Sweet and Maxwell, 1997.

Payk J, Harriton, The presumption against Suicide——Is It Presumptions? AM. Council of Lifeins, Legal Sec. Proceeding, Nov. 1983.

Peter Macdonald Eggeers & Simon Picken & Patrick Foss, *Good Faith and Insurance Contracts*, Second Edition, LondonSingapore, Lloyd's London Press, 2004.

Raoul Collnvaux, *The Law of Insurance*, Fifth Edition, London, Sweet & Maxwell, 1984.

Ray hodgin, *insurance law: text and materials*, London sydney, cavendish publishing limited, 1998.

Robert E. Keeton, *Basic Text on Insurance Law*, West Publishing Co., 1971.

Robert H. Jerry, *Understanding Insurance Law*, Matthew Bender & Co., Inc., 1987.

Robert H. Jerry, *Understanding Insurance Law*, Matthew Bender & Co., Inc., 1989.

Robert Merkin, *Insurance Disputes*, Second Edition, London Hong Kong, Lloyd's London Press, 2003.

Semin Park, *The Duty of Disclosure in Insurance Contract Law*, Dartmouth Publishing Company Limited, 1996.

Spencer L. Kimball, *Case and Materials on Insurance Law*, Little, Brown and Company, 1992.

William F. Young & Eric M. Holmes, *Case and Materials on Law of Insurance*, Second Edition, Little, Brown and Company, 1992.

William F. Young & Eric M. Holmes, *Case and Materials on Law of Insurance*, Second Edition, Mineola, New York, The Foundation, Press, Inc, 1985.

William F. Young, Jr., *Cases and Materials on Law of Insurance*, 4th Edition, The Foundation Press, Inc., 1971.

W. I. B. Enright, *professional indemnity insurance law*, London, sweet & Maxwell, 1996.

W. Page Keeton, *Prosser and Keeton on the Law of Torts*, Fifth Edition, West Publishing Co. , 1984.

四 外文论文

Aaron A. Haak, Callahan v. Mutual Life Insurance of New York: Incontestability Clauses as a Bar to "First Manifestation" Policy Provisions, 23 Am. J. Trial Advoc. 231. (1999).

Allison E. McClure, The Professional Presumption: Do Professional Employees Really Have Equal Bargaining Power When They Enter into Employment-Related Adhesion Contracts?, 74 U. Cin. L. Rev. 1497. (2006).

Arthur T. Vanderbilt, Judges and Jurors: Their Functions, Qualifications and Selection, 36 B. U. L. Rev. 1. (1956).

A. H. Angelo & E. P. Ellinger, Unconscionable Contracts: A Comparative Study of The Approaches in England, France, Germany, and The United States, 14, Loy. L. A. Int'l & Comp. L. J. 455. (1992).

Batya Goodman, Honey, I Shrink-wrapped the Consumer: the Shrink-Wrap Agreement as an Adhesion Contract, 21 Cardozo L. Rev. 319. (1999).

Carol B. Swanson, Unconscionable Quandary: UCC Article Contracts 2 and The Unconscionability Doctrine, 31 N. M. L. Rev. 359. (2001).

Caryn A. Gordon, Contract Interpretation—Reasonable Expectations Doctrine—The Reasonable Expectations Doctrine Is An Unnecessary Means to Interpret The Ambiguous Language of A Contract, Therefore It Is Abolished, 82 U. Det. Mercy L. Rev. 331. (2005).

Clarence Morris, Waiver and Estoppel in Insurance Policy Litigation, 105 U. Pa. L. Rev. 925. (1957)

Clayton H. Farnham, Application Misrepresentationand Concealmentin Property Insurance, 20 Forum 299.

Cristina Alonso, Imposter Fraud and Incontestability Clauses in Life Insurance Policies, 80-JUN Fla. B. J. 68, 68 (2006). H. Y. Yeo, Isurance Interpretation and Waiver of Disclosure: Doheny v. New India Assurance Co. Ltd. , J. B. L. 751. (2005).

Daniel D. Barnhizer, Inequality of Bargaining Power, 76 U. Colo. L. Rev. 139. (2005).

Daniel D. Barnhizer, Propertization Metaphors for Bargaining Power and Control of the Self in the Information Age, 54 Clev. St. L. Rev. 69. (2006).

David J. Seno, The doctrine of Reasonable in Insurance law: What to Expect in Wisconsin, 85 Marq. L. Rev. 859. (2002).

David Norwood, Norwood on Life Insurance Law in Canada, Third Edition, Carswell, (2002).

David S. Miller, Insurance as contract: The argument for Abandoning the Ambiguity Doctrine, 88 Colum. L. Rev. 1849. (1988).

Eric K. Fosaaen, Aids and the Incontestability Clause, 66 N. D. L. Rev. 267. (1990).

Erin Wessling, Contracts—Applying the Plain Language to Incontestability Clauses, 27 Wm. Mitchell L. Rev. 1253. (2000).

Eugene R. Anderson & James J. Fournier, Why Court Enforce Insurance Policyholders' Objectively Reasonable Expectations of Insurance Coverage, 5 Conn. Ins. L. J. 335. (1998).

Eugene R. Anderson, Preventing Inconsistencies in Litigation With A Spotlight on Insurance Coverage Litigation, 4 Conn. Ins. L. J. 589. (1997-1998)

E. Allan Farnsworth, Precontractual Liability and Preliminary Agreements: Fair Dealing and Failed Negotiations, 87 Colum. L. Rev. 217. (1987).

Fireman's FundIns. Co. v. FibreboardCorp. , 182Cal. App. 3d462-468, 227Cal. Rptr. 203. (1stDist. 1986).

Hannah Quirk, Rethink the Reasonable Person: an Egalitarian Reconstruction of the Objective Standard, 45 Brit. J. Criminology 408. (2005).

James M. Fischer, Why are Insurance Contracts Subjectto SpecialRulesof Interpretation? 24 Ariz. St. L. J. 995. (1992).

Jeffrey A. Cohen, An Insurer's Duty To Act in Good Faith, 192 N. J. Law. 21.

(1998).

Jeffrey E. Thomas, An Interdisciplinary Critique of The Reasonable Expectation Doctrine, 5 Conn. Ins. L. J. 295. (1998).

Jeremy P. Brummond, When Will The Smoke Clear? Application of Missouri Insurance Law, 66 Mo. L. Rev. 225. (2001).

John Randolph Prince, Where No Mind Meet: Insurance Policy Interpretation and the use of Drafting History, 18 Vt. L. Rev. 409. (1994).

Joseph E. Minnock, Protecting The Insured From an Adhesion Insurance Policy: The Doctrine of Reasonable Expectations in Utah, 1991, Utah L. Rev. 837. (1991).

Joseph E. Minnock, Protecting The Insured From an Adhesion Policy: The Doctrine of Reasonable Expectations in Utah, 1991, Utah L. Rev. 837. (1991).

J. w. Looney & Anita K. Poole, Adhesion Contracts, Bad Faith, And Economically Faulty Contracts, 4 Drack J. Agric. L. 177. (1999)

Kameel I. F. Khan. A New Test for Materiality in Insurance Law, J. B. L. Jan. 31. (1986).

Kenneth S. Abraham, A Theory of Insurance Policy Interpretation, 95 Mich. L. Rev. 531. (1996).

Kenneth S. Abraham, Judge-Made Law and Jude-Made Insurance: Honoring the Reasonable Expectation of the Insured, 67VA. L. Rev, 1151. (1981).

Larry A. Dimatteo & Saint Thomas Aquinas, The Counterpoise of Contracts: The Reasonable Person Standard and the Subjectivity of Judgment, 48 S. C. L. Rev. 293. (1997).

Malcolm Clarke, The Reasonable Expectations of The Insured—in England, J. B. L., SEP, 389. (1989).

Mark C. Rahdert, Reasonable Expectations Revisited, 5 Conn. Ins. L. J. 107. (1998).

Mark E. Lish, Insurance Have a Common Law Duty to Deal Fairly And in Good Faith With Their Insureds, 19 Tex. Tech L. Rev. 1163. (1988).

Michael B. Rappaport, The Ambiguity Rule and Insurance Law: Why Insurance Contracts Should Not Be Construed Against the Drafter, 30 Ga L. Rev. 171. (1995).

Michael B. Rappaport, The Ambiguity Rule and Insurance Law: Why Insurance Contracts Should Not Be Construed Against the Drafter, 30 Ga L. Rev. 171. (1995).

Michael G. Patrizio, Fables of construction: the Sophisticated Policyholder Defense, 79 Ill. B. J. 234. (1991).

Peter Mann, Annotated Insurance Contracts Act, 4th Edition, Lawbook Co. Sydney, (2003).

Randy T. Austin, Better off With the Reasonable Man Dead or the Reasonable Man Did the Darndest Things, B. Y. U. Rev. 479. (1992)

Riccardo Sallustio, Utmost Good Faith in Italian Insurance Law, 1 Int. I. L. R. 131. (1993).

Richard L. Barnes, Rediscovring Subjectivity in: Adhesion and Unconscionability, 66 La. L. Rev. 123. (2005).

Robert E. Keeton, Insurance Law Rights at Variance with Policy Provision, 83, Harv. L. Rev. 961. (1970).

Robert H. Jerry, Insurance, Contract, and The Doctrine of Reasonable Expectations, 5 Conn. Ins. L. J. 21. (1998).

Roger C. Henderson, The Formulation of The Doctrine of Reasonable Expectation and The Influence of Forces Outside Insurance Law, 5 Conn. Ins L. J. 69. (1998).

Roger Fisher, Negotiating Power: Getting and Using Influence, 27 AM. Behavioral Scientist 149, (1983).

Ronald K. L. Collins, Language, History and the Legal Process: A Profile of the "Reasonable Man", 8 RUT. -CAM. L. J. 311. (1977).

Sierra David Sterkin, Challenging Adhesion Contracts in California: A Consumer's Guide, 34, Golden Gate U. L. Rev. 285. (2004).

Slawson, Standard Form Contracts and Democratic Control of Lawmaking Power,

84 Harv. L. Rev. 529. (1971).

Stacy M. Andreas, Misrepresentation in Insurance Applications: Kansas Law, 62May J. Kan. B. A. 22 (1999).

Stephen D. Sugarman, Rethinking Tort Doctrine: Visions of a Restatement (Forth) of Torts, UCLA L. Rev. 585. (2002).

Stephen G. Gills, Symposium on Negligence in the Courts: the Actual Practice: the Emergence of Cost-Benefit Balance in English Negligence Law, 77 Chi. -Kent. L. Rev. 489. (2002).

Stephen J. Ware, A Critique of The Reasonable Expectations Doctrine, 56, U. Chi L. Rev. 1461. (1989).

S. S. Huebner, The Economics of Life Insurance, 3rd Edition, New York: Appleton-Century-Crofts, (1959).

Thomas J. Schoenbaum, The Duty of Utmost Good Faith in Marine Insurance Law: A Comparative Analysis of American and English Law, 29 J. Mar. L. & Com. 1. (1998).

Todd D. Rakoff, Contracts of Adhesion: An Essay in Reconstruction, 96 Harv. L. Rev. 1173. (1983).

Unconscionable Contracts Under The Uniform Commercial Code, 109, U. Pa. L. Rev. 401. (1961).

William Mark Lashner, Common Law Alternative to The Doctrine of Reasonable Expectation in The Construction of Insurance Contracts, 57 N. Y. L. Rev. 1175. (1982).

William R. Vance, Handbook on the Law of Insurance, West Publishing Co., (1951).